Horst Schreiber

RESTITUTION VON WÜRDE
Kindheit und Gewalt in Heimen der Stadt Innsbruck

Veröffentlichungen des Innsbrucker Stadtarchivs,
Neue Folge 57

Horst Schreiber

RESTITUTION VON WÜRDE

Kindheit und Gewalt in Heimen der Stadt Innsbruck

Mit einem Beitrag von Ulrike Paul

StudienVerlag
Innsbruck
Wien
Bozen

INNS' BRUCK

© 2015 by Studienverlag Ges.m.b.H., Erlerstraße 10, A-6020 Innsbruck
E-mail: order@studienverlag.at
Internet: www.studienverlag.at

Satz: Studienverlag/Karin Berner
Umschlag: hœretzeder grafische gestaltung, Scheffau/Tirol
Autorenfoto: privat

Gedruckt auf umweltfreundlichem, chlor- und säurefrei gebleichtem Papier.

Bibliografische Information Der Deutschen Bibliothek
Die Deutsche Bibliothek verzeichnet diese Publikation in der Deutschen Nationalbibliografie; detaillierte bibliografische Daten sind im Internet über <http://dnb.ddb.de> abrufbar.

ISBN 978-3-7065-5517-3

Alle Rechte vorbehalten. Kein Teil des Werkes darf in irgendeiner Form (Druck, Fotokopie, Mikrofilm oder in einem anderen Verfahren) ohne schriftliche Genehmigung des Verlages reproduziert oder unter Verwendung elektronischer Systeme verarbeitet, vervielfältigt oder verbreitet werden.

Inhaltsverzeichnis

Vorwort der Bürgermeisterin der Stadt Innsbruck 7
Einleitung 9

Zum Wohle der Kinder? Die Heime der Stadt Innsbruck 17
Die Jugendheimstätte Holzham-Westendorf 17
Die Kinderheime Mariahilf und Pechegarten 59

Außerhalb der akzeptierten Norm: Ursachen der Heimeinweisung 87
Wege ins Heim 88
Abgehängte des Wirtschaftswunders 94
Der stigmatisierende Blick auf die Kinder und ihre Familien 100

Erfahrungen in Heimen und auf Pflegeplätzen 113
In den Säuglings- und Kleinkinderheimen Arzl und Axams:
    Hospitalismus und Heimverwahrlosung 113
Auf Pflegeplätzen:
    Sexuelle Übergriffe – Knechte und Mägde ohne Bezahlung 125
In den Heimen der Stadt Innsbruck:
    Systemische und systematische Gewalt 144
In den Landeserziehungsheimen Tirols:
    Arbeitsausbeutung als pädagogische Maßnahme 159

Die soziale Realität der Ausgeschlossenen 191
Jenische Familien – Die Tradition der „residualen Armut" 191
Familien im Prozess der Stigmatisierung, Degradierung, Ignorierung 207

Berichte vom täglichen Überleben und vom Fortleben der Gewalt in den Körpern	217
Trotz alledem: „Ich hab's geschafft"	217
Zwischen Kampf und Resignation	228
Heimerziehung: Trauma ohne Ende (Ulrike Paul)	239
„Wer das Schweigen bricht, bricht die Macht der Täter": Fünf Jahre Opferschutzkommission Innsbruck	249
Wie alles begann	250
Anerkennung, Respekt und Würde	253
Die Rückmeldungen der ZeitzeugInnen	259
Anhang	273
Grafiken und Tabellen	274
Anmerkungen	281
Quellen- und Literaturverzeichnis	307
Personen- und Ortsverzeichnis	315
Die AutorInnen	319

Vorwort der Bürgermeisterin der Stadt Innsbruck

Liebe Leserinnen und Leser,

das Unrecht, das sich von der Nachkriegszeit bis in das letzte Viertel des 20. Jahrhunderts in österreichischen Kinderheimen ereignet hat, ist immer noch kaum zu begreifen. Leider war auch Innsbruck Schauplatz solcher Verbrechen an Minderjährigen. Was die jungen Menschen damals erfahren mussten, kann nicht wieder gut gemacht werden. Gerade deshalb ist es der Stadt Innsbruck ein großes Anliegen, in der Gegenwart Verantwortung zu übernehmen: Im Laufe der letzten Jahre wurden mehrere Projekte initiiert, um ehemalige Heimkinder beim Bewältigen ihrer Erlebnisse zu unterstützen.

Beim Versuch, das Geschehene aufzuarbeiten, ist einerseits dieses Buch und andererseits auch ein Theater entstanden: „Jetzt wird geredet. Heimerziehung im Namen der Ordnung", ein Stück der Theatergruppe nachtACTiv, das auf die historische Aufarbeitung, Darstellung und die erinnerungskulturelle Vermittlung des Umgangs mit Kindern und Jugendlichen in der öffentlichen Erziehung und Betreuung in unserer Stadt zwischen 1945 und 1990 abzielt. Außerdem entstand eine Homepage mit Interviews von Heimkindern, die auf bewegende Weise von den Schikanen, die sie in ihren jungen Jahren erleiden mussten, berichten.

Der wichtigste Bestandteil des Opferschutzprogramms war jedoch die 2011 gebildete Opferschutzkommission, bestehend aus den Mitgliedern em. Univ.-Prof. Dr. Heinz Barta, der Fachärztin für Kinder- und Jugendpsychiatrie Dr.^{in} Doris Preindl und Univ.-Doz. Dr. Horst Schreiber. Diese Kommission führte mit 125 ehemaligen Heimkindern Gespräche zur Verarbeitung ihrer Erinnerungen.

Eine persönliche und gemeinsame Aufarbeitung ist essentiell. Es ist wichtig, dass dieses Thema enttabuisiert und angesprochen wird. Ich möchte allen Involvierten für ihren Mut, sich zu melden und ihre Geschichte zu erzählen, danken. Es erfordert viel Kraft, über lang verdrängte traumatisierende Ereignisse zu sprechen und sich fremden Menschen zu öffnen und anzuvertrauen. Gleichzeitig möchte ich meinen herzlichen Dank allen MitarbeiterInnen des Opferschutzprogramms sowie allen Beteiligten an den unterschiedlichsten Projekten aussprechen – Sie leisten gute Arbeit!

Wir dürfen die Vergangenheit nicht vergessen, um eine Wiederholung solcher Ereignisse zu verhindern. Aber wir dürfen auch nicht in ihr leben, sondern müssen gemeinsam für eine bessere Zukunft sorgen.

Ihre

Mag.ª Christine Oppitz-Plörer

Bürgermeisterin der Stadt Innsbruck

Einleitung

Seit fünf Jahren laden die Mitglieder der Opferschutzkommission Innsbruck – der Experte im Zivil- und Schadenersatzrecht Heinz Barta, die Psychotherapeutin und Fachärztin für Kinder- und Jugendpsychiatrie Doris Preindl sowie der Zeithistoriker Horst Schreiber – Menschen, die Zeugnis ablegen wollen, was ihnen in den städtischen Kinderheimen Holzham-Westendorf, Mariahilf und Pechegarten widerfahren ist, zu Gesprächen ein. Die Zuerkennung von finanziellen „Entschädigungen" und Therapien ist ein zentraler Aspekt der Arbeit der Kommission. Dieses Buch ist diesen mutigen Zeitzeuginnen und Zeitzeugen gewidmet. Ihre dichten Beschreibungen über die Alltagspraxis der Heimerziehung sind wesentliche Dokumente für die Analysen der Wissenschaft, sie schließen die Lücken in den Akten der Behörden, der Justiz und Psychiatrie, sie geben Einblick darüber, was nicht in den Akten steht, wie sie Übergriffe auf Leib und Psyche erlebten und welche Nachwirkungen auf ihr Leben sich daraus ergeben haben. Die systematischen Menschenrechtsverletzungen an Kindern und Jugendlichen in Heimen des Staates, der Länder, Kommunen und katholischen Orden in ganz Österreich sind nicht nur in einer Diktatur und einem Unrechtsstaat geschehen, sondern auch nach 1945 bis in die jüngere Zeit hinauf: in einer Demokratie, in unserer Republik. Daher gilt, was der Historiker Wolfgang Benz zur Gewalt gegen Kinder in Heimen der ehemaligen DDR feststellt, zum überwiegenden Teil auch für Heime in Innsbruck, Tirol, Wien und in weiteren Bundesländern. Für die Behörden waren sie Fälle und Nummern, „über die sie Vermerke und Protokolle anfertigten, in der dürren Sprache amtlicher Täter und im verlogenen Idiom, das von Tätern immer benutzt wird, um Unrecht zu leugnen und zu kaschieren oder um in ideologischer Verblendung Misshandlung, Zwang und Demütigung als kulturelle Errungenschaft zu preisen. Deshalb sind die Berichte derer, die Opfer waren, unverzichtbar, um die Wirklichkeit zu erkennen."[1]

Die Tatsache, ein Heimkind gewesen zu sein, genügte, um zeit seines Lebens stigmatisiert zu werden. Ein Heimaufenthalt war ein Ausgrenzungsmerkmal, das häufig dazu führte, dass die ehemaligen Heimkinder die negativen Außenbilder zu ihrer eigenen Sicht machten und die Fremdbewertung als Selbstbewertung übernahmen. Die

Menschen berichteten vor der städtischen Kommission in ihrer Position als Opfer der Heimerziehung, aber eben auch als ZeugInnen für historische Verhältnisse. Es ging um die Anerkennung der Geschichten, der Erfahrungen und des erlittenen Leides, es ging um die Anerkennung der Persönlichkeit, die vor uns saß und Teile ihres Lebens offenbarte. Die Kommission hatte das Interesse, die Vergangenheit zu rekonstruieren. Den Betroffenen vermittelte sie, dass es auf sie ankam, um die Geschehnisse dokumentieren zu können. Mit ihrem Heraustreten aus der Anonymität leisteten die ZeitzeugInnen einen wichtigen Beitrag für die Zivilgesellschaft, für die Prävention von Gewalt gegen Kinder und Jugendliche, für die Selbsthinterfragung in der aktuellen Kinder- und Jugendhilfe und für die Verbesserung der Strukturen, in denen Soziale Arbeit, aber auch die Kinder- und Jugendpsychiatrie ihre Tätigkeiten entfalten. Dies trug die Möglichkeit in sich, das Selbstbewusstsein unseres Gegenübers zu stärken.

Nicht zuletzt soll dieser Bericht die Herangehensweise der Opferschutzkommission der Stadt Innsbruck und ihre Ziele verdeutlichen. Und er soll dokumentieren, wie die Betroffenen das Bemühen der Stadt, die Verantwortung für die Vergangenheitsschuld glaubwürdig zu übernehmen, wahrgenommen haben.

Inhaltlich steht in dieser Studie eine vergleichende Darstellung der Fremdunterbringung in den Kinderheimen Mariahilf, Pechegarten und in der Jugendheimstätte Holzham-Westendorf im Vordergrund. Das erste Kapitel zeichnet die Entwicklung der drei städtischen Kinderheime nach und erläutert, wie diese Heime entstanden und in den Besitz der Stadt Innsbruck gekommen sind. Die Zeit vor 1945 findet ausschließlich unter diesem Gesichtspunkt Berücksichtigung. Besondere Aufmerksamkeit wird dem Erziehungspersonal gewidmet, den lange Zeit verheerenden Arbeitsbedingungen und der Erörterung der Frage, wie das gewalttätige Handeln so vieler ErzieherInnen zu erklären ist. Am Beispiel von Westendorf verdeutlicht die Studie, mit welchem Typus von Erzieherin und Erzieher wir es zu tun haben. Wesentlich für die Einschätzung ihrer Qualifikationen und Motivationslagen waren Personalakten der Jugendheimstätte Holzham-Westendorf, die die Stadt Innsbruck bereits 1974 auflöste. Die Quellenlage zu den drei städtischen Heimen ist äußerst schwierig. Die Akten zu wichtigen Akteurinnen und Akteuren, allen voran jene über Heimleiter Franz Tatzel und die Heimleiterin Friederike Erbe, sind nur in Teilen oder überhaupt nicht mehr greifbar. Mit Hilfe von Gertraud Zeindl vom Stadtarchiv Innsbruck konnte ein bislang unentdeckter Aktenbestand der Magistratsabteilung V (Wohlfahrtsamt) aufgespürt werden. Die Protokolle des Wohlfahrtsausschusses der Stadt Innsbruck, die politische Entscheidungsprozesse offenlegen könnten, fehlen zur Gänze.

Der nächste Abschnitt erörtert die Ursachen der Heimeinweisung, diskutiert den Schlüsselbegriff der Verwahrlosung auf der Grundlage von empirischen Daten und arbeitet den sozialen Hintergrund der ehemaligen Heimkinder und ihrer Familien heraus. Zahlreiche biografische Skizzen führen in diese Darstellung ein. Das Kapitel analysiert Prozesse der sozialen Ausschließung. Es legt offen, wie Familien – auch in Zeiten des Wirtschaftsaufschwungs – um ihr materielles Überleben kämpften. Die Mittel und Methoden dieses Kampfes entsprachen nicht den bürgerlichen Normen. Für die Behörden ließen sich daraus ausreichend Gründe ableiten, um einen Prozess anzubahnen, an dessen Ende die Fremdunterbringung der Kinder stand. Eine Schlüsselfigur für die Einweisung von Kindern und Jugendlichen in ein Heim oder auf einen fremden Pflegeplatz war die Leiterin der Kinderbeobachtungsstelle des Landeskrankenhauses Innsbruck in Hötting. Maria Nowak-Vogl verfügte jahrzehntelang über die unangefochtene Autorität einer Expertin, die den Kindern und Jugendlichen eine krankhafte Abweichung von der Norm unterstellte. Mit dieser ihr zugeschriebenen Definitionsmacht verwandelte sie bestimmte Verhaltensweisen in „unverrückbare problematische Wesenseigenschaften".[2]

Um ein umfassendes Bild der Prozesse der Ausschließung zu vermitteln, erschien es notwendig, auch die Verhältnisse der Unterbringung in den Säuglings- und Kleinkinderheimen, in Pflegefamilien sowie in Landeseinrichtungen, vor allem im Hinblick auf die „Arbeitserziehung", einzubeziehen. Erst wenn die Gesamtsituation der Fürsorgeerziehung in den Blick kommt, wird die historische Aussichtslosigkeit der Lage für die Kinder und Jugendlichen erkennbar und erschließt sich die Realität von „Ausschließung" als soziale Tatsache. Für dieses Kapitel bildeten Mündelakten des Jugendamtes Innsbruck, in die im Zuge der Tätigkeit für die Opferschutzkommission Einblick gewonnen werden konnte, die Grundlage; weiters Berichte der Betroffenen, die in den PatientInnenakten der Kinderbeobachtungsstation enthalten sind, und Schriftgut des Tiroler Landesarchivs, speziell der Abteilung Vb des Amtes der Tiroler Landesregierung, sowie die Berichte des Landeskontrollamtes in die Landeserziehungsheime.

Es gibt eine soziale Gruppe, deren Kinder die Fürsorgebehörden in besonders hohem Maß in die Heime abschoben. Ein historischer Exkurs widmet sich der Geschichte der Diskriminierung und Verfolgung der Jenischen. Sie bildeten „ein Heer der Ausgestoßenen, die sich auf Wanderschaft begeben mußten, weil sie zu Hause nicht die Mittel fanden, ihre Existenz zu bestreiten. Mit der Zeit kam zur Not des Wanderns der Stolz der Wandernden, zur Verachtung der Vagabunden deren Selbstidentifikation als ‚fahrendes Volk'."[3] Die Jenischen stehen in der Tradition einer Armut, die sie seit langer Zeit an den Rand gedrängt hatte und das Ergebnis kontinuierlicher Ausschlussprozesse ist. An ihrem Beispiel treten die Folgen der Armut und der Kontinuität rassistischer Vorurteile exemplarisch hervor. Sie verdeutlichen, wie prekäre Familienverhältnisse die Kinder der unteren Klassen über die Kinder- und Erziehungsheime führten.

Der andere Teil der Familien ehemaliger Heimkinder litt an einem Integrationsdefizit bei Arbeit und Wohnen, in der Erziehung und Kultur. Diese Konstellation machte sie sozial verwundbar. Ihre Ausgrenzung erlebten sie als einen Degradierungsvorgang im Vergleich zu ihrem früheren sozialen Status. Für sie bedeutete der Weg ihrer Kinder vom Herkunftsmilieu in das Milieu der Fürsorgeheime eine weitere Stufe in der Verlaufskurve des sozialen Abstiegs. Die Akteure in diesem Prozess der Abwertung und Ausgrenzung sind nicht konkretisierbar, bleiben anonym. Deshalb scheint uns der Begriff der „Niedertracht der Verhältnisse" an dieser Stelle angemessen.

Das nächste Kapitel analysiert die soziale Lage der Betroffenen anhand der Wohnungsfrage bis Anfang der 1980er Jahre. Ein großer Teil dieser Randständigen lebte in der so genannten Bocksiedlung und in Barackenlagern, ihre Absiedelung war eine dramatische Erfahrung, da sie sich die Mieten in den Neubauten der Reichenau und des Olympischen Dorfes nicht leisten konnten. Die Stadt Innsbruck übersiedelte sie als „nicht wohnfähige, noch wohnfähige oder nur beschränkt wohnfähige" Mietparteien in Substandardwohnungen. So konzentrierten sich die marginalisierten Familien wieder in bestimmten Wohngegenden, wo ihnen der schlechte Ruf nacheilte, der sie verdächtig machte und eine verschärfte Überwachung durch das Jugendamt nach sich zog. Die Protokolle des Gemeinde- und Stadtrates von Innsbruck stellten gerade für diesen Abschnitt eine zentrale Quelle dar.

In den Gesprächen mit den Mitgliedern der Opferschutzkommission, in schriftlichen Berichten, E-Mails, Telefonaten und vertiefenden Interviews haben Betroffene über ihr Leben nach den Aufenthalten im Heim Auskunft gegeben. Vier Menschen erzählen, wie sie es trotz anhaltender Probleme geschafft haben, ein gelungenes Leben zu führen. Ihnen schließen sich Ausschnitte aus Berichten von 25 Frauen und Männern an, die einen Einblick in die Problematik ihres Lebensalltags geben, der von den Nachwirkungen jener Verletzungen gekennzeichnet ist, die sich in Kindheit und Jugend unübersehbar in Körper und Psyche eingeschrieben haben. Bei der Rezeption dieser Dokumente sind zwei Dinge mitzudenken: Erstens sind zahllose Männer und Frauen an diesen Erfahrungen zerbrochen, leben nicht mehr, sind dabei zu resignieren oder haben sich bereits aufgegeben. Ihre Stimmen hören wir in diesem Bericht nicht. Zweitens ringen viele der Betroffenen, deren Aussagen uns hier erreichen, nicht nur mit physischen und psychischen Beeinträchtigungen, sondern auch mit prekären Lebenslagen. In Zeiten der Wirtschaftskrise, explodierender Arbeitslosenzahlen und erbitterter Konkurrenz am Arbeitsmarkt sind ehemalige Heimkinder besonders gefährdet: Ein sozialer Abstieg kann wieder bevorstehen oder sich ausweiten, Handlungsmöglichkeiten und Zukunftsperspektiven schätzen nicht wenige gering ein, Ängste verstärken sich. Das Gefühl der Entwertung und des Hinausfallens aus den Zusammenhängen sozialer Anerkennung und Wertschätzung begleitet sie ständig.

In diesen Abschnitten der Studie geht es darum, ein Panorama von aktuellen Handlungsweisen, Lebenslagen, Einstellungen und Sinnkonstruktionen der ZeitzeugInnen entstehen zu lassen. Auch der Beitrag von Ulrike Paul dient dieser Intention. Paul ist Psychotherapeutin und hat in verschiedenen Settings mit mehr als 60 Betroffenen gearbeitet. Sie legt jene Strukturen offen, die das Leben der Menschen nachhaltig negativ beeinflusst haben, und beschreibt Traumafolgestörungen sowie die Weitergabe von Traumata an die nächsten Generationen. Ihr Plädoyer zielt zum einen auf eine Bewusstmachung dieser transgenerationalen Aspekte in der Aus- und Fortbildung sowie in der Praxis der Sozialen Arbeit, zum anderen auf eine verstärkte professionelle Unterstützung dieser Familien als Chance zur Traumaverarbeitung.

Im Abschlusskapitel werden die Arbeit und die Herangehensweise der Opferschutzkommission Innsbruck vorgestellt, mit der sie den Zeitzeuginnen und Zeitzeugen Respekt zollen und ihre Würde achten wollte. Als tragendes Moment in diesem Prozess der Anerkennung sahen wir die persönliche Begegnung mit den Opfern der Heimerziehung. Auf die Zuerkennung von finanziellen „Entschädigungen" und Therapien haben die Betroffenen der Heimerziehung einen moralischen Anspruch; für die Mitglieder der Kommission schließt dies eine Erwartungshaltung der Dankbarkeit kategorisch aus. Leistungen der Stadt Innsbruck, die an die Menschen flossen, konnten angesichts der Dimensionen der Kinderrechtsverletzungen in der Vergangenheit keine Wiedergutmachung darstellen, sondern in erster Linie eine Geste, die, spät aber doch, den Berichten der ehemaligen Heimkinder Glauben schenkt, das erlittene Unrecht anerkennt und den Beitrag der ZeitzeugInnen zu dessen Aufklärung würdigt. Wie die Menschen die Gespräche mit der Opferschutzkommission und deren Tätigkeit wahrgenommen haben, wird in der Zusammenfassung ihrer Reaktionen und Kommentare deutlich, die sie der Kommission auf deren Bitte um eine Rückmeldung zukommen haben lassen.

Die ehemaligen Heimkinder waren einer dreifachen Traumatisierung ausgesetzt: zunächst durch eine massive Vernachlässigung oder Trennung von ihren Bezugspersonen, dann durch ihre Einweisung auf einen Pflegeplatz oder ins Heim und schließlich durch das Ausbleiben ausreichender Hilfe und Anerkennung des erfahrenen Leides nach dem Heimaufenthalt. So hinderten die Nachwirkungen der Traumatisierung und die Ignoranz von Politik und Gesellschaft jahrzehntelang am Sprechen.[4] Horst Schreiber interviewte deshalb 14 Frauen und Männer über ihre Kindheit und Jugend, die sie zwischen Anfang der 1950er und Ende der 1980er Jahre auf Pflegeplätzen, in Kinderheimen und Erziehungsanstalten der Stadt Innsbruck, des Landes Tirol, von katholischen Orden und anderswo verbracht hatten.[5] Christian Kuen schnitt die 14 Video-Interviews unter Rücksprache mit den ZeitzeugInnen. Im Ergebnis entstanden ebenso viele Porträts und 18 thematische Zugänge zu den historischen Verhältnissen in der Heimerziehung und ihren Folgen. Sie sind auf einer eigenen Homepage – www.heimkinder-reden.at – zu sehen und zu hören. Christian Kuen und Horst Schreiber haben aus diesen vielstündigen Interviews eine

Film-Dokumentation zusammengestellt,[6] die sie im Jänner 2015 im Innsbrucker Leo-Kino der Öffentlichkeit präsentierten: „‚Jetzt reden wir!' Ehemalige Heimkinder erzählen". Diese Form der Aufarbeitung machte den Positionswandel vom Opfer zum Zeitzeugen und zur Zeitzeugin offensichtlich, zeigte diese in ihrer Selbstdeutung und stellte einen weiteren Versuch dar, den ehemaligen Heimkindern jenen Respekt entgegenzubringen, der ihnen so lange vorenthalten wurde. Selbstmächtig erzählen die Betroffenen und verlassen die Opferperspektive. Unter der Leitung der Theaterpädagogin Irmgard Bibermann brachte die Gruppe nachtACTtiv Ende Oktober 2015 ein biografisches Theater auf die Bühne: „Jetzt wird geredet: Heimerziehung im Namen der Ordnung". Die Inszenierung vermittelt, dass dem Schweigen ein Ende gemacht werden kann, weil die Opfer von damals sich mutig ihren schrecklichen Erinnerungen stellen und es wagen, sie zu veröffentlichen.

Die Video-Interviews im Internet, die Film-Dokumentation und das Theaterstück – alles Projekte, die mit Unterstützung der Stadt Innsbruck realisiert werden konnten – ergänzen die Tätigkeit und die Anliegen der städtischen Opferschutzkommission. Es braucht viele unterschiedliche Zugänge, die die Gewalt gegen Kinder in Heimen und auf Pflegeplätzen einer breiten Bevölkerung begreifbar machen und sie in das kollektive Gedächtnis der Gesellschaft heben. Auch die vorliegende wissenschaftliche Studie ist ein Baustein in diesem Sinn. Es handelt sich nicht um bezahlte Auftragsarbeit, sie versteht sich als Teil der Bemühungen um eine angemessene „Wiedergutmachung" für die Menschen, die in den Kinderheimen der Stadt Innsbruck Gewalt erleiden mussten.

Danke

An alle Menschen, die den Mut fanden, sich an die Opferschutzkommission Innsbruck zu wenden: für ihre Offenheit, ihr Vertrauen und den Beitrag, den sie zur Aufklärung der Gesellschaft über die Gewalt an Kindern und Jugendlichen geleistet haben.

An meine KollegInnen in der Opferschutzkommission Heinz Barta und Doris Preindl: für die gute Zusammenarbeit und das engagierte Bemühen, die ZeitzeugInnen zu würdigen.

An Gertraud Zeindl und Christian Herbst: für ihre Hilfe bei der Quellenrecherche im Stadtarchiv/Stadtmuseum Innsbruck.

An Lukas Morscher, den Leiter des Stadtarchivs/Stadtmuseums Innsbruck: für die organisatorische Unterstützung bei der Veröffentlichung des Buches.

An die Stadt Innsbruck: für die rasche, unbürokratische Durchführung der Vorschläge der Opferschutzkommission und für die Förderung der Druckkosten sowie der filmischen und theatralischen Projekte zur Aufarbeitung der Gewalt in der Fürsorgeerziehung.

An Elfriede Sponring für ihr sorgfältiges Korrektorat, Kurt Höretzeder, Ines Graus und Karin Berner für die schöne Gestaltung des Buches und Christina Kindl-Eisank für die gute organisatorische Betreuung im Studienverlag.

An Waltraud Kannonier-Finster und Meinrad Ziegler: für die wissenschaftliche Supervision und das Lektorat sowie die Anregungen für die ästhetische Gestaltung des Buches – und nicht zuletzt für ihre selbstlose Freundschaft.

Zum Wohle der Kinder?
Die Heime der Stadt Innsbruck

Die Jugendheimstätte Holzham-Westendorf

1893 wurde auf dem Anwesen der späteren Jugendheimstätte Holzham-Westendorf, Gut Deggenmoos, im Bezirk Kitzbühel ein Gebäude errichtet, das „obere" Badl, in dem schließlich eine Kuranstalt ihren Platz fand.[1] Am 1. November 1917 erwarb der Verein für Ferienkolonien in Innsbruck vom Badwirt Balthasar Riedmann um 54.000 Kronen die Liegenschaft mitsamt einem ausgedehnten Grundbesitz, um sie als Sommererholungsheim für Kinder aus Innsbruck zu nutzen.[2] Im Kaufvertrag ist die Rede von einer Behausung, mit der das Recht, ein Gasthaus zu führen, verbunden war; weiters von Zugebäuden, einem Gartl und einem Anger, zu dem die Befugnis, ein Heilbad zu betreiben, gehörte. Zur Liegenschaft, die einen Kilometer vom Dorfzentrum und zwei Kilometer vom Bahnhof entfernt ist, zählten Wald, Weiden, Äcker und Wiesen. Da der Verein für Ferienkolonien das so genannte „Badwirtsanwesen" nur zwei Monate lang im Sommer nutzte, verpachtete sie die Liegenschaft mit Ausnahme des Gebäudes („das neue Badhaus") und des Gemüsegartens an den Verkäufer, der das gesamte Jahr die Aufsicht innehatte, während der beiden Sommermonate für die Wirtschaftsführung im Haus verantwortlich war und auch die Milchversorgung der Ferienkinder sicherstellte.[3]

Nach dem „Anschluss" löste der Stillhaltekommissar den Verein für Ferienkolonien in Innsbruck auf. Am 21. November 1938 wurde die Nationalsozialistische Volkswohlfahrt (NSV) grundbücherlicher Eigentümer, obwohl die Statuten des Vereins für Ferienkolonien im Falle der Vereinsauflösung eine Übertragung des Vermögens an die Stadtgemeinde Innsbruck vorgesehen hatten.[4] Im August 1940 kündigte der Personalamtsleiter der NSDAP die Nutzung der Anlage als Heim für Südtiroler Umsiedler-Kinder an, Anfang Dezember dürfte es in Betrieb gegangen sein; schließlich fanden auch Kinder Aufnahme, die vor dem Bombenkrieg in Sicherheit gebracht wurden oder deren Eltern ausgebombt waren.[5] Die offizielle Bezeichnung lautete „Jugendheimstätte der NSV in Holzham, Westendorf".

Die Klärung der Besitzverhältnisse

Mit dem Verbotsgesetz vom 8. Mai 1945 wurden die NSDAP, ihre Wehrverbände, Gliederungen, angeschlossenen Verbände, Organisationen und Einrichtungen aufgelöst und das Vermögen als zugunsten der Republik Österreich verfallen erklärt. Am 4. März 1948 trug sich die Republik als Eigentümer des Besitzes der NSV in Westendorf grundbücherlich ein.[6] Mit Beschlussprotokoll Nr. 14 vom 9. August 1945 entschied die Tiroler Landesregierung, das NSV-Jugendheim Holzham-Westendorf samt allen dazugehörigen Grundstücken und dem noch vorhandenen Betriebskapital von 74.000 Reichsmark in die treuhänderische Verwaltung des Landes zu übernehmen und das Objekt als Jugendheimstätte weiter zu betreiben. Sie übertrug die Leitung und Verwaltung des Heims an das Landesjugendamt. Das Land stimmte für diese Übergangslösung, weil das Heim unbeschädigt war, keine Kosten anfielen und ein dringender Bedarf für ein „Auffangheim für eltern- und vaterlandslose Kinder" bestand. Wesentlich war, dass der letzte Obmann des Vereins für Ferienkolonien, Anton Schuler,[7] stellvertretender Magistratsdirektor der Stadt Innsbruck vor 1938, illegaler Nationalsozialist, stellvertretender Regierungsdirektor nach der NS-Machtübernahme und schließlich Regierungsdirektor der Abteilung I der Reichsstatthalterei Tirol-Vorarlberg,[8] diesen Schritt befürwortete. Die wertvolle Liegenschaft bestand aus einem Wohnhaus, einem Hofraum mit Keller und Haus, Futterstall, Schießstand, Wald, Wiesen, Äcker und Weiden. Im März 1947 war das Betriebskapital aus der Zeit des Nationalsozialismus bis auf einen geringfügigen Restbetrag aufgebraucht. Die gesetzliche Grundlage zur Klärung des rechtsnachfolgenden Eigentümers war zwar noch nicht vorhanden, doch standen die Chancen gut, dass einer Übertragung des Besitzes an die Stadt Innsbruck, sofern sie dazu bereit war, nichts im Weg stehen würde. Der Verein für Ferienkolonien in Innsbruck hegte keine Absicht, sich wieder zu konstituieren, so dass entsprechend den Statuten das Vereinsvermögen der Stadt Innsbruck zufallen musste, die es „zu einem das Wohl der Schuljugend förderndem Zwecke zu verwenden hat". Der Stadtrat beschloss am 13. April 1947 die Übernahme der zeitlich befristeten treuhänderischen Verwaltung des Vereinsvermögens und die Weiterführung des Heimbetriebs unter der Verwaltung des Leiters der Magistratsabteilung V (Wohlfahrtsamt), Franz Duregger. Zwei Tage später unterzeichnete das Amt der Tiroler Landesregierung die Bestellungsurkunde.[9]

Ob die Stadt das Heim weiterführen, verpachten, einem anderen Zweck zuführen oder wieder dem Land Tirol übertragen sollte, blieb längere Zeit Diskussionsgegenstand im Gemeinderat. Das Gebäude war als Sommerferienheim errichtet worden, nicht aber für einen ganzjährigen Betrieb. Einig waren sich alle Fraktionen, dass die Stadt ein Heim für die Fürsorgeerziehung benötigte, dass aber die Entfernung Innsbruck–Westendorf die finanziellen Kosten in die Höhe trieb und auch die Überwachung erschwerte. Zunächst fiel die Entscheidung, das Heim Holzham-Westendorf weiterzuführen und sich gleichzeitig nach einer Alternative in Innsbruck umzusehen.[10] Die SPÖ bevorzugte zwar ein Heim in der Nähe der Stadt: „Das würde die Verwaltungskosten vermindern, auch könnte man die Erziehung besser überprüfen."[11] Doch sie setzte sich am stärksten für die Weiterführung des Heims ein und forderte früh die Errichtung geeigneter Schulräume und einen Anbau für eine komfortablere Unterbringung der Kinder. Die SPÖ-PolitikerInnen gingen davon aus, dass das Heim Arbeiterkindern zugutekäme, die in schlechten Familienverhältnissen aufwuchsen. Ihr Verständnis von Erziehung unterschied sich nur graduell von der Auffassung der bürgerlichen PolitikerInnen mit ihrer Forderung nach einer Korrekturerziehung und ihrer Unterstellung von „Kinderfehlern". Vizebürgermeister und Sozialreferent Hans Flöckinger (SPÖ) sah die Unterbringung von Kindern im Heim Holzham-Westendorf als Präventionsmaßnahme:

„*Die vielen Fehler, die in der Erziehung geschehen, machen Korrekturen notwendig und man muß versuchen, den Kindern im Heime einen guten Einfluß zu vermitteln. In einigen Jahren wird man sehen, ob sich der Aufwand nicht doch gelohnt hat. Wenn man die Ausgaben nicht tätigt, könnte es später bereut werden. Der Versuch, aus den jungen Menschen den guten Kern herauszuschälen, muß sich lohnen, ohne Rücksicht darauf, ob die Führung des Heimes etwas mehr kostet als die eines anderen. (…). Man möge einmal ein Landeserziehungsheim besichtigen und wird feststellen müssen, daß die Fehler der dort befindlichen jungen Menschen viel schwerer zu beseitigen sind, als die kleinen Fehler der Zöglinge des Heimes in Westendorf."*[12]

Das städtische Rechnungsprüfungsamt betrachtete das Heim Holzham-Westendorf in erster Linie aus betriebswirtschaftlicher Sicht, machte aber auch auf die Schwierigkeit aufmerksam, den Betrieb von Innsbruck aus kontrollieren zu können. Die abgelegene Lage verhindere „eine doch notwendig erscheinende ausreichende Aufsicht in erzieherischer, schulmäßiger, ärztlicher und betrieblicher Hinsicht". Eine laufende Überwachung sei daher nicht möglich, die Betriebsführung unrentabel. Ökonomisch als auch pädagogisch bestehe ein Missverhältnis zwischen Aufwand und Ertrag. Daher empfahl das Prüfungsamt, diese Fürsorgeeinrichtung nach Innsbruck oder in die nächste Umgebung zu verlegen.[13]

Als die Wahlpartei der Unabhängigen (WdU), Vorgängerorganisation der FPÖ, 1952 die Auflassung des Heimes beantragte, hatten sich ÖVP und SPÖ bereits für dessen Fortführung entschieden.[14] Anfang 1949 beabsichtigte die französische Militärregierung ihre Hochgebirgsschule ins Heim nach Westendorf zu verlegen, doch Bürgermeister Anton Melzer (ÖVP) konnte dies abwehren.[15]

Da die NSV das Vermögen des Vereines für Ferienkolonien in Innsbruck nach dessen Auflösung 1938 entgegen den Statuten, die eine Rechtsnachfolge der Stadt Innsbruck vorsah, verwertet hatte, war die Voraussetzung für eine Antragstellung bei der Finanzlandesdirektion für Tirol im Sinne des 2. Rückstellungsgesetzes vom Februar 1947 gegeben. Am 25. November 1949 bestellte das Bezirksgericht Hopfgarten Schulrat Bernhard Amos, ehemaliger Vorstand des Vereines für Ferienkolonien, zum Kurator der Liegenschaft; mit 12. Dezember wurde er auf Begehr der Stadt Innsbruck vom Innenministerium zum Liquidator bestellt, vor allem zur Geltendmachung der Rückstellungsansprüche der Stadt auf dieses Vermögen. Anton Schuler und Viktor Tschamler, Stadtphysikus von Innsbruck im Ruhestand, standen Amos als weitere Liquidatoren zur Seite.[16]

Mit Bescheiden vom 22. Mai und 9. Dezember 1953 verfügte die Finanzlandesdirektion Tirol die Rückstellung des gesamten Liegenschaftsbesitzes des ehemaligen Vereins für Ferienkolonien (Westendorf, EZ 128 I) in Holzham 19 (vormals Westendorf 157) an die Stadt Innsbruck.[17] Bereits zuvor war die Stadt in einem Rückstellungsverfahren vor dem Landesgericht und dem Oberlandesgericht Innsbruck gegen die Ansprüche von drei Schwestern wegen des Gasthauses Badl (Badlwirt, Westendorf 156) erfolgreich geblieben und hatte sich das Gasthaus 1951 grundbücherlich einverleiben können. Die Kegelbahn, die zum Gasthaus Badl gehörte, wurde an den Besitzer des Strandbades von Westendorf mit der Auflage verkauft, den Kindern und dem Personal der Jugendheimstätte sieben Jahre lang den unentgeltlichen Besuch des Strandbades in Westendorf einzuräumen.[18]

Die Bundesregierung ermächtigte den Liquidator Bernhard Amos mit Beschluss vom 7. September 1954, das Vereinsvermögen im Wege eines Schenkungsvertrages unentgeltlich an die Stadt Innsbruck zu übertragen, die das Vermögen weiterhin nach dem statutenmäßigen Zweck des aufgelösten Vereins zu verwenden hatte. Am 21. Mai 1955 erfolgten die Unterschriftsleistungen.[19] Vizebürgermeister Heinrich Süß (ÖVP) unterstrich, dass das Areal mit rund 116.200 m² „einen respektablen Wert" für die Stadt darstelle.[20] Das einsturzgefährdete Gasthaus Badl wurde 1961 abgerissen.[21] Ein Jahr zuvor erhielt die Stadt aus dem öffentlichen Gut der Gemeinde Westendorf 631 m² Grund.[22]

Personelle Kontinuitäten in der Fürsorgeverwaltung

Um die Führungspersönlichkeiten in der Verwaltung der Kinder- und Jugendfürsorge einschätzen zu können, soll vorab kurz auf deren Hintergrund eingegangen werden. Bis zum „Anschluss" besorgten im Land Tirol private Vereine die Kinder- und Jugendfürsorge, erst der Nationalsozialismus richtete ein Landesjugendamt und

Bezirksjugendämter ein. Nur die Stadt Innsbruck verfügte bereits seit 1918 über ein eigenes Jugendamt. Nach dem Krieg rückten ehemalige Austrofaschisten an führende Positionen, die in der NS-Zeit enthoben oder in die zweite Reihe gedrängt worden waren, bald stellte auch eine Mitgliedschaft in der NSDAP keinen Hinderungsgrund dar, eine leitende Stellung einzunehmen. Die Leiter der Abteilung Vb, Landesjugendamt, Robert Skorpil (Mai 1945 bis Februar 1947) und Aloys Oberhammer (1947 bis 1950) waren Vertreter jener katholisch-konservativen Elite, die bis 1938 in einer führenden Funktion der Kinder- und Jugendfürsorgevereine standen und sich im austrofaschistischen „Ständestaat" engagiert hatten, Oberhammer als Mitglied des Innsbrucker Gemeinderates, Skorpil sogar als Landesrat für Schule, Kunst, Fürsorge und Krankenanstalten sowie als Landesführer des Wehrkampfverbandes der „Ostmärkischen Sturmscharen". Beide wurden von den Nationalsozialisten ihrer Ämter enthoben. Mit ihrer Bestellung an die Spitze des Landesjugendamtes knüpfte der Fürsorgebereich personell und inhaltlich an den „Ständestaat" an. Beide machten nach 1945 weiter Karriere, Skorpil als Präsident des Landesgerichtes Innsbruck, Oberhammer als Landesrat und Landesparteiobmann der ÖVP.[23] Alfred Haindl, so wie Oberhammer an leitender Stelle im Landesverband Barmherzigkeit der Caritas tätig, zählte zu jenen Konservativen, die geschmeidig genug waren, sich an den Nationalsozialismus so gut anzupassen, dass sie im neu errichteten Gaujugendamt weiterverwendet wurden. Zu diesem Zweck trat er der NSDAP bei. Das Gaupersonalamt bestätigte, dass er sich bereit vor der NS-Machtübernahme zum Nationalsozialismus bekannt habe.[24] Nach dem Ende des Zweiten Weltkrieges wirkte Haindl zunächst als stellvertretender Leiter des Landesjugendamtes, 1950 erklomm er als Nachfolger von Oberhammer die Spitze des Amtes, an der er bis 1968 verblieb. Auch die Leitung des Wohlfahrtswesens in der Stadt Innsbruck war von politischen Wendehälsen und ehemaligen NSDAP-Mitgliedern dominiert. Sowohl Duregger (Leiter der Magistratsabteilung V, Wohlfahrtsamt, von 1935 bis 1954) als auch Alfons Dietrich (Leiter der Magistratsabteilung V von 1955 bis 1970) waren bereits in der Ersten Republik im städtischen Wohlfahrtsamt tätig. Im „Ständestaat" hatten sie ihre Position gefestigt oder waren wie Duregger an die Spitze der Magistratsabteilung gestoßen. Im Nationalsozialismus konnte Duregger seine Stellung behaupten und Dietrich weiter aufsteigen. In der Zweiten Republik setzten beide ihre Karriere nahtlos fort. Beispielhaft soll die Anpassungsbereitschaft an den Nationalsozialismus an der Person von Franz Duregger kurz aufgezeigt werden. Nachdem er im „Ständestaat" die Leitung des städtischen Wohlfahrtsamtes übernommen hatte, sollte er nach dem „Anschluss" von dort abgezogen und als Verwaltungsbeamter ins Stadtbauamt versetzt werden. Doch NS-Oberbürgermeister Egon Denz hielt seine schützende Hand über ihn, dafür trat Duregger der NSDAP bei, der Nationalsozialistischen Volkswohlfahrt, dem Reichsbund deutscher Beamter, dem NS-Rechtswahrerbund, dem Reichsluftschutzbund

und der Deutschen Jägerschaft.[25] Nach dem Krieg verteidigte sich Duregger mit den für ehemalige Parteimitglieder typischen Argumentationsmustern. Er sei „erst über 5–6-malige, schliesslich energische Aufforderung des damaligen Fachschaftsleiters des RDB [Reichsbund deutscher Beamter] beigetreten, der mir bedeutete, dass meine konstante Weigerung, den Eintritt in die Partei zu vollziehen, als mangelnder Wille unter dem Regime legal und loyal zu arbeiten, ausgelegt werden müsste". Das Parteiabzeichen habe er weder besessen noch getragen. „Ich war in meiner Amtstätigkeit insoferne beschränkt, als ich in mancher Hinsicht nicht nach Recht und Gesetz vorgehen konnte", betonte Duregger im Bewusstsein um die Verstrickung der Fürsorgeverwaltung in die Verbrechen des Nationalsozialismus. Allerdings nahm er für sich in Anspruch, bestrebt gewesen zu sein, die Gesetze einzuhalten. Dieses Bemühen habe ihn in Konflikt mit dem NS-Regime gebracht. Der stellvertretende Gauleiter habe ihn schwer gerügt und schärfste Maßregelung angedroht.[26] An seiner Leitungsfunktion und seinen dienstrechtlichen Vorrückungen änderte der angebliche Disput jedenfalls nichts. Der einzige Nachteil, der Duregger nach dem Krieg erwuchs, war, dass er von 1947 bis 1950 als Sühnemaßnahme in eine niedrigere Dienstklasse eingeteilt wurde.[27]

Im März 1948 wurde Alfons Dietrich, die rechte Hand von Duregger, zum Leiter des Jugendamtes bestellt, um Duregger zu entlasten. „Herrn Magistratsoberrat Dr. Duregger soll dadurch Gelegenheit geboten werden, die Magistratsabteilung V besser zu überblicken und die Tätigkeit seiner Mitarbeiter genauer zu kontrollieren",[28] stellte Vizebürgermeister Hans Flöckinger (SPÖ) fest. Im März 1954 erkrankte Duregger, der mit Jahresende in Pension geschickt wurde, und sein Stellvertreter Alfons Dietrich stieg zum Leiter des städtischen Wohlfahrtsamtes auf. 1970 wurde er von Helmut Lagger abgelöst. Von 1976 bis 1995 leitete Hermann Schweizer das Sozialamt.

Diebstahl, Betrug, NSDAP-Mitgliedschaft:
Die Leiter der Jugendheimstätte Holzham-Westendorf

Klaus Krüger, vom 3. Dezember 1940 bis 15. Juni 1945 Leiter des Heimes der Nationalsozialistischen Volkswohlfahrt in Holzham-Westendorf, traf Ende Mai / Anfang Juni zu einer Besprechung mit dem Leiter des Landesjugendamtes Robert Skorpil und dessen Stellvertreter Alfred Haindl zusammen, die ihn laut Krüger schriftlich mit der kommissarischen Weiterführung des Heims betraut hatten. Doch am 15. Juni verhafteten US-amerikanische Soldaten und Vertreter der Österreichischen Widerstandsbewegung Krüger und seinen Vorgänger Eugen Hoppmann. Krüger sprach von drei „ehemaligen KZlern", die ihn festgenommen hätten.[29] Er bat seinen Vorgesetzten aus der NS-Zeit nicht nur um Unterstützung bei der Beschaffung seines im Heim Holzham-Westendorf lagernden Besitzes, sondern auch um ein Dienstzeugnis, doch Haindl reagierte nicht. In seinem nächsten Schreiben erinnerte Krüger ihn daran, dass er jetzt völlig mittellos dastehe und auf Haindls Hilfe angewiesen sei. Mit der schriftlichen Bescheinigung der kommissarischen Weiterführung des Heimes in Westendorf, die nur durch die widerrechtliche Verhaftung nicht in die Tat umgesetzt werden konnte, habe Haindl ihm gegenüber das Vertrauen zum Ausdruck gebracht. „An diesem Verhältnis hat sich ja wohl in der Zwischenzeit nichts geändert", meinte Krüger. Doch Haindl war bereits als Demokrat in der Zweiten Republik angekommen, an seine Rolle in der NS-Zeit wollte er nicht mehr erinnert werden.[30]

Bei der Verhaftung der beiden nationalsozialistischen Heimleiter im Juni 1945 unter der Führung von Richard Gerber und zwei seiner Begleiter, die sich als „Dachaukommission" bezeichneten, tat sich der 23-jährige Otto Haan besonders hervor, der sich seit 20. April 1945 auf Zuweisung der NSV in Westendorf wegen eines Magengeschwürs auf Erholung befand. Haan, 1922 in Wien geboren, hatte mehrere Berufe vom Handelsreisenden bis zum Fahrlehrer ausgeübt, bis er einrücken musste. Er selbst beschrieb sich als Widerstandskämpfer, der vom Sondergericht Wien zu neun Monaten Gefängnis verurteilt worden war. Für die Jahre vor 1938 gab er Mitgliedschaften in Organisationen des „Ständestaates" an, bei den „Ostmärkischen Sturmscharen" und als Ortsjugendführer im Österreichischen Jungvolk. Mit Einverständnis der US-Militärregierung, der Widerstandsbewegung und des Bürgermeisters von Westendorf wurde Otto Haan zum Heimleiter bestellt, das Landesjugendamt bestätigte ihn in seiner kommissarischen Führungsfunktion am 23. Juli und gab ihm Ing. Franz Zurmann vom Landes-Liquidierungsamt zur Seite. Ausschlaggebend waren seine Angaben zur Widerständigkeit gegen das NS-Regime, die jedoch niemand auf den Wahrheitsgehalt hin überprüfen konnte.[31]

Haan bezeichnete die ehemaligen NS-Heimleiter als Sittlichkeitsverbrecher, Mörder und Diebe. Die Jungen des Heimes seien den ganzen Tag ohne Aufsicht im Wald oder im Dorf herumgelaufen und von Heimleiter Krüger, der Orgien gefeiert und Geld des Heimes unterschlagen hätte, mit einer Reitpeitsche blau geschlagen worden. Er habe schließlich zur Wehrmacht einrücken müssen und als politischer Funktionär in Italien Menschen aufgehängt, bis er vor Kriegsende mit einem PKW und LKW desertiert sei und Unmengen von Zigaretten, Schnaps, Stoffen und sonstigen Gütern nach Westendorf transportiert hätte. „Die Naziverbrecher werden ihrer gebührenden Strafe zugeführt", schloss Haan seinen Bericht über die ehemalige Nazi-Heimleitung. Kurze Zeit später ermittelte die Sicherheitsdirektion auf Ersuchen des Landesjugendamtes gegen ihn wegen des Verdachts der Veruntreuung, nachdem der Bürgermeister und der Pfarrer von Westendorf ihn schwer belastet hatten. Haan hatte seine Freundin als Erzieherin eingestellt und das Bett mit ihr im

Heim geteilt, sich den Besitz des NS-Jugendheimstättenleiters Hoppmann, Stoffe aus dem Lager des Heimes und ein Wehrmachtsauto widerrechtlich angeeignet. Schwer wog, dass er die Apotheke des Heimes geplündert und einzelne Posten dem Landesjugendamt verkauft hatte. Haan musste am 9. Oktober 1945 die Heimleitung an Franz Loibl übertragen, einem Buchhalter und kaufmännischen Angestellten, der sich ehrenamtlich zur Verfügung stellte und bereits seit Juni als dessen Stellvertreter und Erzieher in Holzham-Westendorf tätig war.[32] Da Loibl aber dringend in einem Landeserziehungsheim benötigt wurde, blieb er nur einen Monat lang auf der Leiterstelle.[33]

Am 15. November 1945 ernannte das Landesjugendamt Rudolf Hauser-Hauzwicka, einen gebürtigen Innsbrucker, zum Leiter der Jugendheimstätte. Nach abgebrochenem Mittelschulstudium versuchte er sich mehrere Jahre an Theaterbühnen, von 1928 bis 1934 war er Schriftleiter der sozialdemokratischen „Volkszeitung" in Innsbruck und arbeitete auch bei den sozialdemokratischen „Kinderfreunden" mit. Nach dem Verbot der Sozialdemokratie wechselte er politisch die Fronten und engagierte sich in der austrofaschistischen Einheitspartei, der „Vaterländischen Front". Unter Landesrat Robert Skorpil wurde das sozialdemokratische „Kinderfreundeheim" in der Leopoldstraße zugunsten des Jugendfürsorgevereins in Innsbruck beschlagnahmt und als Kinderhort und Tagesheimstätte unter der Bezeichnung „Jugendheim Jung-Österreich" wiedereröffnet. Skorpil bestellte Hauser-Hauzwicka im Frühjahr 1936 als Hausverwalter und Heimleiter mit der Aufgabe der baulichen Instandsetzung und anschließenden Betriebsführung. Eine Hortleiterin und zwei Hortnerinnen betreuten die „der Straße überlassenen Kinder" bis zum 14. Lebensjahr, ein Junglehrer gab Schulnachhilfe.[34] Die Nationalsozialisten setzten Hauser-Hauzwicka im März 1938 ab und hinderten ihn daran, seine schriftstellerische Tätigkeit auszuüben. Er sattelte auf einen kaufmännischen Beruf um und bewarb sich um die Aufnahme in die NSDAP. Im Parteistatistischen Erhebungsblatt schien er zwar als Parteimitglied seit 1. April 1939 auf, doch das Parteigericht lehnte seinen Antrag im Jänner 1942 ab.[35] Hauser-Hauzwicka übersiedelte nach Ternitz, wo er in der bautechnischen Abteilung der Stahlwerke von Schöller-Bleckmann arbeitete. Zu Kriegsende stand er mit Frau und drei Kindern mittellos da, sowohl seine Wohnung in Ternitz als auch die seiner Eltern in Innsbruck waren ausgebombt. Deshalb wandte er sich im Oktober 1945 hilfesuchend an den „lieben Dr. Skorpil" in seiner Eigenschaft als Leiter des Landesjugendamtes und bewarb sich um die Leiterstelle in Westendorf. Nach dessen positivem Bescheid bedankte sich Hauser-Hauzwicka überschwänglich nach „sieben Monaten harten Wartens" im Flüchtlingsasyl St. Gilgen am Wolfgangsee.[36] Im Februar 1947 übernahm er nach Anfrage des Leiters des Landesjugendreferates Arthur Haidl, den er von der Zusammenarbeit in der „Jugendbewegung" des „Ständestaates" her kannte, die gesamte Pressearbeit für das Jugendreferat und wirkte beim Wiederaufbau des Jugendrotkreuzes mit, für das er sich – speziell im Kampf gegen „Schmutz und Schund" – bis zu seinem Tod 1961 engagierte.[37]

Bereits früh waren Vorwürfe laut geworden, dass er den Heimkindern und dem Personal Lebensmittel vorenthalten hätte, so dass Landessozialreferent Franz Hüttenberger (SPÖ) eine Untersuchung einleiten ließ. Doch stets konnte er die Anschuldigungen entkräften.[38] 1948 schrieb ein zwölfjähriger Bub heimlich an seinen Pflegevater, dass er in Westendorf hungere, die Behandlung sei schlimmer als in einem Konzentrationslager. Der Heimleiter verfasste über das Kind folgenden Führungsbericht: „Charakterlich noch ziemlich unausgeglichen. Alles ist so von einem Nebel umgeben, durch den man nicht recht sehen kann. Die zur Schau gestellte Scheuheit wirkt mitunter wie ein Gedrücktsein, ein Geducktsein und man hat das Empfinden, dahinter steckt so ein niedergehaltener Wille, der einmal die Fesseln sprengen will."[39] Kurz darauf stellte der Leiter der Magistratsabteilung V über Hauser-Hauzwicka eine Dienstbeschreibung zusammen, die ihn als hochintelligent, sehr begabt und mit umfassenden Kenntnissen auf dem Gebiet der Literatur charakterisierte. Er betätige sich erfolgreich als Schriftsteller und sei insgesamt ein blendender Erzieher und Administrator: „Herr Hauser ist ein ausgezeichneter Heimleiter, der sich mit Leib und Seele der Jugend verschrieben hat, der er seine ganzen Kräfte unter Hintansetzung seiner persönlichen Interessen widmet."[40]

Drei Monate nach Ausstellung dieser hervorragenden Dienstbeurteilung brachte eine unangekündigte Kassen- und Betriebskontrolle finanzielle Unregelmäßigkeiten und einen katastrophalen Zustand der Buchhaltung zum Vorschein. Es fehlten Geld, Genussmittel und Bücher, zudem hatte Hauser-Hauzwicka dem Heim teure Ferngespräche für private Zwecke verrechnet. Kritik musste aber auch die Magistratsabteilung V einstecken, weil sie es anlässlich der Übernahme des Heimes aus der Verwaltung des Landes im April 1947 verabsäumt hatte, die Geldeingänge der Kostensätze selbst zu verwalten. So war dies dem Heimleiter überlassen, der die Verbuchungen der Zöglingsgelder ebenso nachlässig betrieb wie die Verrechnung und Eintreibung von Rückständen. Bei einem Teil war dies nur mehr schwierig oder überhaupt nicht mehr zu bewerkstelligen. Wegen der Rückstände in der Einnahmenverrechnung konnte das städtische Prüfungsamt für das Jahr 1948 einen vorläufigen Rechnungsabschluss erst gar nicht vornehmen. Zahlreichen Belegen fehlte die formale Beweiskraft, weil die Unterschrift des Geldempfängers fehlte. In vielen Bereichen lag ein Missverhältnis zwischen den Voranschlägen des Heimleiters und den tatsächlichen Kosten vor, eine Reihe von kostspieligen Anschaffungen oder Aufträgen für bauliche Instandsetzungen hatte er ohne finanzielle Absicherung nach eigenem Gutdünken ohne Absprache mit den vorgesetzten Behörden vorgenommen. Das Prüfungsamt sprach von einer „Oberflächlichkeit der Wirtschaftsplanung".[41] Der Heimleiter verteidigte sich damit, dass er sich „keiner unehrenhaften und strafbaren

Tat bewusst" wäre,[42] er habe eine „vielleicht grosse und nicht überlegte Schlamperei" begangen:[43] „In diesen Jahren hat man ‚den Laden laufen lassen' und sich nicht darum gekümmert. Ich musste mit allen Schwierigkeiten allein fertig werden und ich wurde auch fertig. Wie dies geschehen und wie schwer es war, da wurde nicht gefragt und ist heute anscheinend vergessen."[44]

Zunächst konnte sich das Prüfungsamt vorstellen, dass die Unregelmäßigkeiten in der Kassengebarung und die unterlassenen Abfuhr vereinnahmter Gelder an die Stadtkassa nicht auf eine beabsichtigte Unterschlagung, sondern auf ein Übersehen und die schlechte Buchführung zurückgeführt werden konnte. Doch schließlich erhärtete sich der Verdacht „des Verbrechens der Veruntreuung und des Betruges".[45] Am 3. Jänner 1949 ersuchte Bürgermeister Melzer die Magistratsdirektion, Anzeige zu erstatten.[46] Mit Wirkung vom 3. Februar enthob das Magistrat Hauser-Hauzwicka vorläufig seines Amtes, am 8. Februar beschloss der Stadtrat die Kündigung des Dienstverhältnisses mit 30. April. Die Geschäftsführung im Heim übernahm provisorisch der Fürsorgebeamte Ernst Wild, der spätere Vorstand des städtischen Fürsorgeamtes (ab 1958). Am 3. Februar 1949 kam er in Westendorf an und holte bei Hauser-Hauzwicka Auskünfte ein. Bei Dienstantritt am nächsten Tag verständigte er die Angestellten und Kinder nur kurz ohne genauere Erklärung vom Leiterwechsel. „Die offizielle Übernahme ist also ziemlich lautlos geschehen und glaube ich bestimmt in Ihrem Sinne (…) gehandelt zu haben", schilderte er dem Leiter der Abteilung V, Franz Duregger: „Es ist hier sehr schön und gefällt es mir ganz gut hier, das Haus ist sehr sauber gehalten, die Angestellten sind sehr fleissig, aber ich bin doch froh wieder aus dieser Arbeit herauszukommen. Bitte Herr MOR [Magistratsoberrat] den Ersatz für mich bezw. die endg. Besetzung des Heimleiterpostens bei der Magistr.Direktion recht fest zu betreiben."[47]

Keine drei Wochen später, am 22. Februar 1949, wurde der einzige männliche Fürsorger im Stadtjugendamt Innsbruck, Hans Zöbl, mit der Leitung der Jugendheimstätte Holzham-Westendorf betraut.[48] Hauser-Hauzwicka belegte die Dienstwohnung mit seiner Frau und den nunmehr vier Kindern noch zwei Jahre lang bis Februar 1951. Für die Hauptverhandlung gegen den ehemaligen Heimleiter im April 1953 bestätigte Vizebürgermeister Flöckinger nach dem Bericht des Prüfungsamtes seinem Rechtsanwalt, dass Hauser-Hauzwicka das veruntreute Geld inzwischen zurückgezahlt hatte und die Stadt Innsbruck sich nicht mehr als geschädigt betrachtete.[49]

Nach der Entlassung von Hauser-Hauzwicka schrieb die Stadt den Leiterposten für das Heim Holzham-Westendorf zunächst intern unter den städtischen Bediensteten aus. Als Qualifikation sollten die Bewerber über Matura verfügen, nach Möglichkeit auch über einen Abschluss in der Lehrerbildungsanstalt „und über das nötige Interesse und praktische Erfahrung für die Jugenderziehung". Darüber hinaus erwartete die Stadt vom Bewerber, die „rechnerischen Arbeiten" eines Heimleiters bewältigen zu können.[50] Da sich jedoch nur ein Ingenieur aus dem Stadtbauamt meldete, der noch dazu seine Bewerbung wieder zurückzog, wurde die Leiterstelle in vier Zeitungen ausgeschrieben. Aus den neun Bewerbern wollte sich die Magistratsdirektion für einen Mann entscheiden, der „in der Erziehungsanstalt für Schwererziehbare" im Caritas-Heim Gleink bei Steyr „die nötigen Erfahrungen als Jugenderzieher" gesammelt hatte.[51] Die Personalvertretung setzte sich aber für den Zweitgereihten Franz Tatzel, der zu diesem Zeitpunkt 29 Jahre alt war, ein, obwohl ihm die nötige Qualifikation abging. Obmann Leopold Holzer hob hervor, dass dieser die Prüfung aus Staatsrechnungswissenschaft abgelegt habe und daher die Verwaltung des Heimbetriebs meistern könne: „Die Kenntnisse, die ihm als Erzieher vielleicht derzeit noch fehlen, wird er sich im Laufe der Zeit bei seinem Talent, das tatsächlich vorhanden ist, sicher aneignen."[52] Der Personalausschuss unter der Leitung von ÖVP-Vizebürgermeister Franz Kotter schloss sich der Meinung der Personalvertretung an.[53] In der Sitzung des Stadtsenats vom 17. März 1949 sprach sich Kotter für eine Entscheidung im Sinne des Personalausschusses aus. Bürgermeister Anton Melzer äußerte Bedenken, weil Tatzel keine Praxis als Erzieher aufwies. Stadtrat Julius Thoma (ÖVP) bezeichnete den berufsfremden Bewerber als schwach, im Gegensatz zu Stadtrat Gottfried Sigl (ÖVP). Er „traut Tatzel die Eignung zu und bemerkt, daß man für den Posten ein junges Herz braucht". Der Antrag wurde schlussendlich einstimmig angenommen und Tatzel zum neuen Heimleiter ernannt.[54]

Franz Tatzel kam am 12. Jänner 1920 in Innsbruck zur Welt, nach der Hauptschule absolvierte er die dreiklassige Wirtschaftsschule und schloss im August 1937 seine Lehre ab. Bis Februar 1940 arbeitete Tatzel als kaufmännischer Angestellter in Innsbruck und leistete dann sieben Monate im Reichsarbeitsdienst ab.[55] Mit 19 Jahren stellte er laut NSDAP-Gaukartei im Juli 1939 den Antrag seines Beitritts zur Partei, in die er am 1. November aufgenommen wurde.[56] Im Personalfragebogen vom Oktober 1940 gab Tatzel an, seit 1. April 1938 Parteimitglied zu sein und seit 1935 dem deutschen Turnverein angehört zu haben. Er wies sich als Mitglied der Hitlerjugend aus und wirkte gleich nach dem „Anschluss" am 13. März 1938 als Betriebsobmann der Deutschen Arbeitsfront.[57] Am 3. Oktober 1940 trat Tatzel als Vertragsangestellter in den Dienst der Stadt Innsbruck, doch schon am 4. Dezember rückte er zur Deutschen Wehrmacht ein. Der Militärdienst wurde ihm bis 12. Juni 1945 angerechnet, am nächsten Tag war er wieder Angestellter im Stadtmagistrat.[58] Seinen Dienst als Aushilfsangestellter nahm Tatzel am 24. Juli auf,[59] zuerst im Karten- und Bezugsscheinausgabeamt, dann im Wohnungsamt. Der Personalausschuss beantragte, ihn mit 31. August 1947 zu entlassen, weil er sich ohne Bewilligung seiner vorgesetzten Behörde vom Dienst entfernte. Da er kriegsversehrt war und eine Verwechslung bzw. ein Missverstädnis vorgelegen habe, wurde seine geplante Entlassung rückgängig gemacht und erwogen, Tatzel ins Ernährungsamt zu versetzen. Vizebürgermeister Flöckinger (SPÖ) stellte fest: „Er arbeitet gewissenhaft und genau, sein Abgang wäre eher ein Verlust als ein Gewinn." Stadtrat Sigl (ÖVP), der ihn aus dem Wohnungsamt kannte, bezeichnete ihn als tüchtig und setzte sich für ihn ein.[60]

Am 12. April 1949 trat Tatzel seinen Dienst in der Jugendheimstätte Holzham-Westendorf an. Der Leiter der Magistratsabteilung V, Franz Duregger, beschrieb Tatzels Leitungstätigkeit 1950 überaus positiv: „Er entledigt sich seiner Aufgabe mit Umsicht und Geschick, ist sehr agil und bestrebt, das Niveau des Betriebes zu verbessern, was ihm auch in augenfälliger Weise gelungen ist."[61] 1952 hieß es im Gemeinderat: „Die Jugendheimstätte Holzham-Westendorf ist sehr gut geführt und verwaltet. In den letzten Jahren wurde dieses Haus in jeder Hinsicht in Ordnung gebracht."[62] Im selben Jahr erfolgte die Definitivstellung von Tatzel. Zwischen 1966 und 1970 wirkte er als Personalvertreter im Personalausschuss der Stadt Innsbruck, allerdings fehlte er in vielen Sitzungen. An der möglichen Unvereinbarkeit der Ausübung der Funktion eines Vorgesetzten und Interessensvertreters von ArbeitnehmerInnen in ein und derselben Person stieß man sich damals nicht. Zuletzt führte Tatzel den Titel eines Oberamtsrates und Heimdirektors der Jugendheimstätte Holzham-Westendorf. Er behielt die Leitung 25 Jahre lang, bis zur Schließung des Heimes 1974. 1972 wurde Tatzel zum Geschäftsführer des von der Stadt ersteigerten Forellenhofes in Westendorf ernannt, den er gemeinsam mit der generalsanierten ehemaligen Jugendheimstätte für Sozialaktionen der Stadt und der Gewerkschaft der Gemeindebediensteten, deren Beauftragter er war, verwaltete. Tatzel war auch politisch tätig. Von 1956 bis 1974 war er für die SPÖ Vizebürgermeister in Westendorf.[63] Franz Tatzel starb am 27. Juli 1980 im 61. Lebensjahr.

Die Anfänge der Jugendheimstätte Holzham-Westendorf

Mitte Juli 1945 kam Ing. Franz Zurmann im Auftrag des Landes-Liquidierungsamtes nach Westendorf, um das unter der Leitung von Otto Haan stehende Jugendheim offiziell für das Land zu übernehmen. Sein Auftrag war es, über die aktuelle Situation zu berichten und Haan unterstützend zur Seite zu stehen. Er fand das Heim in betriebsfähigem Zustand vor. Zwar waren die schriftlichen Unterlagen verschwunden, doch das Objekt war zur Gänze unbeschadet aus den ersten Nachkriegswirren hervorgegangen, auch die Verpflegung war gesichert. Dieses Verdienst schrieb Zurmann dem kommissarischen Leiter und seinem tatkräftigen Einschreiten zu. Die 19 Kinder, die sich noch im Heim befanden, unter ihnen sowohl „schwererziehbare als auch normalerziehbare Fälle", konnten nicht abtransportiert werden, da die einen ohne Eltern dastanden, die anderen ihre Eltern nicht erreichten. Dazu kam, dass die Räumlichkeiten mit 30 erwachsenen und minderjährigen Flüchtlingen besetzt waren.[64] Das Land Tirol wollte die ehemalige NSV-Jugendheimstätte so schnell wie möglich „bis zur äußersten Belegfähigkeit von 55 bis 60 heimat- und vaterlandslosen schulpflichtigen Buben" auffüllen.[65] Das Problem bestand nicht nur darin, das Heim winterfest zu machen und Holz und Kohle zu beschaffen. Schwerer wog, dass sich die Ernährungslage im Heim ab Ende 1945 erheblich verschlechterte. Zum einen, weil in Tirol generell Hunger herrschte, zum anderen aber, weil Heimleiter Haan zusammen mit „anderen unsauberen Elementen" die Lebensmittelvorräte, die noch im Sommer 1945 in der Anstalt gelagert hatten, verbraucht und für den Winter keine Vorsorge getroffen hatte; dafür hinterließ er reichlich Schulden.[66] Personal und Kinder mussten deshalb von der „Hand in den Mund" leben. Die Kinder kamen aber bereits „ausgehungert und gesundheitlich herabgekommen" in Westendorf an. Angehörige beschweren sich über Gewichtsabnahmen wegen der schlechten Ernährung.[67] Sozialreferent Landesrat Franz Hüttenberger machte sich mehrmals vor Ort ein eigenes Bild und konnte die eine oder andere Verbesserung in die Wege leiten. Diese Situation war 1945/46 nicht dazu angetan, die Kapazitäten des Heimes voll zu nutzen. Dazu kamen organisatorische Pannen. So sollten 40 heimatlose Kinder nach Westendorf verlegt werden, weil an ihrem ursprünglichen Zielort im Auffangheim Kleinvolderberg des Kinderhilfswerks Tirol Diphterie ausgebrochen war. Doch das Landesjugendamt forderte vergeblich eine rasche Überstellung.[68] Im Schnitt hielten sich bis zum Frühjahr 1946 nur 20 bis 25 Buben in der Jugendheimstätte Westendorf auf. Die geringe Zahl hing auch damit zusammen, dass nicht klar war, welche Kinder das Heim aufnehmen sollte. Im September 1946 ordnete das Landesjugendamt sogar an, alle Vorkehrungen zu treffen, um neben 30 schulpflichtigen Kindern auch Kleinkinder ab dem ersten Lebensjahr aufzunehmen, obwohl nicht die mindesten Voraussetzungen dafür gegeben waren.[69] Der Plan wurde schließlich fallengelassen.

Die Anzahl und Zusammensetzung der Kinder variierte daher stark, die Fluktuation war überaus hoch. Erst mit der Zeit entwickelte sich die Jugendheimstätte Holzham-Westendorf zu jenem der drei Kinderheime der Stadt Innsbruck, in das die „schwererziehbaren" Kinder kamen bzw. jene, mit denen die Heime Mariahilf und Pechegarten Probleme hatten oder die man ihnen nicht zumuten wollte.

Im Sommer 1946 befanden sich unter den 37 Buben in Fürsorgeerziehung elf, die der Heimleiter als „schwer erziehbar" bezeichnete. Die meisten dieser Jungen, die sich in Holzham-Westendorf befanden, hatten die Mütter freiwillig eingewiesen. Überwiegend zahlten sie den vollen Kostensatz. In Westendorf hatten die Kinder ein Dach über den Kopf, sie mussten weniger frieren und es bestand Hoffnung auf eine bessere Verpflegung als daheim. Die Mehrzahl der Mütter war alleinstehend, musste arbeiten und hatte keine Wohnung oder zu wenig Wohnraum zur Verfügung. Meist hieß es in den Aufzeichnungen der Zöglingslisten: Vater vermisst, gefallen, unbekannt, aber auch mehrmals Mutter gestorben.⁷⁰ Kameradschaften der Kriegsopferverbände beantragten für „Kriegermütter" die Unterbringung von Kindern „in diesem Schülerheim".⁷¹

Noch im Mai 1947 machte der Heimleiter auf eine Anfrage der psychiatrisch-neurologischen Klinik in Innsbruck wegen der Einweisung eines Siebenjährigen darauf aufmerksam, dass Westendorf ein Jugendheim für „normale schulpflichtige Buben im Alter von 6–14 Jahren und daher keine Erziehungsanstalt" sei.⁷²

Zwei Monate nach der Übernahme der Amtsgeschäfte durch Rudolf Hauser-Hauzwicka nahm ein Beamter des Landesjugendamtes Ende Jänner 1946 eine Bestandsaufnahme vor. Die Kinder und Jugendlichen waren für ihn eine bunt zusammengewürfelte „führungslose ‚Horde' ohne innere und äussere Disziplin", keinesfalls eine „in sich geschlossene Heimgemeinschaft". Hauser verwies darauf, dass nur einzelne Zöglinge aus einer bürgerlichen Schicht kämen, deshalb wüssten sich so viele Buben nicht zu benehmen. Er sehe es aber nicht als seine Aufgabe an, Zöglinge wegen eines Verfehlens einfach ins Erziehungsheim Jagdberg nach Vorarlberg zu überstellen. Er habe sich für das Heim Westendorf vorgenommen, „mit allen Mitteln zu versuchen, diese schon etwas ‚gebrandmarkten' Zöglinge eben vor Jagdberg zu bewahren". Er hoffe bei den Buben Erfolg zu haben, um berichten zu können, „dass sie würdig sind, der Arbeitsgemeinschaft der Jugendheimstätte anzugehören". Jeden Tag gebe es einen genauen Plan, der ihnen den Weg weise. Die Zustände unter der alten Heimleitung schilderte Hauser als in jeder Hinsicht katastrophal. Es gab weder eine Heim- noch eine Stubenordnung, nicht einmal eine ärztliche Betreuung, die er erst durch die Heranziehung des Sprengelarztes organisiert habe. Polster und Tuchent wurden nur alle zwei Monate gewechselt, die Zimmer nicht gereinigt und die Kinderwäsche völlig vernachlässigt. Daher sei es „nicht zuviel gesagt, dass die Strümpfe am Fuss fast abfaulten. (…) die Zöglinge waren mit einem Wort ihrem Schicksal überlassen, das Äussere war vollkommen verlottert, ungepflegt und verkommen". Unter diesen Umständen sei es klar, dass sich kein kameradschaftlicher Geist herausbilden habe können: „Es handelt sich doch hier um Menschen, die geformt werden müssen, aber nicht gedrillt. Den Kasernengehorsam wollen wir ja vermeiden und andere Wege beschreiten – nur ist der andere Weg bedeutend schwieriger, umständlicher und langsamer."⁷³

Hauser-Hauzwicka hatte daher eine Zweiteilung der Kinder nach ihrem Alter in einen kleinen und einen großen Kreis vorgenommen, in dem die Älteren zu einer gesinnungsbildenden Arbeitsgemeinschaft zusammengezogen wurden. Der Heimleiter organisierte wöchentlich eine Abendstunde, in der Referenten eingeladen wurden, die über ihre Erlebnisse in russischer Gefangenschaft und über die Entstehung des Tiroler Volkes erzählten, Sagen zum Besten gaben oder den Unterschied in der Erziehung zwischen einer Erziehungsanstalt und einem Jugendheim wie Holzham-Westendorf erläuterten. Hauser-Hauzwicka legte großen Wert darauf, dass das Jugendheim nicht wie ein Fürsorgeerziehungsheim geführt wurde. Er wehrte sich deshalb gegen den Vorwurf, dass die Kinder einen Lärm machten, „wie er in einem Erziehungsheim nicht üblich ist", weil Holzham-Westendorf eben „keine Erziehungsanstalt" sei und daher „die Zöglinge eine gewisse Freiheit haben". Sechs- bis Vierzehnjährige müssten sich an bestimmten Tagen auch austoben können, noch dazu wenn wegen ihrer notdürftigen Kleidung und dem schadhaften Schuhwerk eine Freizeitgestaltung im Freien „auf keinem Fall" in Frage kam. Doch sei ihm natürlich bewusst, dass ein Jugendheim selbstverständlich „keine Indianerstätte ist und sein darf. Denn: Auch die Lebhaftigkeit einer Jugend hat Grenzen und muss in Grenzen gehalten werden."[74]

Die Mangelverwaltung setzte den Kindern in weiterer Hinsicht zu: „Von einer Haarpflege kann bei zwei Haarbürsten und drei Kammstücken wahrlich nicht die Rede sein." Der Heimleiter musste den Speise- und Spielsaal wegen Brennstoffmangels sperren. Waschräume und Toiletten hatte er in „einem ziemlich verwahrlosten Zustande übernommen", die Brauseanlage und Wannenbäder waren desolat: Die schwache Pumpanlage war gerade in der Lage, „die allernotwendigsten Ansprüche an Nutz- und Trinkwasser" zu gewährleisten. Die Brause konnte nicht benutzt werden, sodass zwei jüngere Kinder sich in einer Wanne baden mussten. Die Bettnässerstube ließ Hauser von Grund auf neu herrichten, denn: „Der alte Zustand war so ungefähr, als ob ein Vieh in einem Stall liegen muss."[75]

Sowohl in der Küche als auch beim sonstigen Personal lag einiges im Argen, eine sachkundige Führung fehlte, die Lebensmittelverwaltung funktionierte mehr schlecht als recht. Vom Jänner 1946 bis Anfang 1947 wurde das zwölfköpfige Hauspersonal auf sechs Angestellte verkleinert, der Industriekaufmann Hans Schröder aus Berlin arbeitete ehrenamtlich als Mann für alles. Er war zu Kriegsende im Heim Holzham-Westendorf abgerüstet, wo seine militärische Dienststelle am 2. Mai 1945 ihren Sitz aufgeschlagen hatte, und froh, im Heim Unterkunft und Verpflegung mit einem kleinen Taschengeld zu haben. Schröder sollte 1947 gekündigt werden, doch war es ihm unmöglich, die Genehmigung zu bekommen, die Zonengrenzen zu überschreiten, um sich nach Berlin durchzuschlagen, wo seine Frau wohnte, von der er aber keinerlei Nachricht hatte.[76] Er konnte schließlich im Heim fix angestellt werden und ging im Mai 1969 unter dem Spitznamen „Papa Schröder" in Pension. Als die Stadt Innsbruck die Betriebsführung des Heims übernahm, fand sie die Anzahl des nichtpädagogischen Personals – neben Schröder eine Köchin, eine Wäscherin und drei Hausgehilfinnen – für mehr als ausreichend angesichts der „spartanischen Einfachheit, mit der die Ansprüche der Zöglinge befriedigt werden (diese müssen ihre Betten selbst bauen, für die Reinigung der Waschräume, der Aborte etc. sorgen)".[77] Auch wenn der Heimleiter von einer Verbesserung der Schlafstätten der bettnässenden Kinder gesprochen hatte, sie machten ein knappes Drittel der 50 Kinder aus, die sich Ende September 1948 im Heim aufhielten, sah dies das Innsbrucker Rechnungsprüfungsamt anders: „Die Schlafstellen dieser Kinder sind wegen der täglichen Verunreinigungen so primitiv, dass man sich fragen muss, ob diese Methode, die strafähnlichen Charakter hat, geeignet sein kann, dieses Leiden zu bessern."[78]

Den Kindern standen keine Spiele zur Verfügung und der einzige Radioapparat befand sich im Büro des Heimleiters, so dass er ihnen nicht zugänglich war. Während zahlreiche Räumlichkeiten für Heimangestellte und den Leiter, seine Frau und seine vier Kinder reserviert waren, lebten die Heimkinder eingeengt in ihren Zimmern. Das Rechnungsprüfungsamt gab zu bedenken, dass Elternbesuch, wenn überhaupt, nur selten möglich war, da Westendorf mit der Bahn schwer zu erreichen war und zudem hohe Fahrpreise bezahlt werden mussten. Das Gebäude hielt das Amt für ungeeignet: Es war „wenig robust gebaut, einzelne Konstruktionsteile haben sich stark verschoben, die Türen schließen schlecht (…). Wie bekannt ist, hat das Haus nur einfache Fenster, es bleibt während des Winters länger als ein Vierteljahr ohne Sonne, weshalb der Brennstoffbedarf übernormal hoch ist."[79]

Als Rudolf Hauser-Hauzwicka abtreten musste und Franz Tatzel im April 1949 die Leitung der Jugendheimstätte Holzham-Westendorf übernahm, fand dieser die Gebäude und Inneneinrichtung „in einem sehr unsauberen bzw. verwahrlosten Zustand". Er berichtete, dass das Heim unter seinem Vorgänger nur am Vorabend von Besuchstagen in Ordnung gebracht worden wäre. Da die Anstalt von Ungeziefer befallen war, ließ Tatzel eine generelle Vergasung durchführen und Matratzen erneuern oder ankaufen. Viele Buben litten an Krätze und am Befall von Läusen. Die beiden Zimmer der Familie Hauser-Hauzwicka bezeichnete der neue Heimleiter denunziatorisch als „Brutstätten der Unsauberkeit", sie würden „eher einer Behausung für Tiere als für Menschen gleichkommen".[80] Tatzels Verhältnis zum früheren Heimleiter, der zunächst keine Anstalten machte, seine Dienstwohnung zu räumen, war denkbar schlecht, seine Beschwerden über die Familie mannigfach: „Die 14 jährige Tochter ist derart frech und gemein, dass man manchmal meinen möchte, sie stamme von Karnern ab."[81]

Tatzel fuhr regelmäßig von Westendorf nach Innsbruck, um Amtswege, Besorgungen und Einkäufe zu tätigen. Da er aber sowohl was die Häufigkeit als auch was die Anzahl der Übernachtungen in der Landeshauptstadt betraf, übertrieb und hohe Kosten verursachte, sorgten Bürgermeister Melzer und sein Stellvertreter, Sozialreferent Flöckinger, dafür, dass die bezahlten Dienstreisen und Übernachtungen drastisch reduziert wurden und er auf Amtskosten nur mehr einmal wöchentlich nach Innsbruck fahren konnte.[82] 1951 erhielt er ein Motorrad Puch TF 250, 1955 einen Opel T 80 mit der Auflage, den Benzinverbrauch „tunlichst einzuschränken".[83] In der Wahrnehmung der Kinder war Franz Tatzel jedenfalls häufiger unterwegs als im Heim anzutreffen. Ein neunsitziger VW-Kleinbus, der auch den Buben zugute kam, wurde erst im Dezember 1972 angeschafft,[84] als die Stadt ein weiteres Anwesen in Westendorf angekauft hatte, das Tatzel ebenfalls leitete. Bis zum Frühjahr 1974 war Tatzel 17.000 km gefahren, ein Fahrtenbuch führte er nicht.[85]

Unter der Heimleitung von Tatzel war die Ausrichtung des Heimes klar umrissen: „Im Jugendheim Westendorf/Holzham in Tirol werden Knaben im Alter von 6 bis 14 Jahren, nicht aber debile, aufgenommen, die wegen unzulänglicher häuslicher oder erzieherischer Verhältnisse, oder zur Verhütung körperlicher, geistiger oder sittlicher Verwahrlosung einer Gemeinschaftserziehung bedürfen."[86]

Die Aufnahme erfolgte nun nicht mehr vorwiegend über Ansuchen der Erziehungsberechtigten im Stadtjugendamt, sondern zunehmend zwangsweise über Verfügung des Vormundschaftsgerichtes nach Antrag des Stadtjugendamtes. Zur Verbesserung der Wirtschaftlichkeit wurden Kinder von anderen Fürsorgebezirksverbänden Tirols im Heim untergebracht, fallweise auch aus anderen Bundesländern. Das Stadtjugendamt warb deshalb bei anderen Trägern der Jugendfürsorge um die Überweisung von Kindern nach Westendorf.[87] Doch erst in den letzten Jahren seines Bestehens stellten Buben außerhalb von Innsbruck die Mehrheit.

Große Investitionen tätigte die Stadt in Holzham-Westendorf nicht, ihr ging es mehr darum, das Gebäude baulich in Schuss zu halten und einigermaßen auf die Bedürfnisse eines Kinderheims auszurichten. 1962 stellte Sozialreferent Josef Hardinger (ÖVP) im Gemeinderat fest, dass das schöne Besitztum der Stadt in Westendorf in den letzten Jahren durch verschiedene Adaptierungen in seinem Wertbestand verbessert wurde.[88] Vor allem ab Mitte der 1960er Jahre wurden die Hausfassade und die Fußböden erneuert, die Jalousien ausgewechselt, die Zimmer ausgemalen und ein Aluminium-Schwimmbecken errichtet. Aussagekräftig ist, dass mit dem Anschluss an die Hochdruckwasserleitung von Westendorf erst 1969 „endlich eine einwandfreie Trinkwasserversorgung des Heimes" gewährleistet war.[89]

Eine der wenigen Freuden, die es im Heim gab, waren die Sommerlager, die Tatzel 1949 einführte. Auch wenn es selbst dort zu massiven Übergriffen kam, so war diese Zeit für viele die angenehmste im ganzen Jahr. Die Buben, die auch während der großen Ferien nicht zu ihren Angehörigen nach Hause konnten, fuhren für fünf, dann für sechs Wochen nach St. Ulrich am Pillersee, an den Walchsee, Millstätter See, Nussensee bei Bad Ischl und an den Trattnigteich in Schiefling am Wörthersee. Von 1956 bis 1966 war die Teichlandschaft im Kärntner Moosburg das Ziel, dann Siegendorf im Burgenland und schließlich St. Paul im Lavanttal. Über den Aufenthalt im Sommer 1968 in Siegendorf berichtete Tatzel: „Für die Teilnehmer wird diese schöne Zeit lange in Erinnerung bleiben, wenn sie auch streng gehalten wurden. Auf Ordnung und Disziplin mußte sehr geachtet werden, ohne die ein 6-wöchiges Lager durchzuführen nicht möglich wäre." Ein Gemeinderat ermöglichte den Buben, am Sonntag bei einer Familie zu Gast zu sein. Tatzel erlaubte dies den Kindern aber nur, „wenn sie sich während der Woche brav und anständig führten".[90]

Das Personal

Das prinzipielle Problem für alle Kinder- und Fürsorgeerziehungsheime war, dass das darin tätige Erziehungspersonal lange Zeit keine fachlich adäquate Ausbildung hatte, da es zunächst gar keine spezifische Ausbildungsstätte gab. Erst 1960/61 wurde das „Bundesinstitut für Heimerziehung" in Baden bei Wien eröffnet, das einen einjährigen Lehrgang für MaturantInnen und einen zweijährigen Lehrgang für BewerberInnen mit einem mittleren Bildungsabschluss anbot. Die meisten ErzieherInnen, die sich in Baden fortbildeten, besuchten den Externistenkurs, also geblockte Vorbereitungskurse, und legten nach dem Lehrplan des zweijährigen Lehrgangs eine Externistenbefähigungsprüfung ab. „Seit Jahren herrscht im Berufsstand der Sozialarbeiter (Fürsorger, Fürsorgerinnen, Erzieher, Erzieherinnen u. a.) bekanntlich ein äußerst auffallender Mangel", unterstrich der Sozialreferent der Stadt Innsbruck im Dezember 1969. Trotz des „Bundesinstituts für Heimerziehung" in Baden stellten „schulisch ausgebildete Erzieher und Erzieherinnen (...) nach wie vor einen Seltenheitswert" dar. Zwar hätten sich in den letzten Jahren einige Erzieherinnen der Externistenprüfung in Baden unterzogen, doch brachte dies weitere Probleme mit sich: „Einige gute Arbeitskräfte haben sich leider in andere Institutionen abgesetzt, die ihnen, wie sie erklären, vorweg ein gleiches oder höheres Entgelt bei weit geringerer Arbeitszeit und Verantwortung anzubieten vermochten." Dieser kleine Kreis von Erzieherinnen sollte daher, so Sozialreferent Hardinger (ÖVP), eine Verwendungszulage erhalten, da ansonsten „ernsteste Gefahr bestünde, daß unsere besten Erzieherinnen abwandern könnten".[91]

Ab den 1970er Jahren konnte analog zur Ausbildungsform in Baden die „Bildungsanstalt für Erzieher" der Diözese Innsbruck besucht werden, zuerst in Baumkirchen, dann in Pfaffenhofen und schließlich in Stams. Studien aus den 1970er Jahren belegen aber den nach wie vor niedrigen Ausbildungsstand der Erzieherinnen.[92] Die Ausbildungsmöglichkeiten, die Ausbildungsstandards und die real erworbenen fachlichen Qualifikationen blieben bis in die 1990er Jahre weit hinter den Erfordernissen der Praxis zurück.

Nicht nur mangelnde Kompetenz, fehlende Ausbildung und der Mangel an Erzieherinnen sind eine wesentliche Ursache für die permanenten Übergriffe gegenüber den Heimkindern. Es besteht ein enger Zusammenhang zwischen den unerträglichen Arbeitsbedingungen in den Kinderheimen und der überbordenden Gewalt. Das Heim Holzham-Westendorf war von Innsbruck weit entfernt, daher mochte kaum jemand dort arbeiten. Die Folge war, dass das Heim zu wenig Personal hatte und deshalb froh war, überhaupt jemand anstellen zu können. Die negative Auswahl des Erziehungspersonals, was Eignung, Einstellung und Ausbildung betraf, hatte gravierende Auswirkungen. Das Heim in Westendorf galt nicht nur als unattraktiv, sondern geradezu als Strafposten. Die dort untergebrachten Kinder wurden im Vergleich zu den anderen Innsbrucker Kinderheimen als die schwererziehbarsten eingestuft. Aus diesem Grund waren sie nach Westendorf verfrachtet worden. Der Beruf einer Erzieherin und eines Erziehers verlieh generell ein geringes Sozialprestige. Abseits der Stadt in der Einöde mit diesen Kindern arbeiten zu müssen, empfand das Erziehungspersonal als persönliche Herabstufung. Die Erzieherinnen und der Erzieher B. im Heim Holzham-Westendorf waren durchwegs frustriert und überfordert, voll des Hasses auf die Kinder, die sie nicht nur prügelten, sondern auch abwerteten, verachteten und demütigten. Der schlechte Personalschlüssel ließ nichts anderes zu als Überwachung, Kontrolle und Befehlsausgabe. Das Personal verlangte Gehorsam und Unterwerfung. „Besonders Wert wurde auf Disziplin und Ordnung" gelegt, „kleine, aber wertvolle Ziele der erzieherischen Arbeit" waren Pünktlichkeit, Höflichkeit und Hilfsbereitschaft", betonte Heimleiter Franz Tatzel in seinem Tätigkeitsbericht von 1968: „Der erzieherische Wert dieses Heimes läßt sich daraus erkennen, daß jährlich ein Großteil der das Heim verlassenden Knaben brauchbare und wertvolle Mitglieder der menschlichen Gesellschaft geworden sind".[93]

In der Jugendheimstätte Holzham-Westendorf waren selten mehr als zwei Personen gleichzeitig erzieherisch tätig. Dies war nicht nur problematisch, weil die rund 40 bis 60 Kinder in Westendorf eine besonders intensive Betreuung nötig hatten, sondern auch in Anbetracht der hohen zeitlichen Belastung einer 60-Stunden-Woche. Ab 1. Juli 1946 erhielten die Erzieherinnen eine Überstundenpauschale für die 12 Stunden, die über der regulären 48-Stunden-Woche lagen, und einen Pauschalurlaub von 28 Werktagen, gegen den nur die FPÖ auftrat.[94] Nach der Einführung einer Arbeitszeit von 45 Stunden 1958 wurde die Pauschale auf 15 Stunden erhöht.[95]

Der 10-Stunden-Dienst der Erzieherinnen begann in der Früh um sechs Uhr und endete häufig erst um 20 Uhr, am Wochenende um 22 Uhr. Bei einem freien Tag, bei Urlaub oder Krankheit war überhaupt nur eine Erzieherin im Amt. Als Hauser die Heimleitung antrat, übernahm er eine Erzieherin ohne Qualifikation, die er schließlich als Hausgehilfin weiterbeschäftigte. Die Nachfolgerin hatte eine Ausbildung als Kindergärtnerin. Sie hielt nur drei Jahre lang durch, dann schied sie wegen „einem immer stärker werdenden nervösen Zustand" aus. Einen Monat lang musste die einzige Erzieherin mit 54 Buben zurechtkommen.[96] Prinzipiell hatten die Erzieherinnen für die Instandhaltung der Wäsche und der Kleidung der Buben zu sorgen. Dem Heimleiter hätten die Erzieherinnen erklärt, dass sie dies „weiterhin freiwillig und gerne ohne Mithilfe leisten wollten", betonte der Leiter der Magistratsabteilung V, Franz Duregger, gegenüber Bürgermeister Melzer. Die Erzieherinnen der Jugendheimstätte Holzham-Westendorf seien nicht entsprechend ihrer Leistung bezahlt, daher würden sie den Dienst in einem Kindergarten bevorzugen, hieß es im Innsbrucker Gemeinderat 1957. „Der Mangel an Erzieherinnen ist groß, die materielle

Frage sollte so gelöst werden, daß ein Anreiz gegeben wird, den Beruf einer Erzieherin auszuüben."[97] Die Klagen über die Personalnot rissen zu keinem Zeitpunkt ab. 1972 stellte Sozialreferent Paul Kummer (ÖVP) fest, dass die Ursache der Unterbelegung „im momentanen Hauptproblem des Heimes, im aktuellen Personalmangel" liege. Aufgrund der Abgelegenheit sei die Freizeitgestaltung eintönig, Theaterbesuche und andere kulturelle Aktivitäten fast unmöglich. Freie Tage waren wegen der personellen Unterbesetzung rar, daher auch nachgefragter als bezahlte Überstunden.[98] Männliche Erzieher zu bekommen, war geradezu aussichtslos. Als 1955 ein Mann engagiert werden konnte, hielt er es nur wenige Wochen aus.[99] Der nächste männliche Erzieher – ohne Ausbildung – wirkte ab 1964 in Holzham-Westendorf, er musste das Heim 1967 verlassen, weil er massive sexuelle Gewalt ausgeübt hatte.

In der ersten Hälfte der 1960er Jahre war die Personalsituation in der Betreuung und Erziehung in der Jugendheimstätte nicht nur schlecht wie immer, sondern geradezu dramatisch. Tatzel stellte 1962 fest, dass zwei Erzieherinnen die Arbeit kaum bewältigen konnten. Wegen einer Erkrankung fiel eine Erzieherin längere Zeit aus, deshalb wirkte sich das Fehlen einer dritten Erzieherin besonders nachteilig aus, selbst eine Springerin war schwer zu bekommen. Im Landeserziehungsheim Kramsach waren fünf Erzieherinnen beschäftigt, aber nur zwölf Kinder mehr als in Westendorf. Als sich die Anzahl der Kinder in Westendorf im Jahresdurchschnitt von 36 (1965) auf 50 (1966) erhöhte, war neun Monate lang nur eine einzige Erzieherin im Dienst, da der seit 1964 eingestellte Erziehungshelfer seinen Militärdienst absolvierte.[100]

Die Buben waren in zwei Gruppen mit je einer Erzieherin geteilt, von der 1. bis zur 4. und von der 5. bis zur 8. Schulstufe. Einen eigenen Gruppenraum gab es nicht, da die Räumlichkeiten für die Unterbringung des Schulbetriebs benötigt wurden: „Die Erziehungsarbeit lässt noch zu wünschen übrig, denn die Gruppen sind für die einzelne Erzieherin noch zu gross, denn das Bubenmaterial wird von Jahr zu Jahr schwieriger und eine dritte Erzieherin konnte (…) noch nicht gefunden werden", bemerkte Franz Tatzel zum abgelaufenen Jahr 1959.[101] Freiwillig meldete sich kaum jemand, um in Westendorf zu arbeiten. Aufgrund des personellen Engpasses konnten die Erzieherinnen erst ab 1959 während der Sommerferien ihren Urlaub nehmen, statt die Buben auf ihr Zeltlager zu begleiten.[102]

Im Heim Westendorf waren in den Jahren 1967/68 drei Planposten für die pädagogische Betreuung vorhanden, so dass in dieser Zeit die Kinder in drei Gruppen geteilt werden konnten. Allerdings wirkten krankheitsbedingt selbst 1968 die meiste Zeit nur zwei Erzieherinnen.[103] Bereits 1969 wurden die Kindergruppen wieder zweigeteilt, da nur mehr zwei Erzieherinnen tätig waren, immerhin hatte aber inzwischen eine der beiden ihr Diplom in einem Externistenkurs am Bundesinstitut für Heimerziehung in Baden bei Wien abgelegt. Die Ausbildung kam den Kindern jedoch nicht zugute, die nunmehr diplomierte Erzieherin gehörte zu den gewalttätigsten und gefürchtetsten Frauen in der Jugendheimstätte.[104]

Die Magistratsabteilung V und das Kontrollamt sahen regelmäßig ein Missverhältnis zwischen der Anzahl der zu betreuenden Kinder und dem ihrer Meinung nach zu hohen Gesamtpersonalstand. Das Kontrollamt kritisierte die Unterauslastung des Heimes, die 1960 unter 60 % gefallen war. Es beanstandete 1962, dass die Hälfte der Ausgaben im Heim Westendorf für Personalkosten verwendet werden mussten, und machte eine „gewisse Tendenz" aus, „schulpflichtige Kinder möglichst im Rahmen der Familien, notfalls unter entsprechender Aufsicht seitens der Jugendämter, zu belassen". Diese an sich positive Entwicklung erschwere jedoch eine Lösung aus betriebswirtschaftlicher Sicht.[105]

Im Gegensatz dazu bezeichnete Heimleiter Tatzel die Zahl der Angestellten im pädagogischen Bereich, der Verwaltung und Landwirtschaft als „das Äusserste an Zumutbarkeit" angesichts eines 10-Stunden-Tages mit einem Heimbetrieb von 6 Uhr früh bis 22 Uhr abends: „Die freien Tage, sowie Urlaubs- und Krankentage gehen auf Kosten des Personals, weil keine Vertretungskraft angestellt ist." Er rechnete für 1962 aus, dass neun Bedienstete 759 Gesamttage Ersatzleistung erbringen mussten (Urlaubs-, Krankentage, Sonntage, Feiertage). „Es ist daher absolut nicht richtig, dass die Jugendheimstätte über zuviel Personal verfügt", betonte Tatzel mit Verweis auf die Größe der Liegenschaft und die damit verbundene Arbeit. Dies gelte besonders in der pädagogischen Tätigkeit. An freien Tagen oder während der Freistunden einer Erzieherin, bei Krankheit und Urlaub musste die andere sämtliche Kinder betreuen. Die Erzieherinnen, so Tatzel, hatten die Buben außerschulisch zu beaufsichtigen, Schulnachhilfe zu geben, bei Lernstunden anwesend zu sein, zu stopfen und zu nähen „sowie für die persönlichen Sorgen und Nöte der Kinder Verständnis aufzubringen und Mängel zu beheben". Die Gruppen wären zu groß, „denn es handelt sich doch um lernfaule und schwierige Kinder".[106]

Die Belastung der Erzieherinnen hätte zumindest bei der aufzuwendenden Arbeitszeit für die Instandhaltung der Kleidung verringert werden können, wenn die Wäschevorräte des Heimes genutzt worden wären. Das städtische Kontrollamt kritisierte, dass Unmengen an Wäsche in Westendorf so lange ungeöffnet lagerten, bis sie selbst Zöglingen nicht mehr zugemutet werden konnten. Tatzel rechtfertigte sich damit, dass eine modische Einkleidung die Buben eitel machen würde, sie glaubten dann „immer das Neueste erhalten zu müssen und kommen auf eine noch gefährlichere Bahn".[107] Deshalb erschien es ihm zweckmäßig, vorhandene Blusen und Hemden der Hitlerjugend zu färben und auszugeben. Als Arbeitskleidung erschienen sie Tatzel gut genug für die Buben.[108]

Insgesamt wirkten in der Jugendheimstätte Holzham-Westendorf um die 20 Erzieherinnen und zwei Erzieher. Nach der Durchsicht von neun Personalakten und berufsbiografischen Angaben zu weiteren Personen, vor allem zu einem Erzieher, ergibt sich folgendes Bild: Das Erziehungspersonal in Holzham-Westendorf war bei Dienstantritt in der Regel zwischen 17 und 21 Jahre alt, nicht selten kam es aus anderen Bundesländern; sein Ausbildungsgrad muss als gering bezeichnet werden. Die Frauen waren entweder Kindergärtnerinnen und Hortnerinnen oder sie verfügten über gar keine pädagogische Ausbildung. Da konnte auch ein Jugendführerkurs beim Österreichischen Alpenverein, die Beaufsichtigung von Kindern in Privatfamilien oder ein eineinhalbjähriger Lehrgang als „Kinderpflegerin" samt Praktikum genügen. „Sie macht einen guten Eindruck" reichte in solchen Fällen für eine positive Dienstbeschreibung aus, denn, so Franz Tatzel: „Die Schwierigkeiten in der Vermittlung von Erzieherinnen sind amtsbekannt." Die Magistratsdirektion war sogar, wenn auch ungern, bereit, eine fachunspezifisch ausgebildete Kraft anzustellen, obwohl sie die österreichische Staatsbürgerschaft nicht besaß. 1967 hatte der Magistrat für das Heim drei Dienstposten für ErzieherInnen systemisiert, von denen aber nur einer besetzt war. Eine einzige Erzieherin für 50 Zöglinge schien nicht länger vertretbar, aber: „In den letzten Jahren konnte für Holzham keine Erzieherin gewonnen werden."[109] Die Bewerberin brachte nach Meinung der Magistratsabteilung V immerhin „nebst der Liebe zu den Kindern auch eine gewisse Eignung für den Erzieherberuf" mit.[110]

Stereotyp stuften Behörde und Heimleitung solche Frauen in ihren Dienstbeschreibungen als bemüht ein, sich zu einer tüchtigen Erzieherin zu entwickeln. Sie betonten das große berufliche Interesse, die „natürliche Wesensart", den „geschickten Umgang mit Kindern". Fleiß, Gewissenhaftigkeit und Ordnungssinn ersetzten eine einschlägige Qualifikation. Mangelnde Autorität und „erzieherische Schwierigkeiten" oder eine als „noch etwas unausgereift und unbeherrscht" bezeichnete Persönlichkeit konnte durch eine „robuste Wesensart" oder „gute Auffassung von der Erzieherarbeit" ausgeglichen werden. Auffällig ist, dass die Erzieherinnen selbst in den 1960er Jahren kaum Fortbildungen besuchten und die Absolvierung des Externistenkurses am Bundesinstitut für Heimerziehung in Baden eine Ausnahme darstellt. Damit war die Qualifikation der Erzieherinnen in Holzham-Westendorf deutlich schlechter als in den Kinderheimen Mariahilf und Pechegarten. Dort legten Erzieherinnen zunehmend ab der zweiten Hälfte der 1960er Jahre wenigstens Externistenbefähigungsprüfungen am Bundesinstitut für Heimerziehung in Baden ab. Die Magistratsabteilung V konnte bei ihrer Personalauswahl nicht wählerisch sein. „Man muß gewissermaßen dankbar sein, überhaupt eine Erzieherin für das abgelegene Heim in Westendorf zu erhalten", informierte sie die Magistratsdirektion. Die Fluktuation der Erzieherinnen war hoch, der Arbeitseinsatz dauerte zwei bis drei Jahre, manchmal fiel er sogar noch deutlich kürzer aus. Nur zwei Erzieherinnen blieben länger und leisteten sieben bis acht Jahre Dienst. Meist sahen die Frauen die Arbeit in der Jugendheimstätte als Übergangslösung an, bis sie ein attraktiveres Berufsangebot, vor allem in Innsbruck, erhielten oder heirateten und schwanger wurden. Weitere Gründe für ein vorzeitiges Ausscheiden aus der Betreuung im Heim Holzham-Westendorf sind in Burn-out-Symptomen wie Überforderung, nervösen Leiden und depressiven Zuständen zu suchen. Eine Erzieherin, die kurz im Landeserziehungsheim Kramsach und dann fünf Jahre lang im Kinderheim Mariahilf gearbeitet hatte, litt bereits vor ihrem Dienstantritt in Westendorf an nervösen Erschöpfungszuständen und musste nach zwei Monaten aufgeben:

„Bin seit 15.8.1949 beim Stadtmagistrat Innsbruck als Erzieherin tätig. Dieser Beruf erforderte eine ungeheure nervliche Belastung, derer ich nun nicht mehr gewachsen bin. Wie aus beiliegendem Zeugnis ersichtlich ist, stehe ich nun (…) in ärztlicher Behandlung. Nachdem die Versetzung nach Westendorf die erhoffte Besserung nicht brachte, bitte ich meinem Ansuchen [auf Auflösung des Dienstverhältnisses] stattzugeben, da ich weiterhin nicht mehr im Stande bin den Dienst nur halbwegs zu versehen."[111]

Tatzel stimmte zu, denn: „Erstens sind die Kinder viel schwieriger als jene in Mariahilf und zweitens hat sie hier eine wesentlich grössere Gruppe zu betreuen, sodass dies an die Erzieherinnen allein schon eine grössere Belastung ihrer Nerven darstellt."[112] Sie war als Maturantin und Absolventin der zweijährigen Sozialen Frauenschule in Innsbruck die höchstqualifizierte Erzieherin, die im Heim Holzham-Westendorf Dienst tat. Ihre Versetzung nach Westendorf nach kurzem Erholungsurlaub zeugt nicht von hoher Sorgfaltspflicht der Magistratsabteilung V und der Heimleiterin von Mariahilf, die froh war, die Kranke loszuwerden und statt ihr die längstdienende Erzieherin von Westendorf zu erhalten. Diese war engagiertes BDM- und NSDAP-Mitglied, laut Polizeidirektion Innsbruck hatte sie sich „für den Nationalsozialismus exponiert" und musste deshalb einen Gehaltsabschlag als Sühneabgabe leisten.[113]

Ein Vorfall im Kinderheim Pechegarten 1963 wirft nicht nur ein Schlaglicht auf die gewaltförmigen Erziehungspraktiken in den städtischen Heimen, sondern zeigt, dass die Magistratsabteilung V besonders nachlässig bei der Personalauswahl für die Jugendheimstätte Holzham-Westendorf war. Wer in den Heimen Mariahilf und Pechegarten als untragbar galt, wurde dorthin abgeschoben.

Ein Bub bezichtige eine Erzieherin, ihm zwei Ohrfeigen verpasst zu haben, so dass er sich an einem Stuhl einen Zahn ausschlug. Die Mutter des als Tageskind im Heim Pechegarten untergebrachten Jungen erstattete Anzeige, der Fall kam vor Gericht. Die Beschuldigte behauptete, lediglich den Arm erhoben zu haben, gab aber zu, das Kind zwei Wochen vorher geohrfeigt zu haben.[114] Alfons Dietrich, der Leiter der Magistratsabteilung V, stellte dazu fest:

„Obwohl es den Erzieherinnen der städt. Kinderheime seit jeher untersagt ist, über Gebühr zu züchtigen bzw. überhaupt zu schlagen, weil andere Strafmittel (Erziehungsmittel) zur Verfügung stehen, gibt es immer wieder Erzieherinnen, die nicht ungern Ohrfeigen verabreichen. Wie mir die Leiterin der städt. Kinderheime, Frau Gerda Zangerle, berichtete, zähle auch die Erzieherin H. zu jenen, die sich zu solch einem verbotenen Erziehungsmittel verstehen."[115]

Die Heimleiterin von Mariahilf, die selbst schlug, besaß also seit Langem Kenntnis von den physischen Übergriffen in ihrer Anstalt, ohne Gegenmaßnahmen ergriffen zu haben. Sie übernahm keine Verantwortung in ihrer Leitungsfunktion, sondern wälzte sie auf ihre Untergebenen ab; die Beschuldigte belastete sie dadurch zusätzlich. Die Magistratsdirektion zeigte sich daher „merkwürdig berührt", dass in Zangerles Bericht über verbotene Erziehungsmittel im Kinderheim Pechegarten die Ausführungen fehlten, „was unternommen wurde, um diese abzustellen".[116] Auf Anregung der Magistratsdirektion erteilte Bürgermeister Alois Lugger (ÖVP) Alfons Dietrich die Weisung, alle Erzieherinnen in Kenntnis zu setzen, dass derartige Strafmittel verboten waren.[117] Wie noch dargestellt wird, hatten sich zahlreiche Erzieherinnen der Kinderheime in Innsbruck über die unerträglichen Arbeitsbedingungen beschwert. Heimleiterin Zangerle denunzierte nun die Erzieherin, die der körperlichen Züchtigung beschuldigt war: Sie „zähle jedenfalls zu jener Gruppe der Erzieherinnen, die sich über stetigen Personalmangel und die daraus resultierende Überbeanspruchung beklagt, obwohl Heime gleicher oder ähnlicher Art mit einem bedeutend geringeren Erzieher-Personal das Auslangen" fänden.[118] Das Gericht verurteilte die Erzieherin zu einer geringen Geldstrafe, weil es sie nicht der „vorsätzlichen körperlichen Beschädigung", sondern „der Übertretung gegen die körperliche Sicherheit" schuldig sprach.[119] Die Erzieherin fühlte sich vom Dienstgeber und von ihrer Vorgesetzten im Stich gelassen. Dietrich stellte gegenüber der Magistratsdirektion klar:

„Ich habe ihr seinerzeit eindeutig zu erkennen gegeben, daß ihr die Abteilung keinen wie immer gearteten ‚Schutz' im anhängigen Strafverfahren gewähren könne, weil sie gegen ein schon lange bestehendes und immer wieder betontes Verbot der Abteilung zuwider gehandelt habe."[120]

Der weitere Umgang mit der Erzieherin wirft ein bezeichnendes Licht auf den Stellenwert der Jugendheimstätte Holzham-Westendorf. Die Magistratsabteilung V kam mit Sozialreferenten Hardinger überein, dass die Erzieherin nicht länger im Heim Pechegarten bleiben konnte und auch eine Versetzung ins Kinderheim Mariahilf lehnte die Abteilung ab, „weil die bisher in diesem Heim bestandene Ordnung in ihrem Bestand keiner Gefahr ausgesetzt werden soll". Dieses Schutzes bedurften die

Buben in der Jugendheimstätte Holzham-Westendorf offenbar nicht, die Erzieherin wurde dorthin versetzt, schließlich waren zwei der drei Dienstposten unbesetzt.[121]

Welche Auswirkungen eine derartige Personalpolitik in Westendorf hatte, das, weit ab von Innsbruck, jeglicher Kontrolle entbehrte, verdeutlicht einer der raren amtlichen Berichte über eine Misshandlung, die wegen der Schwere der Verletzung des Betroffenen ans Licht kam. In den Sommerferien waren in der Jugendheimstätte Praktikanten angestellt, meist kamen sie aus der Lehrerbildungsanstalt. Einer von ihnen, ein Maturant aus Westendorf, versetzte im September 1967 Ludwig Brantner nach eigenen Aussagen mehrere Ohrfeigen, weil dieser ihn wegen seines Schreiens ausgelacht hatte, schließlich trat er ihn aus Wut in den Magen.[122] Der Bub erbrach sich und wurde ins Krankenzimmer gebracht. Brantner erinnert sich daran, wie die Erzieherin und der Praktikant sich umarmten und küssten,[123] während er vor Schmerzen benommen im Bett lag und sich nach einiger Zeit nochmals erbrach. Erst drei Stunden nach dem Vorfall, geht aus dem Protokoll des Täters hervor, wurde der Dorfarzt geholt, eine weitere Stunde später erschien die Rettung. Im Krankenhaus Wörgl musste Ludwig Brantner wegen eines Darmrisses notoperiert werden.[124] Die Abteilung V wies Heimleiter Tatzel an, den Täter zur Selbstanzeige zu bewegen, was dieser schließlich auch tat. Das Opfer erhielt keinerlei Unterstützung, im Gegenteil. Als Leiter der Magistratsabteilung V informierte Alfons Dietrich die Magistratsdirektion: „Der mj. Ludwig Brantner ist Zögling des Jugendheimes und wird demnächst in das Landesjugendheim Jagdberg verbracht."[125]

In der ersten Nachkriegszeit hatten Erzieherinnen der Jugendheimstätte Holzham-Westendorf eine Erklärung zu unterschreiben, in der es hieß, „daß außer der vom Heimleiter beauftragte Erzieher niemand einen Zögling züchtigen darf, anderenfalls er disziplinarisch und gegebenenfalls strafrechtlich zur Verantwortung gezogen wird".[126] Wie lange derartige Erklärungen Gültigkeit hatten, ist unklar, lange dürften sie nicht in Kraft gewesen sein. Nachdem ihm aufgrund einer Bemerkung von Hauser-Hauzwicka, dem Leiter der Jugendheimstätte Holzham-Westendorf, zu Ohren gekommen war, dass Kinder geschlagen wurden, stellte Vizebürgermeister Flöckinger im Dezember 1948 „nachdrücklich fest, daß eine körperliche Züchtigung der Zöglinge in einem städt. Heim unter allen Umständen untersagt ist. Falls normale Erziehungsmittel bei einem Zögling nicht ausreichen, so ist dessen Abgabe in ein anderes Heim durch den Abteilungsleiter sicher zu stellen."[127]

Dass die körperliche Züchtigung in den städtischen Kinderheimen nicht erlaubt war, zeigt auch ein Vortrag des Salzburger Gewerkschafters Alois Jalkotzy 1955 im Kinderheim Pechegarten. Er war von der Stadt offiziell eingeladen worden, um vor den Erzieherinnen, den Fürsorgerinnen und Vormündern des Jugendamtes, vor dem Bürgermeister und ressortzuständigen Vizebürgermeister, einem Stadtrat und dem gemeinderätlichen Wohlfahrtsausschuss zu sprechen. Der Leiter der Magistratsabteilung V, Alfons Dietrich, hatte das Thema Strafen im Rahmen der Erziehertätigkeit vorgeschlagen, wobei er bereits im Vorfeld betonte, „dass jede Art von Strafen durch körperliche Züchtigung nicht nur verpönt, sondern auch verboten ist".[128] Der Referent teilte für das Erziehungspersonal ein Merkblatt aus, in dem Körper- und Ehrenstrafen ebenso wie Liebesentzug verurteilt wurden, auch das Einsperren wollte er nicht empfehlen, genauso wenig Strafen, die entmutigten oder Schuldgefühle auslösen konnten. Er plädierte für Verzichtstrafen, Strafarbeiten mit Bildungswert, „pädagogisch wertvolle Strafen" und die „sittlich wertvollste Form des Strafens", die Selbstbestrafung („vom Sakrament der Buße"). Jalkotzy sprach sich dafür aus, wenig und milde zu strafen, weder roh noch Angst machend, dafür individuell, sachlich, gerecht und unter vier Augen, am besten durch die Mitwirkung des Kindes.[129] In der Praxis machten sich diese Empfehlungen nur bei einem Teil der Erzieherinnen in den Kinderheimen Mariahilf und Pechegarten bemerkbar, in der Jugendheimstätte Holzham-Westendorf, die beim Vortrag gar nicht vertreten war, überhaupt nicht.

Eine der konsequentesten Schlägerinnen in Westendorf war Frau F., eine Erzieherin, die zu den zwei einzigen Frauen zählt, die lange Jahre im Heim arbeiteten. Sie entspricht weitgehend dem Erzieherinnenprofil der Jugendheimstätte. Bei Dienstantritt im Juli 1964 im Sommerlager des Heimes in Pörtschach war sie erst 19 Jahre alt. Sie kam von auswärts, stammte aus einer nationalsozialistischen Familie und bewarb sich von Oberösterreich aus. Die Erzieherin absolvierte die Ausbildung zur Kindergärtnerin und Hortnerin, das Heim in Westendorf war ihr erster regulärer Arbeitsplatz. Ausschlaggebend für ihre Anstellung war wie üblich der Personalmangel: „An geeigneten Erzieherinnen im Jugendheim Westendorf gebricht es schon seit langer Zeit", argumentierte die Abteilung V und ersuchte um eine sofortige Anstellung, da zwei Dienstposten vakant waren. Die Magistratsdirektion, die Bürgermeister Alois Lugger informierte, unterstrich, dass auch die anderen städtischen Heime Erzieherinnen benötigten.[130] In ihrem Motivationsschreiben stellte die Bewerberin fest: „Die beste persönliche Beziehung habe ich zu Jugendlichen, denen Elternliebe und Familienglück versagt bleibt. (…) möchte ich gerne bei Jugendlichen wirken, um Liebe und Fürsorge zu schenken, worauf jedes Leben Anspruch hat."[131]

Ihre Dienstbeschreibung zur Verlängerung des Arbeitsverhältnisses auf unbestimmte Zeit nach drei Monaten als Erzieherin enthielt die gewohnten Satzbausteine: „fleißig, gewissenhaft, verlässlich, ordentlich", „gute Umgangsformen", „hat sich bisher bestens bewährt. Sie bemüht sich jedenfalls, den Anforderungen eines Heimgeschehens nachzukommen und dürfte sich zu einer guten Erzieherin entwickeln."[132] Ende der 1960er Jahre legte sie die Externistenbefähigungsprüfung für Erzieherinnen in Baden ab. Die Erzieherin war die rechte Hand von Heimleiter Tatzel, vertrat ihn während seiner häufigen Abwesenheit und schulte neues Personal ein. Tatzel nannte dies Ausbildung. Die Genannte trat, so die Berichte unzähliger

Zeitzeugen, nicht nur als Prüglerin mit demütigenden und ausgesprochen sadistischen Praktiken hervor, sie übte auch langjährige sexualisierte Gewalt aus. Während sie ihr sexuelles Verhältnis zu einem Lehrer – vergeblich – geheimhielt, lebte sie ihre verquere Erotik mit einem jungen Hilfserzieher vor den Augen ausgewählter Buben offen aus. Die beiden unterstützten einander in ihrer sexuellen Ausbeutung der Minderjährigen. Die Abgeschiedenheit des Heimes schuf dazu die Gelegenheit. Der Referenzrahmen ihres Handelns war der abwertende Blick der Gesellschaft auf die Heimkinder, der Schritt von ihrer Unterwerfung zu ihrer Gefügigmachung nicht weit – in einem kontrollfreien Raum, der ihnen das Gefühl unumschränkter Macht verlieh, mit einem Heimleiter, der mehr abwesend als präsent war und seinerseits als extrem jähzorniger und gewaltbereiter Mensch beschrieben werden kann. In einem gesellschaftlichen Klima aufgeladener sexueller Bigotterie fanden junge ErzieherInnen Strukturen vor, in denen unterdrückte Triebe sich Luft verschaffen konnten. Sie wohnten im Heim, hatten überlange Dienstzeiten, kamen wenig aus dem Heim und dem Dorf hinaus und hatten somit kaum Gelegenheit, emotionale und körperliche Beziehungen einzugehen.

Fragen zur Sexualität von Kindern und Jugendlichen waren im Jugendamt und in den städtischen Kinderheimen kein Thema, mit dem man sich auseinandersetzte. Dies erschwerte die Wahrnehmungsfähigkeit von sexualisierter Gewalt und förderte das Wegschauen und Ausblenden derartiger Übergriffe von ErzieherInnen und unter den Heimkindern. Kinder und Jugendliche, die sexualisierte Gewalt erlitten haben, waren besonders gefährdet, wieder zu Opfern oder auch selbst zu TäterInnen zu werden, speziell unter den Rahmenbedingungen des Heimes. Da diese Problematik tabuisiert wurde, war es den Betroffenen kaum möglich, über sexualisierte Gewalt zu reden und Gehör zu finden. In der Praxis legten die Heime Wert auf die Bekämpfung der Masturbation, wie die Heimleiterin von Mariahilf und des Pechegartens 1967 ausführte: „Es wird grundsätzlich verlangt, daß die Kinder beim Einschlafen die Hände ober der Bettdecke liegen haben. Wenn bei einem Kind der Verdacht auf Onanie bestand, wurde besonders darauf geachtet, jüngere Erzieherinnen hingewiesen und zu erhöhter Aufmerksamkeit ermahnt."[133] Die Magistratsabteilung V forderte repressive Maßnahmen gegen die Onanie und sexuelle Handlungen unter den Heranwachsenden. Im Mittelpunkt des Interesses standen weder Aufklärung noch die Sorge um den Schutz der Heranwachsenden, sondern sexuelle Repression und die Ermittlung strafbarer homosexueller Handlungen bei Minderjährigen. Alfons Dietrich forderte die Heimleitung energisch auf, homosexuelle Praktiken von Kindern und Jugendlichen zur Anzeige zu bringen. Wer dies unterlasse, würde sich als öffentlich Bedienstete „selbst des Verbrechens des Missbrauches der Amtsgewalt strafbar" machen.[134] Sexualisierte Gewalt von Erzieherinnen und Erziehern kam in diesem Denken nicht vor. Im Einklang mit heilpädagogischen Autoritäten sah die Behörde Kinder und Jugendliche, die Opfer sexualisierter Gewalt wurden, als „milieu- und anlagebedingte" MittäterInnen. Die ExpertInnen unterstellten Mädchen, „passive Locktypen" zu sein, und Mädchen wie Jungen eine „innere Erlebnisbereitschaft".[135] Für die Jungen war es schon allein deshalb äußerst schwirig, auf sexuelle Übergriffe von Mitzöglingen oder eines Erziehers aufmerksam zu machen, weil sie sich – der Homosexualität bezichtigt – strafrechtlich in Gefahr brachten. Opfer, die als Zeugen aussagten, konnten rasch selbst zu Beschuldigten werden. Dies verdeutlicht die Geschichte des männlichen Hilfserziehers B., der 1964 ins Heim Holzham-Westendorf kam und in einem Ausmaß sexuelle Gewalt ausübte, das alles bis zu diesem Zeitpunkt Dagewesene beträchtlich überstieg. Der junge Mann gehört im negativen Sinn zu einer der prägendsten Personen für die Kinder im Heim und deren späteres Leben. Er ging strategisch und zielgerichtet vor, offerierte Alkohol und Zigaretten, schreckte nicht davor zurück, brachiale Gewalt anzuwenden, und bediente sich wohlüberlegter Einschüchterungen, um sich die Buben gefügig zu machen. Drei ausgewählte Aussagen, die aus den Gesprächen mit Betroffenen vor der Opferschutzkommission Innsbruck stammen, illustrieren die Kooperation zwischen der genannten Erzieherin F. und dem Hilfserzieher B.:

„Ich wurde von B. und F. ständig sexuell missbraucht."[136]

„Zweimal wöchentlich war ich bei B. an der Reihe. Ich verstehe nicht, warum Innsbruck nicht kontrolliert hat. F. hatte mit B. ein Verhältnis."[137]

„Immer wieder musste ich zur Strafe lange Zeit im Gang stehen, danach kam ich meistens ins Zimmer von F. und B., um ihren Gelüsten zur Verfügung zu stehen. (…) B. hat mich öfters auf sein Zimmer geholt, F. nur dreimal, aber das kann ich bis heute nicht vergessen. Ich konnte mich weder meinen Eltern noch sonst jemandem anvertrauen."[138]

Der Hilfserzieher B. verbrachte seine Volks- und Hauptschulzeit im Kinderheim Mariahilf. In der Lehrerbildungsanstalt scheiterte er im zweiten Jahr, nach eigener Aussage wegen einer langen Krankheit. Eine Fortsetzung der Ausbildung war wegen der fehlenden finanziellen Mittel nicht möglich. Er bewarb sich in der Stadt als Kanzleikraft und wurde als Hilfserzieher im Sommerlager des Heimes Holzham-Westendorf in Moosburg verwendet.[139] Mit 18 Jahren trat B. im September 1964 ohne Qualifikation seinen Dienst in Westendorf an:

„Die Magistratsabteilung V vermeint, daß der Versuch unternommen werden soll, den Jugendlichen auf die Erzieherlaufbahn zu lenken, vorausgesetzt, daß er sich in

den nächsten Jahren bewährt. Bei dem bekannten, insbesondere männlichen, Mangel an Erzieherpersonal wäre es nur vorteilhaft, wenn dem Heim eine gute Erzieherkraft in den kommenden Jahren zur Verfügung stünde."[140]

Um sein Dienstverhältnis zu verlängern, stellte ihm Dietrich als Leiter der Magistratsabteilung V eine gute Beschreibung aus. Er hielt fest:

„daß bei B. im großen und ganzen berufliches Verständnis und Verwendbarkeit vorliegen. B. bemüht sich den an ihn gestellten Forderungen gerecht zu werden, er ist fleißig, gewissenhaft und ordentlich, die persönliche Initiative im Heimgeschehen ist noch nicht ganz ausgeprägt. Im allgemeinen kann jedoch gesagt werden, daß B. den an ihn gestellten Anforderungen als Helfer der diensttuenden Erzieherin [gemeint ist F.] gerecht wird."[141]

B. leistete von Jänner bis September 1966 seinen Präsenzdienst, um daraufhin wieder seine sexuellen Übergriffe in der Jugendheimstätte aufzunehmen. Am 30. März 1967 kam er in Untersuchungshaft. Einer der betroffenen Buben hatte sich nach großen Schmerzen und Blut im Stuhlgang an den landwirtschaftlichen Arbeiter des Heimes gewandt, der die Jungen gut behandelte.[142] Heimleiter Tatzel stellte den Vorgang so dar, dass sich Zöglinge der Erzieherin F. anvertraut hätten, diese ihm Meldung erstattet und er daraufhin seine vorgesetzte Behörde verständigt habe.[143] Der Hilfserzieher wurde schließlich im Oktober 1967 zu eineinhalb Jahren schweren Kerker, verschärft durch einen vierteljährlichen Fasttag, verurteilt, nach seiner Berufung bestätigte das Oberlandesgericht das erstrichterliche Urteil.[144] Die zur Tatzeit bereits 14 Jahre alten Opfer traten nicht nur als Zeugen gegen ihren Peiniger auf, es ging auch um die Frage, ob sie sich einer strafbaren Handlung im Sinne des Homosexuellenparagraphen schuldig gemacht hatten. In den Erhebungen der Gendarmerie hieß es zu einem der Opfer: „Zu den Zöglingen, die sich mit dem Beschuldigten einließen, zählt auch (…) R. (…) Der Jugendliche muss sich vor dem Jugendgericht deshalb verantworten."[145]

Therapie oder individuelle Betreuung gab es für die Opfer keine. Die Erzieherin, die sich wiederholt sexueller Übergriffe schuldig gemacht hatte, schüchterte die Buben ein und drohte ihnen.[146] Ihre Verbrechen wurden vor Gericht nicht thematisiert. Sie versah weiterhin Dienst in der Jugendheimstätte, auch ihre sexuellen Grenzverletzungen setzte sie ungehindert fort. Sie profitierte davon, dass Jungen generell weniger über sexualisierte Gewalt sprechen, da die Opferrolle und besonders die Rolle eines Opfers sexualisierter Gewalt mit dominierenden Männlichkeitsvorstellungen nicht in Einklang zu bringen war. Und sie profitierte noch mehr vom klischeebeladenen Frauenbild des liebevollen, schützenden und asexuellen Weiblichen, eine Konstruktion, die Frauen als Täterinnen von vornherein nicht in Betracht zog. Sie zählt zum Kreis von Täterinnen, die auch in ihren psychischen und physischen Bestrafungen sadistisch vorgingen, häufig in ritueller Form. So pflegte eine andere Erzieherin regelmäßig den Kopf der Buben zwischen die Beine zu klemmen, ihnen die Hose hinunterzuziehen und sie mit einem Pracker zu verhauen. F., die sexuelle Gewalttäterin, der auch die gerichtliche Untersuchung nichts anhaben konnte, verließ 1971 das Heim Holzham-Westendorf, da sie einen Arbeitsplatz im Ausland antrat. Einer der Zeitzeugen charakterisiert sie so: „Die Obererzieherin, sozusagen der Capo, war schwierig, unberechenbar und streitsüchtig. Frl. F. wirkte gar nicht abgekämpft, hatte Energie und zeigte keine Schwächen. Das war eine Kampfmaschine, ein ehrfürchtiger Kriegsgott. Ihr Dogma Gewalt."[147] „Bei den Buben war sie sehr beliebt", heißt es in der Schlussbeurteilung von Heimleiter Tatzel über sie.[148]

Die Schule

Die Beschulung der Kinder der Jugendheimstätte Holzham-Westendorf war von Anfang an höchst problematisch – und blieb es bis zur Auflösung des Heimes. In der dorfeigenen Volksschule waren sie nicht willkommen, der Unterricht im Heim selbst fand trotz der von allen Seiten bekundeten Notwendigkeit eines Neubaus immer in provisorisch adaptierten Räumlichkeiten statt, die für einen Bildungserwerb völlig ungeeignet waren. Die Führung der heimeigenen „Schule" als Sonderschule bzw. Sondererziehungsschule diskriminierte die Kinder, noch dazu war sie niedrig organisiert, bis 1957 einklassig, ab 1959 gerade einmal mit drei Klassen, und die männlichen Lehrkräfte terrorisierten die Schüler mit Ausnahme eines nur relativ kurz angestellten Lehrers. Die Akte der Willkür übertrafen die traditionell in den öffentlichen Schulen praktizierten Gewaltformen bei Weitem. Für Mädchen gab es – seit 1960 – ebenfalls eine Sondererziehungsschule, doch sie war in der Stadt Innsbruck angesiedelt und an die Volksschule Fischerstraße angebunden. ÖVP und SPÖ wollten die Kinder nicht räumlich isolieren, nur die FPÖ stemmte sich dagegen. Stadtrat Otto Gamper meinte, „daß schwer erziehbare Mädchen in einer großen Schule zersetzend wirken, weshalb man sie in einem gesonderten Objekt zusammenziehen sollte".[149]

1945/46 besuchten die Heimkinder die Volksschule in Westendorf. Doch die fünfstufige Schule mit acht Klassen war überfüllt. Der Bürgermeister und der Schulleiter sprachen sich entschieden dafür aus, dass „die Zöglinge des Heimes vom Schulbesuch ausscheiden".[150] Die Kinder waren ihnen zu mühsam, zu anstrengend in ihrem sozialen Förderbedarf, zu heterogen in ihrer leistungsmäßigen Zusammensetzung und zu gefährlich wegen eines befürchteten negativen Einflusses auf die Dorfkinder. Der häufige Wechsel von Kindern, die in das Heim ein- und wieder austraten, machte die

Herausforderungen für einen reibungslosen Ablauf des Schulbetriebes nicht geringer. Die Heimkinder hatten mit schlechtem Schuhwerk und bei noch schlechteren Wegverhältnissen eine weite Strecke zurückzulegen, mussten sie doch zweimal am Tag in die Schule. Da der Vormittagsunterricht um 11 Uhr schloss und um 13 Uhr der Nachmittagsunterricht begann, blieb den Schülern im Heim wenig Zeit, zu Mittag zu essen und sich zu erholen. Als vorübergehende Lösung wurde mit Zustimmung des Bezirksschulrates eine einklassige Volksschule in der Jugendheimstätte mit vier Schulstufen als Expositur der Volksschule Westendorf unter der Leitung ihres Oberlehrers gegründet. Die fünfte Klasse mit den Volksschuloberstufen fünf bis acht durften die älteren Heimkinder weiterhin im Dorf besuchen.[151] Helene Wieshofer, eine Lehrerin aus Niederösterreich, die im Gefolge des Krieges nach Westendorf geflüchtet war, übernahm Anfang November 1946 die einklassige „Nebenschule Holzham-Westendorf". Die ersten drei Monate hatten der Heimleiter und eine Erzieherin den Unterricht behelfsmäßig durchgeführt. Im Schuljahr 1947/48 besuchten nicht nur die Erst- bis Viertklässler diese einklassige Volksschule im Heim, sondern auch ein Teil der Fünftklässler.[152] Laut städtischem Jugendamt war eine Zusammenfassung der ersten fünf Schulstufen in der Heimschule „aus erzieherischen Gründen unbedingt notwendig", handle es sich doch „in den meisten Fällen um mehr oder minder schwer erziehbare Kinder im schulpflichtigen Alter". Der Landesschulrat gewährte daher die Verlängerung der Expositurschule zur Volksschule Westendorf für das Schuljahr 1948/49. Die Heimschule besuchten im Schnitt 45 Kinder, zwölf Heimkinder der oberen Schulstufen gingen in die Dorfschule in Westendorf. Da sich die Schule nach Ansicht des Bezirksschulinspektors und des Schulleiters von Westendorf bewährt hatte, befürworteten sie nicht nur den Weiterbetrieb der Heimschule, sondern auch die Einrichtung einer zweiten Klasse.[153] Eine dritte Klasse wurde erst 1962 genehmigt.

Im Juli 1948 enthob der Bezirksschulrat Kitzbühel Helene Wieshofer, „weil die Lehrerin verheiratet ist und ihr Mann nun wieder im Haushalt lebt".[154] Dahinter stand die Tatsache, dass Frauen zugunsten von Kriegsheimkehrern aus dem Arbeitsprozess gedrängt wurden, andererseits lebte die Tradition des „Lehrerinnenzölibats" weiter, demzufolge Lehrerinnen den Schuldienst verlassen mussten, wenn sie in den Stand der Ehe eintraten. Anstelle von Wieshofer unterrichtete die Probelehrerin Rita Nitzlnader die 40 bis 45 Schüler, allerdings nicht lange. 1950 wurde sie von Sonderschullehrer Andreas F. verdrängt, 1957 und 1958 kamen die Sonderschullehrer Karl A. und Franz A. nach Holzham-Westendorf an die heimeigene Schule. Alle drei zeichneten sich durch unbeschreibliche Brutalität im Unterricht aus. Ihre physische und psychische Gewaltanwendung war selbst für damalige Verhältnisse außergewöhnlich. Während die Schule für Kinder und Jugendliche der Heime Mariahilf und Pechegarten in Innsbruck bei einigen Lehrpersonen ein Ort der Stärkung und des Zuspruchs sein konnte, war sie für die Kinder in Holzham-Westendorf eine Stätte permanenter Angst. Mitte der 1960er Jahre schied Karl A. wegen der Abnahme der Belegzahlen in der Jugendheimstätte aus; er wurde schließlich von Junglehrer Siegfried Kuprian ersetzt, der wenige Jahre an der Schule von Holzham-Westendorf unterrichtete. Er war nach übereinstimmender Erinnerung ehemaliger Heimkinder der einzige männliche Lehrer, der weder schlug noch demütigte.

Um die genaue Bezeichnung der Heimschule herrschte eine Begriffsverwirrung. Der Stadtschulrat von Innsbruck schlug dem Gemeinderat vor, beim Landesschulrat für Tirol zu beantragen, der Heimschule Holzham den Charakter einer Sonderschule zu verleihen. In der ÖVP-Fraktion gab es zunächst Vorbehalte. Sie befürchtete, dass die Stadt dann gezwungen wäre, ein Schulgebäude zu errichten. Die SPÖ hielt einen Schulbau in jedem Fall für notwendig. Mit Unterstützung von Bürgermeister Alois Lugger wurde der Vorschlag des Stadtschulrates angenommen[155] und schließlich auch genehmigt. Die Schule verwendete den Briefbogen „Sonderschule des Jugendheimes der Stadt Innsbruck in Westendorf/Holzham Nr. 19 in Tirol". Lehrer F. unterschrieb mit „Sonderschuldirektor in Holzham-Westendorf" und verwendete einen Stempel „Sonderschule Jugendheimstätte Holzham-Westendorf". Heimleiter Tatzel forderte 1960 zwei Schulstempel für den Schriftverkehr der Schulleitung und die Ausstellung der Zeugnisse an, weil in der Heimschule zwei Schultypen geführt würden, die Allgemeine Sonderschule und die Sondererziehungsschule. Das Innsbrucker Stadtjugendamt erkundigte sich daraufhin beim zuständigen Bezirksschulinspektor von Kitzbühel darüber, wie die Schule der Jugendheimstätte korrekt zu bezeichnen wäre. Der Inspektor verwies auf einen Erlass des Unterrichtsministeriums, wonach der Begriff Sondererziehungsschule zu verwenden war. Dieser Schultyp sei für „milieugefährdete und milieugeschädigte Kinder" vorgesehen, nach Meinung des Bezirksschulrates waren die Kinder in der Jugendheimstätte in ihrer überwiegenden Mehrheit in diese Kategorien einzuordnen. Rund ein Dutzend der Heimkinder entsprächen den Aufnahmekriterien einer Allgemeinen Sonderschule, die ausschließlich für hilfsschulbedürftige Kinder gedacht war. Diese Sonderschüler im eigentlichen Sinne wurden in der Schule im Heim Holzham-Westendorf gemeinsam mit den anderen Kindern unterrichtet, ohne dass eine eigene Abteilung für sie geführt wurde. Aus diesen Gründen sollte sie Sondererziehungsschule genannt werden, daher genüge der Stempel Sondererziehungsschule.[156]

Trotzdem sprach das Innsbrucker Jugendamt 1961 von einer dem Heim angeschlossenen „zweiklassigen Volksschule (Sonderschule)", das Innsbrucker Kontrollamt ein Jahr später von einer dreiklassigen Sonderschule.[157] Auf eine Anfrage der Schulleitung von Ladis, die wie so viele Volksschulen in Tirol „schwachbefähigte Schüler" in Sonderschulen abschieben wollte, antwortete das Stadtjugendamt Innsbruck, dass die Heimschule Holzham-Westendorf eine Sonderschule wäre, in der sich „vorwiegend milieugeschädigte oder milieugefährdete Kinder" befänden.[158] Unabhängig von der Unschärfe im Sprachgebrauch war eines sicher: Beide Schultypen – Sonderschule und Sondererziehungsschule – stigmatisierten die Heimkinder als dumm und als schwererziehbar. Die Lernschwächeren erhielten ebenso wenig eine gezielte Förderung wie die überdurchschnittlich Leistungsstarken. Die fehlende Unterstützung wirkte sich für die meisten in ihrem weiteren Lebensweg als großes Manko aus, der Status eines Sonderschülers oder eines Sondererziehungsschülers trübte die Selbstwahrnehmung und schwächte das Selbstbewusstsein. Ein Heimkind in Westendorf hatte deutlich geringere Chancen auf einen Hauptschulabschluss. Wer in Holzham-Westendorf bis zum 14. Lebensjahr verblieb, musste mit dem Zeugnis einer Sonder(erziehungs)schule auf Lehrstellensuche gehen. Damit waren die Heimkinder von Westendorf selbst gegenüber jenen der Innsbrucker Heime Mariahilf und Pechegarten im Nachteil, wo im Vergleich mehr Nachhilfe geboten und mehr Augenmerk auf einen Hauptschulabschluss gelegt wurde. Der sozialdemokratische Vizebürgermeister von Innsbruck, Johann Flöckinger, der sich für einen modernen Schulbau in der Jugendheimstätte einsetzte, wollte keine Kinder von Mariahilf und vom Pechegarten nach Westendorf überstellen, weil sie dort keine Hauptschule besuchen konnten und er in den in der Stadt Innsbruck gelegenen Heimen Wert auf eine gute Schulbildung legte.[159] Eine abwertende Haltung gegenüber den Kindern des Heimes Holzham-Westendorf legte auch Gerda Zangerle, die Leiterin der Heime Mariahilf und Pechegarten, an den Tag. Als sich die Erzieherin A. F. aus familiären Gründen vom Kinderheim Mariahilf nach Westendorf versetzen ließ – mit einer Rückkehrgarantie nach einem Jahr, falls ihr der Dienst zu schwer werde –, hielt sie fest: „Der Einsatz einer Erzieherin mit Matura und Fürsorgerinnenausbildung, die die beste Kraft in der Hauptschulnachhilfe ist, nach Westendorf, erscheint ein falscher Einsatz ihrer Fähigkeiten."[160]

Trotz all dieser Widrigkeiten schafften es einige Heimkinder der Jugendheimstätte, die altersmäßig noch rechtzeitig in den Pechegarten kamen, in die Hauptschule einzutreten. Gelegentlich erklärte die Leitung der Sondererziehungsschule in Holzham-Westendorf den einen oder anderen Buben, den sie entließen, für hauptschulreif.[161] Wer im Heim verblieb, konnte weder eine Hauptschule noch ein Gymnasium besuchen. Eine höhere Schule wurde von vornherein fast nie ins Auge gefasst.

Ihren höchsten Organisationsgrad erreichte die heimeigene Schule in Holzham-Westendorf ab 1959, als der Abteilungsunterricht in drei Klassen begann. Der Innsbrucker Gemeinderat bezeichnete die Heimschule als eine achtklassige Volksschule, die in Form einer dreiklassigen Sonderschule geführt werde.[162]

Die gesamte Sonderschullehrerschaft, drei Bezirksschulinspektoren, der Innsbrucker Jugendamtsleiter und Vizebürgermeister Flöckinger trafen sich im Juni 1959 zu einer Tagung in der Jugendheimstätte zur Besichtigung des Schul- und Heimlebens. Sie sprachen ihr Bedauern über die „dürftigste und mangelhafteste Unterbringung der Sonderschule Holzham in ungeeignetsten Räumlichkeiten" aus. Ein Klassenraum war im Bastelraum untergebracht, ein weiterer im Tages-Aufenthaltsraum und der dritte in einem der Schlafzimmer der Buben. Im 1. Semester des laufenden Schuljahres war die Schule aufgrund der vielen Kinder noch vierklassig geführt worden, weshalb der Heimleiter sein Wohnzimmer zur Verfügung stellte. „Die Baupläne für den geplanten Schulhausneubau sind fertiggestellt, das Bauholz steht bereit, der Bauplatz ist vorhanden, die Baukommissionierung hat schon stattgefunden und alle Genehmigungen baulicher- und schulischerseits sind erfolgt", hob der Schulleiter hervor. Er richtete an die Stadtgemeinde Innsbruck die

„dringlichste Bitte im Namen aller Sonderschullehrer Tirols" und vor allem der „Holzhamer Heimbuben, die ja praktisch die ärmsten Kinder der Stadt Innsbruck sind, da sie ja größtenteils kein oder kein anständiges Elternhaus mehr haben (...). Errichtet bitte Euren und unseren Kindern in Holzham endlich menschenwürdige, zeitentsprechende und zweckdienliche Schulräume!" [163]

Doch der Appell blieb ungehört. Auch Heimleiter Tatzel bezeichnete die Schulverhältnisse so wie der Bezirksschulrat Kitzbühel als katastrophal.[164] Die unweit des Heimgebäudes provisorisch für die warme Jahreszeit errichtete „Waldschule" minderte die Raumnot für einige Wochen im Jahr, den Mangel an „menschenwürdigem Schulraum" konnte sie nicht beheben. Der Bezirksschulinspektor von Kitzbühel und Landesrat Hans Gamper (ÖVP) sahen die Schule in den besten Händen, „lediglich die Unterbringung der Schule entspreche in keiner Weise den primitivsten Anforderungen".[165] Die SPÖ drängte seit Jahren nachdrücklich auf einen Schulneubau, die Stadt entschloss sich schließlich dazu, die geplante Schule nicht nur zweiklassig, sondern vierklassig zu führen, auch wenn die Kosten sich dadurch wesentlich erhöhten. Auch der Bürgermeister wollte keine weitere Verzögerung, doch der Vizebürgermeister aus den Reihen der FPÖ bremste. Bevor das Land keine schriftliche Zusage über die Höhe seiner Kostenbeteiligung gab, sollte der Bau nicht in Angriff genommen werden.[166] Die Tiroler Landesregierung weigerte sich tatsächlich, den Schulbau mitzufinanzieren. Die Stadt verhandelte weiter.[167] Im Jänner 1960 warb Vizebürgermeister Flöckinger „um größtes Verständnis" für die Buben im Heim Holzham-Westendorf. Seit zehn Jahren habe er sich nun schon vergeblich für den Schulbau eingesetzt: „Wir müssen rasch alle Voraussetzungen schaffen, die Buben zu wertvollen Mitgliedern der Gemeinschaft zu erziehen, damit sie einmal den Lebenskampf erfolgreich bestehen. Was wir heute Positives tun, erspart uns Negatives in der Zukunft."[168]

Im Juli 1960 beantragte die Schulbehörde Kitzbühel bei Landesrat Gamper die Schließung der Sondererziehungsschule Holzham mit Ende des Schuljahrs 1959/60.

Eine Wiedereröffnung sollte von der Bereitstellung geeigneter Schulräumlichkeiten abhängig gemacht werden. Seit zwölf Jahren seien die „Notbehelfsräume (…) vollkommen unzulänglich. Sie weiterhin als Klassenzimmer zu verwenden, widerspricht den primitivsten Anforderungen." Gamper möge die Stadt Innsbruck zum unverzüglichen Beginn des Schulhausbaues zwingen. Die Stadt erinnerte daran, dass sie seit Jahren bemüht war, eine einvernehmliche Regelung mit der Landesregierung zu erreichen. Sie war der Ansicht, dass eine neu errichtete Sonderschule auch weiteren SchülerInnen der Bezirke des Tiroler Unterlandes zur Verfügung stehen sollte. Bürgermeister Lugger ersuchte um beschleunigte Verhandlungen. Doch das Land zögerte eine Entscheidung weiter hinaus, entschied aber, dass die Sonderschule der Stadt im Heim vorläufig geöffnet bleiben konnte.[169]

Ende 1961 beschwor Flöckinger den Gemeinderat, die finanziellen Mittel für den Schulneubau freizugeben: „Ich bin zu sehr mit dem Kopf und mit dem Herzen mit diesem Heim verbunden." Es werde der Stadt in Zukunft viel teurer kommen, wenn der Gemeinderat für die Erziehung dieser Kinder nichts tue. Er würde die Errichtung eines Schulgebäudes in Holzham-Westendorf immer wieder auf die Tagesordnung setzen, weil er wisse, dass „die Bediensteten in Westendorf alles tun, um ihrer Aufgabe gerecht zu werden". Man sei es den Heimkindern in der Jugendheimstätte schuldig, auch ihnen einen guten Schulerfolg zu ermöglichen. Flöckinger verwehrte sich gegen die finanziellen Einwände eines Gemeinderates. 13 bis 14 Buben müssten in kümmerlichen Notklassen von 16 bis 18 Quadratmetern mit ihren Lehrern das Auslangen finden, obwohl dies eindeutig den Bauvorschriften des Landes widerspreche. Er gab zu bedenken, dass die Stadt im Haushaltsjahr 1962 den Zuschussbedarf von 1,6 Millionen Schilling für ein Hallenbad abdecke, das ein Wirtschaftsbetrieb sei. Im Vergleich dazu investiere die Kommune für Fürsorgeanstalten wie die Altersheime Saggen und Hötting sowie die Kinderheime Mariahilf, Pechegarten und Holzham-Westendorf zusammen gerade 1,2 Millionen Schilling. Flöckinger ersuchte den Gemeinderat, Gewissenserforschung zu betreiben und sich einen Ruck zu geben, damit endlich etwas geschehe, mehr als eine Aktenbewegung von der Stadt zum Land und umgekehrt: „Ich weiß, daß auf der anderen Seite der Fürsorge die Gegenrechnung aufscheint, wenn wir für die Erziehung dieser Kinder nichts tun. (…) Die Angelegenheit ist schließlich nicht Sache der Fürsorge, sondern eine Vorbeugung der Fürsorge."[170]

Doch der Stadtsäckel blieb zu, der Schulneubau eine Wunschvorstellung, da das Land Tirol nicht mitzog. Im Dezember 1963 unterbreitete das Land der Stadt ein zweifelhaftes Angebot. Es war bereit, eine allgemeine Sonderschule für Knaben in Holzham-Westendorf im Bungalow-Stil mit mehreren Häuschen zu bauen und auch das Heim zu übernehmen, wenn die Stadt dem Land alle Immobilien und Liegenschaften kostenlos überließ. Vizebürgermeister Ferdinand Obenfeldner (SPÖ) teilte Landesrat Gamper mit, dass er sich nicht vorstellen könne, dass die Stadt ihren Besitz in Westendorf kostenlos an das Land abtreten würde, was der Landesrat verärgert mit der Bemerkung „typisch Stadt" quittierte.[171]

Nach dem Wechsel der Fürsorgeagenden von der SPÖ zur ÖVP 1962 setzte der neue Ressortverantwortliche Josef Hardinger für einen Neubau keine Initiativen mehr, zumal das Land sich einer finanziellen Beteiligung verweigerte. Während Stadt und Land in den 1960er Jahren im Zuge der Bildungsexpansion eine Schule um die andere bauten, blieb das schulische Provisorium in der Jugendheimstätte eine Dauerlösung. Die Buben mussten mit einem Unterricht in zwei Zimmern des Hauptgebäudes und einem Zimmer in einem Holzgebäude vorlieb nehmen, in dem auch Brennmaterial (Holz, Koks) lagerte und die Werkstätte des Heims untergebracht war.[172]

Der Wirtschaftsbetrieb

Die Jugendheimstätte der Stadt Innsbruck in Holzham-Westendorf umfasste eine wertvolle Liegenschaft von 112.636 m². Mehr als 1.800 m² waren verbaute Fläche, knapp 86.000 m² machten zu gleichen Teilen Ackerland und Wald aus, der Rest setzte sich aus Wiesen und Weideland zusammen.[173]

Im Dezember 1951 bekundete Vizebürgermeister Flöckinger sein Interesse am Aufbau einer kleinen Landwirtschaft auf dem Areal der Jugendheimstätte, um eine eigenständige Versorgung mit Nahrungsmitteln zu ermöglichen und den Zuschussbedarf zu vermindern. Da die Stadt gerade das Landgut Reichenau auflöste, sollten von dort landwirtschaftliche Geräte nach Westendorf gebracht werden.[174] 1954 wurde im Heim Westendorf eine kleine Viehwirtschaft mit ein paar Kühen, Kälbern und Schweinen aufgebaut, die bis zu diesem Zeitpunkt verpachteten Grünflächen nutzte man nun selbst. Das Rechnungsprüfungsamt kam in seiner Einschau 1955 zu einem positiven Urteil.[175] In der Folge erreichte das Heim bei der Milch eine Deckung des Eigenbedarfs, ein kleinerer Teil wurde für die Aufzucht der Kälber verwendet, ein weiterer für den Verkauf an die Sennerei von Westendorf und an die beiden anderen Kinderheime in Innsbruck. Seit 1960 kam ein Teil der Kühe auf die Alm. Der Kartoffelanbau wurde bereits 1958 aufgegeben, da er zu personalintensiv war. Anfang der 1960er Jahre lagen daher die Verpflegssätze pro Tag in der Jugendheimstätte (32 Schilling 1960) deutlich unter jenen der Landeserziehungsheime Schwaz und Kramsach (46 Schilling) sowie Kleinvolderberg (62 Schilling), billiger waren lediglich ordensgeführte Anstalten wie die Bubenburg in Fügen (30 Schilling). Der Waldbestand bereitete einiges Kopfzerbrechen, da er zu wenig gepflegt wurde, während andererseits die seltenen Schlägerungen weitaus mehr Holz zum Heizen und Bauen lieferten als verbraucht werden konnte, so dass nach zu langen Lagerungen Notverkäufe in die Wege geleitet werden mussten.[176]

1961 produzierte die heimeigene Landwirtschaft in Holzham-Westendorf über 7.300 Liter Milch, 1969 mehr als 12.300 Liter. Davon gingen 8.700 Liter Milch in den Eigenverbrauch, 2.300 Liter in die Kälberaufzucht. 1.100 Liter verkaufte die Jugendheimstätte an die Kinderheime Mariahilf und Pechegarten, 200 Liter an die Sennerei.[177]

1959 wurden 718 Kilogramm Schweinefleisch geschlachtet, 1961 435 Kilogramm Fleisch (Schwein, Rind, Kalb), im Folgejahr erreichte die Fleischproduktion bereits den Höhepunkt mit 838 Kilo. In der Regel waren es zwischen 500 und 700 Kilo mit einem Einbruch 1968, als nur 319 Kilo Fleisch erwirtschaftet werden konnten.[178] Bis zur Auflassung der Jugendheimstätte bilanzierte der kleine Betrieb positiv. Der Wert der Erzeugnisse stieg zwischen 1970 und 1973 von 34.200 auf 72.200 Schilling. 1973 produzierte die Landwirtschaft des Heims 10.229 l Milch und 807 kg Kalb-, Rind- und Schweinefleisch, weiters 53 kg Innereien.[179]

Die Schließung des Heimes:
„(...) es ist zu befürchten, daß einmal die Stadt schweren Angriffen ausgesetzt wird."

Zu keinem Zeitpunkt gab es in der Innsbrucker Stadtpolitik eine eigenständige Initiative für eine Reform der Kinderheime und der Jugendheimstätte. Ab den 1970er Jahren ist ein langsam einsetzender Anpassungsprozess an Veränderungen wahrzunehmen, die Landessozialreferent Herbert Salcher (SPÖ) im Land anstieß und die von der heimkritischen Reformdiskussion in Wien und später vom „Tiroler Arbeitskreis Heimerziehung" ausgingen. In Innsbruck kamen die Impulse weniger von den Sozialreferenten und den Leitern der Magistratsabteilung V als von Marianne Federspiel, der neuen Leiterin der Kinderheime Mariahilf und Pechegarten. Noch Anfang der 1970er Jahre schotteten sich die Sozial- und Bildungsreferenten und die Leitung der Magistratsabteilung V gegenüber der Wissenschaft ab, der sie mit Skepsis und Misstrauen begegneten. Den Blick von außen empfanden sie als massive Bedrohung. Vizebürgermeister Obenfeldner unterstützte 1971 ein Ansuchen von Peter Gstettner vom Institut für Erziehungswissenschaft der Universität Innsbruck, mit StudentInnen Kinder in Familien, Kindergärten und in den Kinderheimen Mariahilf und Pechegarten beobachten zu dürfen, um den Unterschied in der Erziehung von Kindern im Kindergarten, im familialen Umfeld und in jenem des Heimes zu ergründen. Die Magistratsabteilung V lehnte ab, weil sie auf dem Standpunkt stand, dass es um die Beobachtung verhaltensgestörter Kinder im Heim ginge, die es in den städtischen Heimen aber nicht gäbe. Das Amt führte als weiteren Einwand die Beeinträchtigung des geregelten Tagesablaufs durch die Anwesenheit betriebsfremder Personen an. Auch Vizebürgermeister Arthur Haidl (ÖVP) lehnte die Untersuchung ab, weil Befragungen von Eltern beabsichtigt waren, die ForscherInnen aber dem Amt die Fragen nicht vorgelegt hatten. Er wollte keine „Unruhe in die Anstalten bringen". Die Magistratsabteilung V empfahl dem Institut für Erziehungswissenschaft, sich mit Maria Nowak-Vogl, der „Leiterin der heilpädagogischen Kinderstation", in Verbindung zu setzen.[180]

Für die Schließung der Jugendheimstätte Holzham-Westendorf war letztendlich der hohe finanzielle Aufwand bei starkem Rückgang der Nachfrage ausschlaggebend. Die Magistratsdirektion hielt die Kosten für nicht mehr tragbar. Erst in dieser Situation kamen zur Untermauerung der betriebswirtschaftlichen Argumentation pädagogische Überlegungen zur Geltung: die ungeeigneten Räumlichkeiten, die Personalnot, die mangelnde Kontrolle und ein allgemeiner Verweis auf unerquickliche Vorkommnisse in der Vergangenheit.

Nach den Berechnungen des Fürsorgeamtes war die Jugendheimstätte Holzham-Westendorf für die Stadt Innsbruck beim Verpflegskostensatz zunächst das günstigste Kinderheim mit dem größten finanziellen Deckungsgrad, besonders ab 1967.[181] Bis dahin lagen die Verpflegskostensätze für Heimkinder in Holzham-Westendorf um ein Fünftel niedriger als in den Heimen Mariahilf und Pechegarten, dann wurde der Verpflegssatz fast völlig angeglichen. Der Anteil der nicht aus Innsbruck stammenden Kinder in Holzham-Westendorf, für die fremde Fürsorgeverbände den vollen Betrag zahlten, war hoch, und die Produktion der heimeigenen Landwirtschaft leistete einen Beitrag zur Kostensenkung.[182] Die Einnahmen des Heimes kamen 1964 zu einem Drittel von den Angehörigen, zu 28 % von fremden Fürsorgeverbänden und zu über 38 % von der städtischen Fürsorge.[183] Doch bei den Gesamtkosten sah das Bild völlig anders aus, da das Heim Holzham-Westendorf im Vergleich zu den Heimen Mariahilf und Pechegarten viel zu wenig ausgelastet war, folglich weniger Einnahmen hatte, zum Unterhalt des Hauses und des weitläufigen Besitzes aber genauso viel Verwaltungspersonal wie die Heime in der Stadt benötigte. Sozialreferent Hardinger stellte 1962 fest, dass die Belegung in Holzham-Westendorf nur zu 54 % ausgeschöpft waren und das Heim daher finanziell „schon sehr aufwendig" wäre. Er betonte, dass im Heim Mariahilf beim doppelten Verpflegsstand an Kindern nur die Hälfte der Kosten anfielen, die aus städtischen Mitteln aufzubringen waren. Im Vergleich zum Heim Pechegarten lägen die Kosten sogar um 126 % höher.[184] Daher gab es immer wieder Überlegungen, das städtische Heim in ein Landesheim umzuwandeln oder es zu privatisieren. Die FPÖ war wegen der Kosten die stärkste Kritikerin des Heimes.[185] Das städtische Kontrollamt monierte 1966 ein „nicht unbedeutendes Defizit aus diesem nur ungenügend ausgelasteten Heimbetrieb" und mahnte eine effizientere Nutzung ein.[186] Pädagogische Erwägungen führte vor allem die SPÖ an, die sich stets für den Erhalt der Jugendheimstätte einsetzte und für die der Nutzen zugunsten der Kinder höher einzuschätzen war als das Defizit. Vizebürgermeister Obenfeldner gab 1966 zwar zu, dass das Heim in Westendorf „da und dort als heißes Eisen" gelte, er gehöre aber nicht zu denen, die eine Schließung anstrebten. Nicht nur, weil Westendorf eine gute Vermögensanlage für die Stadt sei, sondern weil eine Stadt mit 100.000 EinwohnerInnen dieses Heim brauche. In Innsbruck gebe es eine „große Anzahl milieugefährdeter Kinder", die in Westendorf untergebracht werden könnten, obwohl es „kein reines Erziehungsheim" sei. Es diene daher der Prävention, weil Kinder in einem Fürsorgeerziehungsheim „unter Umständen einen Schaden erleiden könnten".[187]

Die PolitikerInnen der SPÖ glaubten der normativen Aufladung der Heime: an ihre segensreiche Erziehung der Kinder unterprivilegierter Schichten. Gemeinderätin Zita Mauler stellte 1960 fest: „Unsere Kinderheime sind im großen und ganzen in Ordnung und man bemüht sich dort, den Kindern ein Heim zu bieten. (…) An den Äußerungen und am Benehmen der Kinder ist zu sehen, daß sie sich in den Heimen recht wohl fühlen."[188] Zwei Jahre später betonte sie: „Jetzt im Beruf stehende junge Menschen, die ihre Kinderjahre in unseren Heimen verbracht haben, statten in ihrer Freizeit oft den Heimen Besuche ab, was beweist, daß sie sich dort daheim fühlen."[189] Vizebürgermeister Obenfeldner bemerkte im Dezember 1970: „Die Führung der städtischen Heime ist tadellos. Ich möchte es nicht versäumen, nachdem ich als Obmann des Wohlfahrtsausschusses diese Heime immer wieder besuchen kann, dem Personal für die schwere Arbeit in diesen Einrichtungen zu danken."[190] Obenfeldner verwechselte Besuche mit Kontrolle und das für den Politikerbesuch vorbereitete Schauspiel mit der Erziehungsrealität. Die SPÖ hatte 1962 die Fürsorgeagenden an die ÖVP abgeben müssen, weshalb sie auf ihren Vorsitz im Wohlfahrtsausschuss (später Sozialausschuss) angewiesen war, um Einfluss zu nehmen. Obenfeldner beschwerte sich, als Ausschussvorsitzender vom Informationsfluss völlig abgeschnitten zu sein, in vier Jahren habe er nicht mehr als drei Aktenstücke zu Gesicht bekommen, „denn der Wohlfahrtsausschuß scheint einer von jenen Ausschüssen zu sein, die nicht zur Hilfe des Referenten und des Bürgermeisters herangezogen werden, wie es in der Geschäftsordnung vorgesehen und vorgeschrieben wäre".[191] In einem seiner Tätigkeitsberichte schrieb Heimleiter Tatzel, dass Sozialreferent Hardinger (ÖVP) das Heim Holzham-Westendorf sehr am Herzen liege und sich dieser monatlich mindestens einmal mit seinen Spitzenbeamten, dem Leiter der Magistratsabteilung V Alfons Dietrich und dem Leiter des Fürsorgeamtes Ernst Wild, „vom Heimgeschehen überzeugt und informiert".[192]

Im November 1973 ersuchte die Magistratsdirektion die Magistratsabteilung V um eine grundsätzliche Stellungnahme zu ihrem Vorhaben, dem Innsbrucker Stadtsenat die Schließung der Jugendheimstätte Holzham-Westendorf mit Schuljahr 1973/74 zu empfehlen. Die Einstellung des Heimbetriebs war zwar bereits mehrmals Gegenstand von Diskussionen gewesen. Doch dieses Mal wurde es ernst. Die erste Ölkrise von 1973 hatte weltweit zu ökonomischen Verwerfungen geführt, zudem hatte Innsbruck hohe Investitionen anlässlich der Olympischen Winterspiele von 1972 tätigen müssen. Die Öffentlichkeit wurde von der finanziell angespannten Situation mit einem dramatischen Appell des Finanzstadtrates informiert: „Stadtfinanzen im Würgegriff", „Eiserne Disziplin und Sparsamkeit".[193]

Die Jugendheimstätte befand sich in einem desolaten Zustand, Schule und Gebäude benötigten eine Generalsanierung, eigentlich stand ein Neubau an.[194] Die Auslastung des Heimes hatte sich in kurzer Zeit dramatisch verschlechtert. Zwischen 1959 und 1965 war sie gesunken und 1966 deutlich angestiegen. In der zweiten Hälfte der 1960er Jahre hatte sie sich bei 45 bis 50 Kindern im Jahresdurchschnitt stabilisiert.[195] 1971 erreichte die Ausnutzung der Bettenkapazitäten in Holzham-Westendorf mit über 73 % einen Höhepunkt und sank dann in den beiden Folgejahren drastisch auf knapp 50 % bzw. 42 %. Während die Zahl der Kinder stark abnahm, stieg der Zuschussbedarf für das Heim enorm: Von lediglich 286.000 Schilling 1971, einem Wert, der jenem von 1959 entsprach, auf 752.000 1972 und schließlich 967.000 im Jahr 1973. Stellten Kinder aus der Stadt Innsbruck stets die Mehrheit im Heim Holzham-Westendorf, so zeigte sich nun, dass der Bedarf des Jugendamtes Innsbruck, Kinder des eigenen Fürsorgeverbandes dorthin zu schicken, kaum mehr gegeben war.[196] Anfang der 1970er Jahre stammten rund die Hälfte der Einnahmen der Jugendheimstätte von fremden Fürsorgeverbänden.[197] Die Aufnahme dieser Buben war aus wirtschaftlichen Gründen erfolgt. 1972 lebten im Jahresdurchschnitt 36 Kinder im Heim, 1973 waren es noch 26 Buben. Jeweils 45 % der Heimbewohner kamen aus Innsbruck, das waren 1972 16 Kinder und 1973 zwölf.[198] 1967 waren es noch 65 % gewesen, bereits im Folgejahr fiel der Anteil der Buben aus Innsbruck im Heim Holzham-Westendorf auf deutlich unter die Hälfte der Belegungsmöglichkeit und erreichte bereits zu diesem Zeitpunkt nur mehr 45 %.[199] Im März 1974 gab es lediglich sieben Innsbrucker Buben in der Jugendheimstätte, die restlichen 14 kamen aus anderen Tiroler Bezirken oder aus Salzburg.[200]

Anfang der 1970er Jahre nahmen die gerichtlich angeordneten Überstellungen in ein Heim ab, deshalb war das Jugendamt stärker darauf angewiesen, die Zustimmung der Erziehungsberechtigten zu bekommen.[201] Unter öffentlichem Druck standen Heimleitung und die Magistratsabteilung V jedoch keineswegs. In der Magistratsdirektion und in der Magistratsabteilung V wirkten mit Otto Schwamberger und Helmut Lagger neue Leiter, die in Zeiten der Reformen der SPÖ-Alleinregierung im Bund und von Landeshauptmann-Stellvertreter Salcher im Land ihr Amt angetreten hatten. Mit Inkrafttreten des verbesserten Unehelichenrechts am 1. Juli 1971 übertrug das Stadtjugendamt zunehmend mehr Müttern die Vormundschaft für ihre Kinder[202] und aufgrund des Tiroler Sozialhilfegesetzes mit Wirkung vom 1. Jänner 1974 wurde versucht, so Sozialreferent Paul Kummer (ÖVP), alleinstehenden Müttern genügend Mittel zur Verfügung zu stellen, damit sie sich um ihre Kinder selbst kümmern konnten: „Eine Heimunterbringung der Kinder wäre wesentlich kostspieliger und kann die Mutter nicht ersetzen."[203] Dank dem Landesjugendamt stand der Stadt ein Mal in der Woche ein Psychologe zur Beratung zur Verfügung. Überhaupt wollte das Jugendamt weitaus stärker als früher eine beratende Funktion wahrnehmen. Es beabsichtigte, mehr in die Prävention zu investieren. Deshalb sollte es im Bereich der Jugendwohlfahrt „vordringliche Aufgabe sein, den Personalstand der Sozialarbeiter durch Neuaufnahmen für ausgeschiedenes Pesonal zu sichern, die Einrichtung des psychologischen Beratungsdienstes in Zusammenarbeit mit dem Landesjugendreferat auszubauen und auf breiterer Basis für die Elternberatung zu nützen". Zudem setzte man auf eine Erhöhung der Pflegeplatzstellen, da eine familienähnliche Situation „auch einem bestgeführten Heim vorzuziehen ist".[204]

Alle diese Weichenstellungen verringerten den Bedarf an Heimplätzen. In erster Linie spielten ökonomische Überlegungen die zentrale Rolle. Das Heim Holzham-Westendorf kam zu teuer, ein Bedarf war nicht mehr vorhanden. Für die Betriebsschließung des Heimes Holzham-Westendorf sprach laut Magistratsdirektion auch der nicht mehr zu bewältigende Personalmangel. Die abgelegene Lage mache es „praktisch unmöglich (…) für diese Einrichtung geeignete Erzieher zu erhalten. Die Führung des Heimes hat schon zu verschiedenen Unzukömmlichkeiten geführt, was der do. Abteilung hinlänglich bekannt sein dürfte. Die Überwachung der Heimleitung ist im Hinblick auf die verhältnismäßig große Entfernung ziemlich problematisch." Eine wirkliche Nachfrage nach dem Heim bestehe nicht, weshalb weitere Investitionen nicht vertretbar wären, „vor allem aber im Interesse des Ansehens der Stadt Innsbruck" wäre es „wirklich besser (…), das Heim zu schließen".[205]

Helmut Lagger, Leiter der Magistratsabteilung V, schloss sich der Position der Magistratsdirektion an. Im Rückblick gab er zu, dass das Amt in Westendorf gescheitert war, den „schwererziehbaren Kindern bzw. Kindern aus milieugeschädigten Familien" die nötige Anzahl an geeigneten ErzieherInnen zur Verfügung zu stellen. Das Heim Holzham war, so Lagger, „von jeher kein erstrebenswerter Arbeitsplatz für geschultes Erzieherpersonal". Gerade angesichts der speziellen Bedürfnisse der Kinder hätte es ErzieherInnen mit qualifizierter Ausbildung und Idealismus benötigt. Wegen des großen Angebots an freien Stellen unter weitaus günstigeren Arbeitsbedingungen konnte das Heim in Westendorf nicht mithalten. Deshalb musste die Erziehung aufgrund von „chronischem und trotz laufender Bemühungen des Amtes nicht behebbarem Mangel an Fachpersonal einfach leiden (…). So kam es infolge schwacher Erziehungserfolge immer wieder zu Fluchten aus dem Heim und sonstigen verschiedenen Unzukömmlichkeiten im Hause. (…) Einfache Überwachungsmaßnahmen im Rahmen einer Aufsichtspflicht allein können hier nicht als ausreichend angesehen werden."[206]

Im November 1973 beaufsichtigten nur mehr der Heimleiter und eine Haushaltshilfe die Kinder: „Ein Zustand, der kaum verantwortet werden kann, weil er vielleicht gerade noch bei großer Toleranz einer Aufsichtsfunktion gerecht wird, niemals aber eine Erziehungsaufgabe mit der Zielsetzung eines Erziehungserfolges erfüllen kann." Zwar zog Lagger nun Erzieherinnen turnusmäßig aus den Heimen Mariahilf und Pechegarten für Holzham-Westendorf ab, doch dafür wirkte sich dieser zeitweise Personalausfall in diesen Kinderheimen in Innsbruck, die mit der Betreuung von Heim- und Tageskindern ausgelastet waren, negativ aus.[207] Lagger betonte weiters, dass der Zustand des Gebäudes nicht mehr tragbar war: „So wie sich das Haus derzeit den Erziehungsberechtigten an Besuchstagen darstellt, ist es geeignet, das Ansehen der Stadtgemeinde zu gefährden." Einen weiteren Heimbetrieb sah er daher nur gerechtfertigt, wenn geeignete ErzieherInnen, entsprechende Wohnmöglichkeiten für sie und eine Generalsanierung des Gebäudes gesichert werden können.[208] Allerdings hatte das städtische Kontrollamt festgestellt, dass die Kosten für die Instandhaltung des Gebäudes von 1971 bis 1973 um mehr als drei Viertel gesunken waren. Genehmigte Kredite wurden nicht ausgenützt, um Ausgaben zu sparen. Daher, so das Kontrollamt, stellte sich die Frage, „ob es nicht zweckmäßiger gewesen wäre, den Kreditrahmen voll auszuschöpfen und dadurch den Heimkindern eine angenehmere Unterbringung zu bieten, dem Personal ein leichteres Arbeiten zu ermöglichen und nicht zuletzt aber auch, um den Besitz der Stadt in einen besseren baulichen Zustand zu versetzen".[209]

Magistratsdirektor Schwamberger informierte Bürgermeister Lugger und forderte eine rasche Entscheidung der Stadtverantwortlichen über die weitere Zukunft des Heimes. Aus heutiger Sicht wirken seine Worte geradezu prophetisch: „Es hat die Führung des Heimes schon zu verschiedensten Unzukömmlichkeiten geführt, es ist zu befürchten, daß einmal die Stadt schweren Angriffen ausgesetzt wird."[210] Am 23. Jänner 1974 beschloss der Stadtsenat, die Jugendheimstätte Holzham-Westendorf mit Ende des Schuljahres 1973/74 aufzulassen. Vier Buben, die aus Innsbruck kamen, wurden im Kinderheim Pechegarten untergebracht.[211]

Seit 1970 wälzten der Stadt- und Gemeinderat Pläne, auf dem ausgedehnten Areal des städtischen Besitzes in Westendorf ein Gebäude für die Müttererholungsaktion zu errichten, die bis dahin im Alpengasthof Frohneben durchgeführt worden war. Der schlechte bauliche Zustand des Gasthofs zwang die Stadt, sich nach anderen Möglichkeiten umzusehen.[212] 1972 ersteigerte die Stadtgemeinde den zwei Jahre zuvor errichteten Forellenhof in der Nähe der Jugendheimstätte für die Müttererholungsaktion im Sommer um 1,81 Millionen Schilling und kaufte zur Arrondierung des Besitzes mehr als 4.300 m² um weitere 692.000 Schilling dazu.[213] Der gesamte Liegenschaftsbesitz der Stadt umfasste nun 12 ha 45 a 16 m². Davon waren 5 ha 6 a 81 m² als Waldparzellen sowie 18 a 10 m² als Bauparzellen ausgewiesen.[214]

Die Gewerkschaft der Gemeindebediensteten vereinbarte mit der Stadt, den Forellenhof im Winter für ihre Mitglieder zu Erholungszwecken günstig nutzen zu können.[215] Im Rahmen der städtischen Altenbetreuung wurden zudem Erholungsaufenthalte für SozialhilfeempfängerInnen angeboten.[216] Amtsrat Franz Tatzel, Heimdirektor der Jugendheimstätte Holzham-Westendorf und Beauftragter der Landesgruppe Tirol der Gewerkschaft der Gemeindebediensteten, wurde zum Geschäftsführer des „Forellenhofs. Sport- und Erholungsheim der Stadt Innsbruck" ernannt. Für die Nachnutzung der Jugendheimstätte Holzham-Westendorf musste eine gründliche bauliche Sanierung in die Wege geleitet werden. 1978 stand sie erstmals für Erholungsaufenthalte zur Verfügung. Die Stadt nutzte die beiden Häuser für PensionistInnen, BewohnerInnen städtischer Altenwohnheime mit Behinderung, Gewerkschaftsmitglieder, Mütter und Kinder aus städtischen Kinderheimen sowie aus sozial bedürftigen Familien.[217] Die Kinder aus den Heimen Mariahilf und Pechegarten beendeten jedoch bald ihre traditionellen Erholungsaufenthalte im Gebäude der ehemaligen Jugendheimstätte in Westendorf, da das Areal nur mehr drei Wochen lang zur Verfügung stand und die Termine nur noch wenig beeinflusst werden konnten. Stattdessen suchte die Heimleiterin Marianne Federspiel mit ausgesuchten Erzieherinnen geeignete Orte und Gebäude für die Ferienlager und wickelte die Organisation auf Eigeninitiative ab, sei es in Osttirol, im Zillertal und Wipptal, am Achensee, auf Almen oder auch im Ausland, von Kaltern über Bibione, Umag bis Porec. Heimleiterin Federspiel führte auch Ferienaufenthalte im Winter oder zu Ostern ein.[218]

Die Kinderheime Mariahilf und Pechegarten

Erwerb und Funktion

Am 22. Oktober 1898 hielt ein „vorbereitendes Comité" von 33 adeligen und großbürgerlichen Frauen mit dem Innsbrucker Altbürgermeister und Direktor der Sparkasse Heinrich Falk sowie dem Armenreferenten der Stadt die Gründungsversammlung des „Frauenvereines für Krippenanstalten" im Rathaus ab. Anlass für die Wohltätigkeitsarbeit war das 50-jährige Regierungsjubiläum des Kaisers. Baronin Marie von Rokitansky, verheiratet mit ihrem Vetter Prokop Lothar Freiherr von Rokitansky, Vorstand der medizinischen Klinik in Innsbruck und engagierter Deutschnationaler,[219] hatte die Versammlung einberufen und mit dem Comité bereits ein „ansehnliches Vermögen" durch Spenden angesammelt. Der konstituierte Frauenverein wählte sie zur Präsidentin, Sparkassendirektor Falk zum Prokurator. Der Verein beschloss den Kauf des so genannten Spielmannschlössls in der Höttinger Au 8 (damals Mariahilfstraße 265, später Mariahilfstraße 8), das von Elisabeth Spielmann günstig zu erwerben war. Mit 1. November 1898 ging der Besitz auf den Verein über.[220] Sein Zweck war es, „Säuglings-Bewahranstalten (Krippen) in Innsbruck zu errichten", um armen Eltern die Erwerbstätigkeit zu ermöglichen und ihre Kinder vor der Verwahrlosung zu retten. Darüber hinaus sollte auch vernachlässigten Kindern Einlass gewährt werden, damit sie, wie es hieß, nicht verrohten oder verwilderten. Für Aufsicht, Pflege und Ernährung war „ein kleines Entgelt" zu entrichten, aufgenommen wurden Kinder im Alter von zwei Wochen bis zum vollendeten dritten Lebensjahr. Der Armenreferent der Stadt Innsbruck überprüfte die Eltern und stellte ihnen einen Aufnahmeschein aus. Der Frauenverein benannte die Kinderanstalt im Spielmannschlössl in Mariahilf nach ihrem Vorbild, der heiligen Elisabeth, die sich um arme Kinder, Notleidende und Kranke gekümmert hatte, Elisabeth-Krippe.[221] Sie wurde am 12. Dezember 1898 unter Beisein hoher Prominenz aus Gesellschaft, Politik, Wirtschaft und Universität eröffnet. Baronin Rokitansky unterstrich, dass „durch sorgsamste Pflege und beste Ernährung der Grund gelegt werden soll zu jener festen und unerschütterlichen Gesundheit, die sie in den späteren Tagen geeignet macht, siegreich den oft so harten, mühevollen Kampf ums Dasein zu bestehen". Die Krippe war in einem

> „geradezu wundervoll eingerichteten Häuschen, das ursprünglich den Armbrustschützen als Clubheim und Übungsplatz gedient hatte, ehe es in Privatbesitz überging. Von der Küche angefangen bis zu der mit allen Maschinen versehenen in einem neuen Anbau untergebrachten Waschküche sind alle Räumlichkeiten ebenso schön als praktisch eingerichtet und zwar fast ausschließlich aus Spenden, welche so reichlich flossen, dass bereits ein Überschuss an Einrichtungsgegenständen vorhanden ist, welcher für eine bereits ins Auge gefasste Filiale in einem entfernt gelegenen Stadttheile bestimmt erscheint. Heute morgens wurde das neue Heim, welches die Aufnahme von 50 Kindern ermöglicht, zum erstenmale von armen Kleinen, für deren Wohl zwei barmherzige Schwestern an Mutterstatt sorgen, bezogen. Die Kleinen werden nach der Abgabe gebadet, und dann vom Kopf bis zum Fuß umgekleidet, um dann abends wieder in ihren eigenen Kleidern den Eltern zurückgegeben zu werden. Zur Sommerszeit steht den Kleinen auch ein prächtiger Garten zur Verfügung."[222]

Die Krippe stand mit der Stadtverwaltung nicht nur über den Armenrat in enger Beziehung, die Stadt Innsbruck trug auch finanziell einiges bei. Repräsentativ für den Unterhalt des laufenden Betriebs ist die Aufstellung aus dem Jahr 1902, in dem 122 Kinder während des Jahres Aufnahme fanden. Neben vielen Sachspenden nahm der Verein rund 5.000 Kronen an milden Gaben ein, die Sparkasse steuerte 1.500, die Stadt Innsbruck 1.400 Kronen bei.[223] Der Anteil des Kostenbeitrages der Eltern lag

1903 bei 17 %.[224] Bis Juli 1907 wurden rund 800 Kinder verpflegt.[225] Der Wert und die Bedeutung der Elisabeth-Krippe, die 1906 einen Anbau erhielt,[226] wurde folgendermaßen beschrieben:

> „Die Wohltat der Krippe ist unschätzbar für die armen Kleinen, welche der Verwahrlosung entrissen, hier an Leib und Seele gedeihen, höchst wertvoll für die braven Familien, die sich durch Fleiß und Arbeit selbst durchzubringen suchen, wichtig für das öffentliche und städtische Leben, denn so manche Familie wird vor dem Versinken in völlige Armut bewahrt. (…) An maßgebender Stelle hat man auch längst erkannt, wie durch die Hilfe der Krippe die Armenpflege nicht unbedeutend entlastet wird, wie die Anstalt, indem sie zur Hebung der Arbeitskraft und Erwerbsfähigkeit beiträgt, der Verarmung vorbeugt und zur Förderung der Volksgesundheit mitwirkt."[227]

Als Ferdinand Peche, der erste Universitätsprofessor für mathematische Physik in Innsbruck, 1892 starb, zeigte er sich in seinem Testament nicht nur um seine Bekannten besorgt, als er verfügte: „Ich wünsche auf die einfachste Weise beerdigt zu werden, enthebe dankend jeden von der Begleitung meiner Leiche, da ich eine mögliche Verkühlung der Leidtragenden beim Begräbnis vermieden haben will." Die Zinsen seines Sparbuches bekamen seine Hunde, erst nach ihrem Verenden fiel das Geld an die Universität. Peche vermachte der Gemeinde Wilten seine Villa in der Leopoldstraße, heute Nummer 43, samt großem Grundstück zur Verwendung für wohltätige Zwecke „ohne Rücksicht auf Konfession, politische Gesinnung, Nationalität". 1901 wurde der Peche-Garten als öffentliche Anlage zugänglich gemacht.[228] Feldmarschallleutnant Franz Ritter von Schidlach war ein weiterer Gönner der Gemeinde Wilten. Als diese ihn wegen seiner Spendenfreudigkeit mit einer Straßenbenennung ehrte, überließ er der Gemeinde einen weiteren namhaften Betrag für wohltätiges Wirken. Am 1. Dezember 1903 erfolgte die Einverleibung des Eigentumrechts an der Peche-Villa für den Armenfonds der Gemeinde Wilten.[229] Im selben Monat beschloss der Gemeindeausschuss, die Mietparteien dort zu kündigen und mit der Spende Schidlachs im Parterre einen Kindergarten und im ersten Stock eine Kinderkrippe einzurichten. Für die Führung der Rosalien-Krippe, die so zum Andenken an die früh verstorbene Tochter Schidlachs genannt wurde, trat die Gemeinde an Baronin Rokitansky und den „Frauenverein für Krippenanstalten" heran.[230]

Nach dem Ersten Weltkrieg geriet der Frauenverein für Krippenanstalten in finanzielle Schwierigkeiten. Im Gemeinderat hieß es im September 1922: „Der Frauenverein für Krippenanstalten sieht sich zufolge seiner prekären Lage, die er mit allen Privatwohltätigkeitsinstituten gemein hat, gezwungen, der Stadtgemeinde ein Anbot zu stellen, das sich im Wesentlichen als eine Form der Liquidierung des

Vereins darstellt."[231] Seit 1920 führte der „Landesverein Kinderheimstätten für Tirol in Innsbruck" die Elisabeth-Krippe im Anwesen des Frauenvereins in Mariahilf. Vereinsobmann war Josef Öfner, der als engagierter Nationalsozialist und SS-Untersturmführer in der NS-Zeit zum Magistratsdirektor aufstieg. Wegen seiner Finanznot wandte sich der Frauenverein unter Führung von Präsidentin Paula Winkler, ihrer Stellvertreterin, der Gattin des Bürgermeisters Marie Greil, und Vereinsprokurator Anton Winkler, dem Ehemann der Präsidentin, an die Stadt Innsbruck. Der Vorstand übergab der Stadtgemeinde das Haus und Grundstück in Mariahilf. Der Überlassungsvertrag sah eine bescheidene Abschlagszahlung von einer Million Kronen vor, einer Währung, die sich im freien Fall befand. Zu diesem Zeitpunkt betrug der Mindestlohn eines Metallarbeiters 185.000 Kronen.[232]

Die Stadt willigte zudem ein, Zahlungen zur Aufrechterhaltung des Betriebs der Rosalien-Krippe des Frauenvereins im Pechegarten zu leisten, der 20 bis 40 Säuglingen und Kleinkindern von sechs Wochen bis sechs Jahren offenstand.[233] Die Stadt verpflichtete sich aber nur dazu, entsprechend der Vereinbarung des Frauenvereins mit dem Land Tirol vom 29. Mai 1920 den Pechegarten weiterhin für die öffentliche Kinderfürsorge zu nutzen. Die Festlegung des Umfangs und die Dauer der Subventionen lagen jedoch in ihrem Ermessen. Die Stadt konnte frei entscheiden, ob und wie lange sie die Krippe weiterführte. Ebenso bestimmte die Stadt, ob der Frauenverein oder eine andere Leitung die Rosalien-Krippe betrieb.[234] Am 1. Dezember 1922 beschloss der Innsbrucker Gemeinderat die Auflösung der Rosalien-Krippe im Pechegarten. Nach einem Amtsbericht des Prokurators des Frauenvereins, Rechtsanwalt Anton Winkler, war der finanzielle Abgang für die Rosalien-Krippe im Pechegarten so hoch geworden, dass es in Zukunft nicht möglich war, „auch mit Anspannung aller Kräfte und Inanspruchnahme aller möglichen Subventionen die Anstalt aufrecht zu erhalten".[235] Im März 1923 entschied die Stadtgemeinde, einen Jugendhort im Pechegarten zu führen. Das städtische Wohnungsamt hatte in einer desolaten Lokalität im Gebäude des Goldenen Dachl einen Jugendhort eingerichtet, der nun übersiedeln konnte. Das Badezimmer und das anschließende Zimmer im Pechegarten waren für den Hort reserviert. Die Räume im ersten Stock adaptierte die Stadt für Wohnzwecke, so kam hier eine Kindergartenanwärterin unter. Im Parterre des Gebäudes befand sich, wie erwähnt, seit 1904 ein Kindergarten. Der Hort stand nachmittags 20 Knaben offen, am Vormittag stand die Räumlichkeit einer weiteren Kindergartengruppe zur Verfügung.[236] Ende 1925 liquidierte die Stadt Innsbruck den Jugendhort, erweiterte den Kindergarten um eine weitere Gruppe und stellte eine Kindergärtnerin zusätzlich an.[237]

Nachdem die Stadt Innsbruck Ende September 1922 in den Besitz des Frauenvereins in Mariahilf gekommen war, führte sie die Elisabeth-Krippe nur einige Monate weiter. Dann löste sie 1923 auch diese Krippe auf und richtete stattdessen ein

Kindertagesheim für Knaben und Mädchen erwerbstätiger Eltern ein. Über Nacht versorgte es nur ausnahmsweise Kinder.[238] Der Landesverein Kinderheimstätten betrieb das Tagesheim, finanziert von der Stadt, der Gemeinde Hötting, der Sparkasse Innsbruck und dem Land Tirol. Geldprobleme waren allgegenwärtig. Im Oktober 1923 hieß es im Gemeinderat: „Der Landesverein Kinderheimstätten steht, wie er berichtet, vor der Zwangslage, das Kinderheim Mariahilf zu schließen, wenn ihm nicht rechtzeitig ausgiebig Hilfe geleistet wird." Die Stadt leistete den nötigen Beitrag, so wie auch in der Folgezeit, machte den Landesverein aber darauf aufmerksam, entsprechend den Kosten die Elternbeiträge zu erhöhen.[239] Im Kindertagesheim hielten sich durchschnittlich 60 bis 70 Kinder auf. Die Leiterin Katharina Höck war Lehrerin und wohnte im Heim, eine Fürsorgerin war ganztägig angestellt. Beide hatten in der Woche einen halben Tag frei. Ein Junglehrer kümmerte sich halbtags um die Schulaufsicht der Buben, im Sommer war er ganztägig beschäftigt. Den Junglehrern diente diese Arbeitsstelle nur als Überbrückungshilfe, sie wechselten sich in rascher Folge ab. Die vorschulpflichtigen Kinder sowie die schulpflichtigen Mädchen und Buben wurden in drei Gruppen geteilt und betreut. Das Tagesheim für Kinder im Alter von 2 bis 15 Jahre war von 8 Uhr bis 18 Uhr geöffnet, die Berufstätigen konnten ihre Kinder eine Stunde früher bringen und eine Stunde später abholen. Darüber hinaus fanden Kinder Aufnahme, die das Bezirksgericht bzw. die Caritas wegen „Verwahrlosung" einwies.[240] Ihnen sollte ein „Ausgleich für die unzulänglichen Pflege- und Erziehungsverhältnisse zu Hause geboten werden".[241]

Am 25. März 1936 wurde der Landesverein Kinderheimstätten zufolge eines Erlasses der Sicherheitsdirektion im Vereinskataster gelöscht. Schon in den Jahren zuvor hatte das Land nur mehr symbolische Beiträge gezahlt, auch die Gemeinde Hötting hatte sich aus der Mitfinanzierung zurückgezogen, so dass die Kosten vorwiegend aus den Einnahmen der Erziehungsberechtigten und von der Stadt Innsbruck getragen wurden. Immerhin leistete die Sparkasse Innsbruck einen namhaften jährlichen Zuschuss.[242] Innsbrucks Bürgermeister Franz Fischer vertrat die Ansicht, dass die Einstellung des Heimes, eine „fühlbare Lücke in den sozialen Einrichtungen hinterlassen würde".[243] Der Gemeinderat beschloss am 27. November 1936, das Kindertagesheim Mariahilf mit 1. Jänner 1937 in die eigene Verwaltung zu nehmen und selbst zu führen. Der Bürgermeister betraute Anton Schuler und Schuldirektor im Ruhestand Josef Winkler mit der Weiterführung der Geschäfte. Die geprüfte Kindergärtnerin und Hortnerin Elisabeth Karner wurde zur Heimleiterin bestellt, die Hortnerin Trude Balas wechselte in die Fürsorge, an ihre Stelle trat Herma Gillarduzzi.[244] 1937 wurde eine Mütterberatungsstelle im Kinderheim eingerichtet.[245]

Nach der Machtübernahme der NSDAP im März 1938 übernahm die Nationalsozialistische Volkswohlfahrt (NSV) die Verwaltung des Kindergartens in der ehemaligen Peche-Villa in Wilten und des Kindertagesheims Mariahilf, das unter der

Leitung von Elisabeth Oberhammer und ihrer Stellvertreterin Frau Trauschke stand.[246] Die Auswahl der Kinder erfolgte wie bereits in der Zwischenkriegszeit: drei- bis 14-jährige bedürftige Kinder berufstätiger Mütter, Kinder in schlechten Wohnverhältnissen und Kinder, die wegen „Mängel im Elternhaus eine erzieherische Betreuung notwendig" hatten, so der Leiter der Abteilung V des Stadtmagistrats, Franz Duregger. Das „Pflege- und Aufsichtspersonal" bestand überwiegend aus Kindergärtnerinnen.[247] Die Leiterin und die fünf weiblichen Angestellten betreuten täglich 60 bis 70 Kinder von sieben bis 19 Uhr.[248] Schließlich wurde die Anstalt als NSV-Säuglingsheim und als NSV-Nähstube genutzt.[249]

Während ein US-Bomber das Anwesen im Pechegarten völlig zerstörte, wies das Gebäude in Mariahilf nur kleinere Bombenschäden auf, die Instandsetzungsarbeiten nötig machten. Insbesondere musste in den nächsten Monaten für eine Kochmöglichkeit für die 13 Kinder gesorgt werden, die sich im Heim aufhielten und von deren Angehörigen nichts bekannt war.[250] Die bis Anfang Juli 1945 einquartierten US-amerikanischen Soldaten hatten ihre Spuren hinterlassen, Franz Duregger sprach von einem „sehr desolaten Zustand" des Heimes.[251] Ende August 1945 beschloss die französische Militärregierung nach Besichtigung des Heimes die Einquartierung von 20 Soldaten in zwei Parterreräumen. Im Garten parkte sie Autos und lagerte Autowracks. Vergeblich bat Bürgermeister Anton Melzer, wegen der Kinder im Haus und der rund 20 elternlosen Flüchtlingskinder, die noch untergebracht werden mussten, davon Abstand zu nehmen.[252]

Aufgrund dieser Zustände konnte die Stadt Innsbruck den Betrieb in Mariahilf, den sie nach siebenjähriger Verwaltung durch die NSV übernahm, nur in eingeschränkter Form weiterführen. Die Caritas zeigte sich Ende September 1945 interessiert, das nur mit Flüchtlingskindern besetzte Kinderheim Mariahilf zu führen, da sie gehört haben wollte, dass es der Stadt an geeigneten Fachkräften fehle. Anfang September war eine Erzieherin ausgeschieden, ihre Ersetzung durch eine Kindergärtnerin zog sich in die Länge, weil sie ihre sichere Arbeitsstelle in einer Installationsfirma nicht aufgeben wollte, so lange die Weiterführung des Kinderheims wegen der teilweisen Besetzung durch die französischen Soldaten nicht gesichert war. Die Caritas unterbreitete daher den Vorschlag, dass die Don Bosco Schwestern, die das Margretinum in Hötting für die Unterbringung von zwei- bis sechsjährigen Kindern leiteten, das Kindertagesheim Mariahilf im Auftrag der Stadt in Form eines Kindergartens und eines Horts für schulpflichtige Mädchen betreiben sollten. Die Pfarre Mariahilf stellte ein Ansuchen an die Stadt, ihr den Kinderhort zu überlassen, da das Gebäude, in dem der Kindergarten des Vinzenzvereins Mariahilf untergebracht war, von Bomben zerstört war. Der Bürgermeister lehnte beides ab.[253]

Die Heimleiterinnen

Mit 24. September 1945 beauftragte die Stadt Innsbruck die 25-jährige Emmy Knechtl mit der Leitung des Kinderheims Mariahilf. Im „Ständestaat" war sie im „Österreichischen Jungvolk" und im „Christlich-deutschen Turnverein" aktiv. Im März 1939 schloss sie in Innsbruck ihre Ausbildung zur Kindergärtnerin und Hortnerin ab und arbeitete in einer Reihe von NSV-Kindergärten, knapp drei Jahre lang als Leiterin.[254]

Das Fürsorgeamt hielt den Betrieb in Mariahilf vor allem für Flüchtlingskinder offen. Ende November waren dort 22 Kinder untertags untergebracht, fünf von ihnen auch über Nacht. Knechtl zur Seite stand eine Helferin, die als Kindergärtnerin angestellt war, sowie eine Hausmeisterin, die auch als Aufräumerin und Köchin arbeitete.[255] Anfang Dezember häuften sich die Klagen über die Heimleiterin. Sie sorgte nicht für die nötige Sauberkeit, brachte eingenässte Betten nicht zum Trocknen, Kinder wurden nicht rechtzeitig zur Schule geschickt und der Großteil der anfallenden Arbeiten der Kindergärtnerin überantwortet. Fürsorgerinnen, die von amtswegen Buben ins Heim brachten, begegnete sie unhöflich und fragte, „was sie da wieder für Lumpen und Verbrecher daherbrächten". Wegen ihres arroganten und abwertenden Auftretens wollte die Kindergärtnerin kündigen. Knechtl ging daraufhin in den Krankenstand, wenige Tage später musste das Heim am 13. Dezember 1945 vorübergehend wegen des Ausbruchs der Diphterie geschlossen werden.[256] Franz Duregger hielt Knechtl geeignet, in einem Kindergarten zu arbeiten, nicht aber in einem Kinderheim. Als sie auch im Jänner 1946 im Krankenstand blieb und nur sporadisch kurze Zeit im Heim vorbeischaute, wurde sie aufgefordert, schriftlich zu den Anwürfen Stellung zu beziehen. Daraufhin ersuchte sie am 12. Februar um ihre Dienstenthebung. Der Amtsarzt hatte sie als diensttauglich befunden, doch Knechtl hatte gemeint, zwar den Anforderungen als Heimleiterin nachkommen zu können, „nicht aber den zusätzlichen Arbeiten als Putzerin".[257] Die Behörde sah ihre Krankheit nur als Vorwand, um sich der Verantwortung zu entziehen, und entließ sie mit 5. März 1946 fristlos. Noch im Dezember 1945 wurde Gerda Zangerle für die Führung der Leitungsgeschäfte im Heim Mariahilf angestellt, da der Magistratsabteilung V ansonsten niemand zur Verfügung stand. Anfang 1946 betreuten die ehemalige Fürsorgerin des Jugendamtes Gerda Zangerle und eine ausgebildete Kindergärtnerin mit einer Hausgehilfin und einer Wirtschaftsführerin 28 Kinder.[258] Die Heimleiterin stand zunächst in keinem festen Dienstverhältnis zur Stadt. Sie arbeitete ehrenamtlich und strebte weder ein Arbeitsverhältnis noch eine Bezahlung an. Zangerle hatte sich in der Not der unmittelbaren Nachkriegszeit bereit erklärt, freiwillig im Heim auszuhelfen. Zu diesem Zeitpunkt war ihr Ehemann noch vermisst und sie verfügte über keine eigene Wohnung.[259] Zangerle hatte acht Klassen

Mädchenlyzeum absolviert, ohne die Matura abzulegen. Nach einem Jahr Haushaltungs- und zwei Jahren Gewerbeschule (Malerklasse) besuchte sie in Wien die Soziale Frauenschule von Ilse Arlt, die 1912 die erste Fürsorgerinnenschule der Monarchie gegründet hatte.[260] Zangerle arbeitete im Innsbrucker Jugendamt von 1927 bis 1941 als Fürsorgerin, dann schied sie mit einer Abfindung auf eigenen Antrag aus unbekannten Gründen aus.[261] Bis 1. November 1947[262] war sie ehrenamtlich tätig und erhielt nur bescheidene Remunerationen. Da sie nach ihrem Ausscheiden aus dem Angestelltenverhältnis der Stadt 1941 bei ihrer Wiedereinstellung auf einer niedrigen Dienstpostengruppe eingereiht war, entsprach ihre Bezahlung in keiner Weise ihrem Arbeitspensum und ihrer Leiterinnentätigkeit. Wegen ihrer vier Adoptivkinder hatte sie nur um eine Halbtagsanstellung angesucht, wegen des Arbeitsanfalls musste sie aber stets länger im Dienst bleiben und konnte kaum Urlaub nehmen, oder sie musste ihn abbrechen, weil eine Erzieherin oder die Köchin erkrankte. Als im Herbst 1953 das Kinderheim Pechegarten öffnete und sie auch dessen Leitung übernahm, erhielt sie für mindestens 45 Wochenstunden gerade den Anfangslohn einer städtischen Hausgehilfin.[263] Im Juni 1957 wurde sie als vollbeschäftigte Vertragsbedienstete angestellt.[264] Erst 1960, als mit dem Hauspersonal in beiden Kinderheimen bereits 25 Bedienstete tätig waren und weit über 100 Heimkinder betreut wurden, erhielt Zangerle, so wie dies für die städtischen Kindergärten längst üblich war, Leitungszulagen. Die Magistratsdirektion begründete dies so: „Sie hängt um der Sache selbst willen am Heim, trachtet mit allen Kräften das Bestmögliche für Kinder und Betrieb zu erreichen und scheut weder Zeit – sie kontrolliert den Heimdienst stichprobenweise auch des nachts und an Sonntagen – noch Mühe, um einen reibungslosen Dienst zu gewährleisten."[265]

Gerda Zangerle entsprach dem Anforderungsprofil an eine Heimleiterin, sie war aufopferungsbereit und ging in ihrer Arbeit auf, ohne allerdings pädagogisch initiativ zu sein. 22 Jahre lang, von Ende 1945 bis 30. September 1967, leitete sie die städtischen Kinderheime in Innsbruck mit eiserner Hand. Sie stand für eine harte Erziehung, bei den Kindern war sie gefürchtet. Unter ihrer Leitung fanden die massivsten Gewalttätigkeiten gegen Kinder in den Heimen Mariahilf und Pechegarten statt.

Ihre Nachfolgerin, Friederike Erbe, führte die beiden Heime nur sechs Jahre lang bis 30. September 1973. Mit 1. August 1948 trat sie 35-jährig in den Dienst der Stadt Innsbruck und wurde dem Kinderheim Mariahilf zugeteilt. Franz Duregger bevorzugte zunächst zwar eine andere Bewerberin, deren fachliche Eignung er als gegeben sah, weil sie Mutter von drei Kindern war. Die Empfehlung von Gerda Zangerle, die Erbe auch persönlich gut kannte und als sehr gute Kraft bewertete, gab den Ausschlag für ihre Einstellung.[266] Allerdings brachte auch Erbe, so die Personalvertretung, „aufgrund ihrer früheren Tätigkeiten keine anderen Voraussetzungen mit als ihre Liebe zu Kindern". Vizebürgermeister Flöckinger gab an, dass zum Zeitpunkt von Erbes Anstellung „Anhaltspunkte" bestanden hatten, die den Schluss zuließen, dass sie die Voraussetzungen mitbringe.[267] 1953 wechselte Erbe ins Kinderheim Pechegarten, kurze Zeit war sie sogar im Gespräch, die Leitung zu übernehmen.[268] Mitte der 1950er Jahre absolvierte sie eine heilpädagogische Ausbildung in Wien.[269] Wegen ihrer fast 20-jährigen Berufspraxis und ihres „sehr guten Verwendungserfolgs als Erzieherin" sprach sich der Leiter der Magistratsabteilung V für ihre Bestellung als Heimdirektorin aus.[270] Vizebürgermeister Hans Maier (ÖVP) befürwortete Erbe, da sie im Kinderheim Pechegarten „schon immer die Heimleiterin vertreten hat".[271] Zangerle wurde zum 30. September 1967 in den Ruhestand versetzt, da sie das 65. Lebensjahr vollendet hatte. Mit Wirkung vom 1. November 1967 wurde Friederike Erbe zur Leiterin der Kinderheime Mariahilf und Pechegarten bestellt. Die Magistratsabteilung V bescheinigte ihr im Oktober 1970, alle Aufgaben „in vorbildlicher Weise" zu erfüllen. Erbe wurde am 13. Dezember 1969 definitiv gestellt.[272] Im Alter von 60 Jahren stellte sie einen Antrag auf Pensionierung, die mit 1. Oktober 1973 erfolgte. „Für ihre langjährige, treue und erfolgreiche Tätigkeit, insbesondere als Leiterin der städtischen Kinderheime, werden ihr Dank und Anerkennung ausgesprochen", hieß es in der Sitzung des Stadtrates im Mai 1973.[273] In den Augen des Personals verfügten weder Zangerle noch Erbe über pädagogische Kompetenzen, beide blieben ohne Initiative und begnügten sich damit, den Status quo aufrechtzuerhalten. Die Ausarbeitung eines pädagogischen Konzepts nahm keine von beiden in Angriff.[274]

Auf den Posten einer Heimdirektorin folgte Marianne Federspiel, die bis 2002 im Amt blieb. Nach der dreijährigen Ausbildung zur Kindergärtnerin trat sie im September 1959 mit 18 Jahren auf den neu geschaffenen siebenten Erzieherinnenposten ins Kinderheim Mariahilf ein. Ein halbes Jahr arbeitete sie bei den Kleinen, rund zwei Jahre bei den Kindern im Volksschulalter und dann ausschließlich in der Gruppe der Großen.[275] Im Herbst 1966 legte sie ihre Externistenprüfung als Erzieherin am Bundesinstitut für Heimerziehung in Baden ab, 1970 kandidierte sie bei den Gewerkschafts- und Personalvertretungswahlen des Stadtmagistrats Innsbruck für die „Fraktion Christlicher Gewerkschafter".[276] Zwei Jahre vor ihrer Ernennung zur Heimleiterin sprach ihr die Stadt Innsbruck „für ihr langjähriges, pflichtbewußtes und sehr erfolgreiches Wirken im Rahmen der Kinderheime der Landeshauptstadt Innsbruck Dank und Anerkennung" aus.[277] Die relativ kurze Amtszeit von Friederike Erbe stellt eine Übergangsperiode dar, in der gewaltförmige Erziehungspraktiken weiterhin fester Bestandteil des Alltags in den städtischen Kinderheimen waren, in derselben Zeit erhöhte sich die Zahl jener Erzieherinnen, die den Kindern freundlich zugewandt waren. Doch erst unter der Leitung von Marianne Federspiel entwickelten sich die städtischen Kinderheime in einem länger andauernden Prozess zu modernen Einrichtungen der Kinderhilfe. 1983 installierte sie Wohngruppen und

1988 eine Mädchen-Wohngemeinschaft im Kinderheim Pechegarten, in den 1990er Jahren eine Kinderkrippe und schließlich die Hortgruppe HOPE[278] zur Betreuung von bis zu zwölf PflichtschülerInnen, die als „verhaltensauffällig" galten. Im Herbst 1988 gab die Stadt das Kinderheim Mariahilf auf, die Heimleitung sorgte für die Umgestaltung in eine Kindertagesstätte. Wenige Monate nach der Pensionierung von Marianne Federspiel führte die Stadt die Kinderheime Mariahilf und Pechegarten im Jänner 2003 in die neu gegründeten stadteigenen „Innsbrucker Sozialen Dienste GmbH" (ISD) über. Unter der neuen Bezeichnung Kinderzentren wurden weitere Umbauten und Umstrukturierungen vorgenommen.[279]

Die Anfänge

Ein halbwegs regulärer Betrieb, der für 50 Heimkinder und 20 Tageskinder ausgerichtet war, begann im Kinderheim Mariahilf erst im Frühjahr 1946. So waren im April 1946 31 Heimkinder und 15 Tageskinder zu betreuen, am Jahresende befanden sich 24 Tageskinder im Heim. Insgesamt wurden in diesem Jahr 64 Heimkinder in Mariahilf untergebracht. Die äußerst angespannte Wirtschaftslage machte es erforderlich, auch Kinder im Alter von erst eineinhalb Jahren aufzunehmen. Die Einweisungsgründe für die Heimkinder waren Gefährdung, Verwahrlosung und Schwererziehbarkeit sowie Not und Obdachlosigkeit. Durch den Ausbau von zwei Glasveranden, den Gemeinderätin Sonja Oberhammer (ÖVP) beantragte, konnte ein zusätzlicher Tagesraum gewonnen werden.[280]

Die Arbeitszeit betrug mindestens 60 Stunden in der Woche bei einem freien Tag. Die Arbeit war so aufgeteilt, dass die zwei Kindergärtnerinnen mit der Körperpflege der Kinder, der Kindergartenarbeit, der Lernhilfe, dem Schlafenlegen der Kleinkinder und Flickarbeiten beschäftigt waren, eine von ihnen musste einmal in der Woche die Köchin ersetzen. Die Erzieherin, die 1943 bis 1945 als Kriegsaushilfsangestellte im städtischen Kartenausgabeamt in Hötting gearbeitet hatte, war für die Erziehung der Kinder, Lernnachhilfe sowie für die Verwaltung der Lebensmittel, dem Erstellen des Küchenplans, dem Richten der Nachmittagsjause und dem Abwaschen aller Schulkinder am Abend zuständig. Die provisorische Heimleiterin musste neben ihrer Verwaltungstätigkeit häufig für erkrankte Betreuerinnen einspringen. Der Tagesablauf sah so aus:

6 Uhr 30 Wecken der Schulkinder, 7 Uhr Gabelfrühstück; acht Kleinkinder waschen und anziehen, um 9 Uhr Frühstück, dann Kindergartenbetrieb im Haus oder Spaziergang; 11 bis 12 Uhr Rückkehr der Schulkinder, 12 Uhr 15 Mittagessen, 13 bis 14 Uhr 30 Mittagsruhe für die Kleinkinder, ruhiges Spiel der Großen und Schulnachhilfe für die Buben. 16 Uhr Jause, 18 Uhr 30 Abendessen. Warmwaschen

aller Kinder, Niederlegen der Kleinen, Schuhputzen der Schulkinder. 20 Uhr Bettgang der großen Kinder; Flicken durch die Angestellten, 21 Uhr Nachtruhe.[281]

Den Nachtdienst verrichtete eine Person allein. Eine Kindergärtnerin, die im Haus wohnte, wechselte sich mit der Erzieherin ab, die dann auf dem Diwan im Lernzimmer schlief. Die Kleinkinder mussten um 22 Uhr nochmals aus dem Bett genommen werden, die bettnässenden Kinder waren einmal pro Nacht zu kontrollieren und leicht Erkrankte sollten ebenso versorgt werden. „Wenn man heute den Betrieb des Heimes als im wesentlichen klaglos bezeichnen kann, so ist dies der Opferbereitschaft und der selbstlosen Zusammenarbeit aller Angestellten zu verdanken", stellte Franz Duregger ein Jahr nach Kriegsende fest.[282]

Der Tätigkeitsbericht der Heimleiterin über das Jahr 1950 gibt einen kleinen Einblick in die Frühzeit des Kinderheims Mariahilf. Im Monatsdurchschnitt wurden 47 Heimkinder und 31 Tageskinder betreut, bevorzugt „sozial besonders bedürftige, erzieherisch gefährdete Kinder und solche berufstätiger Eltern". Die räumlich und bettmäßig geringe Aufnahmemöglichkeit von Heimkindern, aber auch die Notwendigkeit, stets Betten für vordringliche kurzfristige Unterbringungen frei zu halten, verursachte eine starke Fluktuation, so dass sich insgesamt 110 Kinder zeitweise im Heim aufhielten. Dringlichkeitsfälle ergaben sich, so Gerda Zangerle, aus „Wechselfällen des Lebens": Krankheit, Entbindung, Inhaftierung, Versorgung bis zur Unterbringung an Pflegeplätzen oder Erziehungsheimen, nach einer Spitalspflege, während der klinischen Beobachtung, zu Zeiten von Müttererholungsaktionen, bei Kindern, um die sich niemand kümmerte oder deren Eltern unbekannt waren.[283] Viele Jahre lang erhielten die städtischen Kinderheime in Innsbruck eine so genannte Apfelspende des Landeshauptmannes, vor allem aber wurden sie mit US-amerikanischen „Überschussgütern" (Mehl, Trockenmilch, Käse etc.) beteilt und in die laufende UNICEF-Kinderausspeisung sowie in die Strumpfspende zu Weihnachten aufgenommen. Außerhalb des Heimes litten zahlreiche Kinder aufgrund von Hunger und desolater Wohnverhältnisse an Mangelerkrankungen oder auch an Tuberkulose. Die ständige ärztliche Überwachung mit Reihenuntersuchungen ermöglichte nicht nur eine bessere Bekämpfung von Krätze, Läusen, Grippe, Gelbsucht, Angina und typischen Kinderkrankheiten, die in der Nachkriegszeit nicht ungefährlich waren, sondern auch von Epidemien wie Diphterie, die zu einer vorübergehenden Schließung des Heimes Ende 1945 geführt hatte, oder der Kinderlähmung, die im Sommer und Herbst 1947 den Heimbetrieb einschränkte.[284]

Die materiellen Rahmenbedingungen im Heim Mariahilf werden als „armselig" beschrieben, selbst noch in den 1960er Jahren. Viele Jahre schnitten die Erzieherinnen während des Nachtdienstes Zeitungen, um es als Klopapier zu verwenden. Von daheim waren die Kinder mit Kleidung nur sehr gering ausgestattet. Das Nähen und Stopfen der Erzieherinnen war aufgrund des geringen Budgets der Heime wirtschaftlich notwendig. Zweimal im Jahr kam eine Schneiderin, um aus dem Stoff, den die Heimleitung angeschafft hatte, Hemden, Hosen und Schlafanzüge zu fertigen. Die jährliche Neuanschaffung von Socken und Strümpfen war bereits eine Wohltat. „Alles war bescheiden, sehr bescheiden, es dauerte lange, bis mehr Geld da war, mit dem wir etwas anfangen konnten und wir uns aus diesem armseligen Leben herausentwickelt haben", stellt Marianne Federspiel fest.[285] Die Stadt Innsbruck, die Bezirksverwaltungsbehörden und das Land Tirol investierten lange Zeit wenig in die Heime, das Personal und die Löhne, um die Ausgaben für die öffentliche Erziehung so niedrig wie möglich zu halten. Von Anfang an wurden zur Kostendeckung nicht nur die unterhaltspflichtigen Eltern zur Kasse gebeten. Das Land Tirol betonte, dass es die Großeltern „prinzipiell" zum Ersatz der Kosten von Jugendwohlfahrtsmaßnahmen verpflichtete, hieß es 1960, allerdings waren die „Erfahrungen bei der Heranziehung der Grosseltern als subsidiär Leistungsverpflichtete (…) wenig positiv, zumal viele der Grosseltern schon im Rentenalter sind",[286] weil sie zumeist ein geringes Einkommen hatten und sie diese Praxis daher als „besondere menschliche Härte" empfanden.[287] 1953 stellte die Stadt Klagenfurt eine Anfrage wegen ihrer Praxis, die Unterhaltsbeiträge und Waisenrenten nicht anzutasten, sondern sie auf ein Sparbuch zugunsten des Kindes oder Jugendlichen zurückzulegen.[288] Die Stellungnahme aus Innsbruck, wie des Landes und der Bezirke, war deutlich und vom Spruch des Obersten Gerichtshofs aus dem Jahr 1950 auch gedeckt: „Das Stadtjugendamt Innsbruck hat seit jeher die Auffassung vertreten, dass die Unterhalts- und Waisenrenten der Fürsorgezöglinge dem Kostenträger der Fürsorgeerziehung zum gänzlichen oder teilweisen Ersatz des Fürsorgeerziehungsaufwandes zustehen." In jedem Fall sei daher zur Bestreitung der Erziehungskosten dem Gesetz entsprechend „in erster Linie eigenes Vermögen und eigene Einkünfte der Minderjährigen" heranzuziehen.[289] § 9 (1) des Tiroler Jugendwohlfahrtsgesetzes von 1955 regelte dann klar, dass die Minderjährigen in öffentlicher Erziehung verpflichtet waren, im Rahmen ihrer Leistungsfähigkeit die Kosten zu tragen, ansonsten die zum gesetzlichen Unterhalt verpflichteten Angehörigen.[290]

Die räumlichen Verhältnisse im Kinderheim Mariahilf blieben jahrelang mehr als beengt, nicht nur wegen der kriegsbedingten Nachwirkungen und der Wohnungsnot, die Angestellte, vereinzelt auch Erzieherinnen zwang, im Heim Quartier zu nehmen; sondern vor allem wegen der Unterfinanzierung der Heime. Die Stadt Innsbruck hatte sich aufgrund der prekären Lebensverhältnisse nach dem Krieg dazu entschlossen, den Betrieb in Mariahilf von einem Kindertagesheim auf ein Kinderheim für Tages- und Heimkinder umzustellen, ohne genügend Mittel zur Verfügung zu stellen. Gemeinderätin Maria Rapoldi (SPÖ) bezeichnete 1949 das Kinderheim Mariahilf als Stiefkind der Fürsorge mit grauen Wänden, desolatem Balkon, abgebrochener Dachrinne und spärlich begrüntem Garten. Nicht einmal kleine

Instandsetzungen waren wegen zu geringer finanzieller Mittel möglich. Bürgermeister Melzer machte auf das Versäumnis des Wohlfahrtsamtes aufmerksam, das zu wenig Budgetmittel beantragt hatte, aber auch auf die geringe Durchsetzungskraft der Heimleiterin, die sich zu wenig energisch eingesetzt hätte: „Das beruht nicht auf Nachlässigkeit. Gewisse Personen haben mehr Ellbogenstärke, andere glauben, ihre Pflicht zu tun, wenn sie an die technische Gebäudeverwaltung ein Schreiben richten."[291]

„Im Jugendheim Mariahilf haben wir 44 Heim- und 32 Tageskinder in denkbar ungünstigen Verhältnissen," stellte der Sozialreferent der Stadt 1950 fest.[292] In den Schlafzimmern standen bis zu zwölf Betten.[293] Ein Jahr später hieß es im Gemeinderat: „Das Kinderheim in Mariahilf wurde von der Gemeinde seinerzeit ganz verwahrlost übernommen, es muß im Innern in Ordnung gebracht werden." Die SPÖ-Fraktion stellte einen Antrag auf Vergrößerung des Heimes durch Teilaufstockung an der Nordseite des Hauses.[294] Heimleiterin Zangerle bemängelte die „unzulänglichen Raumverhältnisse", deshalb werde „in den kommenden Jahren die Errichtung eines neuen, moderneren Grundsätzen Rechnung tragenden Heimes im Wege eines Neubaues oder Kaufes oder Tausches eines anderen geeigneten und zweckmässigen Objektes kaum zu umgehen sein".[295] Ihr Wunsch ging nicht in Erfüllung. Im Dezember 1960 stellte Sozialreferent Flöckinger fest: „Die Zustände im Heim Mariahilf sind bekannt. Am Haus hat sich wenig geändert. Es ist auf die Dauer nicht mehr als Kinderheim geeignet. Die 46 Kinder schlafen in 2 Sälen. Man könnte aus diesem Haus höchstens einen Kindergarten machen." Das Bauamt hatte bereits Pläne für ein neu zu errichtendes Kinderheim ausgearbeitet, doch nach Besichtigungen von Kinderheimen in München veranlasste Flöckinger die Einarbeitung der gewonnenen Erkenntnisse.[296] Als wenig später die ÖVP die politische Zuständigkeit für das Fürsorgewesen übernahm, wurden die Pläne aufgegeben. Übrig blieben Adaptierungen und kleinere Um- und Ausbauten. Die Stadt schloss 1972 mit dem Land Tirol für einen symbolischen Anerkennungszins einen Überlassungsvertrag ab, so dass das Areal des Kinderheims Mariahilf um 700 m² vergrößert und kinderfreundlicher gestaltet werden konnte. Die Kinder hatten nun deutlich mehr Bewegungsfreiheit und Freizeitmöglichkeiten.[297] Doch erst ab Mitte der 1970er Jahre begann die Stadt Innsbruck allmählich in größerem Umfang Investitionen zu tätigen, die auch die Organisation und Pädagogik veränderten.

Die räumliche Situation im Kinderheim Pechegarten gestaltete sich weitaus besser als in Mariahilf. Dies hatte damit zu tun, dass die ehemalige Peche-Villa im Stadtteil Wilten-West in der Leopoldstraße 43 im Bombenkrieg völlig zerstört wurde und einstöckig neu aufgebaut werden musste. Das städtische Kinderheim Pechegarten, dem ein Tagesheim und Kinderhort angeschlossen war, wurde am 12. September 1953 eröffnet.[298] Die Stadtplanung verkleinerte den 6.094 m² großen Park auf 5.431 m² und vergrößerte die Baufläche des Gebäudes von 249 auf 912 m².[299] Allerdings investierte die Stadt zwei Jahrzehnte lang so wie im Kinderheim Mariahilf wenig in die Infrastruktur. Beide Heime hatten nicht einmal ordentliches Geschirr und Besteck, zudem mussten alle Gänge in einem einzigen Teller serviert werden. Erst in den 1970er Jahren wurde auf Steingut umgestellt, ausreichend Geschirr angeschafft und die Küche nach und nach erneuert. Doch jede materielle Verbesserung musste Jahr für Jahr erkämpft und gut begründet vorgetragen werden. Selbst die Installation von Nassanlagen oder eines Bades mit E-Heizung, um allen Kindern täglich ausreichend Warmwasser und regelmäßigeres Duschen zu ermöglichen, aber auch die Anschaffung größeren Spielgeräts für den vergrößerten Garten im Heim Mariahilf, benötigte noch in den 1970er Jahren eine große Hartnäckigkeit und Durchsetzungsfähigkeit der Heimleitung bei Verwaltung und Politik.[300]

Ein eigener Kindergartentrakt war vom Heim abgetrennt und unterstand daher nicht der Magistratsabteilung V, sondern der Magistratsabteilung II. Die Leiterin dieses Kindergartens, Frau Trauschke, hatte während der NS-Zeit als Vertreterin der Leitung des Kindertagesheims Mariahilf gearbeitet. Mit ihr gab es wegen ihrer rigiden Erziehungsvorstellungen und negativen Haltung gegenüber den Heimkindern immer wieder Probleme. So beschuldigte sie Kinder des Pechegartens, Tulpenzwiebel zusammengetreten zu haben, und vertrat gegenüber Heimleiterin Zangerle den Standpunkt, „wenn man einem Kind sage, es hätte ein Beet nicht zu betreten, dann betritt ein erzogenes Kind das Beet nicht. (…) Den Erzieherinnen selbst gegenüber sagte sie immer wieder, dass bei dem geringen Erziehungspersonal und den vielen Überstunden es nicht mögich sei, die Kinder anständig zu erziehen." In dieses Gespräch mischte sich der Gärtner ein und schrie: „Schlagt sie her, wenn man sie nicht verplöscht, wird aus ihnen nichts".[301]

Aufnahmekriterien

Das städtische Jugendamt definierte die Kriterien für die Aufnahme der zwei- bis 15-jährigen, vorwiegend in Innsbruck wohnhaften Knaben und Mädchen ins Kinderheim Mariahilf, die später auch für das Kinderheim Pechegarten galten, so:

> „Vor allem werden Kinder aufgenommen, die kein Heim haben, ferner solche, um die sich die Eltern nicht kümmern oder aus irgend welchen Gründen nicht kümmern können, sowie Kinder, die wegen unzulänglicher Pflege- und Erziehungsverhältnisse von den Eltern freiwillig der Heimerziehung überlassen oder diesen zwangsweise abgenommen und untergebracht werden müssen, schließlich entlaufene Kinder und dgl. Außerdem finden Kinder, die unter ungünstigen Wohn-, Pflege- und Erzie-

hungsverhältnissen leben oder die wegen Berufstätigkeit ihrer Erzieher keine ausreichende Pflege und Aufsicht genießen, tagsüber, und zwar in der Zeit von 7 Uhr bis 19 Uhr als so genannte Tageskinder Aufnahme."[302]

In den Kinderheimen Mariahilf und Pechegarten waren von einer Aufnahme nicht nur Kinder „mit ansteckenden und ekelerregenden Krankheiten" sowie „körper- und sinnesbehinderte Kinder" ausgeschlossen, sondern auch „solche, deren Betreuung mit erheblichen Schwierigkeiten verbunden ist oder deren Aufnahme aus sonstigen Gründen eine empfindliche Störung des Betriebes befürchten läßt".[303] Diese als für die Innsbrucker Heime zu schwierig angesehenen Kinder kamen, sofern es sich um Buben handelte, nach Holzham-Westendorf. Dort konnte man sie von der Umwelt und den als besonders problematisch eingestuften Eltern besser isolieren.[304]

Schule

Im Gegensatz zur Jugendheimstätte Holzham-Westendorf handelte es sich bei Mariahilf und dem Pechegarten nicht um geschlossene Kinderheime. Dies bot den Vorteil, dass die Kinder in die Regelschule gehen konnten. Sie hatten dadurch die Möglichkeit, aus der Anstalt herauszukommen, vielfältigere Erfahrungen zu machen und Freundschaften außerhalb des Heimes zu schließen. Allerdings konnten sie diese Freundschaften nach der Schule selten pflegen, da ihre Freiräume und der Ausgang aus dem Heim bis in die 1970er Jahre streng reglementiert waren. Daher konnten Heimkinder am Leben des Klassenverbandes nicht im gleichen Maß teilnehmen wie ihre SchulkameradInnen, auch mit Lernmitteln und Kleidung waren sie lange Zeit schlechter ausgestattet als die anderen Kinder. Ehemalige Heimkinder berichten über Beschämungen und Diskriminierungen von Seiten der LehrerInnen und MitschülerInnen, ein kleinerer Teil aber auch von Hilfestellungen, Ermutigung und erfahrener Zuneigung. Dies verdeutlichen die folgenden zwei Beispiele:

Die außerehelich geborene Burgi Egger[305] wächst völlig vernachlässigt in bitterster Armut auf. Da sich niemand um sie kümmert, kommt sie ins Kinderheim Mariahilf, dann ins Kinderheim Pechegarten. Sie ist schüchtern, nervös und ohne Selbstbewusstsein. Die Volksschullehrerin verhält sich ihr gegenüber bösartig und demütigt sie. Sie reißt der Zweitklässlerin das Kopftuch herunter, das sie wegen einer ansteckenden Hautinfektion tragen muss. „Pfui, mir graust vor dir", schreit die Lehrerin laut Bericht des Jugendamtes das Mädchen vor ihren Mitschülerinnen an. Sie beabsichtigt eine Entfernung Burgis aus der Klasse und meldet sie deshalb telefonisch bei Maria Nowak-Vogl an der Kinderbeobachtungsstation an.[306] Im Jugendamt ist bekannt, dass die Lehrerin Heimkinder zutiefst ablehnt. Der Termin bei Nowak-Vogl wird storniert und Burgi in eine andere Schule versetzt. Deshalb muss sie vom Kinderheim Pechegarten ins Kinderheim Mariahilf wechseln. Irene, ein anderes Heimkind, macht entgegengesetzte Erfahrungen, sie hat eine „Traumlehrerin", die sich um sie liebevoll sorgt, ihr die doppelte Ration Schulmilch gönnt und die negative Einstellung der Schulkolleginnen aufbricht, bis Irene im Klassenverband akzeptiert ist.[307]

Die Kinder der städtischen Kinderheime in Innsbruck besuchten Sonderschulen, Volks- und Hauptschulen, den Polytechnischen Lehrgang und manchmal auch die Handelsschule, hie und da, speziell ab den 1970er Jahren, eine höhere Schule. Ein Augenmerk legten die Erzieherinnen auf die Überwachung der Hausübungen. Für einige Wochenstunden kam jeweils eine Lehrkraft einer Hauptschule von außen in die beiden Heime, um gezielt Nachhilfe für den Fachunterricht zu erteilen. Über das Jahr 1961 im Heim Mariahilf berichtete die Leiterin: „Die Zusammenarbeit von Schule und Haus hat sich in den Jahren immer mehr gefestigt. Heimkinder in den Klassen zu haben, ist trotz der Schwierigkeiten, die unsere Kinder manchmal bereiten, kein Schrecken der Lehrpersonen, bringen sie doch ihre Aufgaben ordentlich."[308] Ein Fachlehrer der Hauptschule Hötting gab viele Jahre Nachhilfe im Kinderheim Mariahilf und setzte sich auch außerhalb des Heims für die Kinder ein. Er organisierte eine Reihe sportlicher und kultureller Aktivitäten, um den Kindern etwas zu bieten. Die Heimleiterin zeigte sich stolz, als es Anfang der 1960er Jahre gelang, dass ein Junge in der Lehrerbildungsanstalt aufgenommen wurde und ein Mädchen im Kindergartenseminar. „Beide fügen sich weiter klaglos in den Heimbetrieb", betonte sie, aber es „erschreckt uns jedes Jahr die Schulentlassenen abgeben zu müssen und zu sehen, wie sie in den gefährdetsten Jahren von 15–18 zum Großteil wegen Mangel an Betreuung und Führung abgleiten."[309]

Anfang der 1960er Jahre standen die Heime Mariahilf und Pechegarten vor der Herausforderung, dass die Zahl der Tageskinder anstieg und mit der Überstellung einiger stark lernbehinderter Sonderschüler aus Südtirol im Pechegarten die Heterogenität der Kinder und damit der Betreuungs- und Förderaufwand noch mehr zunahm.[310] Heimleiterin Zangerle schob dafür den Eltern die Schuld in die Schuhe, obwohl die Lernbetreuung der Kinder, besonders wenn sie lernschwach waren oder die Eltern wegen Berufstätigkeit oder Bildungsferne nicht helfen konnten, eine der Kernaufgaben der Heime darstellte: „Die Leute bringen die Kleinkinder, die sie nicht versorgen können, lassen die Volksschüler laufen und bringen uns wieder die schulisch schlechten Hauptschüler um den Schulerfolg zu sichern."[311] Ihrer Wahrnehmung nach würde ein Teil der Angehörigen „ihre Kinder während der Schulferien lieber der Straße überantworten, als einen, wenn auch bescheidenen, Beitrag zu den Heimkosten zu leisten". Die erzieherische Lenkung wäre in solchen Fälle für das Heim besonders schwierig wegen der negativen Auswirkung der „Umwelteinflüsse", also des Herkunftsmilieus.[312] Die Südtiroler Kinder blieben mit Ausnahmen nur für kurze Zeit, so dass die Heimleiterin sich aus ihrer Sicht wenigstens in diesem Punkt entlastet sah: „Durch das Ausscheiden von Kindern, deren Intelligenzgrad unter dem des Sonderschulniveaus liegt, ist es möglich, Schwachbegabte zu fördern. Deren Aufnahme erfolgt nach einem durch die Schule oder Klinik durchgeführten Test."[313]

Während es in der Jugendheimstätte Holzham-Westendorf keine Möglichkeit gab, die Hauptschule zu besuchen, frequentierten verhältnismäßig viele Kinder der Heime Mariahilf und Pechegarten die Hauptschule, auf einen Schulabschluss wurde Wert gelegt. Der Schulstandort Innsbruck bot weitaus bessere Perspektiven als das abgelegene Brixental.

Arbeitsbedingungen

Das Kinderheim Mariahilf wurde wie die Jugendheimstätte Holzham-Westendorf in einer 60-Stunden-Woche geführt. Obwohl nicht zuletzt diese übermäßige zeitliche Belastung mit verantwortlich dafür war, dass Heimleiterin Gerda Zangerle regelmäßig über den Engpass bei Erzieherinnen klagte und auch die Magistratsabteilung V 1951 einen „unzureichenden Personalstand" feststellte – immer wieder musste Hauspersonal aushilfsweise zugezogen werden –, plädierte nicht nur Franz Duregger „mit Rücksicht auf den durchlaufenden Betrieb" für eine Einführung der 60-Stunden-Woche im zwei Jahre später neu eröffneten Kinderheim Pechegarten.[314] Zangerle setzte sich ebenfalls dafür ein, „um einen allzu starken Personalstand hintanzuhalten".[315]

Nicht nur die Heimleiterin, auch Alfons Dietrich, Dureggers Nachfolger als Leiter der Magistratsabteilung V, vertrat oft sehr einseitig nur die Interessen des Arbeitgebers. Doch nicht immer zog die Politik mit. Seit 1948 war eine Regelung in Kraft, nach der die Bediensteten die Hälfte des zehnstündigen Nachtdienstes als Arbeitszeit angerechnet bekamen. Als der Personalausschuss der Stadt Innsbruck 1959 die Erhöhung der anrechenbaren Arbeitsstunden von fünf auf acht beantragte, sträubte sich Alfons Dietrich dagegen, da die Kinder im Allgemeinen durchschlafen und den Erzieherinnen kaum Anlass zum Aufstehen geben würden. Der Sozialreferent, Vizebürgermeister Flöckinger, widersprach, denn der Wechsel unter den Erzieherinnen sei „sehr stark, man bekommt keinen Ersatz. Es gibt Fälle, in denen man die Erzieherinnen gar nicht nach Hause gehen lassen kann, so beim Auftreten von Krankheiten." ÖVP-Stadtrat Heinrich Süß, der einer der Initiatoren des Antrags war, betonte, dass Dietrich falsch liege, weil ruhige Nächte für Erzieherinnen bei

Kindern ab zwei Jahren nicht vorstellbar wären und immer wieder gleichzeitig zehn Kinder und mehr erkrankten: „Mir ist seit vielen Jahren bekannt, daß sie wöchentlich 76 oder 78 Stunden Dienst versehen." Auch Bürgermeister Alois Lugger schloss sich dieser Meinung an: „Die Erzieherinnen waren sehr überlastet, es sind einige Male Klagen gekommen." Der Antrag wurde im März 1959 gegen die Stimmen der FPÖ angenommen.[316]

In den 1940er Jahren und Anfang der 1950er Jahre waren unter Einrechnung der erzieherischen Aushilfskräfte maximal fünf Betreuungspersonen angestellt. Bei der Eröffnung des Kinderheims Pechegarten erachtete der Leiter der Magistratsabteilung V die Anstellung von drei Erzieherinnen und zwei Helferinnen als ausreichend, da der Heimleiterin zugemutet wurde, zumindest halbtägig in der Betreuung der Kinder eingesetzt zu werden. Zwischen 1955 und 1960 stieg die Zahl der Erzieherinnen auf sieben an, danach waren jeweils acht Erzieherinnen angestellt. In der Realität standen jedoch unter der Woche nie mehr als sechs Erzieherinnen zur Verfügung, die sich entsprechend den Tätigkeitsberichten der Heimleitung zwischen 1946 und 1970 im Schnitt um 60 bis 85 Heim- und Tageskinder vom Kleinkind bis zu den 15-Jährigen zu kümmern hatten. In den Gruppen befanden sich bis zu 30 Kinder. Als Qualifikation verlangte das Jugendamt mangels einer Schule für ErzieherInnen die Absolvierung eines Kindergärtnerinnenseminars, einer Ausbildung als (Säuglings- und Kinder-) Krankenschwester oder an der Sozialen Frauenschule der Caritas, auch wenn in der Not immer wieder (Hilfs-) Erzieherinnen und „Springerinnen" angestellt wurden, die diese Qualifikation nicht erfüllten. „Wie im Kinderheim Mariahilf macht sich auch im Pechegarten der Personalmangel stark bemerkbar, und führte immer wieder zu Schwierigkeiten in der Betriebsführung",[317] berichtete die Heimleitung Anfang 1970. Im Sommer fuhren die Kinder der Heime Mariahilf und Pechegarten mit Ausnahme der Jüngsten auf Erholung ins Heim Holzham-Westendorf. Wie angespannt die Personalverhältnisse waren, zeigt ein Bericht über die großen Ferien 1969: „Infolge Personalmangels wurde der relativ kleine Hort von 10 Kleinstkindern aus Mariahilf für diese Zeit in den Pechegarten verlegt. Dadurch war es auch möglich, Bediensteten den Resturlaub 1968 und teilweise den Urlaub 1969 zu gewähren."[318] Gefragt waren deshalb auch Hausmädchen als Hilfserzieherinnen oder ehemalige Heimkinder, Mündel des Stadtjugendamtes, „die dann je nach Bedarf sowohl in der Kinderbetreuung wie in der Hausarbeit eingesetzt" werden konnten.[319] Dann begnügte sich der Dienstgeber auch mit einem „angeborenen erzieherischen Geschick", einer Qualifikation durch „Mutterschaft" oder der Feststellung einer „großen Reife" bei einer 16-Jährigen.[320]

Ab der zweiten Hälfte der 1960er Jahre gab es mehr Fortbildungsveranstaltungen und Nachschulungen, einzelne Erzieherinnen nahmen an fachspezifischen Tagungen teil, die dann im Heim als Multiplikatorinnen des neuen Wissens auftreten sollten. Weitaus bedeutender war, dass laufend Erzieherinnen die Externistenprüfung am Bundesinstitut für Heimerziehung in Baden ablegten. Schloss eine Erzieherin erfolgreich ab, wurde dies mit Stolz den Vorgesetzten gemeldet.[321]

Aufgrund der Personalnot mussten die beiden Kinderheime immer wieder Kindergärtnerinnen aushilfsweise anfordern. Doch dies gestaltete sich schwierig, weil die Arbeit in den Kinderheimen wegen der überaus hohen Belastung und der überlangen Arbeitszeiten bei einem freien Tag und ein bis zwei Nachtdiensten pro Woche äußerst unbeliebt war. Die Erzieherinnen hatten einen Urlaubsanspruch von 28 Tagen, die Ferien der Kindergärtnerinnen waren doppelt so lang. Deshalb wechselten sich Kindergärtnerinnen, die aushilfsweise Dienst als Erzieherinnen versahen, nach einigen Tagen ab; das Jugendamt forderte deswegen wenigstens einen Arbeitseinsatz ohne Unterbrechung von drei bis vier Wochen. Der häufige Wechsel war für die Kinder, die eine ständige Bezugsperson brauchten, ungünstig. Im Jugendamt waren daher die Vorbehalte gegenüber Kindergärtnerinnen groß, denn, so Franz Duregger, sie „sind – wie mir aus eigener Erfahrung bekannt ist – nicht gerade diejenigen, die eine besondere Einsatzbereitschaft aufzuweisen pflegen".[322] Für das Jugendamt sollte eine Erzieherin vor allem eines sein: ruhig, anspruchslos und aufopfernd.[323]

Unter diesen Rahmenbedingungen verwundert es nicht, dass der Wechsel unter den Erzieherinnen in den Kinderheimen Mariahilf und Pechegarten extrem hoch war. Die einen schieden nach einer Verheiratung aus, fühlten sich der Belastung nicht mehr gewachsen oder waren nervlich am Ende, die anderen sahen im Dienst als Erzieherin nur eine Zwischenstation, um schließlich anderweitig unterzukommen, unter besseren Vertragsbedingungen und mit Aufstiegsmöglichkeiten, sei es als Fürsorgerin oder in einem Kindergarten.

Die Kritik eines Architekten, Oberbaurat im städtischen Bauamt, dessen 18-jährige Tochter im Kinderheim Mariahilf 1960 durchschnittlich 55 Wochenstunden Dienst als Erzieherin verrichtete, offenbart die schwer zu ertragenden Arbeitsbedingungen, die nicht dazu angetan waren, sich den Kindern individuell und liebevoll widmen zu können. Er bat um Versetzung seiner Tochter in den städtischen Kindergarten, wo die berufliche Tätigkeit wertvoller sei, „da in dem Kinderheim die Dienstzeit zum großen Teil mit Nähen, Flicken und Bügeln von Bekleidungsstücken von Kindern ausgefüllt wird so, dass für eine Beschäftigung mit den Kindern, die eigentliche erzieherische Aufgabe der Kindergärtnerin, sehr wenig Zeit erübrigt werden kann".[324]

Alfons Dietrich versicherte der Magistratsdirektion, dass von einer Überbelastung der Erzieherinnen „absolut nicht gesprochen werden kann". Er überzeuge sich selbst immer wieder persönlich vom Betriebsablauf in beiden Heimen. Es würden niemals überhöhte Ansprüche gestellt, freilich verlange der Beruf einer Erzieherin

Opferbereitschaft und Hingabe. Hinsichtlich der Dienstauffassung würden „gewisse Nachwuchskräfte, ich darf wohl sagen ‚eigenartige' Ansichten vertreten".[325] Die Verrichtung des Nachtdienstes durch eine einzige Person wäre nicht anders möglich, da sich nur eine Schlafgelegenheit im Kinderheim Mariahilf biete. Nähen, Flicken und Bügeln seien typische Tätigkeiten jeder Mutter, daher könne das Jugendamt dies auch von den Erzieherinnen in den Kinderheimen einfordern, in Mariahilf und im Pechegarten wäre dies aber nur während der Bettruhe von 13 bis 15 Uhr und abends der Fall.[326] Heimleiterin Zangerle hielt diese Arbeiten „für einen natürlichen Ausgleich, da es nicht möglich ist, den ganzen Tag nur zu erziehen". Die Schulerfolge der Kinder im Heim Mariahilf würden davon zeugen, dass für die Erziehung genügend Zeit bliebe. Dies bestätige auch das Lob des Vorstands der Universitätskinderklinik Innsbruck, Hans Asperger, für die gute geistige Förderung der Kleinkinder.[327]

Die Kritik des städtischen Oberbaurats ging daher ins Leere. Dessen Position führte zwar dazu, dass die Magistratsdirektion von Heim und Jugendamt Stellungnahmen einholte, ausrichten konnte er dennoch nichts. BeschwerdeführerInnen aus den unteren Klassen hatten vergleichsweise noch weniger Chancen, ernst genommen zu werden. Dietrich lud den Oberbaurat ins Amt vor und setzte ihn unter Druck, bis dieser klein beigab. Gönnerhaft stellte Dietrich fest, von einer „förmlichen Einvernahme" abgesehen zu haben. Intern musste Heimleiterin Zangerle den Vorhaltungen des Beamten aber recht geben, dass die Erzieherinnen ihre knapp bemessene Freizeit wegen der personellen Unterbesetzung wenig planen konnten. Bei Krankheit, Urlaub und freien Tagen stand kein Ersatz zur Verfügung. Den immer wiederkehrenden Ausfall von Erzieherinnen konnte auch die „Springerin" nicht wettmachen.[328]

Als Alfons Dietrich sich über ein Mädchenheim in der Villa Hartenau in Graz beim dortigen Jugendamt über die Betriebs- und Personalverhältnisse erkundigte, musste er feststellen, dass der hohe Personalstand in Graz im Vergleich zu den Innsbrucker Heimen augenscheinlich war. In Innsbruck seien die Erzieherinnen daher gezwungen, „ziemlich einige Überstunden zu erbringen".[329] Die Hausarbeiten – Nähen, Flicken, Bügeln – übernahm erst in den 1970er Jahren eine professionelle Kraft.

Der Arbeitsdruck war derart unerträglich, dass es zu einem einzigartigen Ereignis kam: Die Erzieherinnen der Heime Mariahilf und Pechegarten schwiegen nicht länger, sondern machten auf ihre unzumutbaren Arbeitsbedingungen aufmerksam. Heimleiterin Gerda Zangerle meldete sich nicht zu Wort. Anfang 1962 hatte sie in ihrem Tätigkeitsbericht über das Kinderheim Mariahilf im Jahr 1961 gemeint: „Es ist jetzt möglich, ohne Überbelastung des Personals die Arbeit zu bewältigen."[330]

Die Erzieherinnen wandten sich mehrfach an den Landtagsabgeordneten Amtsrat Josef Thoman (ÖVP), dem Obmann des städtischen Personalausschusses, mit dem Wunsch nach einer Aussprache. Im Juni 1963 konnte sie endlich stattfinden. Die weiteren TeilnehmerInnen waren die Heimleiterin, Sozialreferent Josef Hardinger, ein weiterer Amtsrat und eine Fachinspektorin. Thema war die Beeinträchtigung der Ausübung des Dienstes aufgrund des akuten Personalmangels.

Die Beschwerdeführerinnen betonten, dass der reguläre Stand an Erzieherinnen sehr selten erreicht wurde. Als Beispiel führten sie die aktuelle Situation eines der beiden Heime an: „1 Kündigung, 1 Urlaub, 1 Erzieherin hat freien Tag, d. h. also 5 Erzieherinnen im Dienst bei 4 Gruppen mit 80 Kindern – 2 Kleinkindergruppen mit je 17 Kindern und 2 Schülergruppen mit 20 und 26 Schülern."

Seit 1957 hatten 22 Erzieherinnen gekündigt, wobei nur ein geringer Teil den Dienst wegen Verehelichung oder Umständen aufgab, die nicht mit den Arbeitsverhältnissen zusammenhingen: „Den übrigen Kolleginnen war die Belastung bei den gegebenen Verhältnissen zu schwer. Derzeit laufen 3 Versetzungs-Ansuchen und eine Kündigung wegen zu großer Dienstbelastung." Daher war es kaum möglich, den Dienst so einzuteilen, dass die Erzieherinnen wussten, wann sie ihren freien Tag hatten, ständig musste improvisiert werden. Die 60 Wochenstunden konnten nur unter „normalen Verhältnissen" eingehalten werden. Wenn die Innsbrucker Kinder ihre Sommerferien in Holzham-Westendorf verbrachten, mussten die Erzieherinnen auf alle Fälle einen 11-Stunden-Tagesdienst leisten. Für jeden Arbeitssonntag wurde jedoch nur ein halber Tag Zeitausgleich geboten. Keine der Erzieherinnen kannte sich bei der Überstundenbezahlung aus, für wie viele Stunden in welcher Höhe die Mehrdienstleistungen vergütet wurden.

Dass die Erzieherinnen die Kleidungsstücke der Kinder in Ordnung halten mussten, war wieder Thema. Zur Veranschaulichung der Problematik wurde angeführt, dass eine der Kolleginnen jüngst in ihrem Nachtdienst bis zwei Uhr in der Früh beschäftigt war. Deshalb betonten die Erzieherinnen: „Die Instandhaltung der Bekleidungsgegenstände für meist 30 Kleinkinder verdient besondere Beachtung."

Der so genannte Nachtdienst begann um 11 Uhr vormittags und dauerte bis zum nächsten Tag um 14 Uhr. Doch auch dann war es nicht möglich, sofort nach Hause zu gehen, „denn jede Erzieherin macht oft freiwillig weitere Stunden Dienst, um eine ordnungsgemäße Übergabe an die ablösende Kollegin zu gewährleisten". Diese durchgehende Dienstzeit widerspreche geltenden arbeitsrechtlichen Bestimmungen und

> „gewährleistet in keiner Weise jene fürsorgliche Rücksichtnahme auf Erzieherin und Kinder, die unser geltendes Arbeitsrecht vorschreibt. Es muß grundsätzlich festgestellt werden, daß eine Erzieherin, die sich während des Nachtdienstes bei 60 Kindern (davon 30 Kleinkinder, häufig auch kranke Kinder) im Hause befindet, in pflichtbewußter Haltung nicht schlafen kann."

Abschließend warfen die Erzieherinnen Fragen auf, die sich aus all dem für sie ergaben:

„b) Wie ist unter diesen Umständen einigermaßen eine individuelle Behandlung der Kinder und Schüler möglich?
c) Welche Möglichkeiten bieten sich außer dem Urlaub den Erzieherinnen zur Entspannung und Weiterbildung, die sie für ihre Erziehungsarbeit unbedingt notwendig haben?
d) Wie sind die nervlichen Belastungen (in letzter Zeit ein Nervenzusammenbruch der Kollegin N., nervöse Magenbeschwerden bei Kollegin H.) jemals gutzumachen?
e) Wie kann die ständige Belastung für die Kinder bei dem dauernden Erzieherinnen-Wechsel verantwortet werden? (…)
h) Welche Möglichkeiten wären zu erwägen, um eine durchgehende Dienstleistung von 27 Stunden abzukürzen?
i) Ist die Instandhaltung der Wäsche wirklich Aufgabe der Erzieherinnen und Kindergärtnerinnen?
j) Was kann getan werden, um die häufigen Kündigungen und Versetzungsansuchen hintanzuhalten?"[331]

Auffällig war, dass die Spitzenbeamten zur Aussprache nicht erschienen waren. Der Obmann des Personalausschusses informierte die Magistratsdirektion und Alfons Dietrich in seiner Eigenschaft als Leiter der Magistratsabteilung V, indem er ihnen das Erinnerungsprotokoll der „Erzieherinnen-Konferenz" übermittelte. Ein besonderes Engagement von Thoman ist nicht erkennbar. In einem Kurzzeiler teilte er den zuständigen Behörden mit, dass in der Aussprache „einige Mängel in der Dienstesausübung aufgezeigt wurden, die insbesondere auf den gegebenen Personalmangel zurückzuführen sein dürften". Es „darf gebeten werden, für eine Abstellung des dzt. Zustandes besorgt zu sein".[332]

Die Initiative der Erzieherinnen blieb ohne Erfolg, mit den entsprechend negativen Konsequenzen für die zu betreuenden Kinder.

In den 1960er Jahren kümmerten sich im Kinderheim Mariahilf unter Einbeziehung der Stellvertreterin der Heimleiterin nominell acht Erzieherinnen im Durchschnitt um 47 Heimkinder und 18 Tageskinder in drei Gruppen: Kleine und Vorschulpflichtige, Volks- und SonderschülerInnen sowie HauptschülerInnen und BesucherInnen von Abschlussklassen. Im Kinderheim Pechegarten waren es bei ebensoviel Personal 50 Heimkinder und 17 Tageskinder, allerdings in mehreren Gruppen eingeteilt: ab 1964 in vier, 1965 in fünf und 1966 in sechs Gruppen aufgrund der Zunahme der Kleinkinder und HilfsschülerInnen. Aber schon 1968/69 verringerte sich die Anzahl der Gruppen auf fünf und schließlich wieder auf vier.[333] Die reale Situation war in Wirklichkeit noch schlechter. Aufgrund vieler An- und Abmeldungen war die Fluktuation unter den Kindern groß, so dass sich über das Jahr doppelt so viele Kinder und mehr in den Heimen aufhielten als zu Jahresbeginn oder Jahresende. Auch die Zahl der Planposten der Erzieherinnen täuscht: So meldete die Heimleiterin, dass 1964 von acht Erzieherinnen in Mariahilf höchstens sechs tatsächlich Dienst versahen oder dass sie sich im Pechegarten 1967 wiederholt gezwungen sah, Gruppen wegen des Personalausfalls oder aufgrund von Überschneidungen im Dienstbetrieb zusammenzulegen. Über das Jahr 1969 bemerkte sie: „Wie im Kinderheim Mariahilf macht sich auch im Pechegarten der Personalmangel stark bemerkbar, und führte immer wieder zu Schwierigkeiten in der Betriebsführung."[334]

1970 waren zahlenmäßig genauso wenige Erzieherinnen angestellt wie Anfang der 1960er Jahre. Die acht Erzieherinnen seien teilweise pädagogisch, teilweise krankenpflegerisch geschult, berichtete Heimleiterin Erbe:

„Eine ständige Belastung bildete die Instandhaltung der Kinderwäsche und Bekleidung (Bügeln, Flicken). Für Urlaub, Krankheit, Karenzurlaub des Personals stand kein Ersatz zur Verfügung. Nach wie vor herrscht Nachwuchsmangel an Erzieherinnen. Scheidet eine Erzieherin aus, so bleibt der Dienstposten oft monatelang unbesetzt. Teilweise wandert das Erzieherpersonal an andere Einrichtungen und Anstalten ab, weil dort bei geringerer Arbeitszeit und Arbeitsleistung ein höheres Entgelt lockt."[335]

Pädagogische Familialisierung

Mit der Schließung der Jugendheimstätte Holzham-Westendorf konnte sich die Stadt Innsbruck auf die räumliche, organisatorische und pädagogische Modernisierung der Kinderheime Mariahilf und Pechegarten konzentrieren. Vizebürgermeister Obenfeldner setzte sich 1974 dafür ein, dass den Heimen die für Holzham-Westendorf vorgesehenen Mittel zur Verfügung gestellt wurden. Die Renovierungsmaßnahmen wären schon längst notwendig gewesen, seien aber immer aus dem Amtsentwurf für das Budget gestrichen worden. Er konnte zwar nur die Hälfte des Geldes für sein ambitioniertes Ausbauprogramm erwirken – für das Auswechseln der schadhaften Eternitleitungen in den Nassräumen des Pechegartens und den Ausbau der Liegehalle zu winterfesten Bastelräumen in Mariahilf –, doch in den nächsten Jahren wurde die räumliche Ausgestaltung laufend verbessert und auch sein Vorschlag eines Dachgeschoßausbaus mit Zwei- bis Vierbettzimmern samt weiterer baulicher Veränderungen zur Führung von Wohngruppen im Kinderheim Pechegarten wurde bis 1983 realisiert.[336] Marianne Federspiel, die Leiterin des Heims Pechegarten, hatte dazu die Initiative ergriffen. Nun konnten Kleingruppen von je zehn bis zwölf Mädchen und Buben gebildet werden. „Damit folgt die Stadtgemeinde der allgemeinen Tendenz in der Heimerziehung, die weg von der Großgruppe und hin zur familienähnlichen Kleingruppe führt," hieß es in den Innsbrucker Stadtnachrichten im November 1984: „Unter Anleitung und Schritt für Schritt soll der junge Mensch auf das selbständige Leben vorbereitet werden."[337] Sozialreferent Paul Kummer (ÖVP) betonte, dass mit dem „großzügigen Heimausbau" im Pechegarten „familiengruppenähnliche Zusammensetzungen" geschaffen werden können, die die Gruppenverantwortlichkeit und das Geborgenheitsempfinden stärke:[338] „Die gesamte Heimstruktur erfährt dadurch eine Änderung, sicher nicht zum Nachteil der Kinder."[339] Mit Unterstützung des psychologischen Dienstes der Stadt Innsbruck werde in „regelmäßig stattfindenden Elternnachmittagen (...) der lebendige Bezug zwischen Erziehungsberechtigten und Heim hergestellt". Ziel des Ausbaus war die Verringerung der Belagsdichte bei gleichzeitiger Schaffung zusätzlicher Heimplätze „als erfreulicher Nebenerscheinung". Kummer sprach davon, dass statt der bisher drei Gruppen mit bis zu je 30 Kindern nun vier Gruppen mit maximal 15 Kindern geführt würden.[340] Anfang der 1980er Jahre wurden im Kinder- und Jugendheim Pechegarten im Schnitt 45 Heimkinder und 30 Tageskinder aufgenommen.[341] Zur Einbeziehung der Eltern hieß es: „Die Eltern werden vom Geschehen nicht ausgeschlossen. Das Vertrauen der Mütter und Väter zu gewinnen, mit ihnen einen Mittelweg in der Erziehung zu finden, das ist die Arbeitsbasis für die Erzieherinnen."[342]

Marianne Federspiel setzte zudem einen Schwerpunkt in der Betreuung der weiblichen Jugendlichen. 1984 war es durch den Ausbau des Dachgeschoßes im Pechegarten erstmals möglich, eine Mädchengruppe über die Pflichtschulzeit hinaus zu betreuen. Damit sollte nach vielen Jahren der Diskussion endlich die Förderung des beruflichen Fortkommens der weiblichen Jugend gesichert werden.[343] 1988 richtete die Heimleiterin im Heim Pechegarten eine sozialpädagogisch betreute Wohngemeinschaft ein, in der in eigenen Räumlichkeiten, die vom Kinderheim getrennt waren, rund zehn weibliche Jugendliche bis zu ihrer Volljährigkeit Platz fanden.

Im Sommer 1991 begann Federspiel, die Kindergruppen nicht mehr altershomogen, sondern durchmischt zusammenzusetzen, nach dem Geschlecht waren sie bereits seit geraumer Zeit nicht mehr getrennt.[344] Im ersten Halbjahr 1992 befanden sich im Kinderheim Pechegarten im Monatsdurchschnitt 23 Heimkinder und 35 Tageskinder,[345] die in vier Gruppen eingeteilt waren. Zwei Erzieherinnen betreuten jeweils zwölf bis 15 Kinder. Um die Gruppe der Kleinkinder kümmerten sich drei Erzieherinnen. Insgesamt versorgten neun Erzieherinnen im Schnitt 59 Kinder. Die Fluktuation bei den Tageskindern und noch mehr bei den Heimkindern, von denen immer wieder welche zu den Eltern zurückkehrten, in eine Pflegefamilie kamen oder in ein anderes Heim überstellt wurden, war sehr groß.[346] Daniela Bieglmann, die Anfang der 1990er Jahre Kinder, Jugendliche und Erzieherinnen im Heim Pechegarten im Rahmen ihrer Diplomarbeit befragte, berichtet, dass sich die Kinder kleinere Gruppen wünschten, um mehr Zeit mit den „Tanten" verbringen zu können. Ansonsten ging es um Fragen von Freiheit, Kontrolle und Selbstständigkeit. Die älteren Heimkinder beanstandeten, weniger Freiheiten als Kinder zu haben, die nicht in einem Heim untergebracht waren, weshalb sie sich eingesperrt fühlten.[347] Marianne Federspiel erzählt von Klagen weiblicher Jugendlicher der Wohngemeinschaft, weil sie ihnen keinen Schlüssel zur Verfügung stellte. Sie wollte, dass die Jugendlichen dem Nachtdienst läuteten. Eine der Jugendlichen habe ihr rückblickend als Erwachsene gesagt: „Frau Federspiel, wir haben sie gehasst dafür, wir konnten nichts trinken, weil wir gewusst haben, es sperrt uns die Tante die Tür auf."[348]

Seit 1947 beschäftigte die Frage von Horten und Kindertagesheimen den Gemeinderat intensiv. Sonja Oberhammer (ÖVP) setzte sich wiederholt für den Ausbau des Hortwesens für die „heranwachsende Schuljugend ein", um sie den Gefahren der Straße zu entreißen.[349] Die SPÖ-PolitikerInnen betonten die Notwendigkeit einer städtischen Tagesbetreuung, um Frauen die Vereinbarkeit von Berufstätigkeit und Kind zu ermöglichen. Gemeinderätin Maria Rapoldi forderte die Errichtung eines ganztägig geführten Kindertagesheims mit Verpflegung und Lernbetreuung, „damit ihnen aus der Berufstätigkeit der Mutter wenigstens in dieser Hinsicht kein Schaden entsteht".[350] Das Angebot von Tagesplätzen im Kinderheim Mariahilf war bei Weitem nicht ausreichend. Rapoldi bezeichnete Innsbruck als einzige Landeshauptstadt ohne eigenes Tagesheim. Die SPÖ beantragte 1953 erneut die Errichtung eines Kindertagesheims,[351] 1958 drängte sie auf derartige Einrichtungen in Pradl und der Reichenau, weil in diesen Stadtteilen „fast durchwegs berufstätige Menschen wohnen".[352]

Josef Hardinger referierte 1962 die Position der ÖVP, speziell der sich in der Überzahl befindlichen Männer: „Es muß gesagt werden, daß es sich viele Eltern sehr leicht machen. Sowohl der Vater wie die Mutter gehen einem Erwerb nach, um ihren Lebensunterhalt zu verschönern; die Kinder gibt man verhältnismäßig billig in die Kinderheime, obwohl es unter Umständen gar nicht notwendig wäre."[353]

Die Ansuchen von Müttern und Vätern in den 1950er und 1960er Jahren wegen eines Platzes für ihr Kind in den Kinderheimen Mariahilf und Pechegarten untertags oder auch in Vollbetreuung zeugen nicht von Bequemlichkeit oder hedonistischem Verhalten der Eltern, sondern von existenziellen Notlagen: Ein Ehepaar, das im Flüchtlingslager Höttinger Au lebte, konnte vom Gehalt des Mannes alleine nicht leben. Eine Mutter arbeitete stundenweise bei sehr geringem Verdienst im Gasthaus Breinössl als Kellnerin, weil ihr Ehemann unbekannten Aufenthaltes nach Deutschland verschwunden war. Sie zahlte 350 Schilling für einen Raum Miete, für die volle

Unterbringung im Heim Pechegarten nochmals 450 Schilling monatlich. Eine Mutter hatte ihren Sohn während ihrer Arbeit als Hausgehilfin mitnehmen können, als Stockmädchen durfte sie dies nicht mehr. Ein Paar lebte einige Zeit im Gasthaus Hirschen, wurde delogiert und bat um die Unterbringung ihrer beiden Jüngsten. Ein Vater ersuchte um Aufnahme des Kindes, da die Familie die Räumungsklage erhalten hatte und der Bub während der Zeit der Obdachlosigkeit im Heim Unterschlupf finden sollte. Einen Mann hatte die Frau verlassen, er hoffte auf ihre Wiederkehr, in der Zwischenzeit bat er um Unterbringung des Kindes. Eine Mutter ersuchte um Tagesbetreuung ihres Kindes, weil ihr Mann in Untersuchungshaft saß und sie nun arbeiten gehen musste. Eine Mutter war der Wohnung verwiesen worden und stand vor der Scheidung. Nun war sie darauf angewiesen, einer Erwerbsarbeit nachzugehen. Eine Frau musste ins Krankenhaus, eine andere in die Nervenheilanstalt, die Väter arbeiteten den ganzen Tag. Eine Familie aus Rietz hatte eine Eigentumswohnung angezahlt, kam aber nun mit den Raten in Verzug, so dass die Mutter sich um eine Stelle als Hilfsarbeiterin in Innsbruck umsehen musste und für vier Tage in der Woche um die Tagesaufsicht für das Kind im Pechegarten bat. Bei der Koordination der Abfahrtszeiten des Zuges und der Abholzeiten aus dem Heim gab es Schwierigkeiten. Das Jugendamt erlaubte es der Mutter nicht, das Kind eine Stunde früher abzuholen. Von der üblichen Tagesordnung könne „im Interesse eines ungestörten Heimbetriebs" keine Ausnahme gestattet werden.[354]

In der ersten Hälfte der 1970er Jahre kritisierte die SPÖ-Fraktion die zu hohen Kosten in den Kinderheimen Mariahilf bzw. Pechegarten, die die Auslastung verhindern würden und dafür verantwortlich wären, dass zu wenige berufstätige Mütter ihre Kinder unter Tag dort unterbringen könnten.[355] Gemeinderat Franz Barenth plädierte angesichts der Verdoppelung berufstätiger Frauen zwischen 1948 und 1968 zum einen für die Errichtung von Kindertagesheimstätten,[356] zum anderen für eine Personaleinsparung zur Erhöhung der zusätzlichen Aufnahme von Kindern in den beiden Heimen:

„Daher sollten Möglichkeiten überlegt werden, wie sich dieser ungeheure Personalaufwand einschränken ließe. Ich möchte nicht gegen das Personal sprechen, das wirklich aufopferungsvoll diese Kinder umsorgt. Vielleicht könnten aber die Kinderheime doch etwas rationeller geführt werden, womit die Möglichkeit gegeben wäre, mehreren Kindern in unserer Stadt in den Heimen Aufenthalt zu verschaffen."[357]

Im Herbst 1988 wurde das Kinderheim Mariahilf zu einer Kindertagesstätte umgestaltet. Darin spiegelt sich die Tatsache, dass immer weniger Kinder aufgrund einer Maßnahme der Jugendwohlfahrt in Heimunterbringung gebracht wurden als auch der erhebliche Bedarf an Kinderbetreuung in Innsbruck. Treibende Kraft war die

Leiterin des Heims, Marianne Federspiel, die sich aufgrund des starken Rückgangs an Heimkindern für die Auflassung des Heimbetriebs zugunsten einer Umgestaltung zu einer Kindertagesstätte stark gemacht hatte. Zuerst mussten noch Überlegungen in der Politik abgewehrt werden, das Kinderheim Mariahilf in die abgenutzten Räumlichkeiten des ehemaligen Landes-Säuglings- und Kinderheims Innsbruck-Arzl zu übersiedeln, um das neu gegründete Kinder- und Jugendheim Jugendland in Mariahilf unterbringen zu können.[358] Das Jugendland musste schließlich mit dem Standort in Arzl vorlieb nehmen. So wie bei der räumlichen und strukturellen Veränderung im Kinderheim Pechegarten nutzte Federspiel auch im Kinderheim Mariahilf ihr gutes Verhältnis zum Leiter des Zentralbauhofes und einem dort angestellten Tischler für den Umbau. Sie organisierte großzügige Öffnungszeiten wochentags von 6 Uhr 30 bis 19 Uhr 30 und am Samstag bis 15 Uhr. Die Innsbrucker Stadtnachrichten meldeten, dass mit Schulbeginn im Herbst 1988 das ehemalige Kinderheim Mariahilf ganzjährig als Kindertagesstätte geführt wurde und nunmehr 70 statt bisher rund 50 Kinder im Alter von drei bis 15 Jahren Platz fänden: „Die Öffnungszeiten der Tagesheimstätte kommen den fast durchwegs arbeitenden Eltern bzw. vielfach alleinerziehenden Müttern entgegen."[359]

Außerhalb der akzeptierten Norm: Ursachen der Heimeinweisung

Die Einweisung in ein Heim der Stadt Innsbruck erfolgte vor allem auf drei Ebenen: über die Vormundschaftsgerichte auf Antrag des Jugendamtes, aufgrund eines Gutachtens der Kinderbeobachtungsstation des Landeskrankenhauses Innsbruck in Hötting und auf Initiative von Müttern und Großmüttern; selten nach Begehr des Großvaters oder des Vaters, da diese sich weit weniger um die Kinder kümmerten. Die Großmütter sprangen vielfach bei der Kindererziehung ein, wenn die Mütter sich nicht selbst in der Lage dazu sahen, weil sie krank waren oder einer Erwerbsarbeit nachgehen mussten. Manchmal auch, weil die Eltern das Kind vernachlässigten oder ein neuer Partner das Kind ablehnte. Oft legte das Jugendamt ihnen unter Druck und mit Drohungen nahe, das Kind in einem Heim unterzubringen. Mehr oder weniger freiwillig gaben Mütter ihr Einverständnis, wenn die Großmutter wegen ihres Alters oder einer Erkrankung nicht mehr imstande war, auf das Kind zu schauen, wenn Großmütter bzw. sie selbst sich überfordert fühlten oder sich in einer extremen sozialen Notlage befanden. Mit der Heimunterbringung war die Hoffnung verbunden, die Kinder materiell besser versorgt zu sehen und ihnen eine Erziehung angedeihen zu lassen, die ihnen einen guten Lebensweg eröffnen sollte. Viele dieser Mütter und Omas waren im besten Glauben, für die Kinder etwas Gutes zu tun. Manche waren aber auch froh, ihre Kinder abschieben zu können.

Den Akten und den Berichten der ehemaligen Heimkinder, die sich bei der Opferschutzkommission Innsbruck gemeldet haben, ist zu entnehmen, dass rund zwei Drittel von ihnen außerehelich geboren oder Scheidungskinder waren. Ein großer Teil stammte aus kinderreichen Familien und hatte sehr junge Mütter, häufig unter 20 Jahren, manche waren erst 14 oder 15 Jahre alt. Kindheit, Jugend und frühes Erwachsensein zahlreicher Eltern fallen in die Kriegszeit mit entsprechend traumatischen Erfahrungen, Männer kamen brutalisiert aus dem Krieg oder der Kriegsgefangenschaft, eine Reihe von Erzählungen über schlagende Mütter und Väter, die selbst geschlagen worden waren, liegen vor. Wirft man einen Blick auf die Berufe der Eltern, so sind die niedrigen sozialen Positionen verbunden mit einem geringen

Einkommen offensichtlich. Als Berufe der Mütter werden genannt: Hausfrau, Hausgehilfin, Stockmädchen, Stubenmädchen, Putzfrau, Aufräumerin, Hilfsarbeiterin, Kinoplatzanweiserin, Näherin, Kellnerin, Barfrau, Bürokraft, Büroangestellte, Hilfserzieherin, Pensionistin, Prostituierte, arbeitslos.

Die Erwerbstätigkeit der Väter sah so aus: Besatzungssoldat, ausländischer Student, Knecht, Landarbeiter, Kleinbauer, Hilfsarbeiter, Korbflechter, Zeitungsverkäufer, Uhrmachergehilfe, Fleischhauergehilfe, Gärtner, Hausmeister, Taxichauffeur, Kraftfahrer, Hilfspfleger, tanzen und schuhplattln, arbeitete im Reisebüro, im Landhaus, in einer Schlafwagengesellschaft, Polier, städtischer Automechaniker, Schlosser der Innsbrucker Verkehrsbetriebe, arbeitslos. Bei den Angaben Zimmermann, Installateur, Schuhmacher und Fliesenleger ist nicht klar, ob es sich um eine angelernte Tätigkeit oder um Facharbeit handelt. Zu den Vätern mit bessergestellten Berufen zählt ein Kriminalbeamter, der aber bereits verheiratet war, sich um sein lediges Kind nicht kümmerte und schließlich in einer Heilanstalt untergebracht werden musste; ein Bundesbahnbeamter, der sich nach kurzer Zeit wieder scheiden ließ und später in Haft kam, sowie ein Ingenieur in der Abteilung Wegebauten im Amt der Tiroler Landesregierung, den das Jugendamt als alkoholkrank und aggressiv beschrieb. Zwei der ehemaligen Heimkinder stammen aus wohlhabenden Verhältnissen, ihre Eltern führten Geschäfte, waren aber in der schwierigen Nachkriegszeit Anfang der 1950er Jahre zu sehr beschäftigt, um sich ausreichend um ihre Kinder sorgen zu können, und wähnten ihre Kinder im Heim Holzham-Westendorf ordentlich untergebracht.

Wege ins Heim

Aus welchen Gründen die Einweisung ins Heim im Einzelnen erfolgte, verdeutlichen die Erzählungen der ZeitzeugInnen und die Einschau in die Mündelakten:

Das unverheiratete Paar optiert für Österreich und übersiedelt nach dem Hitler-Mussolini-Abkommen von Südtirol nach Innsbruck, wo es nie Fuß fassen kann. Die Nachbarschaft ist den beiden schlecht gesonnen, beschimpft und verleumdet sie. Als Gerhard Müller[1] zur Welt kommt, lebt die Familie zu viert in einem Raum ohne fließend Wasser. Der Vater ist Soldat in der deutschen Wehrmacht, die Mutter Hausgehilfin. Das Paar trennt sich, Alimente zahlt der Vater zunächst gar nicht, dann in vermindertem Ausmaß, jedenfalls stets unregelmäßig. Da die Mutter arbeiten muss, zieht die Großmutter Gerhard auf. Er ist ein guter Schüler, verhält sich ruhig und ordentlich. In einem guten Milieu wäre es möglich, dass er seine „nicht allzu gute Veranlagung" unterdrücken könne, schreibt der Volksschullehrer ans Jugendamt.

Der Bub wechselt in rascher Folge die Pflegeplätze, die die Schule ungünstig beurteilt. Schließlich erkrankt die Mutter an Tuberkulose. Wegen „ungünstiger Wohn- und häuslicher Verhältnisse" kommt Gerhard Müller in ein Schülerheim, ins Kinderheim Mariahilf und schließlich in die Jugendheimstätte Holzham-Westendorf.

Der Vater von Franz Schöch ist politischer Flüchtling im Kalten Krieg, er spricht schlecht Deutsch. Als er seine Arbeitsstelle am Bau verliert, veranlasst sein Betrieb die Delogierung der Familie aus der Dienstwohnung. Der Bub muss im Kinderheim Mariahilf untergebracht werden.

Petra Wendel wohnt in einer Baracke am Innrain in Innsbruck, der Vater kümmert sich kaum um seine uneheliche Tochter Sara. Eine Nachbarin in der Barackensiedlung passt auf sie auf, während die Mutter arbeitet, doch der Verdienst ist gering. Als Petra Wendel einen Arbeitsplatz in Hall antritt, sucht sie um die Unterbringung der Tochter im Kinderheim Pechegarten an, für die Kosten kommt sie selbst auf.

Die Mutter ist Stubenmädchen, der Vater Fliesenleger. Alle drei Kinder kommen außerehelich zur Welt. Die Mutter schiebt die Trennung immer wieder hinaus, weil ihr die finanziellen Mittel fehlen und keine Wohnung zur Verfügung steht. Als sie hinter das Verhältnis ihres Partners mit einer anderen Frau kommt, verlässt sie ihn. „Geheiratet werde ich ja doch nicht von ihm", gibt sie vor dem Jugendamt zu Protokoll. Da sich Sabine Madl gezwungen sieht, einem Lohnerwerb nachzugehen, ersucht sie das Jugendamt um Unterbringung ihrer Kinder in einem Heim und verspricht, nach „besten Kräften" für die Kosten aufkommen zu wollen. Zwei Jahre – zwischen dem fünften und siebenten Lebensjahr – verbringt Walter Madl im Kinderheim Scharnitz. Nach dreijährigem Aufenthalt bei der Mutter wird er im Alter von elf Jahren wegen Ladendiebstählen in die Jugendheimstätte Holzham-Westendorf gebracht.

Hans Kogler wächst in ärmsten Verhältnissen in der Innsbrucker Bocksiedlung auf. Gemeinsam mit seinem Bruder stiehlt er auf Veranlassung der Eltern Briketts, um die Wohnung heizen zu können. Für seine Lehrerin sind „solche Leute aus der Unterschicht Bock Siedlung" Abschaum, die möglichst in ein Heim wie Westendorf oder Kleinvolderberg kommen sollten. Die Kindheit in der Bocksiedlung hat Hans Kogler dennoch in guter Erinnerung: wegen des festen Zusammenhalts und des freien Herumtollens mit Freunden auf den umliegenden Wiesen. Nach der Trennung der Eltern „erachtete das Jugendamt es als das Beste, uns in das Heim Westendorf einzusperren", betont er. Als die Brüder wieder heimkommen, wohnen sie mit der Mutter eine Zeit lang im Obdachlosenheim, bis sie mit einem Gemeinderat ein Verhältnis eingeht und auf diese Weise eine Wohnung erhält.

Die Eltern von Johannes Metzler, sie Hausfrau, er Schuster, leben unverheiratet in einer Hausgemeinschaft mit ihren Kindern. Das Stadtjugendamt Innsbruck überstellt alle fünf Kinder ins Kinderheim Mariahilf: „In der Notwohnung Innstr. 2 wohnen in einem Raum 2 Erwachsene und 5 Kleinkinder. Der Raum hat kein Fenster, das ins Freie führt. Der Kindesvater ist Trinker. Die Kindesmutter ist nervlich und körperlich erschöpft."

„Es herrschen triste häusliche Verhältnisse. Die Kindeseltern leben in Scheidung, Vater spricht gerne dem Alkohol zu, ist aber sonst gutmütig und arbeitsam. Die Mutter ist gänzlich unwirtschaftlich, hält es mit anderen Männern, raucht, spielt Karten, läßt die Kinder verwahrlosen, schickt sie einfach auf die Straße. Sie wurden auch schon wiederholt mißhandelt. Drei Geschwister befinden sich bereits in Heimerziehung, sie haben schon wiederholt kleine Diebstähle verübt. Im Lebenspraktischen sind beide sehr vif. In ihrem sonstigen Wesen sind sie gutmütig und anschmiegsam, vielleicht etwas verschlagen." So schildert das Jugendamt Schwaz die Lebenssituation von Reinhold Zelger, den es in Absprache mit dem Stadtjugendamt Innsbruck in der Jugendheimstätte Holzham-Westendorf unterbringt.

Wilfried Mattle wächst mit seinen Geschwistern zwar in schwierigen Verhältnissen auf, er selbst erinnert sich an „Wärme und Liebe, Geborgenheit, Frohmut und Fürsorge": „Wir waren eingebettet in eine behütete Kindheit." Der Selbstmord des Vaters läutet das Ende der „paradiesischen Kindheit" ein. Sechs Wochen später holt ein Auto die Kinder ab und transportiert sie in unterschiedliche Heime: „Mutter blieb allein. Wir wussten nicht, was uns geschieht und begriffen nicht, dass dies unsere letzte Stunde zu Hause war. In dieser Stunde bin ich fortan bis heute mutter- und heimatlos geworden. Mutter sah ich nur noch wenige Male, sie begann zu trinken. 5 Jahre später beging sie, erst 36 Jahre jung, Selbstmord."

Für Johanna Moll sind Vater und Mutter – Alkoholiker in der Barackensiedlung Sieglanger – „tolle Eltern", die ihre Kinder nie schlagen. Wenn sie nicht betrunken sind, zeigen sie sich herzlich und liebevoll. Das Jugendamt teilt alle zehn Kinder auf verschiedene Heime auf. Johanna entweicht mit ihrer Schwester wiederholt aus dem Kinderheim Pechegarten und läuft nach Hause. Schließlich liefert das Stadtjugendamt das Mädchen ins weit abgelegene Kinderheim Scharnitz ein, um weiteren Fluchtversuchen vorzubeugen.

Fritz Meister wird in die Bubenburg nach Fügen überstellt, später nach Westendorf. Ausschlaggebend ist die Scheidung der Eltern und die Freundschaft der tief religiösen Mutter mit der Leiterin der Kinderbeobachtungsstation in Innsbruck, Maria Nowak-Vogl, die eine Heimeinweisung wärmstens empfiehlt.

Josef Weber wächst bei der Oma auf, da ihn seine Mutter ablehnt. Wegen einer Erkrankung der Großmutter übersiedelt er zu seinen Eltern. Nach ihrer Entlassung aus dem Spital stellt die Großmutter schwere Misshandlungen am Körper und im Gesicht des Buben fest, sie erstattet Anzeige. Auf dem Jugendamt wird Josef, der wieder zur Großmutter kommen möchte, belehrt, dass seine Eltern über Rechte verfügen, denen er sich zu beugen habe. Aufgrund des Untersuchungsbefundes des Amtsarztes wird die Mutter vor das Jugendamt geladen, wo sie eine Erklärung unterschreiben muss: „Frau Weber nimmt zur Kenntnis, daß unbeschadet irgendwelcher Anlässe Kindeseltern das ihnen vom Gesetz eingeräumte Züchtigungsrecht nicht mißbrauchen dürfen und daß die durch den Amtsarzt festgestellten sichtbaren Zeichen am Körper des Minderjährigen zweifellos eine Überschreitung des Züchtigungsrechtes darstellen." Nach Meinung des Jugendamtes verwöhnt die Großmutter den Buben zu sehr, so dass sich der Bub „in den Rahmen einer mehrköpfigen Familie sehr schwer einfügen kann. Dies hat auf der anderen Seite vermutlich von Seiten der Kindeseltern eine gewisse Nervosität ausgelöst, so daß es zu diesen Unstimmigkeiten kommen konnte." Josef flüchtet mehrmals von zu Hause, droht, sich vor das Auto zu werfen oder in den Inn zu springen, mit der Mutter kommt es zu tätlichen Auseinandersetzungen. Der Bub wird zuerst ins Kinderheim Pechegarten und danach in die Jugendheimstätte Holzham-Westendorf überstellt.

Der Vater tritt mit den Füßen auf seinen Sohn ein und traktiert ihn mit den Fäusten. Die Mutter ist mit einer Fürsorgerin befreundet, die ihr versichert, dass das Heim Holzham-Westendorf eine ausgezeichnete Erziehungsstätte sei. Sie kommen überein, Andreas Mösl nach Westendorf zu schicken. Die Kosten übernehmen die Mutter und das Jugendamt zu geteilter Hand.

Auch die Familie Sporer gibt ihren Sohn in dieses Heim, weil sie davon ausgeht, dass es eine gute Beaufsichtigung und Förderung des Kindes bietet. Das Ehepaar betreibt ein florierendes Geschäft und hat nicht ausreichend Zeit, sich um sein Kind zu kümmern. Die Eltern besichtigen die Jugendheimstätte und sind vom weitläufigen Areal, der herrlichen Lage und der schönen Landschaft begeistert.

Arnold Retter kommt unehelich zur Welt, im Kleinkinderheim Arzl entbehrt er jeglicher Zuwendung. Seine Ursprungsfamilie bezeichnet er als Alkoholiker und Nazis mit Adolf Hitler als ihrem Vorbild. Nach einigen Jahren holt ihn die Mutter ins Ausland nach, wo sie als Hausgehilfin arbeitet. Sie ist nicht in der Lage, eine Beziehung zu ihrem Sohn aufzubauen und lehnt ihn genauso ab wie der Stiefvater. Arnold spricht von zwei Jahren „Dunkelhaft". Von psychiatrischer und psychotherapeutischer Seite wird er als unruhig, aggressiv und liebesbedürftig beschrieben, aber auch als intelligent; die Ärzte gehen von einer kindlichen Neurose wegen Vernachlässigung aus. Wieder zurück in Österreich sorgt die Leiterin der Kinderbeobachtungsstation in Innsbruck, Maria Nowak-Vogl, dafür, dass der Bub in einem Heim für Schwererziehbare untergebracht wird. In ihrem Gutachten spricht die Heilpädagogin vom Zustandsbild eines postenzephalitisch Geschädigten und meint eine psychische Veränderung aufgrund einer Entzündung des Hirngewebes. Sie sieht Anzeichen „eines epileptischen Geschehens" und verordnet ihm eine medikamentöse Behandlung, obwohl sie selbst feststellt, dass im EEG nach wissenschaftlicher Auffassung kein Grund dafür bestehe, jedoch: „Sowohl die anfallsartigen Wutreaktionen, als auch eine in der Zwischenzeit auftretende und oft überaus lästige Schmeichlerei, weisen uns in die Richtung des epileptischen Formenkreises." Für den Buben sei die Unterbringung in einem Heim für Schwererziehbare notwendig, auch wenn Maria Nowak-Vogl die Zukunftsaussichten wenig optimistisch sieht: „Wir sind nun keineswegs der Meinung, daß er binnen wenigen Jahren als braver Bub das Heim verlassen wird, sondern müssen vielmehr fürchten, daß er überhaupt nicht, oder nur kaum zu bessern ist." Das Gutachten des Vorstandes der Universitätskinderklinik Innsbruck, Hans Asperger, kommt zu einem anderen Schluss. Asperger kann keine Verwahrlosungserscheinungen erkennen, das Kind ist seiner Einschätzung nach nicht schlimmer als andere auch. Arnold Retter kommt dennoch in die Jugendheimstätte Holzham-Westendorf.

Die Mutter schlägt Roland Winkler von klein auf wegen Nichtigkeiten; selbst wenn er nur Mama sagt. Der Vater ist nicht präsent. Die Folge ist eine Aneinanderreihung von Heimaufenthalten: vom Kleinkinderheim Arzl über das Kinderheim Pechegarten in die Jugendheimstätte Holzham-Westendorf. Die Mutter habe die Familie schon vor vielen Jahren verlassen und sich um ihre Kinder nicht gekümmert, der Vater sei arbeitsscheu, mehrfach straffällig und leiste derzeit eine Kerkerstrafe ab, berichtet das Landesjugendamt und führt weiter aus: Rolands Schwester Lotte „mußte im April 1971 erneut in Heimerziehung (LJH Schwaz) gegeben werden, weil sie arbeitsmäßig nicht entsprach und ohne Unterkunft und Arbeitsstelle dastand". Da Roland Winkler, so das Jugendamt, unter dem Einfluss seines kriminellen Bruders stehe, wird er in ein geschlossenes Heim eingeliefert, ins Bundeserziehungsheim Kaiser-Ebersdorf, das mehr einem Jugendgefängnis als einer Erziehungsanstalt gleicht.

Michael Wegisch ist ein ruhiger, folgsamer und zurückhaltender Schüler. Daheim führt der Vater, ein städtischer Angestellter mit hoher Berufsbelastung und einer großen Kinderschar, um die sich die Mutter liebevoll kümmert, ein strenges Regiment. Mit knapp zwölf Jahren beteiligt sich der Bub an Diebstählen in Bauhütten und angrenzenden Büros. Mit der Zustimmung des Vaters kommt er auf Anraten der Jugendpolizei und des Jugendamtes für kurze Zeit in die Jugendheimstätte Holzham-Westendorf. „Der Kindesvater versuchte, mit körperlicher Züchtigung den Minderjährigen wegen seiner Vergehen zurechtzuweisen, sieht sich jedoch, da auch die Ermahnungen durch die Jugendpolizei erfolglos blieben, der Erziehungsaufgabe nicht mehr gewachsen", schreibt das Stadtjugendamt an das Bezirksgericht und beantragt die Heimunterbringung, um den Buben „einer konsequenten Lenkung zuzuführen". Wieder auf freiem Fuß beginnt Michael eine Lehre. Mit seiner Arbeitsleistung ist der Lehrherr zufrieden, doch der Bursche bricht die Lehre ab, da sie nicht seinen Wünschen und Erwartungen entspricht. Zeitweise arbeitet er als Hilfsarbeiter. In den Augen des Stadtjugendamtes geht er keiner geregelten Arbeit nach, so dass „grobe Verwahrlosung" vorliege. Daraufhin, so ein Aktenvermerk des Stadtjugendamtes, wird der knapp 16-Jährige „unter polizeilicher Assistenzleistung von der Arbeitsstätte in Innsbruck-Vill abgeholt und mit einem Auto der Tiroler Landesregierung nach Kleinvolderberg überstellt". Als Michael aus dem Landeserziehungsheim flüchtet, strengt das Landesjugendamt seine Überstellung ins Großheim Eggenburg in Niederösterreich an, der gerichtliche Rekurs des Vaters wird mit der Begründung abgelehnt, dass der Jugendliche in seinem Alter bereits Diebstähle begangen und „keine richtige Einstellung zur Arbeit" habe. Als Michael Wegisch auch aus Eggenburg flieht, ist Kaiser-Ebersdorf seine nächste Station.

Gabi Wohlgenannt gilt dem Jugendamt als sehr belastete, aber vorbildliche und liebevolle Mutter von elf Kindern, im Gegensatz zum Vater, der weder Verständnis für seine Gattin noch für die Kinder aufbringe und sich nur für die Ausübung seines Berufes interessiere. Wegen kleinerer Diebstähle kommt ihr Sohn Stefan zur Abtestung an die Kinderbeobachtungsstation von Maria Nowak-Vogl, die eine Überstellung in ein Erziehungsheim empfiehlt, da es ihr nicht gelungen sei, dem Buben nahezubringen, Besitz zu respektieren und Fundgegenstände abzugeben. Denn, so Nowak-Vogl: „Er beharrte darauf, daß nur die Reichen etwas verlieren und es die Armen dann behalten dürfen."

Wolfgang Pedell wächst in Barackenlagern auf, am Sieglanger, in der Reichenau und in der Bocksiedlung. Der Vater ist Alkoholiker, die Mutter tut, was er ihr anschafft. Wegen der tristen Familienverhältnisse verbringt der Bub zwei Jahre in der Jugendheimstätte Holzham-Westendorf, wo ihn ein Erzieher regelmäßig vergewaltigt. „Wolfgang befindet sich momentan in einer schweren Krise seiner sittlichen Entwicklung", schreibt Heimleiter Tatzel im Führungsbericht des Minderjährigen. Einige

Zeit nach seiner Heimentlassung ersticht der Vater die Mutter im Streit. Im Haushalt verbleiben drei Jugendliche, die 19-jährige Tochter und zwei minderjährige Söhne des Ehepaares. Als der jüngste Bruder aus dem Vorarlberger Landeserziehungsheim Jagdberg flieht und einen gestohlenen Hasen heimbringt, kocht Wolfgang das Tier für sich und seine Geschwister. Nach der Ausforschung durch die Polizei verurteilt das Gericht Wolfgang Pedell deshalb zu zwei Monaten schweren Kerker.

Die alleinstehende Mutter von Martin Schwaninger arbeitet ganztägig als Hilfsarbeiterin, die Stiefgroßmutter schaut auf das Kind, der Vater des außerehelich Geborenen lebt in einem anderen Bundesland. In den Augen der Volksschullehrerin macht der siebenjährige Martin „einen sehr kindischen Eindruck (Großmuttererziehung!), fällt durch sein ungezügeltes, triebhaftes Verhalten innerhalb der Klasse auf (unruhig, leicht ablenkbar). Das Kind ist aber erziehlichen Maßnahmen zugänglich, im Grunde gutmütig und leicht lenkbar, durch seine Hemmungslosigkeit aber allen Umwelteinflüssen preisgegeben. (…) Mutter beruflich ganztägig tätig, steht unter der Aufsicht der Großmutter – viel auf der Straße. Anscheinend ist die Großmutter zu nachsichtig und der Erziehungsaufgabe nicht gewachsen. Aus obigen Gründen wäre eine Unterbringung des Kindes in einem Heim unbedingt zu befürworten."

Die fünfköpfige Familie von Niko Geiger lebt in einem einzigen Raum, der Volksschullehrer klagt über den Konzentrationsmangel und die schlechte Auffassungsgabe des Achtjährigen. Er spricht sich für eine konsequente Anleitung und Nachhilfe im Rahmen einer Heimerziehung aus, die Eltern befolgen seine dringliche Empfehlung.

Sebastian Raffler wächst bei der Großmutter auf, während seines zweitägigen Aufenthaltes im Kleinkinderheim Arzl wird der Eineinhalbjährige körperlich misshandelt. Als Sebastian einige Jahre später die Schule schwänzt und die Hausübungen nicht macht, erachtet das Stadtjugendamt eine Heimunterbringung als notwendig, um den Buben vor der Verwahrlosung zu bewahren.

Abgehängte des Wirtschaftswunders

Die ehemaligen Heimkinder, die sich bei der Opferschutzkommission Innsbruck meldeten, wuchsen, von Ausnahmen abgesehen, in der Zeit zwischen den 1940er und 1970er Jahren auf. Fast alle kamen aus Familien, die um ihr tägliches Überleben kämpften. Wirtschaftswunder und ökonomische Prosperität sind nicht mit allgemein verteiltem Wohlstand gleichzusetzen. In Tirol lag der Anteil der Ausgaben einer durchschnittlichen Arbeiterfamilie mit zwei Kindern für Lebens- und Genussmittel

1950 bei über 55 % des Familieneinkommens, 1960 bei über 43 % und 1970 bei mehr als 36 %. Als angemessen für einen guten Lebensstandard gilt, dass nicht mehr als ein Drittel des Haushaltsbudgets für Essen und Trinken verwendet werden muss, ein Wert, den eine vierköpfige Tiroler Arbeiterfamilie erst 1970 annähernd erreichte.[2] Das Einkommen der Eltern jener ehemaligen Heimkinder, die sich bei der Stadt Innsbruck meldeten, war jedoch weitaus schlechter als das der statistisch durchschnittlichen Arbeiterfamilie. Besonders verdeutlichen lässt sich dies an der Wohnsituation.

Der überwiegende Teil der betroffenen Familien lebte in mehr als beengten Verhältnissen. Barackenwohnungen und Notunterkünfte, überbelegte Zimmer mit mehreren Erwachsenen und Kindern, Unterschlupf bei Großeltern, Verwandten und Bekannten, Delogierungen, vorübergehende Unterbringung im Obdachlosenasyl, der städtischen Herberge und Konzentration in Viertel mit niedrigem Sozialprestige charakterisieren diese Lebensbedingungen. Ein Blick auf die Entwicklung der Lager und Barackensiedlungen in Innsbruck, auf die an anderer Stelle noch ausführlich eingegangen wird, unterstreicht diesen Befund und verdeutlicht die skandalöse Armut eines kleinen Teils der Stadtbevölkerung, deren Kinder Objekte der Heimerziehung wurden, auch noch in den 1970er Jahren.

Während des Ersten Weltkriegs wurden in der Wiesengasse und Burgenlandstraße Baracken für militärische Zwecke errichtet, weiters die Prügelbaubaracken zwischen Innrain, alter Universität und Blasius-Hueber-Straße sowie das Höttinger Lager. In den 1920er Jahren kamen die Baracken in der Amthorstraße hinzu und die so genannte Bocksiedlung in der Reichenau um den Langen Weg, die Gumpp-, Andechs-, Reut-Nicolussi- und Radetzkystraße, in der über 200 Menschen in rund 40 Hütten wohnten. Im Zuge des Zweiten Weltkriegs entstanden Barackenlager in Mühlau, im Sieglanger und jene des Reichsarbeitsdienstes beim Schloss Mentlberg. Eine Besonderheit war das Reichenauer Lager, das ursprünglich die Nationalsozialisten unter Aufsicht der Gestapo als „Arbeitserziehungslager" errichtet hatten. Dazu kamen nach dem Krieg noch weitere Wohnbaracken hinzu, etwa die „Genie-Baracken" am Rennweg neben dem Weiherburg-Steg am Inn, die die französische Militärregierung genutzt hatte, überdies die Baracken in der Schützenstraße, in der Haller Straße, am Langen Weg, an der Kreuzung Langer Weg/Andechsstraße, am Gutshof im Kreuzungsbereich Reichenauer Straße/General-Eccher-Straße, am ehemaligen Rechenweg im Geviert Ampfererstraße/Unterbergerstraße und weitere am Innrain, in der Egger-Lienz-Straße, in der Innstraße, im Gebiet der Egger-Lienz-/Karwendelstraße gegenüber dem Westfriedhof sowie südlich des Westbahnhofes und westlich der Duilestraße. All diese Baracken und Lager dienten viele Jahre lang nach 1945 als Notunterkünfte für Flüchtlinge, Südtiroler UmsiedlerInnen, Ausgebombte und sozial Schwache. 1951 gab es in Innsbruck 287 Wohnbaracken.[3] Die hygienischen Zustände waren teils katastrophal: Im Reichenauer Lager drang Wasser durch die Dächer. Stadtrat Anton Kraus (SPÖ) musste feststellen, „daß sich einige Bewohner über das Bett eine Blahe spannen müssen". Die Toiletten hatten weder Sitze noch Türen. „Wenn es schon ein Wohnlager sein soll, müssen wir die Leute, die ja auch Miete zahlen, schützen." Bürgermeister Anton Melzer (ÖVP) unterstützte im Dezember 1947 den Antrag, das Lager so schnell wie möglich bewohnbar zu machen, gab aber zu bedenken, dass es immer noch an Baumaterial fehle. Wegen der horrenden Wohnungsnot waren die Menschen untergebracht worden, noch bevor die Baracken wirklich bezugsfertig waren. Die SPÖ-Fraktion drang darauf, bald einen Kindergarten einzurichten und den BewohnerInnen Erleichterung zu verschaffen, nicht zuletzt weil sich in der Reichenau Familien mit bis zu zehn Kindern befanden: „Den wenigsten der eingewiesenen Familien ist es möglich, einen Fußbodenbelag aufzutreiben und die ärgste Kälte abzuhalten. Kinder laufen dort barfuß herum, da es fast keine Schuhe, auch keine Hausschuhe, gibt."[4] Zwei Jahre später stellten die SozialistInnen einen Antrag ans Stadtbauamt, in kürzester Zeit Notwohnungen in Form von Barackenbauten bis zum Einbruch des Winters zu erstellen, nachdem die gerichtlichen Delogierungen stark zugenommen hatten.[5]

Die Bocksiedlung stand auch 1950 noch ohne ordentliche Wasserversorgung da. Es bestand Seuchengefahr, da die „selbstgebauten Ziehbrunnen mehr Schlamm als Wasser an den Tag" förderten. Die Fraktion der SPÖ wollten daher den Anschluss der Siedlung ans Wassernetz prüfen lassen, auch wenn die Stadt nicht dazu verpflichtet war, da die Siedlung ohne behördliche Genehmigung angelegt worden war. Überdies war der Magistrat nicht in der Lage, die Menschen irgendwo sonst unterzubringen.[6] Da Wohnungsnot und Delogierungen nicht zurückgingen, unterstützte Bürgermeister Franz Greiter Eigeninitiativen. 1952 gab es viele Familien, die in „außergewöhnlich schlechten Wohnungen" hausten, aber seiner Meinung nach in der Lage waren, sich einen Behelfsbau zu errichten. Dort, wo es städtebaulich tragbar war, sollte dies ermöglicht werden.[7] Während der Bürgermeister das Barackenlager in der Reichenau ausbauen wollte, damit eine größere Anzahl von Familien aus ihren Einzelzimmern, Kellerlöchern und aus dem Obdachlosenheim herauskamen, schätzte die SPÖ die damit verbundenen Kosten längerfristig höher ein als für den Bau vier- bis fünfgeschoßiger Wohnhäuser.[8] Vizebürgermeister Johann Flöckinger unterstrich:

„Wer immer während des letzten Krieges oder auch jetzt noch ein jahrelanges Barackenleben über sich ergehen lassen mußte, weiß, daß ein solches Barackenleben jedem kulturellen Aufstieg Hohn spricht. (…) Wenn auch durch die Errichtung von Barackenwohnungen manche Elendswohnung aufgelassen werden kann, so ist bei der gegenwärtigen Wohnungsnot doch damit zu rechnen, daß aus dieser Notlösung ein Dauerzustand wird."[9]

Erst ab Mitte der 1950er Jahre kamen jährlich Fördergelder in Anwendung, mit denen die Stadt Innsbruck BarackenbewohnerInnen menschenwürdigen Wohnraum zur Verfügung stellen konnte. Doch der Abbau der Notunterkünfte zog sich in die Länge. Vereinzelt kamen sogar neue hinzu, wenn Arme zur Selbsthilfe griffen und improvisierten. Eine Frau, die mit ihrer 15-köpfigen Familie in beengtesten Verhältnissen in der St.-Nikolaus-Gasse wohnte, ersuchte 1958 die Stadtgemeinde um Überlassung von Grünflächen im Reichenauer Lager, um eine Baracke aufstellen zu können.[10] Sie war keineswegs ein Einzelfall. Vizebürgermeister Heinrich Süß (ÖVP) beschwerte sich, dass wiederholt Menschen mit einem derartigen Anliegen an PolitikerInnen herantraten und von diesen auch unterstützt wurden. Er forderte einen Stadtratsbeschluss, demzufolge die Überlassung städtischen Grundes zur Errichtung von Wohnbaracken oder Behelfsheimen grundsätzlich abzulehnen seien. Der Stadtrat kam seinem Vorschlag nach, auch wenn Bürgermeister Greiter darauf hinwies, dass das Wohnbauförderungsgesetz nicht auf die große Wohnungsnot Bedacht nahm und ihm eine Barackenwohnung immer noch gesünder erschien als eine Kellerwohnung.[11] Ende der 1950er Jahre berichtete die „Tiroler Tageszeitung" von „einer auf vier wackeligen Rädern" stehenden sechs Quadratmeter großen Baracke am Herzog-Sigmund-Ufer, in der eine Familie wohnte, oder von einem alten Postautobus neben dem Müllplatz in der Rossau, in dem ebenfalls eine Familie Unterschlupf gefunden hatte.[12] 1957 beschloss der Stadtrat, die BewohnerInnen der Baracken in der Burgenland- und Kaufmannstraße und dann jene am Prügelbau für die „Umsiedlung" in Ersatzbauten in der Reichenau vorzusehen.[13] In diesem Jahr waren in Innsbruck 884 Haushalte in Baracken untergebracht, 1960 waren es immer noch 478.[14] Allein im ehemaligen Arbeitserziehungslager Reichenau lebten 1957 172 Familien, 1960 waren es 156 Familien mit 450 Menschen. Die letzte Baracke dieses Lagers wurde im Dezember 1969 abgebrannt. Der Abriss und die Absiedelung des Gros der Barackenlager erstreckte sich von Ende der 1950er Jahre bis Ende der 1960er Jahre. Die restlichen Baracken wurden fast bis zur Gänze aber erst bis 1977 beseitigt.[15] Die Abtragung von Baracken musste wegen der prekären sozialen Lage vieler Menschen immer wieder hinausgezögert werden. Gemeinderätin Sonja Oberhammer (ÖVP) berichtete 1960:

„Das Wohnungsproblem war noch nie so ernst wie jetzt, obwohl vor allem in der Reichenau ganze Viertel entstanden sind und auch privat gebaut wird. (…) In Innsbruck stehen über 100 Wohnungen leer. Wohnungen werden zu einem Preis angeboten, den der gewöhnliche Mensch nicht zahlen kann. (…) Der Gemeinderat wird sich mit der Notwendigkeit befassen müssen, ein Obdachlosenheim ins Leben zu rufen. Das Elend, von dem man in den Sprechstunden vernimmt, ist eine Schande für die Stadt."[16]

Das Barackenbeseitigungsprogramm erhöhte die ohnehin schon große Anzahl von Familien, die bereits deloigert worden waren oder wegen angedrohter Zwangsräumungen prozessieren mussten. Die Stadt kam mit der Bereitstellung neuen Wohnraums nicht nach. Die PolitikerInnen wurden weiterhin von verzweifelten Wohnungssuchenden überrannt, viele der BewohnerInnen der Baracken weigerten sich auszuziehen, weil sie sich die angebotenen Wohnungen nicht leisten konnten oder keinen echten Vorteil im Umzug erblicken konnten. Der Wohnungsausschuss, und dort waren sich alle Parteien einig, schätzte die Lage äußerst kritisch ein. Vizebürgermeister Hans Maier (ÖVP) sprach von Tragödien, die sich jeden Tag abspielten. Die Hoffnungen lagen auf der Fertigstellung des Olympischen Dorfes, allerdings war allen klar, dass zwar eine wesentliche Erleichterung zu erwarten war, nicht aber eine prinzipielle Lösung des Wohn- und Obdachlosenproblems.[17] Vizebürgermeister Ferdinand Obenfeldner (SPÖ) unterstrich, dass das vollendete Olympische Dorf lediglich dazu beitragen werde, „die dringendsten Fälle zu versorgen".[18] Als Notlösung hatte die Stadt versucht, Gastwirte gegen Entgelt dazu zu bewegen, Delogierte vorübergehend aufzunehmen, doch deren Interesse an der Aufnahme obdachloser Familien war Anfang der 1960er Jahre nicht gegeben.[19] Deshalb gingen die Parteien dazu über, zur Überbrückung von Engpässen Ausnahmen von ihrem eigenen Beschluss zu machen und Baracken, die geräumt wurden, vorerst doch noch nicht abzureißen, sondern sie mit Obdachlosen zu besiedeln.[20] Auf diese Weise konnten 49 Menschen in die Sieglanger-Baracken einziehen. Wie notwendig es war, derartigen Provisorien so schnell wie möglich ein Ende zu machen, geht daraus hervor, dass die Neuankömmlinge einer Wanzenplage ausgesetzt waren. In der Reichenauer Lagerbaracke DD 19 wurde ein sechs Tage alter Säugling von einer Ratte gebissen.[21] Die meisten Kinder dieser Familie kamen in Heime von Stadt, Land und katholischen Orden. Die BewohnerInnen einer Baracke an der Blasius-Hueber-Straße verfügten 1964 weder über Trinkwasser noch über Aborte. Die Stadt verschickte einen Abbruchbescheid, die bange Frage aber blieb: „Wer bringt die 7 Personen unter?"[22] Vizebürgermeister Obenfeldner berichtete im Dezember 1965 von einem Wohnwagen beim Höttinger Steinbruch, dessen Besitzer die Stadt einen Bescheid zustellte, dass er ihn zu entfernen hatte. Es handle sich, so Obenfeldner, „um eine Familie mit drei Kindern. Er ist bereit, den Wagen sofort zu vernichten, wenn er eine Wohnung erhält." ÖVP-Stadtrat Hermann Knoll schloss ein Entgegenkommen kategorisch aus: „Ich warne davor, jedem eine Wohnung geben zu müssen, der mit einem Wohnwagen nach Innsbruck kommt." Bürgermeister Alois Lugger machte den Kompromissvorschlag, dass der Wagen an einer anderen Stelle untergebracht werden könnte, etwa im Gebiet des Reichenauer Lagers.[23]

An der Wende zum Jahr 1968 hob Gemeinderat Josef Budweiser zwar die Leistungen der Stadt im Wohnbau hervor, doch, so der Mandatar der FPÖ, habe Innsbruck „leider noch einen Wohnungsnotstand, der seinesgleichen in Österreich suchen muß. (…) Es bleibt mir nichts weiter zu tun, als nochmals den gesamten Gemeinderat zu bitten, sein Möglichstes zu tun, um den Ärmsten unter den Innsbrucker Bürgern, den Wohnungslosen oder in schlechtesten Wohnverhältnissen Lebenden nach bestem Wissen und Gewissen zu helfen und vor allem ihnen Gerechtigkeit zu geben."[24] Vizebürgermeister Maier sprach ein Jahr später von einer Wohnbautätigkeit in Innsbruck, die seit Mitte der 1960er Jahren für einen „gewaltigen Aufschwung" gesorgt habe. Allerdings listete er auf, dass von den bis vor Kurzem rund 3.000 Wohnungssuchenden mit Stichtag 31.12.1968 immer noch 2.643 vorgemerkt waren, darunter 530 „Notstandsfälle".[25]

Da die Stadt viele der BewohnerInnen der Lager und Baracken als problematische MieterInnen einstufte, brachte sie diese in Altbauwohnungen unter, die in der Regel Substandardwohnungen waren. Diese Wohnungen wurden frei, weil ein Teil der MieterInnen in den neuen Stadtteil der Reichenau und des O-Dorfes ziehen konnten, der im Zuge der Olympischen Spiele 1964 und 1972 errichtet worden war – vorausgesetzt sie gehörten zu den „zahlungsfähigen Parteien", denn viele konnten sich die Mieten der Neubauwohnungen nicht leisten. 1972 berichtete Stadtrat Romuald Niescher (ÖVP) im Gemeinderat, dass in der Nachkriegszeit 800 Menschen in Baracken gewohnt hätten, nunmehr müssten nur noch 200 auf eine ordentliche Wohnung warten.[26] So auch jene 30 Wohnparteien in einer Baracke westlich des Campingplatzes Reichenau, die unter einer überhand nehmenden Rattenplage litten. Ihre Absiedelung war zwar als rechtliche Verpflichtung anerkannt, doch gestaltete es sich „äußerst schwierig", die entsprechenden Ersatzwohnungen zur Verfügung zu stellen.[27] Erst 1989 wurden schließlich die letzten Wohnbaracken in Innsbruck – in der Amthorstraße – abgerissen.

Speziell diese Familien aus den Lagern, Baracken, Notunterkünften und Substandardwohnungen waren es, deren Kinder in ein Heim überstellt wurden. Ein großer Teil der aus den Baracken Umgesiedelten wurde wieder in bestimmten Wohngegenden konzentriert – etwa in „Stalingrad", der „Villa Gorilla" in der Prinz-Eugen-Straße 46, im Turnus-Vereinshaus in der Innstraße 2, in der Wiesengasse und Heiliggeiststraße, am alten Flughafen und in der „Bloach": Am Bleichenweg hatte sich das ehemalige Armenhaus befunden und Mitte der 1960er Jahre eine neue Schrebergartensiedlung[28] ausgebreitet. Erneut befanden sie sich an sozialen Brennpunkten, wo es an der sozialen Durchmischung mangelte und wo die „Verwahrlosten" in den Augen des Jugendamtes in geballter Anhäufung anzutreffen waren. Die soziale und räumliche Segregierung erleichterte die Überwachung und Kontrolle.

Der stigmatisierende Blick auf die Kinder und ihre Familien

Ob ein Säugling oder Kleinkind in Fremdunterbringung kam, hing von der Einschätzung der Erziehungspraktiken und der Erziehungsfähigkeit der Eltern ab, speziell der Mütter. Mit zunehmendem Alter der Minderjährigen trat auch ihr Verhalten und ihr angeblicher Charakter hinzu, die Fürsorge, heilpädagogisch und medizinisch-psychiatrisch geschulte Fachleute wie Lehrkräfte beschrieben und bewerteten – in einer Sprache, mit der die Begutachteten, ihre Familie und ihre Lebensverhältnisse zutiefst abgewertet und diffamiert wurden. In den über sie angelegten Akten kommen Eltern wie Kinder und Jugendliche fast ausschließlich negativ vor, die Minderjährigen erscheinen als defizitäre Wesen, denen nicht zugebilligt wird, Probleme zu haben und hilfsbedürftig zu sein. Sie verursachen Erziehungsschwierigkeiten, weil sie verlogen, triebhaft, diebisch, debil oder schwachsinnig wären. Die Kinder und Jugendlichen kommen nicht zu Wort, mit ihnen wird nicht geredet, sie müssen stumm bleiben, degradiert zu Objekten, über die gesprochen, geschrieben und geurteilt wird. Nur den Expertinnen und Fachleuten kommt eine Stimme zu, sie entscheiden in einem aufeinander abgestimmten Prozess über den Ausschluss der Befürsorgten. Die Kinder und Jugendlichen existieren nicht außerhalb ihrer Akten, sie sind ihre Akten. Was einmal als Befund in die Welt gesetzt wird, reproduzieren die Instanzen der Macht immer wieder aufs Neue, ähnlich in Inhalt und Wortlaut. „Wir waren nur ein Blattl Papier", fasste Georg Nusser[29] vor der Opferschutzkommission Innsbruck seine Erfahrungen mit Fürsorge, Gericht, dem Heim in Holzham-Westendorf und der Kinderbeobachtungsstation in Innsbruck zusammen.

Der Begriff der Verwahrlosung

Die Überstellung von Kindern in ein städtisches Heim rechtfertigten Jugendamt und Gericht mit einer drohenden Verwahrlosung oder einer Verwahrlosung, die bereits eingesetzt hätte. Der Begriff der Verwahrlosung war rechtlich unscharf definiert, wir haben es mit einem so genannten unbestimmten Rechtsbegriff zu tun. Was unter Verwahrlosung zu verstehen war, musste in der Praxis ausgelegt werden, war letztlich eine mehr oder weniger genaue Beschreibung, wie sehr die Situation und das Verhalten einer Familie und eines Kindes von der bürgerlichen Norm abwich. Sie hing daher von der subjektiven Einschätzung des Jugendamtes bzw. der zuständigen Fürsorgerin ab. Die Vormundschaftsgerichte folgten mehrheitlich den Empfehlungen der Jugendämter und wiederholten in ihrem Entscheid deren Argumentation in der Antragstellung. Als objektive Seite der Verwahrlosung galt die Vernachlässigung und schlechte Pflege, der Mangel an Aufsicht und Erziehung. Doch was war eine ordentliche Erziehung, an der die Verwahrlosung eines Kindes gemessen wurde? Das Abweichen von bürgerlichen Standards, das Expertinnen und Experten der Fürsorge, Medizin, Heilpädagogik, Kinderpsychiatrie und Schule feststellten. Und zwar bei berufstätigen Müttern, geschiedenen Eltern und unzuverlässigen Vätern. Dass diese Angehörigen der marginalisierten Klasse bittere Not litten, sich mit Niedriglöhnen in ungelernter Arbeit herumschlugen und nicht über die Ressourcen der Mittelschicht verfügten, passte nicht in das konservative Weltbild der Politik, die unter „ständestaatlichen" Bezügen die Restauration der Tiroler Gesellschaft nach den Werten Glaube, Heimat, Patriotismus und Familie ausrichtete. Die Ungleichheit von Klassen zu thematisieren, war Tabu, Lebensweisen, die nicht der bäuerlich-bürgerlichen Norm entsprachen, wurden generell als potenziell asozial abgewertet. Aus ihrer Sicht hatten die Fürsorgebehörden es mit einer Unterschicht zu tun, die keine Disziplin hatte, in den Tag hinein lebte, sich sexuellen Ausschweifungen hingab, dem Alkohol zusprach, kulturell auf niedrigem Niveau stand, arbeitsscheu war, intellektuell minder ausgestattet, kriminell und gewalttätig.

Dabei war es eine der Auswirkungen des Krieges, dass es die verschiedensten Lebensformen gab, meist mutterzentriert und vaterlos, die nicht dem bürgerlichen Ideal entsprachen. Diese Familiensituation wurde im öffentlichen Diskurs als Zerfall gesehen, die bürgerliche Kleinfamilie als „natürliche" Ordnung schien in Gefahr. Unverheiratete Frauen galten als „Mangelexistenz", so genannte „unvollständige Familien" als eine defizitäre Konstellation, in der Schäden für das Kind aufgrund des „Kontroll-Lochs" durch den abwesenden Vater befürchtet wurden. Die konservative Familienpolitik qualifizierte außereheliches Zusammenleben und alleinerziehende Mütter nicht nur öffentlich, sondern auch rechtlich ab, ebenso die Erwerbstätigkeit von Frauen, die man als „unnatürlich", jedenfalls als nicht frauen- und schon gar nicht müttergemäß ansah. In dieser Sichtweise wurde in Tirol eine Erziehung, die zwangsläufig von der Norm einer „vollständigen Familie" abwich, als nachteilig für das Kindeswohl interpretiert. Und dies nicht nur in den 1950er, sondern auch in den 1960er Jahren und darüber hinaus. Politik, Behörden, Wissenschaft und Rechtsgelehrte sahen aufgrund abwesender Väter, überlasteter Mütter, beunruhigender Scheidungszahlen, steigender Jugendkriminalität und Überlebensprostitution einen Erziehungsnotstand, beklagten so genannte „Straßenkindheiten", das „Herumstreunen und Herumlungern" im öffentlichen Raum. Kinder und Jugendliche, die von den Erziehungsberechtigten unzureichend kontrolliert wurden und für sich und die Familie „organisierten", was zum Leben und für die Teilhabe an der bürgerlichen Gesellschaft notwendig war, verunsicherten die Behörden, die den mangelnden Respekt vor dem Eigentum kritisierten und in Einklang mit anderen Instanzen der Macht den Topos einer „verwahrlosten Jugend" schufen. Die Rebellion der Arbeiterkinder, die in den 1950er Jahren ihren Ausdruck in einer neuartigen Jugendkultur der „Halbstarken" fand, die Rock'n Roll hörten und beim Tanzen nach bürgerlichen Maßstäben unzüchtige Bewegungen machten, verstärkte diese Auffassung. Die Innsbrucker Gemeinderätin und Landtagsabgeordnete Sonja Oberhammer, Leiterin des ÖVP-Frauenbundes/Frauenbewegung 1945 bis 1970 und Ehefrau von Aloys Oberhammer (ÖVP), Landesrat und für kurze Zeit Leiter des Landesjugendamtes, setzte sich für eine wesentliche Erhöhung der Zahl der Jugendfürsorgerinnen und die Anstellung eines männlichen Fürsorgers ein, „weil gerade die Durchführung gewisser Arbeiten, z. B. Kinder abnehmen, Überstellung von fluchtgefährlichen Minderjährigen usw. eine feste Männerhand erfordert". Sie brachte die bürgerlichen Ängste vor einer „verwahrlosten Jugend" auf den Punkt:

„Durch die Kriegs- u. Nachkriegszeit bedingt, kann man im ganzen Lande eine ansteigende Jugendverwahrlosung beobachten. Insbesonders ist es die Stadt mit ihren Gefahren, die für die Jugend ein gefährlicher Boden geworden ist.
Hier nun müssten in erster Linie ganz energische Massnahmen ergriffen werden, um der katastrophalen Verlotterung der heranwachsenden Jugendlichen zu begegnen.
Nach Berichten zu schliessen, bilden solche Jugendliche, die zum Teil richtig arbeitsscheu dem Schleichhandel ergeben und auch sonst vollkommen asozial eingestellt sind, richtiggehende organisierte Gemeinschaften.
Auch die Prostitution und deren Vorstufen, z. B. bei den weiblichen Jugendlichen hat in besorgniserregenden Masse zugenommen und hier ist es insbesondere die Aufgabe der Fürsorge dieselbe zu bekämpfen. (...)
Zusammenfassend sei hier also noch einmal konkret auf die besorgniserregende Arbeitsscheu der schulentlassenen Jugend beiderlei Geschlechts, auf das Ansteigen der um sich greifenden Prostitution der weiblichen Jugend und der schliesslich von der Polizei selbst festgestellten Plattenbildung asozialer, ja krimineller männlicher Jugendlichen und der zum Teil in der Jugend weitgehenden venerischen Versuchung hingewiesen."[30]

Für die Mittelschicht steht die Frage der guten und richtigen Erziehung im Zentrum ihrer Überlegungen und Bemühungen, schließlich beruht ihre Position in der sozialen Hierarchie auf Bildung und Wissen – „der entscheidenden Leistungskategorie in der Leistungsgesellschaft" –, die sie nicht direkt vererben kann.[31] Daher sind Mittelschichteltern bestrebt, ihre Kinder zur Selbstdisziplin und zur Selbstkontrolle anzuleiten. Um die langen Wege der Bildung und Ausbildung beschreiten und durchhalten zu können, ist es nötig, das Leben aufzuschieben, auf Vergnügungen in der Gegenwart zugunsten einer Belohnung in der Zukunft zu verzichten. Das Kind muss diszipliniert erzogen werden, um die erwünschte Entwicklung zu einem nützlichen, sozial angepassten und leistungsbereiten Menschen sicherzustellen. Das 1934 erstmals erschienene Erziehungshandbuch „Die deutsche Mutter und ihr erstes Kind" von Johanna Haarer wurde ein Bestseller und bis 1987 neu aufgelegt. Dieser Erziehungsratgeber und auch andere, von Haarer inspirierte, begleiteten Generationen von Müttern der Mittelschicht, aber auch Mütter der respektierten Arbeiterklasse, die einen sozialen Aufstieg anstrebten und sich an der bürgerlichen Leitkultur in der Erziehung zu orientieren versuchten. Bereits Säuglinge und Kleinkinder wurden einem strikten Zeitregiment beim Stillen und Schlafengehen unterworfen, Impulsivität war zu unterdrücken, Selbstbeherrschung zu fördern, durch Schreien lassen oder durch eine frühe Sauberkeitserziehung.[32] Mit den triebhaften und tyrannischen Eigenschaften wurde ein gemeinschaftsschädigendes Individuum assoziiert, und ein gemeinschaftsschädigendes, unangepasstes Verhalten war es, das den in die Säuglings- und Erziehungsheime verbrachten Kleinkindern (vor allem unehelich geborene „Bastarde"), Kindern und Jugendlichen unterstellt wurde und als Verwahrlosungserscheinung galt.[33] Hier handelt es sich nicht nur um genuin nationalsozialistische Erziehungspraktiken, die in den postfaschistischen Gesellschaften von Österreich und Deutschland lange Zeit ihren Einfluss geltend machen konnten. Ähnlich rigide kinderfeindliche Erziehungsvorstellungen kamen auch in den USA bereits Ende der 1920er Jahre auf, etwa durch den angesehenen Psychologen John B. Watson, dem Begründer des Behaviorismus.[34] Diese Art der Erziehung war die gute Norm, obwohl sie gewalttätig war und die Bedürfnisse des Kleinkindes vernachlässigte. Sie war Teil eines bürgerlichen Standards, an dem der Begriff der Verwahrlosung und die Erziehung der unteren Klassen gemessen wurde, die als zu nachgiebig und hedonistisch ausgerichtet galt.

Dass für die meisten der sozial Deklassierten in den sozial segregierten Räumen in Innsbruck, in den Barackensiedlungen, Lagern, Notunterkünften und übel beleumundeten Straßenzügen mit ihren Substandardwohnungen die verheißungsvollen Zukunftsperspektiven, an die die Mittelschicht glaubte, ebenso fehlten wie die Erfahrungen sozialen Aufstiegs in der Vergangenheit, führten der Politiker, der Sachbearbeiter des Jugendamtes, die Fürsorgerin, der Richter und die Lehrerin, der Psychologe und die Heilpädagogin, der Psychiater und der Erziehungswissenschaftler auf den Mangel an Fleiß und Anstrengung, auf einen krankhaften Charakter, das asoziale Milieu und eine defekte Erbmasse zurück.

Folgerichtig beschrieb die subjektive Seite der Verwahrlosung ein individuelles körperliches und psychisches Merkmal eines Kindes und Jugendlichen. Das 1954 von der oberösterreichischen Landesregierung herausgegebene „Handbuch der Fürsorge und Jugendwohlfahrtspflege" definierte Verwahrlosung folgendermaßen:

„Mangel in den objektiven Lebensverhältnissen, in subjektiven Verhaltens- und Handlungsweisen; Folgeerscheinung eigener schlechter Veranlagungen oder von

Erbeinflüssen, schlechten Lebens- und Umweltverhältnissen, schlechter Erziehung. Verleitung oder Zwang zum Bösen. Die Verwahrlosung äußert sich in mannigfachen Formen wie: Lügenhaftigkeit, Arbeitsscheu, Liederlichkeit, Naschhaftigkeit, Betteln, Diebstahl, Betrug, Gewalttätigkeit, sexuelle Triebhaftigkeit, Durchgehen und Herumstrolchen, Schulschwänzen, Unheilstiften (Brandlegungen); Gefühlskälte, Lust am Sekkieren, Tierquälen, an Streitigkeiten, Raufhändeln, Roheitsakten; Besuch schlechter Lokale und Gesellschaften, Glücksspiel, Frechheit, Trotz, Auflehnung gegen Eltern, Lehrer und Dienstgeber, Hemmungslosigkeit, Großtun, übertriebene Eitelkeit, Putzsucht, Sportrausch, Vergnügungs- und Genußsucht, Abenteurertum. (...) Eine Verhaltens- oder Handlungsweise, die bewußt gegen die Gesellschaft gerichtet, sogar gesellschaftsfeindlich ist."[35]

Aus dieser Definition der Verwahrlosung wird ersichtlich, welch großer Handlungsspielraum bei der Interpretation gegeben war. Ebenso aber auch ihr klassenspezifischer Charakter unter Rückgriff auf erbbiologische Erklärungsmuster. Für eine Heimeinweisung reichte aus, wenn Kinder und Jugendliche in Teilbereichen kein gesellschaftskonformes Verhalten zeigten, gegen bürgerliche Arbeitsmoral, bürgerliches Besitzverständnis und bürgerliche Sexualnormen verstießen. Sie sollten bürgerliche Verhaltensstandards an den Tag legen, obwohl ihre Lebenswelt völlig verschieden von den Alltagserfahrungen von Kindern und Jugendlichen war, die in einem bürgerlichen Kosmos aufwuchsen. So war dann ein Kind geschiedener Eltern, das in der Premstraße wohnte und die Schule schwänzte, verwahrlost, der Gymnasiast aus dem Saggen, der dasselbe tat, aber nicht.

Ab Ende der 1950er Jahre war die Restauration des Patriarchats und der bürgerlichen Familie im Zuge von Wirtschaftswunder und Vollbeschäftigung umgesetzt. Hohe Heirats- und Geburtenraten bei niedrigen Scheidungszahlen zeugen vom „goldenen Zeitalter der Ehe", in dem das bürgerliche Familienmodell, dessen Erziehungsstil und Erziehungsziele, insbesondere die Vermittlung von Sekundärtugenden, idealisiert und realisiert wurden. Ehe und Familie waren ein Synonym, eine steigende Anzahl von Männern verdiente so viel, dass die Frau daheim bleiben konnte, um Kind und Haushalt zu versorgen. Weibliche Berufstätigkeit war nun ein Hinweis dafür, dass der Mann nicht in der Lage war, für einen angemessenen Lebensstandard zu sorgen. Der kleine Prozentsatz ökonomisch und sozial Deklassierter, der sich weiterhin der moralischen Pflicht der Eheschließung verschloss und in (wechselnden) Lebensgemeinschaften außerehelich Kinder in die Welt setzte, stand außerhalb der akzeptierten Norm. Das Vorhandensein dieser Angehörigen der unteren Klassen und ihre augenscheinliche soziale Not widersprach der dominanten sozialwissenschaftlichen Theorie der „nivellierten Mittelstandsgesellschaft"[36], die Klassengegensätze in Abrede stellte. Konservative Politik sah die Behauptung, dass sich eine kleinbürgerlich-mittelständische Gesellschaft ohne größere Klassendifferenzen und sozialen Hierarchien herausgebildet hätte, an der alle materiell in ausreichendem Maß teilhaben konnten – wenn sie nur wollten –, tatsächlich gegeben. Wer materiell abgehängt war, dessen Armut konnte in einer wirtschaftlich florierenden Zeit nur selbstverschuldet sein und eine moralische Verfehlung darstellen. Diese Armen waren fahrlässig sorglos, hatten sich in einem sozial pathologischen Milieu eingerichtet und waren Träger von Verhaltensmerkmalen, die quer zur sozialen Ordnung standen. Ihre Deklassierung hatten sie individuell selbst zu verantworten. Sie wurde nicht als immanentes Problem kapitalistischer Ökonomie interpretiert, sondern als Ergebnis eines verkommenen, unzivilisierten, triebhaften, faulen, moralisch defizitären und asozialen Verhaltens. Dieser Rückgriff auf eine Debatte und Sichtweise des 19. Jahrhunderts legitimierte den staatlichen Zugriff auf diese Frauen, Männer und Kinder, die als „Bodensatz" der Gesellschaft zu überwachen, zu disziplinieren und zu verwalten waren, um die Gefahr, die von ihnen für die Gesellschaft ausgehen würde, zu bannen. In einem arbeitsteiligen Prozess griffen aufeinander abgestimmt Fürsorge, Gerichte, Medizin und (Kinder) Psychiatrie, Pädagogik und Schule in die Familien der unteren Klassen ein, denen sie jegliche Respektabilität absprachen. Hauptziel war es, die Kinder der „gefährlichen Klassen" zu „brauchbaren Mitgliedern" der Gesellschaft zu machen. Integration durch Ausschluss war der Weg; die Verwahrlosten sollten eine Zeit lang in Institutionen der Fürsorge- und Heimerziehung weggesperrt werden, um ihnen dort Renitenz und Unangepasstheit, Faulheit, Triebhaftigkeit und kriminelle Neigungen auszutreiben.

Der Verwahrlosungsbegriff verdeutlicht die Zeitgebundenheit moralisch aufgeladener Normen, mit denen machtvolle Instanzen in das Leben der Familien der unteren Klassen eingriffen. Diese waren einer dichten sozialen Kontrolle durch Polizei und Fürsorgerinnen ausgesetzt, Auffälligkeiten wurden viel schneller aktenkundig, da das Jugendamt häufig vor Ort kontrollierte. Sozial randständige Kinder und Jugendliche erregten schon allein deshalb die Aufmerksamkeit der Ordnungsinstanzen, weil sie sich auf der Straße und an öffentlichen Plätzen aufhielten, ein Kinderzimmer hatten sie nicht. In den Blick der Fürsorgebehörde gerieten vor allem alleinerziehende und geschiedene Mütter, die bis in die 1970er Jahre hinein gesellschaftlich geächtet waren und der Unmoral bezichtigt wurden. Ihre Kinder waren besonders gefährdet, in ein Heim überstellt zu werden. Der niedrige soziale Status und die außereheliche Herkunft machten sie besonders verdächtig und anfällig, der Verwahrlosung anheim zu fallen. Dies bildet sich auch eindeutig in der Zusammensetzung der Meldungen an die Opferschutzkommission Innsbruck ab. Die außerehelich Geborenen, oft aber auch die bei der geschiedenen und alleinstehenden Mutter lebenden Kinder, standen unter der Vormundschaft des Jugendamtes und damit unter dessen Kontrolle. Fürsorgerinnen suchten sie auf, observierten die Fähigkeit, einen ordentlichen Haushalt zu führen, fragten in der Nachbarschaft wegen Herrenbesuchs nach, beorderten Mütter, aber auch Väter, aufs Amt, pflegten mit ihnen häufig einen respektlosen Umgang, beschrieben, dokumentierten und klassifizierten sie, meist in einer abwertenden, die Menschenwürde verletzenden Art. Es war keine Begegnung auf Augenhöhe, sondern eine Herrschaftsbeziehung. Die Fürsorgerinnen waren Autoritätspersonen, die sich in einer Machtposition befanden. Ihre Schutzempfohlenen empfanden sich als Objekte einer Sozialdisziplinierung, der sie sich nur widerwillig unterwarfen und gegen die sie auch immer wieder aufbegehrten, schließlich entschieden die Urteile in den Erhebungsberichten der Fürsorgerinnen im Zusammenspiel mit ihren Vorgesetzten wesentlich über die Frage einer Heimeinweisung des Kindes und seines weiteren Lebensweges. Nur eine Minderheit sah in der Fürsorgebehörde und ihren VertreterInnen eine Hilfe oder erhoffte sich zumindest eine wirkungsvolle Unterstützung.

Bei häuslicher Gewalt von Männern wandte sich ein kleiner Teil von Müttern an das Jugendamt mit der Bitte um Unterbringung ihres Kindes in einem Heim, damit es vor den Ausschreitungen des Vaters sicher war. Das erste Frauenhaus in Innsbruck konnte die Frauenbewegung erst 1981 erkämpfen, die ÖVP stand, so die Gründerinnen des Frauenhauses, bis dahin auf dem Standpunkt, „daß wir so etwas wie ein Frauenhaus in Tirol sicher nicht bräuchten, (…) in Wien wäre das vielleicht notwendig, aber dort seien andere Verhältnisse wie bei uns".[37] Nach der Trennung vom gewalttätigen Ehemann war es für alleinstehende Mütter, deren Kinder mit und ohne ihr Einverständnis ins Heim gekommen waren, schwierig, diese wieder zurückzubekommen, stellte sich doch die Frage der Beaufsichtigung bei Berufstätigkeit, des Wohnraums und generell eines ausreichenden Einkommens. Die materielle Not zwang zur Erwerbsarbeit der unehelichen oder geschiedenen Mutter und schuf wiederum Erziehungswirklichkeiten, die das Jugendamt in die Nähe zur Verwahrlosung rückte. Viele Mütter waren darauf angewiesen, für die Kinderaufsicht eine individuelle Privatlösung zu ermitteln, Großmütter, Verwandte und Bekannte mussten gewonnen werden. Kamen die Kinder vom Heim wieder zur Mutter, stand eine neuerliche Kindesabnahme als stete Drohung im Raum. Nehmen wir ein Beispiel aus den 1970er Jahren. „Unter den damaligen Umständen wäre der weitere Verbleib des Kindes bei mir unverantwortlich gewesen", gab eine Mutter im September 1973 vor dem Jugendamt zu Protokoll. Nach dem Auszug des gewalttätigen Ehemannes aus der gemeinsamen Wohnung wollte sie ihre Kinder wieder selbst aufziehen. Die Mutter versprach, die Kinder nun ordentlich zu versorgen, und unterschrieb eine von der Fürsorgerin aufgesetzte Erklärung:

„Ich bin darüber ausdrücklich belehrt worden, daß im Falle neuerlicher Vorkommnisse ich damit zu rechnen habe, daß die Kinder mir von Gerichts wegen abgenommen werden. Ich will mich auch bemühen, stundenweise eine Beschäftigung zu fin-

den, um zum Teil für den Lebensunterhalt der Kinder sorgen zu können. Während meiner beruflichen Abwesenheit wird sich meine Mutter, in deren Wohnung ich mit den Kindern lebe, um diese kümmern."[38]

Es wäre zu pauschal geurteilt, die Fürsorgerinnen nur im Lichte der Repression zu sehen, sie leisteten auch wichtige Hilfe und vor allem ab den 1970er Jahren ist ein allmählicher Gesinnungswandel festzustellen, als sich ein Generationenwechsel vollzog. Ein Hauptproblem war der stigmatisierende Blick von Fürsorgerinnen auf die Kinder der unteren Klassen und ihre Familien, der dazu führte, dass der unterstützende Anteil ihrer Sozialarbeit gegenüber dem überwachenden zu kurz kam und schichtspezifisch ungleich verteilt war. Die Fürsorgerinnen nahmen eine ganze Reihe von Kindern zu Recht aus ihren Familien, weil die dort herrschende Gewalt unerträglich war oder das soziale Elend so große Ausmaße angenommen hatte, dass es kein gedeihliches Aufwachsen zuließ. Die Fremdunterbringung hätte eine positive Wende im Leben der Kinder bedeuten können. Die Tragik bestand darin, dass die öffentliche Ersatzerziehung in den Heimen, die für den Schutz und die Förderung der Heranwachsenden sorgen sollte, die Schädigung vieler dieser Kinder erst recht vorantrieb, ganz speziell in den 1950er und 1960er Jahren. Hier in der Kontrolle versagt zu haben, werfen die ehemaligen Heimkinder Politik, Gerichten, Jugendamt, ErzieherInnen und Fürsorgerinnen vor.

Ein Hauptübel waren die unzureichenden Rahmenbedingungen, in denen die ErzieherInnen und Fürsorgerinnen arbeiteten, Land und Stadt stellten zu wenig Geld zur Verfügung. Die Fürsorgerinnen hatten zu große Zuständigkeitsbereiche und zu viele Familien zu betreuen. Die Sichtweisen und Praktiken der Fürsorgerinnen gegenüber den unterprivilegierten Familien waren eingebettet im gesellschaftlichen Konsens von Politik, Kirche, Wissenschaft, Recht und Psychiatrie. Die Fürsorgerinnen handelten und entschieden entlang ihrer Klassenvorurteile und Geschlechterstereotypien, sie wirkten an der Ächtung geschiedener und alleinerziehender Mütter, insbesondere mit außerehelich geborenen Kindern, mit und trugen das Ihre dazu bei, dass sich dieses Stigma auf die Kinder übertrug. Doch sie handelten im gesellschaftlichen Referenzrahmen einer rechtlich verankerten patriarchalen Geschlechterordnung. Es ist daran zu erinnern, dass die 1950er und 1960er Jahre jene Zeit waren, in der Recht, Politik, bürgerliches Familienmodell und öffentliche Meinung fest miteinander verzahnt waren und gesetzlich festgeschrieben war, dass „Ehefrauen ihre Männer noch um Erlaubnis fragen mussten, wenn sie arbeiten gehen, ein Konto einrichten oder den Führerschein machen wollten".[39] Bis zur Reform der SPÖ-Alleinregierung 1975 erklärte das Familienrecht den Mann zum „Haupt der Familie", das Frau und Kinder führte, den Wohnsitz und die Berufswahl der Kinder festlegte, während die Frau sich um den Haushalt und die Kinderaufzucht zu kümmern hatte.

Kinder- und Jugendpsychiatrie: Maria Nowak-Vogl

Wesentlich für die Einweisung in städtische Heime wie sonstige Kinder- und Fürsorgeerziehungsheime, aber auch für die Unterbringung in Heilanstalten, Behindertenheimen und auf Pflegeplätzen war die Kinder- und Jugendpsychiatrie, in Tirol die Fachärztin für Nerven- und Geisteskrankheiten und Heilpädagogin Maria Nowak-Vogl, größtenteils ausgebildet in der Zeit des Nationalsozialismus und in einem katholisch-nationalsozialistischen Elternhaus sozialisiert.[40] Nach dem Krieg arbeitete sie mit ihren Gutachten den Fürsorgebehörden zu und leitete von 1954 bis 1987 die Psychiatrische Kinderbeobachtungsstation des Landeskrankenhauses Innsbruck, die meiste Zeit angestellt vom Tiroler Landesjugendamt. Bis 1979 war die Kinderbeobachtungsstation aus der Psychiatrisch-Neurologischen Universitätsklinik ausgegliedert und in einer Villa in Hötting untergebracht. In dieser Zeit leitete sie die Station weitgehend autonom und unabhängig, ohne einer effektiven Kontrolle zu unterliegen. Kein einziges ehemaliges Heimkind, das sich bei der Opferschutzkommission Innsbruck meldete, wurde von ihr nach der Rückgliederung der Kinderbeobachtungsstation in die Universitätsklinik für Psychiatrie im Jahr 1979 in ein Heim eingewiesen. Nowak-Vogl war Primaria, Landesfürsorgeärztin, Konsiliarärztin in Erziehungsheimen, Beraterin von HeimleiterInnen, Fortbildnerin von ErzieherInnen, Lehrende an der Sozialen Frauenschule der Caritas und an der Philosophischen und Medizinischen Fakultät der Universität Innsbruck, Sachverständige für Kinder- und Jugendpsychiatrie an den Landesgerichten Innsbruck und Feldkirch, Fachgutachterin bei der kirchlichen Eherechtsprechung am Erzbischöflichen Metropolitangericht Salzburg und am Bischöflichen Diözesangericht Innsbruck. Die Kinderbeobachtungsstation hatte die zentrale Stellung in der Behandlung und Begutachtung von Kindern und Jugendlichen inne, die in ihrem überwiegenden Maß aus unterprivilegierten Schichten kamen und Schwierigkeiten hatten. Sie wurde von Fürsorgebehörden nachgefragt, Fragen der Fremdunterbringung abzuklären. Zu diesem Zweck ging es ihr darum, die „unverbesserlichen Neurotiker", „Geistesschwachen" und „Psychopathen" zu identifizieren. Maria Nowak-Vogl war die Vertreterin einer medizinischen Pädagogik und Pädagogischen Pathologie, deren Wurzeln im Nationalsozialismus und im ausgehenden 19. Jahrhundert liegen, als die Psychiatrie sich als Leitwissenschaft für das Vormundschaftswesen entwickelte und die Kinder der unteren Klassen mit ihren Familien, die von bürgerlichen Normen abwichen, als potentiell Kranke entdeckte. Sie unterwarf ihre Schutzempfohlenen harten Behandlungen und wies sie in Anstalten, Heime und auf Pflegeplätze ein – zum Schutz der bürgerlichen Gesellschaft. Verwahrlosung war in dieser Sichtweise eine krankhafte Abweichung von der Norm und ein krankhafter Prozess im Inneren der Person, der sich in Verhaltensauffälligkeiten und unangepasstem Benehmen manifestierte. Die soziale Welt der betroffenen Familien und Kinder, ihr bisheriger Lebensverlauf, die Lebensumstände und die gesellschaftlichen Rahmenbedingungen wurden außer Acht gelassen.

Die Kinderbeobachtungsstation unter der Leitung von Nowak-Vogl ist zentral für die enge Zusammenarbeit von konservativer Politik, Fürsorgebehörden, Gerichten, Wissenschaft, Schule und Kirche, um gegen Familien und ihre Kinder aus den gefürchteten „Unterschichten" vorzugehen, die als ständiger Gefahrenherd für die kleinbürgerlich-katholische Ordnung, ihrem Familienverständnis und ihren patriarchalen Geschlechterverhältnissen angesehen wurden. Dieses ineinandergreifende Institutionennetz diente der Aufrechterhaltung der in ihren Augen stets gefährdeten sozialen Ordnung. Maria Nowak-Vogl und die Kinderbeobachtungsstation vertraten eine konservative, biologistische, medizinisch-psychiatrische Position der Heilpädagogik, die auch in anderen Bundesländern und in der Stadt Wien vertreten war. Doch in Tirol war die Nähe dieser Richtung von Kinderpsychiatrie und Heilpädagogik zum Fürsorgeapparat und dem Heimwesen besonders eng und durch die Multifunktionen von Nowak-Vogl auch besonders nachhaltig in ihrer Breitenwirkung. Im Feld der Kinderpsychiatrie und Fremdunterbringung war sie jahrzehntelang die unangefochtene Autorität, an ihr führte in den 1950er und 1960er Jahren, abgeschwächter in den 1970er Jahren, kein Weg vorbei. Auf ihrer Station wurden tausende Kinder behandelt und begutachtet, speziell auch aus Vorarlberg und Südtirol. Ihre biologistisch orientierten Positionen waren nicht nur Ausdruck ihrer Persönlichkeit, sondern vielmehr Spiegelbild der Verfasstheit der Kinder-, Jugend- und Erwachsenenpsychiatrie in Österreich bis in die 1970er Jahre hinein. Eine Besonderheit ist die mit ihrer Person verbundene lange Resistenz gegen eine Öffnung für moderne Konzepte und Behandlungsformen, die sie zwar kannte, aber ablehnte. Die Kinderbeobachtungsstation ist jener Ort, an dem die Gutachten geschrieben wurden, durch die zahlreiche ehemalige Heimkinder, die sich an die Opferschutzkommission Innsbruck wandten, in Fremdunterbringung kamen. Entweder sprachen sie den Eltern, in erster Linie den Müttern und Großmüttern, die Erziehungskompetenz ab. Oder sie attestierten den Kindern charakterliche Defizite, die eine Heimeinweisung unabdinglich machten. Die Kinder erscheinen in den Diagnosen von Maria Nowak-Vogl und Norbert Höllebauer, ihrer rechten Hand, als erbbelastete PsychopathInnen und NeuropathInnen, als Infektionsherd für die „gute Gesellschaft". Kinder und Jugendliche waren „Seuchenkinder" und „Symptomträger" von Verwahrlosungserscheinungen, sie mussten folglich aus der Familie herausgeholt werden.

Handlungen und Verhaltensweisen, die mit dem sozialen Hintergrund der Kinder zu tun hatten, wurden in unveränderbare, biologisch determinierte Wesensmerkmale umgeschrieben. Ihnen wurde eine soziale Identität als neurotische und pathologische Wesen aufgezwungen. Die Kinder sind an ihren Problemen selbst schuld und gelten häufig als nicht vollwertig, weshalb sie ausgesondert und weggesperrt werden müssen. Nowak-Vogl trieb stets auch die Frage kostengünstiger Unterbringungen um, schließlich war sie Zuarbeiterin und Angestellte des Landesjugendamtes. Hier tritt die Sorge hervor, die die bürgerliche Gesellschaft seit der Schwelle zum 20. Jahrhundert heftig bewegte, zugespitzt im Massenmord der NS-Euthanasie, dass die „Degenerierten" zulasten der Tüchtigen, Fleißigen, Produktiven und Gesunden ein Übermaß an Mitteln und Ressourcen verbrauchten. In „unserem überfürsorgten Staat", so Nowak-Vogl, werde den normabweichenden Kindern „vieles in einem Ausmasse zugewandt (…), wie es normalen Kindern keineswegs ohne weiteres in den Schoss fällt. (…) Grausam zugespitzt erhebt sich die Frage, ob unsere öffentlichen Mittel, unsere beste Arbeitskraft, unsere vorzüglichste Sorge jenen zuzuwenden sei, die in irgend einer Weise missraten, doch nie zu vollwertigen Menschen werden."[41]

Nowak-Vogl zählte zu jenen ExpertInnen, die scheinbar objektiviertes Wissen produzierten, Normalität und Abweichung definierten, die Kinder beobachten ließen, testeten, vermaßen und daraufhin ein Gutachten erstellten, von dem der weitere Lebensweg des Kindes und Jugendlichen abhing. Die Diagnosen von Nowak-Vogl und Höllebauer legitimierten die Entscheidungen der Jugendämter auf „wissenschaftlicher" Basis und rechtfertigten mit den von ihnen entworfenen Krankheitsbildern den Ausschluss der „Überflüssigen", „Asozialen" und „Abnormen". In den Heimen sollten sie so weit normalisiert werden, dass sie sich geschlechtsspezifisch in den Arbeitsprozess auf dienenden Positionen eingliedern ließen und der Allgemeinheit finanziell nicht zur Last fielen.

Auf der Kinderbeobachtungsstation kamen unter Anwendung strafpädagogischer, beschämender und entwürdigender Maßnahmen bei lückenloser Überwachung konditionierende Elemente der Verhaltens- bzw. Aversionstherapie zum Tragen, mit denen unerwünschte Verhaltensweisen abtrainiert werden sollten. Dazu gehörte auch der teils fahrlässige Einsatz von Medikamenten, insbesondere zur Ruhigstellung und zur Dämpfung des Sexualtriebs.

Für viele Kinder war der Aufenthalt auf der Kinderbeobachtungsstation in Hötting eine traumatische Erfahrung, einfühlsame BetreuerInnen gab es nur vereinzelt. Obwohl sie mehrere Bezugspersonen hatten, die ihnen negativ in Erinnerung sind, machen ehemalige PatientInnen für ihre schrecklichen Erlebnisse Maria Nowak-Vogl persönlich verantwortlich, selbst wenn sie ihr nur kurz begegnet sind. Nach dutzenden Gesprächen mit Betroffenen ergibt sich kurz zusammengefasst folgendes Bild:

> *„Die Erzählungen offenbaren, dass sich psychische, physische und strukturelle Gewalt in den alltäglichen Abläufen der Station vollzog. Als PatientInnen waren die Kinder von der Außenwelt abgeschirmt, isoliert wie in einem Gefängnis und ihrer*

persönlichen Rechte zur Gänze beraubt. Die Betroffenen erinnern sich an keine Therapien, umso mehr an Beobachtung und Testung, Beschämung und Demütigung, Schläge und medikamentöse Ruhigstellung. Auch einige der befragten Betreuungspersonen erwähnen, dass häufig und unnotwendigerweise Medikamente zur Sedierung und Bestrafung verabreicht wurden. Die Gequälten empfanden sich zu einem Objekt degradiert und zur Schau gestellt, behandelt als kranke, minderwertige und abnorme Menschen. Ihre Beschreibung als defizitäre, debile, neurotische, pathologische, kriminelle und unerziehbare Mängelwesen, die sie den Akten nachträglich entnehmen konnten, erfüllt die Geschädigten mit Trauer und Wut, vereinzelt immer noch mit Selbstzweifeln und Schuldgefühlen. In Nowak-Vogl erkennen sie jene Person, die ihr weiteres Leben nachhaltig zum Schlechten beeinflusst hat, insbesondere durch ihre Überstellung in ein Heim oder auf einen Pflegeplatz der Gewalt.

Maria Nowak-Vogl erlebten die Betroffenen als ungerührten und kalten, ebenso lieb- und gefühllosen wie angsteinflößenden Menschen, der sie verachtete und verächtlich machte, einmal kühl strafend, dann wieder hysterisch schreiend, bisweilen als Zuchtmeisterin, die auch vor körperlicher Gewalt nicht zurückschreckte."[42]

Erfahrungen in Heimen und auf Pflegeplätzen

In den Säuglings- und Kleinkinderheimen Arzl und Axams: Hospitalismus und Heimverwahrlosung

„Die minderjährige Aloisia Wachter kam nach ihrer Geburt in das Säuglingsheim Innsbruck-Arzl, wo sie bis zum 30.11.1967 blieb. Das Kind war anscheinend gesund und wurde deshalb, um die Unterhaltskosten zu vermindern, in eine sehr gute Pflegestelle nach Sellrain gebracht. Dort stellte sich heraus, daß das Kind ziemlich schwierig ist und daß die Pflegemutter, die für einen kranken Mann zu sorgen hat, nicht in der Lage war, das Kind zu behalten. Nach einer Untersuchung in der Kinderklinik Innsbruck wurde Aloisia Wachter am 17.6.1968 im Kinderheim Scharnitz untergebracht und es schien, als ob das Kind sich dort sehr gut eingewöhnt hätte. Die Heimleitung gab an, Aloisia sei viel ruhiger als in der ersten Zeit und die Anstaltsleitung vermutete, daß sich das Kind im günstigen Sinne entwickeln werde. Am 29.7.1968 erschienen die Kindesmutter und deren Mutter (...) und gaben an, das Kind sei im Heim nicht gut aufgehoben, es werde vernachlässigt und sie verlangten die sofortige Herausgabe des Kindes. Die Großmutter werde es mit nach Wien nehmen (...). Schon einen Monat später wurde Aloisia von der Großmutter nach Innsbruck gebracht und der Mutter sozusagen zur Verfügung gestellt. Diese wußte nicht, wohin mit dem Kind und (...) mußte die Leitung des Kinderheimes Innsbruck-Arzl gebeten werden, das Kind aufzunehmen. Am 11.11.1968 hat die Kindesmutter hier mitgeteilt, sie habe Aloisia im Kinderheim abgeholt und seit 8.11.1968 bei sich in Innsbruck (...). Sie erwarte von ihrem Bräutigam (...) ein Kind und die Verehelichung sei beabsichtigt. Sie wohne schon bei ihrem Bräutigam und dessen Eltern. (...) die Mutter des Bräutigams brachte das Kind auf die Kinderklinik, weil es sich eigenartig verhielt (...). Die zuständige Fürsorgerin des Stadtjugendamtes Innsbruck (...) stellte fest, dass Frau (...) wie eine gute Großmutter für das Kind sorgt, sehr viel Geduld mit dem Kind hat und Aloisia auch sehr an dieser ‚Großmutter' hängt. Zur Mutter selbst hat das Kind kaum eine Bindung. (...) Leider ist Frau (...) nach einer Operation an der Wirbelsäule nicht mehr so leistungsfähig

wie früher. Sie ist auch nervlich den Anforderungen, welche die Betreuung dieses Kindes an sie stellt, nicht mehr gewachsen. Dazu kommt noch, daß die kleine Wohnung für 5 Erwachsene und zwei Kinder wirklich unzureichend ist. (...) Infolge der Schwierigkeiten (...) hat sich die Leitung des Kinderheimes Innsbruck-Arzl bereit erklärt, Aloisia wieder aufzunehmen, aber nur, wenn das Kind für längere Zeit dort bleiben kann.

Um der Mutter die Möglichkeit zu nehmen, das Kind, das an den letzten 7 Monaten vier Mal anderweitig untergebracht wurde, wieder aus dem Heim herauszureißen, wird obiger Antrag auf Gewährung der Gerichtlichen Erziehungshilfe gestellt."[1]

Die Darstellung der Jugendfürsorge der Bezirkshauptmannschaft Innsbruck verdeutlicht am Beispiel von Aloisia, dass materielle Not und Zwang zur Erwerbsarbeit Mütter vor unlösbare Probleme bei der Unterbringung ihrer Kleinkinder stellte. So wechselten die Betreuungsplätze schon von klein auf in rascher Abfolge. Schädigende Rahmenbedingungen wurden nicht erkannt, Auffälligkeiten als negative Charaktereigenschaft des Kindes interpretiert, auf die man mit Härte und Bestrafung reagierte.

Als Aloisia im Juni 1966 unehelich auf die Welt kam, war ihre Mutter, nennen wir sie Franziska, erst 19 Jahre alt, die Vaterschaft konnte nicht festgestellt werden. Die junge Frau hatte in einem Hotel im Sellraintal als Hausmädchen gearbeitet. Bald nach der Geburt sah sie sich gezwungen, wieder Geld zu verdienen. Eine Beaufsichtigung von Aloisia war unumgänglich. Franziska richtete es sich so ein, dass sie in der Nähe des Landes-Säuglings- und Kinderheims Innsbruck-Arzl, wo sie das Kind unterbrachte, als Schankmädchen in einem Gasthaus anfing. Für die Heimkosten kam sie selbst auf.[2] Schließlich arbeitete Franziska in Innsbruck als Kellnerin und Küchenhilfe. Der Verdienst war schmal, die Zahlung ans Kinderheim im Verhältnis zu ihrem Lohn hoch. Als sie mit der Begleichung der Fremdunterbringung in Rückstand geriet, musste sie sich nach einem privaten Pflegeplatz für das Kind umschauen. Das Bezirksjugendamt Innsbruck schickte Franziska vergeblich zu einer Pflegefamilie in Mutters und riet ihr dann ins Amt zu kommen, „vielleicht weiß eine der Fürsorgerinnen doch einen geeigneten Platz in Stadtnähe".[3] Franziska fand schließlich eine Pflegefamilie im Sellraintal, wo sie einige Zeit gearbeitet hatte. Das Kind war sechs Wochen nach der Geburt in die Obhut des Säuglingsheims Arzl gekommen und dort 14 Monate lang geblieben. In der Pflegefamilie zeigte Aloisia ein auffälliges Verhalten: Sie bekam häufig plötzliche Schreikrämpfe ohne ersichtlichen Grund und schlug wild um sich. Am liebsten lag sie in ihrem Bettchen.[4] Sechseinhalb Monate später veranlasste das Jugendamt die Überstellung Aloisias ins Kinderheim der Benediktinerinnen nach Scharnitz.[5] Die Fürsorgerin legte der Schwester Oberin nahe, den Heimarzt zu bitten, „das Kind genauestens zu untersuchen und diesem, falls auch während des Schlafes notwendig, Beruhigungstabletten zu geben gegen die unablässigen Schreikrämpfe".⁶ Damit wurde eine Gepflogenheit des Säuglingsheims Arzl fortgeführt, in dem die kleine Aloisia wegen ihrer „Nervosität" medikamentös ruhiggestellt worden war.⁷

Nach einmonatigem Aufenthalt von Aloisia im Kinderheim Scharnitz befand sie sich zwei Monate bei der mütterlichen Großmutter, dann wieder weitere zwei Monate im Landessäuglings- und Kinderheim Arzl und schließlich knapp neun Monate in Privatpflege bei der Mutter des zukünftigen Bräutigams von Franziska. Die Stiefgroßmutter in spe kümmerte sich liebevoll um Aloisia. Den Hospitalisierungserscheinungen, die nach der ersten knapp eineinhalbjährigen Unterbringung im Säuglingsheim Arzl entdeckt worden waren, war aber auch sie nicht gewachsen. Aloisia schrie weiterhin langandauernd, riss sich die Haare aus und schlug den Kopf an die Wand.⁸

Die Überprüfungen in der Innsbrucker Kinderklinik wenige Monate nach der Entlassung aus dem Arzler Heim und ein weiteres halbes Jahr später ergaben jeweils einen großen Entwicklungsrückstand von Aloisia. Allerdings hatte sie unter der Obhut der fürsorglichen Stiefgroßmutter „erstaunliche" Fortschritte gemacht, in der aktiven Kontaktbereitschaft ebenso wie im Lern- und Spielverhalten. Nach der Unterbringung in Arzl war Aloisia „kaum sozial ansprechbar" gewesen.⁹

Das Kleinkind musste schließlich wieder ins Kleinkinderheim Arzl zurückkehren, wo es weitere drei Jahre verblieb. Eine Abtestung zur Schulreife im Juli 1972 ergab, dass Aloisia mittelmäßig begabt wäre, aber wegen ihrer starken Lernhemmung nicht schulreif sei. Im Säuglings- und Kinderheim Arzl habe man sie zu wenig gefördert. Daraufhin kam Aloisia ins Kinderheim der Benediktinerinnen nach Martinsbühel, das eine Sonderschule führte.¹⁰ Nach Ansicht des Stadtjugendamtes Innsbruck war ein geschlossenes Heim außerhalb der Stadt das Beste für Aloisia, da sie die Abgeschiedenheit von Arzl gewohnt wäre und den lebhaften, abwechslungs- und eindrucksreichen Betrieb eines offenen Heims nicht bewältigen könne.¹¹

Die Geschichte der frühen Kindheit von Aloisia zeigt, dass Säuglings- und Kinderheime vielfach am Beginn einer Heimkarriere standen, besonders wenn sie so wie Aloisia unehelich zur Welt kamen. In Tirol gab es zwei Landes-Säuglings- und Kinderheime in dezentraler Lage: in Innsbruck-Arzl, das 1947 aus Mitteln einer Schweizer Stiftung unter der Bezeichnung „Schwyzerhüsli" gegründet wurde, und in Axams, das 1927 eröffnet wurde und 1952 ein zweites Haus zubaute. Die Stadt Innsbruck überließ dem Land Tirol das 3.800 m² große Grundstück in Arzl unentgeltlich, weitere 2.500 m² 1970 für eine Heimerweiterung.¹² Bis 1977 mussten Kleinkinder spätestens mit Erreichen der Schulpflicht im sechsten Lebensjahr das Heim in Arzl verlassen, in Axams war ein Aufenthalt aus Platzmangel weiterhin nur bis zum fünften Lebensjahr vorgesehen. Um dies zu ändern, wurde 1978 ein Neu- und Umbau in Angriff genommen.¹³

Die Personalsituation in beiden Heimen war stets angespannt. Selbst 1979 war das Betreuungsverhältnis und Qualifikationsniveau immer noch unzureichend. In Arzl wurden 43 Säuglinge und Kleinkinder von der Leiterin (Oberschwester), einer diplomierten Säuglingsschwester und einer Diplom-Kindergärtnerin betreut. Ansonsten setzte sich das Personal aus Hilfsschwestern (8) und Praktikantinnen (15) zusammen, die lediglich eine einjährige Ausbildung hatten oder im Haus zusätzlich zu ihrem Dienst gerade das einjährige Praktikum absolvierten. In Axams, wo 52 Säuglinge und Kleinkinder untergebracht waren, unterstanden der Leiterin neben der Kindergärtnerin sechs diplomierte Säuglingsschwestern, von denen eine in Karenz war, zwei Hilfsschwestern und 13 Praktikantinnen.[14] Auf vier bis sieben Säuglinge und Kleinkinder kamen in einer 45-Stunden-Woche eine Hauptbetreuerin und viele wechselnde Mitbetreuerinnen. Der Nachtdienst oblag den Praktikantinnen, die für das Land Tirol, das sich auf diese Weise Planstellen ersparte, billige Arbeitskräfte waren. Das Betreuungspersonal hatte zusätzlich noch Reinigungsdienste zu verrichten. Die beiden Häuser in Axams waren für 40 Kinder geplant, sie mussten jedoch häufig 56 Säuglinge und Kleinkinder aufnehmen, so dass eine teils drückende räumliche Enge herrschte.[15] Säuglinge und Kleinkinder bis zu einem oder eineinhalb Jahren mussten immer im Zimmer bleiben, außer wenn die Eltern zu Besuch waren, im Sommer durften sie manchmal auf den Balkon oder in den Garten.[16]

Auch wenn Ende der 1970er Jahre sowohl räumlich, organisatorisch als auch in der Betreuung deutliche Verbesserungen zu bemerken sind und Reformen einsetzten, speziell im Heim in Arzl, waren beide Säuglings- und Kinderheime immer noch in der Tradition des 19. Jahrhunderts wie Krankenhäuser und Krankenhausabteilungen geführt.[17] Sie unterstanden deshalb auch nicht der Jugendwohlfahrt, sondern der Krankenhausverwaltung des Landes Tirol. Einrichtung, Tagesablauf und ein Pflegepersonal, das in erster Linie für einen Klinikbetrieb ausgebildet worden war, sorgten dafür, dass die Kinder in einem Krankenhausmilieu aufwuchsen.[18]

Edith Heidi Kaslatter führte Ende der 1970er Jahre eine Untersuchung in den Säuglings- und Kinderheimen in Arzl und Axams durch. Sie stellte eine gute pflegerische Versorgung und Befriedigung der körperlichen Grundbedürfnisse fest. Die erzieherischen Grundsätze waren Ordnung, Sauberkeit und Gehorsam. Aufgrund des Personalmangels und des engen Zeitkorsetts – alleine für das Füttern benötigten die Betreuerinnen eine Stunde – waren die Kinder gefordert, schnell einzuschlafen, möglichst viel zu schlafen und still zu sitzen, sich nicht schmutzig zu machen, wenig zu weinen, weder zu schreien noch generell laut zu sein. Die Kinder wurden darauf gedrillt, früh rein zu sein. Das Erziehungsklima war geprägt von mannigfaltigen Verboten und Befehlen, ansonsten von Schimpfen und Bestrafen. Der Mangel an pädagogischem und entwicklungspsychologischem Wissen behinderte das Eingehen auf grundlegende Bedürfnisse der Säuglinge und Kleinkinder, die über die Pflege und

Versorgung hinausgingen. Kaslatter musste bei ihnen deshalb oft Spannungszustände und Mangelerlebnisse feststellen, die sich in Aggressionen, Lern- und Verhaltensstörungen ausdrückten. Das Betreuungspersonal interpretierte die Schwierigkeiten und Verhaltensweisen der Kinder falsch, erlebte sie als persönlichen Angriff, Ablehnung oder Bosheit. Dementsprechend häufig bestraften sie unerwünschtes Benehmen. Die Kinder reagierten daraufhin noch stärker mit Jähzorn, Schreien, körperlichen Attacken, resignativen Reaktionen oder Selbstaggression, etwa wenn sie den Kopf gegen harte Gegenstände stießen. Da kaum ein Kind eine Bezugsperson hatte, die sich eine bestimmte Zeit mit ihm alleine beschäftigte, fehlten einerseits zärtliche Körperkontakte, liebevolle Zuwendung, emotionales Erleben und somit der Aufbau eines grundlegenden Vertrauens. Andererseits bot die gruppenmäßige Betreuung zu geringe entwicklungsfördernde Anreize und Lernmöglichkeiten. Kaum jemand führte die Kleinen in die Welt ein und unterstützte sie in der Verarbeitung ihrer Eindrücke.[19] Überhaupt war nicht nur der Mangel an emotionaler Bindung, sondern auch der Mangel an Erfahrungen ein Grundproblem: Die 45-Stunden-Arbeitswoche mit wenig Personal erforderte lange Ruhe- und Schlafperioden der Kinder.[20]

Dass die medizinisch-pflegerische Betreuung weit über der psychologisch-pädagogischen stand, bemerkte Kaslatter auch am äußerst geringen therapeutischen Angebot.[21] Ökonomische Erwägungen wogen schwerer als eine kindgerechte und dementsprechend kostenintensive Förderung.[22]

Aloisia Wachter, die kurz nach ihrer Geburt ins Landes-Säuglings- und Kinderheim Arzl kam und dort die ersten eineinhalb Jahre ihres Lebens verbrachte, insgesamt sogar viereinhalb Jahre, zeigte deutliche Anzeichen von Hospitalismus und Deprivation, die wesentlich auf die mangelnde Unterbringungsqualität zurückzuführen sind. Als sie sich in der zweiten Hälfte der 1960er bis Anfang der 1970er Jahre dort aufhielt, war die Situation noch weitaus prekärer als Ende der 1970er Jahre. Nicht nur bei Kindern, die aus ihren biologischen Familien oder von Pflegeplätzen weg ins Heim kamen, sondern auch bei Kindern, die einen langen Aufenthalt in Arzl hatten oder sogar seit ihrer Geburt dort untergebracht waren, beobachtete Kaslatter Entwicklungsrückstände im sensorischen, sprachlichen, emotionalen, kognitiven, psychischen und somatischen Bereich wie im Sozialverhalten. So stellt sie Depressionen, Angst-, Schlaf- und Essstörungen fest, Störungen der Ausscheidungsfunktionen, große motorische Unruhe, arge Konzentrationsschwächen, Kopfschlagen, Jaktationen (starkes Wippen des Oberkörpers), Stottern, Kontaktstörungen, ungewöhnlich lange Trotzphasen, starke Aggressionen, Spielhemmung und verminderte Frustrationstoleranz.[23]

Dass Säuglinge und Kleinkinder, die zwischen den 1950er und 1970er Jahren für längere Zeit in den Heimen Arzl und Axams untergebracht waren, einem Pflegeregime unterworfen waren, das langfristig negative Auswirkungen auf ihre Persönlichkeitsentwicklung haben konnte, belegen zahlreiche Beispiele.

„Böse Tante"

Ähnliche Schäden wie Aloisia Wachter trug Sabine Millstätter[24] im Landes-Säuglings- und Kinderheim Axams davon. Vernachlässigung erfuhr sie bereits im Elternhaus, aus dem sie ein halbes Jahr nach ihrer Geburt vom Stadtjugendamt Innsbruck entfernt und nach Axams gebracht wurde, wo man sie Mitte der 1960er Jahre eineinhalb Jahre versorgte. Dann überstellte das Innsbrucker Jugendamt Sabine zu Kleinbauern nach Osttirol, weil sie „infolge des fortgeschrittenen Alters nicht mehr im Kinderheim bleiben konnte".[25] Das Kind war erst zweieinhalb Jahre alt. Plausibler erscheint die Begründung des Kinderheims bei der Übergabe an die Pflegemutter: Man sei mit Sabine nicht fertig geworden. Die Pflegefamilie war mit einem Kind konfrontiert, das von Wutanfällen gebeutelt wurde und sich unmotiviert auf den Boden warf. Die Bestrafungen verbesserten die Situation keineswegs, wenn Sabine in den Gang oder in den Hof verbannt wurde. Sie zerbiss Kleidungsstücke und Bettwäsche, wusste nicht, wie man spielte und Kontakt herstellte, so dass sie fast ausschließlich mit den Katzen beschäftigt war. Sabine nässte ein und verschmierte Kot. Nur wenn die Pflegemutter ihr versprach, sich beim Einschlafen zu ihr zu setzen und ihr viele Bussis zu geben, wenn sie nicht mehr in die Hose machte, blieb sie trocken. Sabine war es aus dem Kinderheim Axams, wo es um die schnelle Abfütterung ging, nicht gewohnt, feste Nahrung zu sich zu nehmen. Das Kauen musste ihr erst mühsam beigebracht werden. Sabine schrie zwar häufig und laut, sprechen konnte sie wenig, umso öfter wiederholte sie zwei Worte: „Böse Tante".[26]

Scheu, nahezu apathisch

Selina Bauer[27] kam kurz nach ihrer Geburt im März 1969 ins Säuglings- und Kinderheim Axams, eineinhalb Jahre später an ihren ersten Pflegeplatz. Kurze Zeit nach ihrer Entlassung aus Axams stellte die Fürsorgerin bei ihrem Besuch auf dem Pflegeplatz der zweijährigen Selina im Bezirk Imst einen enormen Rückstand in der „geistig-seelischen Entwicklung" fest. Das Kind

> *„ist scheu, nahezu apathisch, es spricht nicht, seine Ansprüche meldet es kaum an (…). Es konnte lediglich beobachtet werden, dass es versucht, einzelne Laute leise auszusprechen. Von einem unbekümmerten Kindergeplapper ist nichts zu bemerken. Auch ist es nicht zu bewegen zu lächeln. Die Sauberkeitserziehung obliegt noch der Pflegemutter, das Kind nässt und kotet bei Tag und Nacht ein. Diese Situation des Kindes, welche durch die Heimpflege entstanden sein dürfte, wurde eingehend mit den Pflegeeltern besprochen."*[28]

Die Fürsorgerin empfahl eine intensive emotionale Betreuung, Selina musste jedoch von einem Pflegeplatz zum anderen wechseln, bis sie zuletzt ins Kinderheim Mariahilf überstellt wurde.[29]

Hospitalismus und Heimverwahrlosung

Regina Mayer und ihr Bruder Robert[30] waren von Geburt an mehrere Jahre im Säuglings- und Kinderheim Arzl untergebracht. Die Jugendfürsorge der Bezirkshauptmannschaft Innsbruck wollte die beiden Kinder Ende 1968 in einem SOS-Kinderdorf unterbringen, da die Geschwister „sich bisher weit über ihr Alter hinaus im Kinderheim Arzl ‚Schwyzerhüsli' aufgehalten" hatten und nunmehr „eine richtige familiäre Erziehung genießen" sollten.[31] Da das Kinderdorf „große Hospitalisierungsschäden" feststellte, wurden die Kinder zur weiteren Abklärung in der Heilpädagogischen Station in Hinterbrühl untergebracht, wo ihr Leiter Hans Asperger „eine beträchtliche Heimverwahrlosung"[32] feststellte. Vor einer Aufnahme im SOS-Kinderdorf musste erst „einiges aufgeholt werden, was bisher versäumt wurde".[33]

Das SOS-Kinderdorf war wiederholt mit Anfragen der Jugendämter konfrontiert, die Kleinkinder in erschreckend schlechtem Zustand aus österreichischen Säuglings- und Kleinkinderheimen im Kinderdorf unterbringen wollten. So auch Alexander Strunz,[34] der die ersten dreieinhalb Jahre im Landessäuglingsheim Axams verbrachte. Die Heilpädagogische Station in Hinterbrühl erhob Entwicklungsrückstände, die auf katastrophale Zustände in Axams noch Anfang der 1970er Jahre hinwiesen. Alexander konnte nicht spielen, lief ziel- und planlos im Haus herum, jede altersangepasste Anforderung überforderte ihn. Er zeigte sich völlig verängstigt und benahm sich in vielem „wie ein Kind, das gerade gehen gelernt hat und jetzt seine Welt entdeckt".[35] Zwei Wochen nach seiner Ankunft auf der Station wusste die pädagogische Leiterin zu berichten:

„Der Bub kam ohne irgendeine Regung zu uns, liess alles über sich ergehen – dies blieb einige Tage gleich, er zeigte kaum Reaktion (…). Es wird sehr intensiv mit ihm geübt, er kennt aber nur die primitivsten Begriffe, spricht keine Sätze, kann nicht 2 Worte auf einmal nachsagen, versteht die meisten Fragen gar nicht, wiederholt meist nur das letzte Wort einer Frage. War offenbar nur gewohnt Brei u. dgl. zu essen, muss das Kauen lernen. Sehr ungeschickte Motorik, sichtlich auch wenig geübt – da das Gehen nun doch deutlich besser geworden ist. Das Einnässen ist fast weg."[36]

Hans Asperger diagnostizierte einen „beträchtlichen Grad von Hospitalismus" aufgrund des langen Aufenthalts im Säuglingsheim, wo das Betreuungspersonal Alexander vernachlässigt habe. Er hätte eine sehr viel intensivere erzieherische Förderung gebraucht: „Aber er ist lernfähig, kann sich sehr interessieren, strebt sehr nach mitmenschlichem Kontakt, ist schmeichlerisch und sehr der menschlichen Wärme bedürftig".[37]

Renate Wetjen, ehemalige Leiterin des Sozialpädagogischen Instituts von SOS-Kinderdorf von 1970 bis 1988, beschreibt die Zustände in den Säuglings- und Kinderheimen, die sie in ganz Österreich kennenlernte, so:

„Es waren diese Kinderheime mit den unsäglich verlassenen Kindern, Babys, die in ihren Bettchen stundenlang hin- und herschaukelten, mit den Köpfchen gegen die Gitterstäbe schlugen, die selten herausgenommen wurden, nicht einmal zum Füttern. Alles war weiß – Kleidung, Bettwäsche, Wände, Uniform der Pflegerinnen. Es gab wenige Spielsachen, keinen eigenen Besitz. Und es gab wenig Förderung, sodass diese Kinder oftmals entwicklungsmäßig weit hinter ihrer Altersgruppe aus Normalfamilien lagen. Nur wenige kannten eine normale Lebensumwelt."[38]

Die Erinnerungen an die Behandlung in den Tiroler Säuglings- und Kinderheimen ist bei den Betroffenen wenig ausgeprägt; zum einen, weil die Kinder noch zu klein waren und das Erinnerungsvermögen an die erfahrene Gewalt an den Pflegeplätzen und in den Heimen im fortgeschrittenen Alter dominanter sind und die älteren Erinnerungsspuren überlagern, zum anderen dient das Nicht-Erinnern dem Selbstschutz. Dennoch gibt es vereinzelt Erinnerungsbilder, in denen Reinlichkeitsdressur, Festhalten, Anbinden, ein körperlich grober Umgang bis hin zu Schlägen vorkommen. Für Anfang der 1950er Jahre ist ein Fall schriftlich dokumentiert, der einen Blick auf den Umgang der Behörden mit Gewaltübergriffen gewährt. Die Großmutter eines 15 Monate alten Buben entdeckte am Kreuz Striemen und ließ ihren Enkel von einer Kinderärztin untersuchen. Diese unternahm aber nichts, obwohl ihr eine Angestellte des Heims Arzl berichtet hatte, dass Hilfsschwestern die Kinder manchmal schlagen würden. Die Großmutter wandte sich an die Polizei, diese verwies sie an das städtische Gesundheitsamt und dieses wiederum an das Innsbrucker Jugendamt. Die Kinderärztin bestätigte den Sachverhalt. Die Mitteilung der Heimangestellten sei jedoch ganz nebenbei erfolgt, so dass sie nicht den Eindruck gehabt habe, dass es sich im Säuglings- und Kinderheim um Schläge in Form von Misshandlungen handeln würde.[39] Das Jugendamt legte einen Amtsvermerk an, dass Erhebungen beim Gesundheitsamt und den Bezirksfürsorgerinnen ergeben hätten, dass keine weiteren Meldungen über eine ‚ungehörige Behandlung' vorlägen. Damit war die Angelegenheit erledigt.[40]

Lebensbedingungen von Säuglingen und Kleinkindern in den Heimen Arzl und Axams – ein Zwischenresümee

In den Tiroler Landes-Säuglings- und Kinderheimen Innsbruck-Arzl und Axams waren vorwiegend Sozialwaisen unterprivilegierter Schichten im Alter von null bis höchstens fünf bis sechs Jahren untergebracht, eine große Anzahl der Kinder war unehelich geboren oder die Eltern waren geschieden. Ende der 1970er Jahre wurden in den beiden Heimen vor allem Kinder von „Gastarbeitern" für eine relativ kurze Zeitdauer versorgt, im Heim Arzl stellten sie die Mehrheit. Die Tiroler Kinder blieben im Durchschnitt nicht nur weitaus länger in Axams und Arzl, die beiden Heime standen für viele am Anfang mehrerer Heimaufenthalte. Der häufige Wechsel des Ortes der Fremdunterbringung in den ersten drei Lebensjahren, aber auch danach, ist besonders charakteristisch für die Säuglinge und Kleinkinder, die in Arzl und Axams untergebracht waren.

Halten wir fest: Die Betreuerinnen hatten viel zu viele Säuglinge und Kleinkinder zu versorgen und waren ungenügend ausgebildet. Die Tiroler Landesregierung führte die beiden Heime organisatorisch und verwaltungstechnisch als Krankenanstalten mit einem Pflegepersonal, das weit mehr medizinisch-pflegerisch als pädagogisch-entwicklungspsychologisch ausgerichtet war. Therapeutische Unterstützung fehlte weitgehend. Die Pflegerinnen hatten überlange Dienstzeiten und waren mit Arbeit überhäuft, auch mit solchen, die in keinem direkten Zusammenhang mit der Betreuung der Kinder standen. Deren Versorgung übernahm eine geringe Zahl diplomierter Säuglingskrankenschwestern und Kindergärtnerinnen, die meisten Betreuerinnen waren Hilfsschwestern und junge, unerfahrene Praktikantinnen, die noch dazu im Haus den Unterricht für ihre einjährige Ausbildung absolvierten und alle Nachtdienste in völliger Unterbesetzung leisten mussten. Die Heime waren überfüllt und in ihrer räumlichen Ausstattung für die Bedürfnisse von Kindern ungeeignet. Erst ab der zweiten Hälfte der 1970er Jahre setzten mit Neu- und Umbauten merkliche architektonische Verbesserungen ein, die sich auch langsam in kindgerechteren Abläufen bemerkbar machten, ohne jedoch den Standard zu erreichen, der den Bedürfnissen der Kinder angemessen wäre. In anderen Ländern, etwa der Schweiz und in Deutschland, wurden Säuglings- und Kleinkinderheime ab Ende der 1960er bzw. ab Mitte der 1970er Jahre nach und nach geschlossen, weil die Ergebnisse wissenschaftlicher Forschungen und öffentliche Kritik die Politik davon überzeugt hatten, dass diese Organisationsform der Erziehung keine Voraussetzung für günstige Sozialisationsprozesse von Säuglingen und Kleinkindern bot.[41]

Aus Mündelakten, Akten der Kinderbeobachtungsstation des Landeskrankenhauses Innsbruck oder auch aus Akten der Heilpädagogischen Station Hinterbrühl des SOS-Kinderdorfs geht deutlich hervor, dass die Unterbringung in den Landes-

Säuglings- und Kinderheimen Arzl und Axams bei vielen Kindern schwerwiegende und dauerhafte Schäden in ihrer Persönlichkeitsentwicklung verursachten, die die Bindungsforschung als Hospitalismus und Deprivation im frühen Kindesalter bezeichnet: das Aufwachsen in Abwesenheit einer ständigen Bezugsperson unter den Bedingungen geringer emotionaler Zuwendung und Stimulation bei häufigem Wechsel der Betreuerinnen. Wiederholt wird berichtet, dass Klein- und Kleinstkinder nach ihrem Aufenthalt in Axams und Arzl zwischen den 1950er und 1970er Jahren ein beträchtliches Maß an Verhaltensauffälligkeiten zeigten, hohe Entwicklungsrückstände im motorischen, sprachlichen, emotionalen und kognitiven Bereich sowie in ihrem Sozialverhalten aufwiesen. Den Hintergrund dieser Phänomene bildeten Mangelerfahrungen in einer rigiden Pflegeorganisation, die als institutionelle Vernachlässigung der Säuglinge und Kleinkinder zu charakterisieren ist. Diese litten in den Heimen Axams und Arzl am Fehlen von Entwicklungsanreizen und einer zielgerichteten wie planvollen Hinführung zur Auseinandersetzung mit der Umwelt. Dafür mangelte es den Krankenschwestern, Hilfskräften und Praktikantinnen im Rahmen einer Massenpflege an Zeit und Kompetenz. Um die organisatorischen Abläufe mit wenig Personal zeitgerecht einhalten zu können, wurden die Bewegungsmöglichkeiten der Krabbel- und Kleinkinder eingeschränkt. Das An- und Festbinden dieser Kinder waren gängige Praktiken. Säuglinge konnten in Arzl und Axams selten ins Freie. Die Kinder hatten lange Ruhezeiten, Säuglinge und Kleinstkinder mussten meist in ihren Betten bleiben. Störende Kinder wurden auch medikamentös ruhiggestellt. Das Spielen und spielerische Lernen kamen zu kurz, in den 1950er und 1960er Jahren war nicht viel kindgerechtes Spielzeug vorhanden. Oft waren die Kinder sich selbst überlassen. Das strenge Zeitregime zwang die Pflegerinnen zu einer temporeichen Abfütterung der Kinder, weit über das Säuglingsalter hinaus wurden sie mit breiartiger Nahrung versorgt, weil dies schneller ging. Zahlreiche Kinder waren daher nicht in der Lage zu kauen.

Noch schädigender wog der Mangel an sozialen und emotionalen Erfahrungen, vor allem die oftmalige Abwesenheit einer konstanten Bezugsperson. Zum einen hatten die Krankenschwestern und Hilfskräfte zu viele Kinder zu versorgen, die Zeit dafür, dass sich eine Betreuerin länger mit einem einzigen Säugling oder Kleinkind auseinandersetzte, war kaum vorhanden. Zum anderen wechselte das Pflegepersonal häufig, vor allem die Praktikantinnen. Negativ wirkte sich die Trennung in alters- und geschlechtsspezifischen Gruppen aus, so dass die Säuglinge und Kinder im Laufe ihres Aufenthalts in Arzl und Axams mehrmals in andere Gruppen verlegt wurden und somit Zimmer wie Betreuerinnen wechselten. Dies änderte sich erst ab der zweiten Hälfte der 1970er Jahre. Der Vorrang von Hygieneregeln und körperlicher Pflege, die organisatorischen Zwänge und der häufige Wechsel der Betreuerinnen intensivierten flüchtige und emotional achtlose Kontakte zwischen den Erwachsenen und den Kindern. Sie förderten einen lieblosen und für die Kinder frustrierenden Umgang bis hin zu gewaltförmigen Praktiken. Zuneigung, Zärtlichkeit und sensitiver Körperkontakt waren selten und blieben der individuellen Einstellung der Betreuerinnen überlassen. Stabile, konstante und emotional befriedigende Beziehungen erlebten wenige Säuglinge und Kinder in den Heimen Arzl und Axams.

Verantwortung

In den USA und Großbritannien lagen von René Spitz, John Bowlby oder Harold Skeels bereits seit den 1940er- und 1950er Jahren Forschungsergebnisse vor, die auf die schädigenden Folgewirkung der Betreuung von Kindern in Säuglings- und Kleinkinderheimen hinwiesen, weil sie dort oft ohne gefühlsmäßige Zuwendung aufwuchsen. Anna Freud entwickelte praktische Alternativen. Während im angloamerikanischen Raum früh umfassende Reformen in die Wege geleitet wurden, setzte die Rezeption dieser Forschungen im deutschsprachigen Raum erst seit Ende der 1950er Jahre ein. Wissenschaftliche Untersuchungen und eine Debatte über den Hospitalismus in Säuglings- und Kleinkinderheimen gab es in Deutschland allerdings schon in den 1920er und 1930er Jahren, teils sogar noch vor dem Ersten Weltkrieg. Spätestens seit den 1960er Jahren muss es in der Politik, der Krankenhausverwaltung, den Fürsorgebehörden und Heimen mehr oder weniger theoretisches und praktisches Wissen über das Massenphänomen frühkindlicher Deprivation in den Heimen gegeben haben. In Österreich bzw. in Tirol stellten FürsorgerInnen, aber auch HeilpädagogInnen, PädiaterInnen und KinderpsychiaterInnen, deren Diagnosen mitentschieden, wo die Kinder untergebracht wurden, immer wieder negative Auswirkungen der Pflege in Arzl und Axams fest. An der Betreuungspraxis änderte sich nichts. Obwohl sie die zeitgenössischen Wissenschaftsdiskurse zu den Hospitalisierungserscheinungen kannten, setzten sie sich nicht nachhaltig für Verbesserungen in den Heimen ein. In der Regel sahen sie die Ursachen auffälligen Verhaltens als Verwahrlosungserscheinung, in einem konstitutionellen Defekt des Kindes, in gehirnorganischen Schäden, intellektuellen Defiziten, die als Debilität klassifiziert wurden, und erbtheoretisch-eugenischen Erklärungsmustern. Typische Auswirkungen von motorisch-sensorischer und sozio-emotionaler Deprivation wie Hyperaktivität, Apathie, Passivität, Sprechprobleme, geringe Frustrationstoleranz, Aggressivität, Konzentrationsschwächen, motorische Ungeschicklichkeit, Schwierigkeiten in der Interaktion mit Kindern und Erwachsenen, Reinlichkeitsstörungen, ständige Suche nach sozialer Zuwendung und Anerkennung mit Auftreten übermäßiger Eifersucht, mangelnde Affektkontrolle, Zurückgezogenheit und Misstrauen interpretierten die ExpertInnen als Wesensmerkmal des Kindes. Die auf die frühe

Kindheit zurückgehenden Entwicklungsrückstände und Entwicklungsverzögerungen, die in den Heimen in Arzl und Axams verschuldet wurden, aber auch aus der Vernachlässigung in der Herkunftsfamilie und auf privaten Pflegeplätzen stammen konnten, führten zu einer Fehleinschätzung der intellektuellen und sozialen Potenziale der Kinder. In der Mehrzahl der Fälle wussten sie die Kinder in einem weiteren Kinderheim, in einem Sonderschulheim oder einer Behinderteneinrichtung am besten aufgehoben. Dort verfestigten sich die frühkindlich erworbenen Störungen.

Die Verantwortung für die Zustände in den Landes-Säuglings- und Kinderheimen Arzl und Axams trug die Politik, die Jugendämter blieben untätig, ignorierten den breiten Diskurs zur prinzipiellen Untauglichkeit dieser Heime für die gedeihliche Entwicklung von Säuglingen und Kleinkindern, die Kinderärzte und Ärztinnen schwiegen. Die Tiroler Landesregierung räumte betriebswirtschaftlichen und budgetschonenden Erwägungen Vorrang ein und nahm schlecht qualifiziertes Personal und einen viel zu hohen Betreuungsschlüssel bei unzulänglicher materieller und räumlicher Ausstattung der Heime in Kauf. Erst in den 1970er Jahren begann ein Umdenken. Investitionen in den Neu- und Umbau von Arzl und Axams kamen jedoch zu einem Zeitpunkt, als Säuglings- und Kleinkinderheime bereits als unzeitgemäß und ungeeignet als Lebensort für Säuglinge und Kinder galten.

Die Säuglingskrankenschwestern, Hilfsschwestern und Praktikantinnen mussten unter den denkbar schlechtesten Voraussetzungen die Kinder versorgen. Den Auftrag, die Kinder medizinisch-pflegerisch gut zu betreuen, erfüllten sie in der Regel. Die unzulänglichen Rahmenbedingungen und strukturellen Mängel, die Vernachlässigung und Gewalt förderten, sind auf Versäumnisse von Politik und Verwaltung zurückzuführen. Die Rangordnung innerhalb des Pflegepersonals in den Heimen Arzl und Axams war streng hierarchisch aufgebaut, so dass in erster Linie die Heimleitungen und die wenigen diplomierten Säuglingskrankenschwestern aufgefordert gewesen wären, gegen die Missstände aktiv zu werden. Einfluss und Durchsetzungskraft der Schwestern gegenüber der Politik und den direkten Vorgesetzten in der Krankenhausverwaltung waren aber begrenzt, lautstarke Proteste und ein Aufrütteln der Öffentlichkeit hätten eine große Zivilcourage benötigt. Und dies in einem dienenden Beruf, der von einer Ideologie des Helfens und Aufopferns geprägt war. Es war einfacher, wegzuschauen und zu schweigen als Konflikte mit mächtigen Vorgesetzten zu riskieren. So passten sich die meisten Arbeitnehmerinnen an die Strukturen an, die ihr Verhalten wesentlich mitsteuerten, und beruhigten sich mit der harten Arbeit, die sie für die Kinder leisteten. Einige verließen so schnell wie möglich die beiden Heime, andere gaben ihr Bestmögliches aus liebevoller Zuwendung zu den Kindern. An den grundlegenden Missständen in Arzl und Axams änderte all dies wenig.

Schon in den 1960er Jahren zeigten Untersuchungen wie jene von Lotte Schenk-Danzinger, die sieben Jahre lang bis 1970 an der Universität Innsbruck lehrte,[42] dass kontinuierlicher positiv emotionaler Kontakt zu Erwachsenen im Heim, besonders aber in einer Ersatzfamilie, die Intelligenz und sonstige Entwicklung von Heimkindern merklich verbesserte.[43] Da die Jugendämter viele Kinder von den Landes-Säuglings- und Kinderheimen Arzl und Axams auf privaten Pflegeplätzen unterbrachten, erhebt sich die Frage, ob diese Chance in der Realität genutzt wurde.

Auf Pflegeplätzen:
Sexuelle Übergriffe – Knechte und Mägde ohne Bezahlung

Seit 1918 übte das neu geschaffene Jugendamt der Stadt Innsbruck die Vormundschaft über unehelich geborene Kinder und Pflegekinder (Ziehkinder) ihres Zuständigkeitsbereiches aus. Die Nationalsozialisten errichteten nach ihrer Machtübernahme ein Landesjugendamt und Bezirksjugendämter. Die Verordnung über die Jugendwohlfahrt in der Ostmark vom März 1940 regelte, dass die Jugendämter im Pflegekinderwesen wohl die Verantwortung innehatten, die Betreuung der Pflegekinder übernahm aber die Nationalsozialistische Volkswohlfahrt (NSV), ein der NSDAP angeschlossener Verband. Mit der Wiedererrichtung der Republik Österreich und des Landes Tirol fiel auch diese Aufgabe zur Gänze in den Zuständigkeitsbereich der Jugendämter. „Mit Freuden übernahm das Städtische Jugendamt nach dem Zusammenbruch des Reiches seinen natürlichen vollen Wirkungskreis", ist im Statistischen Handbuch der Stadt Innsbruck aus dem Jahr 1950 zu lesen.[44] Als Pflegekinder galten nach dem Krieg Minderjährige unter 14 Jahren bzw. ab dem Jugendwohlfahrtsgesetz 1954 unter 16 Jahren in fremder Pflege, die nicht im Haushalt der Eltern oder nahestehender Verwandter aufwuchsen.

Mindestens ein Drittel der 125 Menschen, die sich bei der Opferschutzkommission der Stadt Innsbruck meldeten, befanden sich vorübergehend in einer Pflegefamilie oder, was mehrheitlich der Fall war, an mehreren Pflegestellen in Innsbruck bzw. auf dem Land. Mit den Kommissionsmitgliedern sprachen sie nicht wegen ihres Aufenthaltes auf einem Pflegeplatz, sondern um ihre Erfahrungen in einem städtischen Heim zu schildern. Von selbst nahmen die Betroffenen nur dann Bezug auf ihre Pflegefamilie, wenn es ihnen dort besonders schlecht ergangen war, in seltenen Fällen auch, wenn sie positive Erinnerungen hatten. Für eine ganze Reihe von ihnen war der Pflegeplatz kaum erwähnenswert, weil erstens die Verweildauer zu kurz war, um zu beeindrucken, zweitens diese Form der Fremdunterbringung in ihren frühen Lebensjahren stattfand und nur mehr mit unscharfen Erinnerungen verbunden ist oder drittens die negativen Erlebnisse im Heim die Erinnerung an die Zeit in den Pflegefamilien überlagerten und verblassen ließen.

Die Gründe für die Unterbringung in einer Pflegefamilie

Die Fürsorgebehörden gingen davon aus, dass die Unterbringung in einer Pflegefamilie die Entwicklung eines Kindes besser fördern würde, als das im Heim möglich war. Dies galt umso mehr für Säuglinge und Kleinkinder, für die die Aufnahmekapazität in öffentlichen Einrichtungen viel zu gering war. Doch auch das Angebot an privaten Pflegestellen konnte den Bedarf bei Weitem nicht decken. Der Mangel an Pflegefamilien blieb bis Ende der 1960er Jahre akut, nur in der zweiten Hälfte der 1950er Jahre gab es in den Bezirken Imst, Landeck oder Innsbruck-Land ausreichend Pflegestellen. Am besten gestaltete sich die Lage in Reutte, wo aber nur sehr vereinzelt Kinder aus Innsbruck Aufnahme fanden, und bis Mitte der 1960er Jahre in Osttirol, das im Bereich der Pflegeeltern für Innsbruck nur eine untergeordnete Rolle spielte. Im Laufe der 1960er Jahre bot der Fremdenverkehr bäuerlichen, aber auch städtischen Haushalten Alternativen zur Tätigkeit als Pflegeeltern, um zusätzliche Einkommen lukrieren zu können. Auch die Tendenz zur Übernahme von Adoptivkindern stieg an.

In der Nachkriegszeit war die Situation unter dem Vorzeichen der Wohnungsnot, des sozialen Elends, der abwesenden Väter und der großen Zahl von Waisen und Halbwaisen katastrophal. So stellte das Innsbrucker Jugendamt 1950 einen „seit Jahren bestehenden Mangel an ausreichenden und geeigneten Pflegestellen" fest. Das Amt hielt Ausschau am Land und freute sich über Pflegefamilien für Innsbrucker Kinder in Osttirol. Die Bezirksfürsorgerinnen mühten sich im Außendienst ab, Familienpflegestellen zu ermitteln, „jedoch meist ohne nennenswerten Erfolg, weshalb sich das Jugendamt begnügt, zumindest für Fälle vorübergehender Art hin und wieder einen Pflegeplatz besetzen zu können. In den meisten Fällen zwingt der Pflegestellenmangel zur Heimunterbringung im städt. Kinderheim Mariahilf oder in den h. o. bestehenden Privatkinderheimen."[45]

Das Jugendamt beklagte die seit Jahren mangelnde Bereitschaft, „Ziehkinder" aufzunehmen. Die ihrer Meinung nach überhöhten Pflegegeldforderungen wies es zurück,[46] doch musste die Behörde selbst zugeben, dass der Pflegegeldsatz den „enormen Teuerungsverhältnissen" längst nicht mehr gerecht wurde.[47] Da die Bereitschaft von Familien im Stadtgebiet von Innsbruck, Pflegekinder zu nehmen, „äußerst gering" war, sah sich das Jugendamt veranlasst, viele Kinder am Land unterzubringen. Im Unterinntal gab es nahezu keine Pflegefamilien für Stadtkinder, in Osttirol nur einige wenige. Die meisten Pflegestellen boten die Bezirke Imst, Landeck und Innsbruck-Land.[48] Im Winter 1951 konnte eine Revision im Jugendamt Innsbruck-Land, das sich – vergeblich – eine Übersicht über die privaten Pflegeplätze verschaffen wollte, nur 380 Kinder in Pflegefamilien feststellen. Alleine das Stadtjugendamt Innsbruck hatte „eine viel größere Anzahl von Kindern" in den Bezirk in Pflege gegeben.[49]

Die Fürsorgerinnen waren froh, die Kinder überhaupt irgendwo unterbringen zu können, deshalb war vielerorts die Qualität der Unterkunft denkbar schlecht, wie das Jugendamt selbst einräumen musste: „Daß die Eltern und Kindesmütter eine gewisse Skepsis in der Vermittlung ihrer Kinder auf ländliche Pflegestellen äußern, kann nicht von der Hand gewiesen werden, weil deren Güte bisweilen zu wünschen übrig läßt."[50]

Anfang 1970 hatte sich die Lage nicht wesentlich verändert. Das Stadtjugendamt bedauerte nach wie vor das knappe Angebot im Stadtgebiet, daher war es „für jede namhaft gemachte gute Pflegestelle dankbar".[51]

Die Bezirkshauptmannschaft Landeck forderte in regelmäßigen Abständen vergeblich ein Kleinkinderheim bis zum sechsten Lebensjahr für die westlichen Bezirke Tirols, die Bezirkshauptmannschaft Kitzbühel urgierte für Kleinkinder, aber auch für Jugendliche und die Nachbetreuung „ein Heim in der Art der Kinderaufnahmestelle der Gemeinde Wien". Sie schlug die Errichtung eines Durchgangsheims in Innsbruck vor, oder zumindest eine Abteilung für eine vorübergehende Aufnahme von Kindern und Jugendlichen, angegliedert an ein bereits bestehendes Heim.[52] Der Mangel an freien Heimplätzen und Pflegefamilien in Innsbruck erzeugte einen Rückstau, der durch eine Verschickung von Stadtkindern aufs Land abgefedert wurde. Mit Ausnahme von Osttirol fehlten aber auch in den Bezirken Pflegeplätze, „insbesondere für Kleinstkinder", so die Bezirkshauptmannschaft Innsbruck-Land.[53] Pflegeplätze fanden sich am Land, weitaus seltener in den Bezirksstädten. Das Jugendamt Lienz betonte, dass Osttirol „von jeher" als besonders aufnahmefreudig bekannt sei. Eher einem Wunschdenken und der Legitimation für die Unterbringung vieler auswärtiger Kinder auf Bauernhöfen im Bezirk Lienz entsprach die Behauptung, dass die Pflegeplätze in der Regel nicht nur „gut und wertvoll" waren, sondern dass die erzieherischen Fähigkeiten der Pflegeeltern den Ansprüchen gerecht wurden, auch wenn der Landbevölkerung die Zeit fehle.[54] Aus dem strukturschwachen Bezirk Landeck meldeten sich Private, die sich beim Stadtjugendamt Innsbruck als Pflegeeltern anboten. Zudem warb die städtische Fürsorge in den Bezirken und bot höhere Pflegesätze, als dies ortsüblich war. Dieser Zuzug „bezirksfremder Kinder" war in vielen Bezirken angesichts eigener Pflegeplatzwerbung bei wenigen freien Pflegestellen nicht gerne gesehen.[55] Die Bezirksfürsorgeämter mussten ihre Sätze im Rahmen ihrer Politik, Einzelvereinbarungen mit den Pflegeeltern auszuhandeln, um möglichst niedrige Pflegegelder zu zahlen, moderat erhöhen.[56] Das Jugendamt Kitzbühel lamentierte, dass selbst bäuerliche Pflegestellen nur mehr selten für das geringe Entgelt, das es bot, zu bekommen waren, vor allem, wenn es sich um Säuglinge handelte. Die Mütter waren darauf angewiesen, ihre Kinder noch häufiger bei näheren und weiteren Verwandten bzw. Bekannten unterzubringen, weil sie die „verhältnismäßig hohe Zahlung" nicht aufbringen konnten. Schließlich waren ja sie es, die im höchstmöglichen Maß zur Begleichung der Kosten für die Fremdunterbringung aufzukommen hatten. Das Jugendamt nahm es in Kauf, dass aus seiner Sicht „in vielen solchen Fällen nicht der sonst übliche Maßstab für empfehlenswerte Pflegestellen anwendbar" war, schon allein, weil es diesen armen Familien an „gesunden und ausreichenden Wohnräumen" fehlte.[57] In der ersten Hälfte der 1950er Jahre nahm die Zahl der Bauernfamilien auch in Bezirken wie Lienz und Imst, die ohne Pflegegeldzuwendungen bereit waren, Kinder aufzunehmen, ab. Sich für Kost und Logis allein mit der Arbeitskraft der Pfleglinge zufrieden zu geben, erschien immer weniger Bauern attraktiv genug. Bauernfamilien, die nur Bekleidungshilfe und Schulgeld erhielten, hatten ein besonders hohes Interesse daran, aus dem Pflegling einen Knecht oder eine Magd zu machen. Der Kommentar des Jugendamtes Lienz entbehrte nicht eines gewissen Zynismus: „Vielfach werden Kinder unentgeltlich aufgezogen und erhalten dann, wenn sie aus der Schule sind, keinen Lohn. Der Bauer hält sie auch in dieser Beziehung seinen eigenen Kindern gleich."[58] So sei es „bisher vielfach vorgekommen, dass Pflegekinder, die bei Bauern aufwachsen, auch nach der Schulentlassung weiterhin verblieben sind, ohne dass sie einen Lohn erhalten haben oder zumindestens bei einer Krankenkassa versichert sind".[59]

Die Fürsorgebehörden trieben die Unterbringung an privaten Pflegestellen, insbesondere am Land, nicht nur wegen des Pflegeplatzmangels voran – obwohl das Niveau in vielen Fällen nicht entsprach und die Qualität der Unterbringung auf Bauernhöfen nicht einmal jene in einer durchschnittlichen Arbeiterfamilie in Innsbruck erreichte: Die Kinder- und Jugendfürsorge war nicht ausreichend finanziell ausgestattet, Pflegefamilien kamen der Stadt weitaus billiger als Heimplätze. Für die Jugendämter in Tirol war aber genauso offensichtlich, dass nicht nur sie, sondern auch die überwiegende Mehrheit der Pflegefamilien ökonomische Motive hatte, ein Kind aufzunehmen. Doch daran stießen sie sich kaum, auch wenn bisweilen in internen Berichten Klage geführt wurde. Pflegeeltern in Innsbruck nutzten die Pfleglinge als zusätzliche Einkommensquelle und Haushaltshilfe, in ländlichen Pflegestellen war es neben dem finanziellen Beitrag der Mütter, teils auch der Väter, und der Stadt Innsbruck die Arbeitsleistung am Hof, die die Aufnahme von Pflegekindern interessant machte. Körperlich beeinträchtigte und schwache Kinder kamen für eine Vermittlung in eine Pflegefamilie ebenso wenig in Frage wie Kinder, die das Jugendamt oder die medizinischen ExpertInnen als „seelisch schwer geschädigt" oder zu verwahrlost einstuften. Diese Minderjährigen wussten die Behörden in einem Kinder- und Erziehungsheim besser aufgehoben. Die Fürsorgebehörde stellte mit Blick auf die Fremdunterbringung am Land klar: „Für verwöhnte oder auch gesundheitlich schwächliche Kinder sind diese Pflegestellen in der Regel nicht geeignet."[60]

Die Bezirksjugendämter berichteten ausführlich darüber, aus welchen Gründen Bauernfamilien Pflegestellen anboten. Notorischer Mangel an Geld und Arbeitskräften war es, der sie nach Pflegekindern Ausschau halten ließ,[61] am liebsten waren ihnen Kinder in einem Alter, in dem sie sich nützlich machen konnten,[62] und Kinder, um die sich niemand kümmerte: „Die Bauern rechnen ja auch mit der Hilfe, die sie einmal später von dem Pflegekind zu erwarten haben."[63] Mädchen und Buben ab neun Jahren wären leicht unterzubringen, vor allem wenn die Bauernfamilien damit rechneten, dass die Pflegekinder als künftige LandarbeiterInnen am Hof blieben.[64] Ansonsten wäre der Erfolg in der Werbung um Pflegeplätze eine Frage des Pflegegeldes.[65] Jugendämter sprachen davon, dass Pflegeplätze für Kleinkinder am ehesten bei einkommensschwachen Bauernfamilien gewonnen werden konnten, „die das monatliche Bargeld" locke.[66] Waren Kinder in der Lage am Hof mitzuarbeiten, trachteten sie danach, sich das Kleidergeld zu sparen, das sie in diesen Fällen im Pflegekostensatz beinhaltet sahen.[67] Was Jugendämter auf diese Weise förderten, stimmte sie gleichzeitig bedenklich. Da sich die Gebirgsbauern von der Erwägung leiten lassen würden, gute Arbeitskräfte heranzubilden, sei auf ländlichen Pflegestellen „immer die Gefahr gegeben, dass die Pflegekinder über die Gebühr zur Arbeit herangezogen werden".[68]

Innsbrucker Pflegekinder, die am Land untergebracht waren, befanden sich meist auf kleinen Höfen in strukturschwachen Regionen. Aufgrund des Mangels an LandarbeiterInnen und fehlender finanzieller Mittel herrschte dort eine Kluft zwischen den Produktionserfordernissen und den notwendigen Arbeitskräften. So waren es die Familienangehörigen, die die anfallenden Arbeiten im Kampf um die bäuerliche Existenz zu bewältigen hatten – mit der bitter benötigten Hilfe der Pflegekinder. Zwischen 1950 und 1970 mussten in Tirol 2.941 kleinbäuerliche Höfe mit bis zu zehn Hektar Grundfläche ihren Betrieb einstellen.[69] Ein weiterer starker Trend war die Ausweitung der Nebenerwerbslandwirtschaft. Dies bedeutete eine massive Mehrbelastung der Frauen, die Männer mussten einen wesentlichen Teil ihrer Freizeit und ihres Urlaubs als Arbeitnehmer in die Landwirtschaft investieren. Noch 1960 waren über 60 % der Bauernhöfe in Tirol ohne Traktoren.[70] Doch trotz „erhöhtem Fleiß und größerer Genügsamkeit" reichte der Ertrag des Hofes oft nicht aus, viele mussten aufgeben.[71] In diese Bedarfslücke stieß die Aufnahme von Pflegekindern am Land, die, wie in anderen Bundesländern auch, eine spezifische Kultur vorfanden: „Wer sich den täglichen Arbeitsverpflichtungen bedingungslos fügt, gilt als ‚brav': wer seine persönlichen Gefühle artikuliert, rührt an den ungeschriebenen Gesetzen des Hofs. Ständig ermahnen die immergleichen Worte zum Gehorsam: ‚Da gehst her! Dort bleibst! Ruhig bist!'"[72]

In Tirol gibt es nicht nur eine lange Tradition, dass Mägde ihre unehelichen Kinder in fremde Pflege auf Bauernhöfen geben mussten, auch Arbeiterinnen suchten sich Bauernfamilien, in die sie zeitweilig ihre Kinder unterbrachten, um einer Erwerbsarbeit nachgehen zu können. Nicht nur in der unmittelbaren Nachkriegszeit, als die Mittel der öffentlichen Hand begrenzt waren, finden sich in Innsbruck – vom ländlichen Tirol gar nicht zu sprechen – viel zu wenige Krabbelstuben, Kindergärten, Horte oder Ganztagsschulen. Eine konservativ ausgerichtete Frauen- und Familienpolitik schrieb dieses Defizit in Tirol und in etwas abgeschwächter Form in der Landeshauptstadt bis in die jüngere Zeit fort. Eine Berufstätigkeit stellte alleinerziehende Frauen und einkommensschwache Familien, die auf den Verdienst beider Eltern angewiesen waren, bei der Erziehung, Aufsicht und Beschulung ihrer Kinder vor schwer zu bewältigende Herausforderungen. Die großen Lücken in der sozialen Infrastruktur, die auf das gesellschaftliche Ideal der bürgerlichen Kleinfamilie ausgerichtet war, zwangen Angehörige der unteren Klasse zur Fremdplatzierung ihrer Kinder in einer Pflegefamilie, wenn das Jugendamt nicht bereits vorher eine Gefährdung des Kindeswohls aufgrund mangelnder Aufsicht sah und eine Heimeinweisung betrieb. Viele dieser Mütter arbeiteten unter den besonders ungünstigen Arbeitszeiten in Tourismus und Gastgewerbe, nicht selten auf Saisonstellen, an denen sie nicht lange verweilen konnten. Sie brachten ihre Töchter und Söhne einmal hier und einmal dort bei Verwandten und Bekannten unter oder bei Familien, die sie selbst gefunden hatten, oder auf Vermittlung des Jugendamtes. Aus diesen Problemlagen heraus ergab sich ein häufiger Pflegeplatzwechsel mit negativen Folgewirkungen für die Kinder, oft kam es zwischen Mutter und Kind zu Entfremdungserscheinungen, zu denen die Entfernung des Pflegeplatzes vom Arbeitsort der Mutter beitrug. Die Schwierigkeiten der Kinder, die mit fehlenden Bezugspersonen einhergingen, übersetzten Fürsorgerinnen, Lehrkräfte und heilpädagogische ExpertInnen als Verwahrlosungsmerkmale und Unfähigkeit des Kindes, sich in einer Pflegefamilie zurechtzufinden. Unter diesen Bedingungen entwickelten sich Laufbahnen, die in individualisierender Terminologie als „Heimkarrieren" bezeichnet werden. Zahlreiche Mütter kamen mit ihrem Lohn ganz oder teilweise für den Pflegeplatz auf. Schon allein dieser Umstand zwang zur Erwerbstätigkeit, ein Arbeitsplatz reihte sich an den anderen. Doch auch dies gereichte diesen Frauen zum Nachteil, da sie dem Kind in den Augen des Jugendamtes kein stabiles Zuhause boten und als unstet etikettiert wurden. Als Folge drohten fürsorgliche Maßnahmen bis hin zur Einweisung des Kindes in ein Heim.

Die Gründe für die Unterbringung als Pflegekind waren Wohnungsnot, psychische, physische und Alkoholerkrankungen der Eltern, Scheidung und Unehelichkeit, häusliche Gewalt, vermeintliche und reale Vernachlässigung. In Innsbruck waren unter den Kindern in fremder Pflege bis 1964 rund 90 % außerehelich geboren, 1969 fiel die Zahl der unehelichen Kinder auf einem Pflegeplatz erstmals unter 80 %, 1978 unter 70 % und 1980 machten sie nur noch die Hälfte aus.[73]

Die zuweisende Instanz war das städtische Jugendamt, legitimiert durch fallweise Gutachten der Kinderbeobachtungsstation des Landeskrankenhauses Innsbruck.

Die Behörde war besonders bemüht, ein Baby oder Kleinkind im Anschluss an seinen Aufenthalt in den Säuglings- und Kleinkinderheimen Arzl und Axams in einer Pflegefamilie unterzubringen. Oft stand hinter der Vermittlung eines Pflegeplatzes kein rationaler Plan oder eine genaue Prüfung der Pflegefamilie. Abgesehen von kostensparenden Erwägungen und der Überzeugung, dass eine Unterbringung in einer Pflegefamilie für Kinder gedeihlicher wäre als ein Heimplatz, spielte der Zufall eine große Rolle, wo gerade ein Pflegeplatz frei war. Die Mütter waren bei der Suche nach einer privaten Pflegestelle im hohen Maß aktiv, da sie auf eine Beaufsichtigung ihrer Kinder angewiesen waren und so auch eine Heimeinweisung verhindern konnten. In der Regel kam es dabei mehr oder weniger zu einem Einvernehmen zwischen ihnen und dem Jugendamt.

Selten bereiteten die Fürsorgerinnen die Kinder auf die neue Situation und die Pflegeeltern vor, da im gesellschaftlichen Konsens auf die Befindlichkeiten des Kindes, das man nicht als eigenständige, mit unveräußerlichen Rechten ausgestattete Persönlichkeit ansah, kaum Rücksicht genommen wurde; zudem erstickten die Fürsorgerinnen in Arbeit.

Die Kinder mussten den Pflegeplatz wieder verlassen, wenn das Jugendamt oder die Kinderbeobachtungsstation des Landeskrankenhauses Innsbruck eine straffe Führung in einem Heim für notwendig erachteten. Dies galt besonders dann, wenn die Pflegefamilie das Kind nicht mehr wollte, es Konflikte auslöste, zu viele Schwierigkeiten machte, mangelnde Schulreife aufwies oder schlechte Schulleistungen erbrachte. Eine ganze Reihe von Pflegefamilien war selbst instabil, hatte Eheprobleme oder trennte sich gar.

Erfahrungen

Die Pflegeeltern in der Stadt Innsbruck stammten vorwiegend aus der Arbeiterschicht und der unteren Mittelschicht. Vereinzelt gilt dies auch für Familien aus dem Bezirk Innsbruck-Land. Pflegekinder, die außerhalb von Innsbruck untergebracht waren, fanden sich häufig auf kleinbäuerlichen Höfen in strukturschwachen Regionen wieder. Hier ergab sich das Problem der großen Distanzen zu den biologischen Eltern und zum gewohnten sozialen Umfeld.

Da die Erlebnisse in den Heimen derart schlimm und traumatisierend waren, trat das Geschehen in der Pflegefamilie bei den Erzählungen der ehemaligen Heimkinder vor der Opferschutzkommission in den Hintergrund. Die Mehrheit drängte es, über die Kindheit im Heim zu sprechen und weniger über die privaten Pflegeplätze. Keine einzige Pflegestelle wurde im positiven Sinne so bedeutend, dass ehemalige Pflegekinder sie in späteren Jahren als eigene Familie empfunden hätte. Die wenigen guten

Pflegestellen, die das Potenzial dazu gehabt hätten, hatten sie wieder verlassen müssen, meist auf Anordnung der Fürsorgebehörde oder aufgrund von Gutachten von ExpertInnen der Psychologie, Psychiatrie und Heilpädagogik.

Zwar überwiegen die schlechten Erfahrungen als Pflegekind bei Weitem, dennoch gibt es auch Stimmen, die das Gute hervorheben. Im Mittelpunkt steht, ein Gefühl der Zugehörigkeit empfunden zu haben, ausreichend versorgt worden zu sein und Unterstützung erlebt zu haben. Zuneigung und Interesse zeigten sich auch nach der Überstellung in ein Heim, wo einige wenige Pflegemütter ihren ehemaligen Schützling weiterhin regelmäßig besuchten oder gar abholten, um einige Zeit mit ihm zu verbringen.

Die Betroffenen klagten vereinzelt über schlechte oder ungenügende Ernährung, eine Kleidung, die sie als Pflegekind in der Öffentlichkeit sichtbar machte, über beengte Wohnverhältnisse und über einen generellen Mangel an Spielzeug, Taschengeld und Eigentum, das ihre Identität gestärkt hätte. Vielfach fehlte es an Freizeit und sozialen Kontakten, weil die Pflegeeltern Freundschaften unterbanden oder eine übergroße Arbeitslast aufbürdeten. Von Seiten der Fürsorge und der Kinderbeobachtungsstation in Innsbruck kam Kritik an hygienischen Zuständen, etwa wenn Kinder vor Schmutz strotzten und verdreckte Strumpfhosen ohne Unterhosen trugen. Zwar deutete dies auf einen wenig sorgfältigen Umgang mit Pflegekindern hin, doch manchmal stand dahinter nur ein anderer Standard am Land, so dass auch die biologischen Kinder der Bauernfamilien nicht anders herumliefen. Viele erlebten Benachteiligungen und einen Ausschluss aus der Klassengemeinschaft in der Schule, der eine oder die andere erwähnt eine Lehrkraft, die sich für sie einsetzte. Probleme in der Schule waren bei zahlreichen Pflegekindern schon deshalb vorprogrammiert, weil sie häufig den Pflegeplatz wechseln mussten. Nachhaltig negativ wirkte sich aus, dass die Pflegeeltern selten in der Lage waren, ihr Pflegekind im schulischen Fortgang zu unterstützen: aus Desinteresse, Zeitmangel und Überforderung. Kaum eine Pflegemutter oder ein Pflegevater verfügte über einen Bildungsgrad, der ihnen ermöglicht hätte, die Kinder intellektuell zu fördern. An vielen Pflegestellen hatte die Mitarbeit der Pflegekinder im Haushalt oder am Hof Vorrang gegenüber dem Unterricht und den Hausaufgaben. Am Land waren häufig weite Wegstrecken bis zur Schule zurückzulegen, Kinder kamen bereits müde in der Schule an; nicht zuletzt auch deshalb, weil sie bereits zeitig in der Früh Stallarbeiten verrichten mussten. In Zeiten hoher Arbeitsintensität am Bauernhof ging der Schulbesuch merkbar zurück oder wurde überhaupt eingestellt. In Tirol hielt sich die Einrichtung von „Ernteferien" in agrarisch dominierten Regionen besonders lang. Außerhalb von Innsbruck gab es in den 1960er und 1970er Jahren noch viele Volksschuloberstufen und so genannte Ausbauvolksschulen, da Bauernbund und Landwirtschaftskammer ihren Einfluss auf die Schulpolitik der Landesregierung geltend machen konnten und selbst die

Ausbreitung der Hauptschulen bremsten. Die vaterländisch und religiös ausgerichtete Heimatschule erschien als Schutzwall gegen die Landflucht der Dorfjugend und als Garant für eine rechte Gesinnung in Zeiten gesellschaftlichen und sozioökonomischen Umbruchs. Innsbrucker Pflegekinder, die außerhalb der Landeshauptstadt untergebracht waren, sahen sich daher schulisch im Hintertreffen.[74]

Der Mangel an Einfühlung und Verständnis ist zu einem bestimmten Teil erklärbar, wenn man bedenkt, dass in vielen Fällen Pflegeeltern völlig überfordert sein mussten. Ohne Ausbildung und Vorbereitung sahen sie sich mit Kindern konfrontiert, die nach mehreren Ortswechseln, Vernachlässigungs- und Gewalterfahrungen psychosoziale Hilfe benötigt hätten. Besonders häufig waren Überstellungen aus den Säuglings- und Kleinkinderheimen Arzl und Axams in eine Pflegestelle, wo viele dieser Kinder, wie wir gesehen haben, mit Hospitalisierungserscheinungen ankamen. Wenn ihre Pflegekinder schrien und tobten, einnässten und die Wände mit Kot beschmierten, aggressiv waren oder apathisch, machten sich Ohnmacht und Wut breit, die nicht nur kontraproduktive Bestrafungen hervorbrachten, sondern auch schnell in körperliche Gewalt umschlagen konnten. Diese Situation und der Umstand, dass die meisten Pflegeeltern ökonomische Motive hatten, Pflegekinder zu halten, lassen es wenig verwunderlich erscheinen, dass die ehemaligen Pflegekinder häufig physische und psychische Grenzverletzungen erfuhren und wiederholt im Wortlaut davon sprachen, Liebe statt Hiebe empfangen zu haben. In ihrer überwiegenden Mehrheit fühlten sie sich unerwünscht und überflüssig, entbehrten sie Geborgenheit und Zuwendung, spürten sie Distanz und Kälte, vor allem schmerzliche Zurücksetzung und Ungleichbehandlung im Vergleich zu den biologischen Kindern der Pflegeeltern.

„Schaut's mir nach bei den Pflegeeltern"

Die Geschichte von Rolf Rotter ist bemerkenswert, da sie Kontinuitäten von der NS-Zeit in die Zweite Republik ebenso verdeutlicht wie die katastrophalen Bedingungen, unter denen viele Pflegekinder auf Bauernhöfen aufwachsen mussten.[75] Von 1941 bis 1945 war er vom dritten bis zu seinem siebten Lebensjahr bei vier Pflegefamilien im Sellrain und in Oberperfuß untergebracht. Die Fürsorgerin berichtete, dass er bei der einen Pflegestelle gut aufgehoben war, bei der anderen zwar kein eigenes Bett hatte, ansonsten es ihm dort aber ebenfalls gut gegangen wäre. Die Pflegemutter auf seiner letzten Pflegestelle habe ihn liebgewonnen.

Die Realität sah gänzlich anders aus. Überall wurde er mit äußerster Brutalität geschlagen und gedemütigt, auf einem der Bauernhöfe musste Rolf Rotter im Kuhstall schlafen, beim nächsten zur Strafe im Schweinetrog. Wiederholt legte er sich in den Kuhdreck, um es warm zu haben. Nie nannten ihn die Pflegeeltern beim Vornamen, er hieß immer nur Rotter, Bettbrunzer oder die Drecksau. Von Kindesbeinen an hatte er zu arbeiten. Seine Mutter „verstarb" im März 1945 in der Heil- und Pflegeanstalt „Am Steinhof" in Wien. Nach dem Krieg lebte Rolf bei seiner Tante in Innsbruck, die ihn die ersten drei Lebensjahre versorgt hatte. Auch sie schlug ihn. Es folgten eineinhalb Jahre in der Bubenburg in Fügen, wo er sexualisierter Gewalt ausgesetzt war, und ein weiteres halbes Jahr an zwei Pflegestellen bei neuen Pflegefamilien im Sellrain und in Oberperfuß. Zehn Wochen lang beobachtete ihn Maria Nowak-Vogl an der Kinderabteilung der Psychiatrisch-Neurologischen Klinik der Universität Innsbruck. Verhöhnt, verspottet, vermessen, kalt geduscht, bedroht und ihren Studenten nackt vorgeführt habe ihn die Nervenärztin, die er im Gespräch zutiefst aufgewühlt als „Nazifrau, übrig geblieben vom Dritten Reich" bezeichnet. In den nächsten eineinhalb Jahren erlebte Rolf Rotter unvorstellbare Gewalt in der Jugendheimstätte Holzham-Westendorf, weitaus mehr von Seiten der Lehrer als der Erzieherinnen. Um den Hunger zu stillen, entwendete er Eier bei Bauern, bei denen er aushalf, oder kaute das Pech von Bäumen, wenn ihm nicht der Hausmeister ein Stück Brot zusteckte. „Die Zeit dort ist mir heute noch in Erinnerung und werde ich diese auch nie vergessen. 24 Stunden lang, 7 Tage die Woche nichts als Angst. Angst davor wieder geschlagen und gedemütigt zu werden."[76]

1953 bis 1955 verbrachte er wieder an einem Pflegeplatz auf einem Bauernhof, dieses Mal in Kelmen im Bezirk Reutte. Rolf Rotter hütete die Kühe, melkte sie, arbeitete im Stall, ging mit dem Steigeisen auf steile Bergwiesen und trug das Heu auf dem Kopf – all dies als Knecht ohne Bezahlung. Das Jugendamt, das auch diesen Pflegeplatz positiv einschätzte, wollte ihn loswerden, da das hinterlassene Vermögen der Mutter inzwischen aufgebraucht war. Obwohl es einen abermaligen Ortswechsel als nicht im Interesse des Minderjährigen ansah, fragte das Amt in der Bundeshauptstadt an, ob er nicht bei Verwandten in Wien unterkommen könnte. Rolf Rotter lief von seinen Pflegeeltern in Kelmen davon und ging zu Fuß zum Jugendamt nach Reutte, um ihm mitzuteilen, dass er wegen der vielen Schläge den Pflegeplatz verlassen hatte und Installateur lernen wollte. Die Fürsorgebehörde lehnte den Einsatz weiterer Kosten aus öffentlichen Mitteln ab. Sie brachte ihn als Hilfsarbeiter in den Textilwerken unter und besorgte ihm einen Schlaf- und Kostplatz im Altersheim, den er durch Hilfsdienste in der dortigen Landwirtschaft bezahlen musste. In der Bezirksstadt ging es ihm so gut wie noch nie. Er verfügte erstmals über ein eigenes Geld und wurde von Arbeitskollegen anständig behandelt und mit Kleidung versorgt. Die Schwester Oberin des Altersheims kümmerte sich um ihn. Sie war der erste Mensch, der ihn in die Arme nahm und nicht wegen des Bettnässens auslachte. Mit ihrer Mütterlichkeit stärkte sie sein Selbstvertrauen: „Du wirst sehen, hat sie zu mir gesagt, das bringen wir weg. Seit damals habe ich nie wieder ins Bett gemacht. Ich war 16 Jahre alt."[77]

Rolf Rotter arbeitete ein Vierteljahrhundert als Hilfsarbeiter in der Stickerei und am Hochofen, er erwarb ein kleines Grundstück, auf das er ein Haus errichtete und eine kleine Gärtnerei aufbaute. Er ist seit 55 Jahren verheiratet, hat vier Kinder, ein Sohn lernte Gärtnerei, die Enkel führen den Betrieb weiter. Im Alter von 73 Jahren begann er seine Kindheit und Jugend aufzuarbeiten: „Bis vor kurzem habe ich nie über meine Vergangenheit gesprochen, das bedeutet aber nicht, dass ich sie vergessen habe. Erst jetzt, nachdem ich so viele Berichte von anderen Opfern gelesen habe, fühle ich mich gestärkt, darüber zu sprechen. Jetzt bin ich endlich an dem Punkt, mit meiner Kindheit fertig zu werden, und möchte nicht weiter schweigen."[78]

Doch die Auseinandersetzung mit den ersten zwei Jahrzehnten seines Lebens hat einen hohen Preis. Seitdem schläft Rolf Rotter schlecht, schmerzhafte Erinnerungen bedrängen ihn und lösen beklemmende Gefühle aus. Die Einladung der Bürgermeisterin von Innsbruck und ihre persönlich vorgetragene Entschuldigung für das erlittene Unrecht waren ihm weitaus mehr wert als jede materielle Zuwendung. „Schaut's mir nach bei den Pflegeeltern", lautet die Botschaft, die ihm am Herzen liegt.[79]

„Ich habe geschwiegen. Ich war einfach voller Angst"

Einzelne Pflegekinder berichten von massiven sexuellen Übergriffen, die auf eine Mauer des Schweigens stießen. Entweder wurde ihren Erzählungen kein Glaube geschenkt, oder die Anzeichen für sexualisierte Gewalt wurden nicht erkannt oder gar ignoriert. Täter waren die Pflegeväter, zumindest in einem Fall scheint die Pflegemutter ihren Mann gedeckt zu haben. Fürsorgerinnen kontrollierten zu wenig oder deuteten das veränderte Verhalten des Pflegekindes falsch. Selbst wenn die Gewalt sich über Jahre erstreckte. Auch Selbstmordversuche konnten nicht richtig eingeordnet werden. Die Pflegeeltern drohten und schüchterten ein, das Kind schwieg aus Angst und Scham.

Janine Kostner[80] war vom Kleinkindalter an mehrere Jahre im Kinderheim Mariahilf und in einem katholisch geführten Heim untergebracht, wo sie physischer und psychischer Dauergewalt ausgesetzt war, bis sie in einer Pflegefamilie in Innsbruck unterkam. Trotz des Aktenvermerks der Fürsorgerin, dass es sich um „primitive Pflegeeltern" handle, die mit den Kindern im selben Raum schliefen, hielt das Jugendamt am Pflegeplatz fest. Entsprechend ihrem Einkommen zahlte die Mutter für die Fremdunterbringungen und auch für diese Pflegestelle viel Geld. Nach ihrem Suizidversuch mit zwölf Jahren konnte Janine Kostner ihre Pflegefamilie verlassen. Sie sprach bis zu ihrem Erscheinen vor der Opferschutzkommission der Stadt Innsbruck nie über die erlittene Gewalt in den Heimen und am Pflegeplatz, weder mit ihrem Partner noch mit ihren Kindern. Sie habe „wenig bis gar keinen Selbstwert entwickelt" und trage „an der Last, mit Schuld und Schande bedeckt und besudelt zu sein", erklärte Janine Kostner.[81] Ihr Bericht legt offen, wie sehr es an der Qualitätskontrolle bei der Auswahl der Pflegefamilien und an einem effizienten Überprüfungssystem während des Aufenthaltes von Kindern an einem Pflegeplatz mangelte, selbst in den 1970er Jahren. Sexualisierte Gewalt war immer noch ein tabuisiertes Thema, wenngleich zu diesem Zeitpunkt die Frauenbewegung in der Öffentlichkeit bereits Akzente gesetzt hatte. Doch die Familie wurde in die Sphäre des Privaten eingereiht, in der es für Kinder besonders schwierig war, die Mauer des Schweigens und der schmutzigen Geheimnisse zu durchbrechen.

„Mein Aufenthalt in einer Fürsorge-‚Pflegefamilie'
Mit sieben Jahren wurde ich zu einem Ehepaar in Innsbruck gebracht, zu meinen neuen ‚Pflegeeltern', die ich als Peiniger der besonderen Art in Erinnerung habe. (…) Anfangs dachte ich, ich wäre dort gut aufgehoben. (…) Es dauerte leider nicht allzu lange, bis ich die erste Tracht Prügel erhielt. Auch hier wurde ich mit Gewalt und schweren Strafen überhäuft. Geschlagen wurde viel, besonders gerne die Frau. Sie schlug mich mit Holzschuhen auf den Kopf, bis ich Beulen und offene Wunden hatte, Teppichklopfer und Ruten wurden eingesetzt; mein Hintern, Rücken und Oberschenkel waren von Striemen übersät und manchmal ist die Haut geplatzt. Dafür musste ich dann auch im Sommer Strumpfhosen tragen, damit niemand was sieht. Die Vorliebe dieser Frau war, mich auf den Mund zu schlagen, bis ich blutete. Sie meinte, ich hätte ‚häßliche Negerlippen'. Während dieser Jahre hatte ich ständig aufgeplatzte Lippen. Ich durfte niemals mit irgendjemand alleine sprechen, wurde dazu angehalten, ständig den Mund zu halten, SONST!!!! Auch nicht mit unserer eigenen Mutter, da war die Pflegefrau ständig mit dabei und hat genau aufgepasst, worüber gesprochen wurde. Eingesperrt wurde ich in das Bad, das kein Fenster hatte. So war der Raum absolut dunkel, ich hatte unglaubliche Angst. (…) So wurde ich ein gefügiges Mädchen. Ich hatte Angst vor Erwachsenen, Menschen überhaupt und wurde sehr still. Die exakte Sklavin und das Opfer.
Ich war schon mit acht Jahren zuständig, die Wohnung sauber zu halten, Fenster zu putzen, einzukaufen, Wäsche zu waschen mit Händen in der Badewanne. Ich brauchte dazu viele Stunden, habe manchmal vor 01:30 kein Bett gesehen. Ich wurde häufig von der Schule ferngehalten, um Dienste für Nachbarn gegen Entgelt zu verrichten, wie körbeweise Wäsche zu bügeln, deren Kinder zu beaufsichtigen etc. Der Geldbetrag wurde von den Leuten eingesackt. Ich hatte unendlich viele Fehlstunden, konnte nur noch schwer meinem Unterricht folgen. Spielen im Hof mit anderen Kindern war mir verboten, wie jeglicher Kontakt nach außen. Heute weiß ich, warum. Ich musste ständig bereit sein. Zum Putzen, einkaufen oder sonstige widerliche Dinge.

Baden durfte ich am Sonntag, nachdem alle anderen die Badewanne verlassen hatten. Zuerst kam der Mann dran, dann die Frau (...). Wenn ich mich an das Badewasser erinnere, war es kalt, grau, eine ekelerregende Brühe. Der Rand in der Wanne war schmutzig. Frisches, warmes Wasser einlassen war mir verboten.

Die Kleidung und die Spielsachen, ebenso wie manchmal Ring oder Kette, die unsere Mutter uns schenkte, wurden gegen Geld weitergegeben. Ich habe die Kleidung der Caritas getragen, zum Teil viel zu groß, altmodisch. Ich wurde in der Schule die ‚Jugoslawin' genannt. (...) Mir wurde so viele Male von dieser Frau gesagt, dass ich hässlich und wertlos sei, Abschaum, aus einer missratenen, schlechten Familie komme, dass ich bis heute wenig Bezug zu mir und meiner Äußerlichkeit habe. Als ich das erste Mal meine Periode bekam, wurde ich von dieser Frau dafür geschlagen. Ich erhielt keine Binden oder Tampons, ich musste Babywindeln einlegen, die bekam sie umsonst, weil die Familie unter uns eine Vertretung für so was hatte. Wenn etwas im Bettlaken zu sehen war, wurde ich geschlagen und mir wurde gedroht, dass das Leintuch öffentlich für alle anderen aufgehängt werden sollte. Mit diesen Windeln musste ich auch zur Schule gehen.

Worüber ich bis heute nur schwer reden kann, sind die sexuellen Übergriffe des Mannes. Es begann irgendwann, so etwa als ich sieben bis acht Jahre alt war. Kleinere Dinge, von denen ich ahnte, dass sie falsch und mir unangenehm sind. Es waren Berührungen, die ich nicht wollte. Er redete mir ein, dass ich darüber unbedingt zu schweigen habe, sonst würde ich sofort in ein Erziehungsheim eingewiesen werden. Glauben würde mir niemand als Heimkind. Dies wurde im Laufe der Zeit aber immer schlimmer. (...) Dass ich ständig mit ihm allein gelassen wurde von seiner Frau, (...) zeigt mir heute, dass sie es gewusst hat.

Ich habe mich in diesen Jahren in eine Traumwelt geflüchtet, war im alten Ägypten, bei den Indianern, im Weltall, im wilden Westen. So konnte ich einen Teil dieser schrecklichen Dinge ausschalten. Der Körper und mein Denken haben sich für einige Zeit getrennt. Und das war gut so für mich. Bis alles zurückkam und nicht wieder verschwinden wollte.

Bereits im Alter von neun Jahren habe ich das erste Mal über den Tod, das heißt Suizid, nachgedacht. Das hat sich aufgebaut, es wurde immer mehr meine tröstende Zuflucht. Der Gedanke an Tod und Ruhe war überwältigend. So entschloss ich mit zwölf Jahren zu sterben. Ich schluckte alle Medikamente, die griffbereit waren, und das waren viele. Das war mein letzter Akt bei diesen Leuten. Glücklicherweise hat mich damals im Klinikum Frau Dr. P. psychiatrisch betreut und mir auf eine Art und Weise geholfen, die alles erträglich machte. Ich hatte jemanden, der mich für wertvoll hielt.[82]

Ich habe geschwiegen. Ich war einfach voller Angst. Mit Frau Dr. P. habe ich nicht darüber sprechen können/mögen, es war alles zu frisch und für mich zu schlimm, damals. Ihr sind da schon einige Dinge aufgefallen, sie hat mich indirekt darauf angesprochen. Ich habe Dr. P. nicht die Wahrheit diesbezüglich sagen können, weil es mir zu schwer gefallen wäre zu sprechen. Ich musste jederzeit mit einer weiteren Heimeinweisung rechnen oder noch schlimmer, ich muss zu diesen unfassbar schrecklichen Menschen zurück, das wollte ich verhindern. Ich wollte endlich mal normal leben."[83]

Fahrlässige Aufsicht

Aufgabe der Bezirksverwaltungsbehörde war es, geeignete Pflegefamilien auszuwählen, zu genehmigen und sie zu überprüfen. In der Praxis übten die Fürsorgerinnen der Jugendämter die Pflegeaufsicht aus. Sie hatten durch ihre Kontrollbesuche zu gewährleisten, dass entsprechend dem gesetzlichen Auftrag die körperliche, geistige, seelische und sittliche Entwicklung des Pflegekindes gesichert war. Befand sich ein Innsbrucker Kind außerhalb der Stadt in Pflege, hatten die Bezirksfürsorgerinnen Nachschau zu halten. Zwar sollte das Bezirksjugendamt dem städtischen Jugendamt über die Beobachtungen laufend Bericht erstatten, in der Realität wurde dies allerdings nachlässig gehandhabt. Häufig waren die Pflegeberichte wenig aussagekräftig, schönfärberisch und stereotyp-standardisiert gehalten. Die Pflegekinder kamen nicht zu Wort, mit ihnen scheint kaum gesprochen worden zu sein, ob in Innsbruck oder am Land. Die Fürsorgerinnen überprüften in erster Linie, ob die Pflegemütter für einen hygienischen Mindeststandard und die – körperliche – Gesundheit von Säuglingen und Kleinkindern sorgten. Ein ehemaliges Pflegekind, das mit ihren beiden Geschwistern in einer Pflegefamilie in Innsbruck untergebracht war, erinnert sich daran, dass die Fürsorgerin zufrieden war, wenn Wohnung und Kleidung sauber und ordentlich aussahen oder die Hausaufgaben erledigt wurden; dass sie geschlagen, eingesperrt und zu einer Putzsklavin degradiert war, entging der Fürsorgerin, da sie mit den Kindern keinen vertrauensvollen Umgang pflegte.[84] Doch ohne Kommunikation mit den Pflegekindern war es für die Fürsorgerinnen schwierig, Einsicht in die tatsächlichen Familienverhältnisse zu bekommen, waren die Pflegeeltern doch bemüht, ein Potemkin'sches Dorf zu errichten. Wenn sie nicht einen bestimmten Verdacht hegten, kündigten die Fürsorgerinnen den Kontrollbesuch an, so dass sich die Pflegefamilien vorbereiten und eine heile Welt vorgaukeln konnten. In einem Bericht des Jugendamtes Landeck wird offensichtlich, auf welche Widerstände die Nachschau von Fürsorgerinnen stieß, ebenso aber auch, dass die Behörden sowohl auf den behaupteten „Volkscharakter" als auch auf das beanspruchte Anrecht von Familien auf Privatheit Rücksicht nahmen. Das Bezirksjugendamt machte darauf aufmerksam, dass die Besuche der Fürsorgerinnen als ungebetene Einmischung in die Familie aufgefasst wurden, und die Fürsorgerinnen „Ziehkinder" deshalb nur fallweise aufsuchten. Das Amt musste sie gegen massive Beschwerden von Pflegeparteien in Schutz nehmen: „Das im Volkscharakter des Oberländers wurzelnde Mißtrauen und eine gewisse Verschlossenheit gewährt nur sehr ungern fremden und noch unlieber einheimischen Menschen Einblick und Einfluß in den Haushalt und auf diesen."[85]

Dennoch ist den Akten zu entnehmen, dass Hausbesuche auch von Nutzen sein konnten und das eine oder andere Kind aus einem untragbaren Pflegeverhältnis herausgenommen wurde. Die mangelhafte Kontrolle der Pflegefamilien hatte einen weiteren Grund: Die Fürsorgerinnen waren völlig überarbeitet, es gab viel zu wenige Dienstposten. Gemessen an den Vormundschaften war der Betreuungsschlüssel in der Landeshauptstadt 1952 der mit Abstand beste, die Unterschiede zwischen den Bezirksjugendämtern waren abgesehen von Kufstein relativ gering. 1969 hatten die Fürsorgerinnen nur im Bezirk Reutte weniger Mündel zu betreuen als in Innsbruck. Kamen rein rechnerisch auf eine Fürsorgerin in Reutte 126 Kinder und in Innsbruck 225, waren es rund 300 bzw. 400 bei den Bezirksfürsorgeämtern Landeck und Imst, über 400 in Schwaz und Lienz und gar knapp 550 im Bezirk Innsbruck-Land. Im Bezirk Kufstein waren 1969 derart viele Fürsorgerinnen ausgefallen, dass den 2.000 Amtsmündeln nur eineinhalb Dienstposten für Fürsorgerinnen gegenüberstanden. Generell hatte der Bezirk Kufstein auch in relativen Zahlen stets die meisten Vormundschaften mit dem schlechtesten Personalschlüssel bei den Fürsorgerinnen zu betreuen.[86] Nicht nur im Außendienst, auch in den Ämtern selbst war das zur Verfügung stehende Personal unzureichend. Das Stadtjugendamt Innsbruck beklagte, die doppelte Anzahl von Vormundschaften pro Amtsvormund im Vergleich zu Wien betreuen zu müssen.[87]

Im Jugendamt der Stadt Innsbruck waren die Fürsorgerinnen nicht wie im übrigen Tirol Einheitsfürsorgerinnen, die auch den Gesundheitsbereich abdecken mussten, obwohl dies der Leiter der Magistratsabteilung V, Franz Duregger, gefordert hatte. Zu Kriegsende hatte die Stadt nur zwei Fürsorgerinnen, die unmöglich die anfallende Arbeit bewältigen konnten. 1938 waren es noch elf gewesen. Das Amt forderte die Ausschreibung weiterer Dienstposten, sobald wieder geordnete Verhältnisse herrschten, da die Agenden, die die NSV-Jugendhilfe übernommen hatte, wieder in die Zuständigkeit des Jugendamtes zurückgefallen waren, vor allem der zeitintensive Außendienst.[88] 1947 waren in der Landeshauptstadt erst 7,5 Dienstposten für Jugendfürsorgerinnen besetzt. Im Juni 1948 schuf der Stadtsenat nach einer internen Ausschreibung sieben neue Dienstposten,[89] so dass 1949 13 Jugendfürsorgerinnen und ein männlicher Jugendfürsorger, der sich zunächst um schulentlassene männliche Jugendliche kümmerte, angestellt waren. Vizebürgermeister Flöckinger (SPÖ) hatte zunächst Bedenken wegen der Anstellung eines Mannes geäußert: „Ich frage mich nun, ob ein männlicher Fürsorger, der als Beamter in einer Abteilung größere Aussichten hat, aus Idealismus darauf verzichten und sich der Fürsorge widmen soll. Er wird sich gerade wegen seines Fortkommens trotz aller Veranlagung nicht dazu entschließen, besonders wenn er verheiratet ist." Deshalb achtete der Gemeinderat darauf, dass dem männlichen Bewerber Aufstiegschancen eingeräumt wurden. In der Tat machte Hans Zöbl, der aus dem Ernährungsamt kam, auch Karriere; mit 1. Jänner 1974 wurde er Vorstand des Vormundschaftsamtes.[90]

Gemeinderätin Sonja Oberhammer (ÖVP) bezeichnete die Verdoppelung der Dienstposten als großen Fortschritt: „Die Mehrausgaben, die die Stadtgemeinde dadurch auf sich genommen hat, werden sich in kürzester Frist im sittlichen und moralischen Wiederaufbau, ohne den jeder materielle Wiederaufbau sinnlos ist, in wohltätigster Weise auswirken."[91] Die Stadt legte Wert auf fachlich ausgebildete Fürsorgerinnen, bei Stellenausschreibungen setzte sie die Absolvierung der zweijährigen Sozialen Frauenschule voraus.[92] Allerdings war es, so die Diskussion im Gemeinderat, wegen nationalsozialistischer Belastung gar nicht so einfach, eine ausreichende Zahl an Fürsorgerinnen einzustellen. Dieselbe Problematik tat sich auch bei der Heranziehung von Erzieherinnen als Fürsorgerinnen auf, weil sie „bei der NSV. waren und daher für heute nicht ohne weiters verwendet werden können". Die Stadt Innsbruck hatte daher zwei Frauen in ein anderes Bundesland zur Schulung geschickt und wollte interessierten Angestellten des Magistrats den Besuch einer Fürsorgerinnenschule ermöglichen.[93] Sie hoffte auf künftige Abgängerinnen des am 1. Dezember 1946 im Rahmen des Seminars für soziale und karitative Frauenberufe eröffneten zweijährigen Fürsorgerinnenkurses in Innsbruck,[94] der späteren „Sozialen Frauenschule der Caritas der Diözese Innsbruck (Fürsorgerinnenschule, Familienhelferinnenschule, Hauswirtschaftliche Berufsschule)", die 1948 das Öffentlichkeitsrecht erhielt. Insgesamt ist es nicht verwunderlich, dass mindestens vier der acht im Frühjahr 1947 eingesetzten Jugendfürsorgerinnen diese Funktion bereits in der Zeit des Nationalsozialismus ausgeübt hatten.[95] Generell wurden junge Frauen als Fürsorgerinnen eingestellt, die vor Kurzem die Soziale Frauenschule absolviert hatten oder sie gerade besuchten. Eine vormalige Mitgliedschaft in der NSDAP stellte schlussendlich kein Hindernis dar, um als Fürsorgerin arbeiten zu dürfen, die Qualifikation in Form des Besuchs einer Fürsorgerinnenschule oder der Kurse und Praktika im Rahmen der Sozialen Frauenschule wog schwerer.[96] Der Leiter der Magistratsabteilung V war der Ansicht, „dass es völlig unangebracht sei, Kräfte ohne jegliche Fachausbildung als Fürsorgerinnen zu beschäftigen, da sie nach langjähriger, mühseliger Anlernung bestenfalls zu Hilfskräften der Fürsorgerinnen herangezogen werden können."[97]

Der Personalstand von 14 Dienstposten in der städtischen Jugendfürsorge blieb über die Jahre bei ansteigender Zahl zu betreuender Kinder und Jugendlicher konstant. Von 1969 bis 1975 sank die Anzahl der Dienstposten zwar von 14,5 auf 12,5, der Betreuungsschlüssel blieb aber gleich, da auch die Anzahl der Mündel sich verringerte. 1976 wurde der zweite männliche Fürsorger, nun Sozialarbeiter, eingestellt. Von 1959 bis 1975 hatten die Fürsorgerinnen bzw. Sozialarbeiterinnen in Innsbruck ungefähr gleich viele Kinder in fremder Pflege zu beaufsichtigen, nämlich durchschnittlich 255. Dann ging die Zahl dieser Pflegekinder stark zurück.[98]

Bis Mitte der 1960er Jahre war der Mangel an Fürsorgerinnen in allen Bezirken horrend. Innsbrucks Vizebürgermeister Josef Hardinger sprach im Jänner 1966 von einem stark reduzierten Personalstand an Fürsorgerinnen wegen Pensionierung, Verehelichung und Mutterschaft. Zudem werde „der schwierige Beruf der Fürsorgerin wegen der geforderten umfassenden Berufskenntnisse bei relativ geringer Bezahlung nicht mehr angestrebt".[99] Die Stadt bot deshalb Schülerinnen der Sozialen Frauenschule ein Stipendium, wenn sie sich verpflichteten, mindestens drei Jahre lang im städtischen Dienst zu bleiben.[100] Sie hob 1965 und 1974 die soziale Position der Jugend-, Gesundheits- und Säuglingsfürsorgerinnen an. Das wirkte sich positiv auf die berufliche Laufbahn als auch auf das Einkommen aus. So bekamen sie eine Verwendungszulage oder wurden in eine höhere Verwendungsgruppe eingestuft, wenn sie Matura hatten. Auf diese Weise hofften die Stadtverantwortlichen, den Beruf der Fürsorgerin, für deren Aufnahme in den städtischen Dienst in den 1960er Jahren eine dreijährige Ausbildung eingefordert wurde, attraktiver zu machen.[101]

In den Bezirken war die Zahl der Dienstposten derart knapp bemessen, dass Krankheiten, Schwangerschaften, die Übernahme zusätzlicher Tätigkeitsbereiche vor allem im Gesundheitsamt und Pensionierungen nicht wettgemacht werden konnten und der Außendienst vernachlässigt werden musste. Die chronische Unterbesetzung führte dazu, dass zeitweise selbst die ein- bis zweimaligen Pflichtbesuche bei den Pflegefamilien nur mit großer Kraftanstrengung durchgeführt werden konnten. Immer wieder berichteten die Bezirkshauptmannschaften, dass die Zahl der Amtsmündel und Pflegekinder so groß und jene der sie betreuenden Fürsorgerinnen so gering war, dass sie nur fallweise oder lediglich in den dringendsten Fällen aufgesucht wurden. Die Fürsorgerinnen bemühten sich, die Pflegekinder wenigstens im ersten Lebensjahr mehrmals zu besuchen. Aufgrund der Topographie Tirols waren viele Täler und Berghöfe nur mit viel Mühe und Zeitaufwand zu erreichen, ganz besonders im Winter. Meist waren die Fürsorgerinnen auf öffentliche Verkehrsmittel angewiesen, die Motorisierung ließ lange auf sich warten. Schriftliche Berichte über Hausbesuche wurden vielfach unterlassen, wenn die Fürsorgerin keine Besonderheiten feststellte. Der Ausweitung der Aufsicht der Fürsorge auf Kinder in fremder Pflege vom 14. auf das 16. Lebensjahr durch das Jugendwohlfahrtsgesetz von 1954 stand keine Erhöhung der Dienstposten gegenüber. Da das Personal in den Jugendämtern generell knapp war, mussten Fürsorgerinnen schon allein für die bürokratisch notwendigen Tätigkeiten übermäßig Zeit veranschlagen. Die Bezirkshauptmannschaft Lienz berichtete schon 1951, dass das Jugendamt nicht einmal mehr in der Lage wäre, „an der Oberfläche der anfallenden Akten zu schwimmen und den groben Überblick zu bewahren", weder in der Amtsstube noch im Außendienst. Es benötige mehr Personal:

> „Schließlich soll das Jugendamt ja keine Maschine, sondern eine soziale Einrichtung sein, in der sich die gesamte Jugendfürsorge abwickelt. Wer wirklich mit dem Herzen bei dieser schweren Arbeit ist, muß zugeben, dass es in diesem Maße nicht mehr lange weitergeht. Wo bleibt z. B. die Zeit, sich eingehend mit den Eltern zu befassen, die voll Vertrauen mit ihrer Not kommen? Wo soll der junge Mensch in seiner Not Zuflucht suchen, wenn ihm nicht die nötige Zeit und damit auch nicht das nötige Verständnis entgegengebracht werden kann. Nur weil die Voraussetzungen fehlen, geht so viel Brauchbares verloren."[102]

Ein Jahrzehnt später verglich die Bezirkshauptmannschaft Kufstein die Tätigkeit der Fürsorgerinnen, die kaum ihrer eigentlichen Arbeit nachkommen könnten und zu Erhebungsorganen degradiert wären, mit jener der Feuerwehr, „die nur dort aufscheint, wo es gerade brennt".[103] Der Personalmangel sei „ein Übel von nunmehr aktueller Bedeutung", der dringend gelöst werden müsse, „wenn die fürsorgerische Tätigkeit im Bezirk nicht zu einer Farce werden soll".[104] Das Landesjugendamt befürchtete bereits im November 1964 einen Engpass auf sich zukommen: „Anlass zur Sorge gibt die Tatsache, dass der Nachwuchs an Fürsorgerinnen äusserst gering ist und nicht ausreicht." Die Ursache läge in der langen Ausbildung, „welcher eine nicht befriedigende dienstrechtliche Behandlung der Fürsorgerinnen entgegensteht".[105] Ein Jahr später wies das Landesjugendamt auf einen „katastrophalen Mangel an Fürsorgerinnen-Nachwuchs" hin, an dem auch ihre verbesserte dienstrechtliche Stellung mit der Zubilligung einer erheblichen Erschwerniszulage im Jahr 1967 nichts ändern konnte.[106] 1969 meldete die Bezirkshauptmannschaft Innsbruck-Land dem Landesjugendamt, dass eine Überprüfung der Mündel und der Pflegekinder, darunter viele aus der Landeshauptstadt,

> „nur im beschränkten Ausmaße durchgeführt werden. (…) Die Tätigkeit der Abteilung Jugendfürsorge beschränkt sich immer mehr auf eine bloße Rechtsfürsorge. Von einer umfassenden Jugendwohlfahrtspflege im eigentlichen Sinne kann wegen des ständigen Personalmangels (Unterbesetzung, Krankheitsfälle, insbesondere der Fürsorgerinnen) bei weitem nicht gesprochen werden."[107]

So verwundert es nicht, dass die Bezirkshauptmannschaft Innsbruck-Land feststellen musste: „Leider ergibt sich des öfteren in der Qualität eines Pflegeplatzes eine Änderung, die erst nachträglich sobald bereits ein Schaden eingetreten ist, zur Kenntnis gelangt."[108]

Nach einer kurzen Zeit relativer Entspannung spitzte sich die Lage in den Tiroler Bezirksfürsorgebehörden Anfang der 1970er Jahre wieder zu. Den Generationenwechsel in der Jugendfürsorge und damit den Übergang von den FürsorgerInnen zu den SozialarbeiterInnen konnte die Stadt Innsbruck besser bewältigen, als dies sonst in Tirol der Fall war. 1973 war es möglich, einen Teil der ausscheidenden Fürsorgerinnen durch junge SozialarbeiterInnen zu ersetzen.[109] 1976 wurde endgültig Entwarnung gegeben, bei den SozialarbeiterInnen hatte die Stadt keine Nachwuchssorgen mehr.[110]

Die Bezirksfürsorgeämter klagten Ende der 1960er Jahre, dass sie das Ausscheiden von Fürsorgerinnen nicht kompensieren konnten und sich der Personalmangel negativ auf die Arbeit des Jugendamtes auswirken würde. Sie sorgten sich um den Nachwuchs und zweifelten daran, dass die wegen Pensionierungen frei werdenden Stellen in naher Zukunft besetzt werden könnten: Das Defizit an ausgebildeten Fürsorgerinnen schien sich zu vergrößern, die jüngere Generation würde nicht mehr gerne in die Landbezirke gehen. Die Bezirkshauptmannschaft Kitzbühel brachte in ihrem Bericht über das Jahr 1972 die tirolweite Situation auf den Punkt und sprach von einer „Fürsorgerinnenmisere". Von der gerichtlichen Erziehungsaufsicht konnte nur mehr „in sehr geringem Ausmaß Gebrauch gemacht werden", da das Fachpersonal fehlte und die Fürsorgerinnen nicht noch zusätzlich belastet werden konnten, berichtete das Landesjugendamt über das Jahr 1969. Bereits zwei Jahre zuvor hatte es auf diesen Umstand hingewiesen.[111] Positiv wurde vermerkt, dass in den 1970er Jahren der Psychologische Dienst des Landesjugendamtes in den Bezirken Sprechtage abhielt. Er wurde als „unschätzbare Stütze" in der Erziehungsfürsorge angesehen.[112]

Setzte das Bemühen um Reformen in der Heimerziehung schon spät ein, so hinkte eine Professionalisierung des Pflegekinderwesens noch stärker hinterher. Ende der 1970er Jahre wurde diese Form der Fremdunterbringung auf breiterer Basis vor allem in Wien kritisch diskutiert.[113] Die Anwendung sozialpädagogischer Ansätze verbreitete sich in Tirol auch deshalb erst in den 1980er Jahren, weil Pflegefamilien, ähnlich den biologischen Familien, dem Bereich des Privaten zugeordnet wurden, obwohl die Pflegekinder unter der öffentlichen Aufsicht der Jugendämter standen. Ab Mitte der 1970er Jahre sank die Zahl der Kinder in fremder Pflege deutlich, während Beratung und Unterstützung von Familien zunahmen, nicht nur durch den Psychologischen Dienst des Landesjugendamtes, sondern auch durch die Erziehungsberatungsstelle für Kinder- und Jugendfragen in Innsbruck. Der Verein für soziale Arbeit, der 1983 aus dem „Tiroler Arbeitskreis Heimerziehung" entstand, vermittelte kurze Zeit geeignete Pflegefamilien, bis er sich zur Gänze der aufsuchenden Familienhilfe verschrieb, um Fremdunterbringung zu vermeiden.[114]

In den Heimen der Stadt Innsbruck:
Systemische und systematische Gewalt

Zwischen Frühjahr 2011 und Juli 2015 wandten sich 125 Menschen an die Opferschutzkommission Innsbruck, um über erlittene Gewalt in den drei städtischen Kinderheimen zu berichten.[115] Über ein Fünftel der Meldungen kamen von Frauen (28 Personen). Von den 97 Männern waren mehr als die Hälfte in der Jugendheimstätte Holzham-Westendorf untergebracht (68 Menschen). Das bedeutet, dass etwas weniger als die Hälfte der Betroffenen, 28 Frauen und 29 Männer, sich wegen Übergriffen in den Kinderheimen Mariahilf und Pechegarten gemeldet haben. Zahlreiche Zeitzeugen der Jugendheimstätte Holzham-Westendorf waren auch in den städtischen Kinderheimen in Innsbruck untergebracht. Dieser Personenkreis beschrieb die Heime Mariahilf und Pechegarten in der Regel (relativ) positiv, da sowohl zeitnah als auch im Rückblick Holzham-Westendorf der Maßstab des Vergleichs war. Sie alle hatten sich wegen der extremen Gewalt in der Jugendheimstätte im Brixental gemeldet und nicht wegen Erfahrungen in den Heimen in Innsbruck.

Wie verteilen sich die Meldungen über die Jahrzehnte? Jeweils unter Berücksichtigung der Tatsache, dass Betroffene sich in zwei verschiedenen Dekaden im Heim aufhalten konnten, war jeweils ein starkes Viertel in den 1940er/50er und 1970er Jahren in der Jugendheimstätte Holzham-Westendorf untergebracht, fast die Hälfte in den 1960er Jahren. Zu bedenken ist zum einen, dass von den Alterskohorten der Frühzeit des Heimes viele Menschen für eine Meldung bereits zu alt und gebrechlich waren bzw. nicht mehr am Leben sind, zum anderen dass das Heim bereits 1974 geschlossen wurde.[116]

In den Kinderheimen Mariahilf und Pechegarten sind unter dem gleichen Berechnungsmodus die entsprechenden Zahlen, von kleineren prozentuellen Abweichungen abgesehen, fast gleich: Ein Fünftel hielt sich in den 1950er Jahren in diesen Heimen auf, eine schwache Hälfte in den 1960er Jahren und ein Drittel in den 1970er Jahren. Abgesehen von den 1950er Jahren sind diese Zahlen ein Stück weit zu relativieren. Bereits in den 1960er Jahren sind unter den männlichen Zeitzeugen positive Aussagen zu finden oder zumindest solche, die sich von einzelnen Übergriffen aufgrund ihrer Vorerfahrungen nicht sonderlich betroffen zeigen. Unter den ZeitzeugInnen, die aus den 1970er Jahren berichten, sind Fortführungen von Gewaltformen, die aus den 1960er Jahren bekannt sind, anzutreffen, deutlich werden in diesen Meldungen aber auch Stimmen laut, die einen merkbaren Rückgang der Gewalt anführen oder auch erfreuliche Begegnungen mit Erzieherinnen. Ab den 1980er Jahren gibt es praktisch keine Meldungen mehr. Drei Menschen, die Negatives berichten, befanden sich in den 1970er Jahren und eben noch einen Teil der 1980er Jahre im Kinderheim Pechegarten. Eine Meldung aus den 1980er Jahren ist überschwänglich positiv und betrifft die neu eingerichtete Wohngemeinschaft für weibliche Jugendliche im Pechegarten. Für das Jahr 1990/91 gibt es noch einen Negativbericht über das Kinderheim Pechegarten.[117]

Die Alterszusammensetzung der ZeitzeugInnen ist folgendermaßen zu charakterisieren: Eine Person ist 1933 geboren, zwei Personen kamen 1938 zur Welt, die Geburt der jüngsten Person datiert aus dem Jahr 1981. Ein schwaches Fünftel ist in den 1940er Jahren geboren, über 40 % der Menschen, die sich gemeldet haben, kamen in den 1950er Jahren zur Welt, ein Drittel in den 1960er Jahren. Keine sechs Prozent der Betroffenen sind in den 1970er Jahren geboren, eine Person ist 1981 zur Welt gekommen.[118]

Wie die Erfahrungen in den drei städtischen Heimen ausgesehen haben und wie sie zu bewerten sind, ist Gegenstand der folgenden Ausführungen.

Jugendheimstätte Holzham-Westendorf

„In diesem Haus habe ich 9 Jahre verbringen müssen. 1973 wurde ich dann entlassen. (…) Als ich zu Ostern 1964 in dieses Heim geschickt wurde, hat es geheißen, dass ich zu den Sommerferien wieder nach Hause darf, was aber nicht der Fall war, daraufhin habe ich die Erzieherin gefragt, warum darf ich nicht nach Hause zu meiner Mama, und als ich zu weinen anfing und nicht mehr aufhörte und auch das Essen ausschlug, wurde ich von der Erzieherin R. F. mit einem Stock so derart geschlagen, dass ich ein ganzes Jahr lang Striemen auf dem Rücken hatte! (…). Und dann hatten wir noch diesen Erzieher, der uns Klavierunterricht geben sollte, ein Pädophiler, (…) der seine grausigen Pfoten nicht von uns lassen konnte (…). Auch die berühmte Salzgasse hat es gegeben (…). Und das Schlimme daran ist zumindest für mich das gewesen, dass derjenige, der nicht einem seiner Freunde wehtun wollte, sich gleich hinter dem Bestraften anstellen konnte, um sich auch eine Tracht Prügel abzuholen für das Nichtzuschlagen. Wir wurden von den Lehrern geschlagen, die besondere Freude daran hatten, uns zu quälen, genauso wie die Erzieherinnen, von denen wir auch zusätzlich noch begrapscht wurden, wenn wir Badetag hatten. Ich selbst habe mitgekriegt, als sich eine der Erzieherinnen einen Buben in ihr Erzieherinnenzimmer geholt hat, der für sie körperlich stark gebaut war, um sich mit ihm sexuell zu vergnügen. Als sie bemerkte, dass ich bemerkt hatte, was sie mit dem Zögling machte, habe ich fürchterliche Prügel bezogen und gleichzeitig die Drohung erhalten, wenn ich den Mund aufmache, dann werde sie dafür sorgen, dass ich in den Ferien nicht zu meiner Mutter nach Hause fahren darf. (…) Ich wurde von unserem Lehrer A. F. am Hals aufgehoben und mit dem Kopf mehrmals an die Tafel geschlagen und dann auf dem Boden liegen gelassen (…). Ebenso wurde ich, nachdem mir ein anderer Mitzögling

mit der Gartenschaufel den halben Finger wegschlug, nicht einmal ins Krankenhaus verbracht, um mich behandeln zu lassen, sodass mein Finger heute noch verunstaltet ist, und ich damals kaum zu ertragende Schmerzen hatte. (…) Mir hat man in diesem Heim meinen Willen gebrochen und ich wache heute noch schweißgebadet auf, wenn ich von diesem Heim träume, und das passiert sehr oft."[119]

Holzham-Westendorf im Brixental wurde, obwohl es ein Kinderheim für 6- bis 14-/15-Jährige war, als Jugendheimstätte bezeichnet, für viele war es die Vorstufe für die Überstellung in Fürsorgeerziehungsheime. In der Regel lieferten die Jugendämter jene Kinder nach Holzham-Westendorf ein, die sie als „schwerere" Fälle mit einem größeren Grad an Verwahrlosung einstuften oder weil sie die Unterbindung des Kontakts mit den Eltern wünschten. Auch der Zufall spielte eine Rolle. Kinder kamen in das Heim, in dem noch ein Platz frei war. Wer nach Holzham-Westendorf eingewiesen wurde, war von der Umwelt weitgehend isoliert.

Terroristische und sexualisierte Gewalt

Die Jugendheimstätte Holzham-Westendorf muss zu jedem Zeitpunkt ihres Bestehens als ein Ort des Schreckens bezeichnet werden. Dieses Heim weist den Charakter einer Strafanstalt auf, der dort herrschende Sadismus hatte System. Unabhängig davon, ob wir von den 1950er oder 1970er Jahren sprechen, der Erziehungsstil erfuhr keinen Wandel. Dafür sorgte nicht zuletzt Franz Tatzel, der von 1949 bis 1974 fast während der gesamten Zeit des Bestehens des Heimes die Leitungsfunktion innehatte. Er trägt nicht nur die Hauptverantwortung für die ausufernde Gewalt im Heim, sondern betätigte sich auch selbst als Schläger. Mit einer Ausnahme unterstrichen dies alle Interviewten. Oft empfing Tatzel die Neuankommenden mit Ohrfeigen, bisweilen prügelte er Kinder bis an die Grenze der Bewusstlosigkeit. Wie beim weiteren Erziehungspersonal reichten geringfügige Normverstöße aus, dass Tatzel drakonische Körperstrafen verhing. Nicht selten rastete er ohne ersichtlichen Grund aus, seine Frustrationstoleranz war äußerst gering. Eine Spezialität Tatzels waren Nierenschläge. Wiederholt berichten Betroffene, dass er Gewalt und Demütigungspraktiken geradezu genossen habe. Tatzel ließ die Buben über einen langen Zeitraum leicht bekleidet, zuweilen sogar nackt, im Gang stehen – auch während des Winters – und schritt die Reihe ab. Es war verboten, die Hände vor das Geschlecht zu halten, die Kinder hatten stramme, militärische Haltung einzunehmen. Die Kleineren, die weinten, wurden von ihm mit Ruten und Gerten geschlagen.

Die Erzieherinnen und der Erzieher B., aber auch fast alle Lehrer der Sondererziehungsschule des Heimes teilten Prügel aus, die weit über die übliche Schlagpraxis in Schulen und Elternhäuser hinausging. Die Methoden zeugen von einem Gefühl der Allmacht und des Machtrausches, von Überforderung und Lebensfrust, von Hass und der Gewissheit, keiner Kontrolle zu unterliegen. Holzham-Westendorf war ein geschlossenes System, in dem das Lehr- und Erziehungspersonal seine zu Gewalt neigenden Persönlichkeitsanteile hemmungslos ausleben konnte. Die Gewaltexzesse gingen so weit, dass Buben nach Schlägen und Tritten mit eingerissenem Dünndarm oder beschädigtem Augenlicht liegenblieben.

In der ständigen Angst und Bedrohung, in der ein großer Teil der Kinder in der Jugendheimstätte Holzham-Westendorf leben musste, spiegeln sich terroristische Züge in der Heimerziehung wider. Sie erfuhren Gewalt, losgelöst von jeglichem erkennbaren Sinn. Wenn das Kind aber keinen Zusammenhang zwischen einem eigenen Fehlverhalten und der Strafe zu sehen vermochte, war ihm auch die Möglichkeit genommen, die Strafe durch normgemäßes Verhalten zu vermeiden. Unberechenbarkeit erzeugte ein Gefühl der Ohnmacht, schwächte den Glauben an die Steuerbarkeit des eigenen Geschicks. Besonders litten Heimkinder darunter, dass sich kaum jemand persönlich um sie kümmerte, dass es von den ErzieherInnen weder Zärtlichkeit, Zuwendung und Geborgenheit noch Anerkennung oder Lob gab. Dieses Gefühl der völligen Einsamkeit, Verlassenheit und Schutzlosigkeit gehört zum Schlimmsten, was diesen Kindern und Jugendlichen widerfuhr. Die Betroffenen nahmen nicht alle Erzieherinnen in Holzham-Westendorf gleich negativ wahr, doch, von einer Ausnahme abgesehen, wird niemand als wirklich fürsorglich und warmherzig beschrieben: „Eine einzige Erzieherin ist mir besonders positiv in Erinnerung. Sie war als einzige menschlich und nett zu uns Kindern, aber leider als Einzelperson zu schwach, um dieses System zu verändern bzw. zu durchbrechen (Sie wurde ziemlich bald ‚ersetzt')."[120]

Lobend erwähnt wurden im Heim Holzham-Westendorf fast ausschließlich Personen des Verwaltungspersonals – der Hausmeister, eine Küchenangestellte, eine Wäscherin und vor allem der Landarbeiter, der die heimeigene Landwirtschaft betreute –, fast nie ein Lehrer, abgesehen von einer Lehrkraft, die relativ kurze Zeit in Holzham-Westendorf verbrachte, weil sie die herrschenden Zustände nicht länger aushielt.

Die Erziehungsmacht in der Jugendheimstätte verhängte Strafen willkürlich, wahllos, entwürdigend, freiheitsberaubend, gesundheitsschädigend oder auch „quälerisch". Die Gewalt und Strafpraxis im Heim Holzham-Westendorf war sowohl von amtswegen als auch vom Gesetz her strikt verboten. Generell setzten Heimleitung und Erzieherinnen Handlungen, die in ihren verschiedenen Gewaltformen auch nach damaligem Recht als Unrecht zu klassifizieren sind, weil sie nicht mit dem Erziehungszweck gerechtfertigt werden konnten und zudem auch nicht dem Verhältnismäßigkeitsprinzip entsprachen. Sie verstießen gegen die Grundrechte der körperlichen Unversehrtheit, der Menschenwürde und der freien Persönlichkeitsentfaltung. Die politische Kontrolle und die Aufsichtspflicht des Jugendamtes waren nicht gegeben.

Sexualisierte Gewalt kam in der Jugendheimstätte Holzham-Westendorf häufig vor: unter den Buben und von Seiten des Erziehungspersonals. Als herausragende sexuelle Gewalttäter sind eine Frau und ein Mann auszumachen, die nicht nur für ihre Prügel und ihren Sadismus gefürchtet waren, sie beuteten systematisch die Körper vieler Kinder aus. Beide kamen 1964 unerfahren und ohne Ausbildung nach Holzham-Westendorf, er im Alter von 18 Jahren, sie war eineinhalb Jahre älter. 1967 kam die sexuelle Gewalt des Erzieherhelfers ans Tageslicht, er wurde zu einer Gefängnisstrafe verurteilt. Die Erzieherin war nicht angeklagt, ihre sexuellen Grenzverletzungen setzten sich fort.

Kapo-System

Heimleiter Tatzel führte die so genannte Salz- oder Watschengasse als besonders beliebtes Bestrafungsmittel ein, das die Entsolidarisierung der Kinder bewirken sollte und sie brutalisierte. Die Buben standen sich in Zweierreihen gegenüber und schlugen das zu bestrafende Kind, das durch diesen Spalier gehen musste. Wer nicht fest genug auf den Kameraden, Freund und Bruder eindrosch, musste selbst durch die Salzgasse gehen.

Der Heimleiter und die Erzieherinnen installierten in Holzham-Westendorf ein Kapo-System. Sie übertrugen älteren Buben Kontroll- und Bestrafungsfunktionen, gewährten ihnen dafür Privilegien, schauten bei Übergriffen gegenüber den Jüngeren weg oder förderten diese Gewalt sogar. Wenn sich ein Kind beschwerte, wurde es geschlagen oder sonst wie bestraft. Unter den Buben herrschte das Gesetz des Stärkeren. So entwickelten sich sklavenähnliche Verhältnisse in der Kinderhierarchie. Viele der Jüngeren waren tagsüber der psychischen, körperlichen und sexualisierten Gewalt ausgeliefert, nachts setzte sich das Martyrium in der Kindergruppe fort. Ein Bub schlug einen jüngeren derart zusammen, dass das Jugendamt von „geradezu lebensgefährlichen Verletzungen" sprach. Der Leiter der Magistratsabteilung V kritisierte:

„Es ist vollkommen unverständlich, daß sich immer wieder schwere Raufhändel und boshafte Körperverletzungen ereignen. Ich erinnere dabei nur an den Fall H. im Herbst v. J., bei dem einige Zöglinge dem H. im Schlafzimmer Stockhiebe verabreichten. Erst nach Meldung dieser Vorfälle fand sich die do. Heimleitung veranlaßt, von sich aus dazu zu berichten. Auch im zugrunde liegenden Falle hat die Heimleitung erst nach Anruf der Fürsorgerin T. es der Mühe wert gefunden, einige ‚Randbemerkungen' zu machen."[121]

Heimleitung, ErzieherInnen und Jugendamt ignorierten die Gefahren einer gemeinsamen Unterbringung auf engstem Raum von kleinen Kindern und Pubertierenden unter den Rahmenbedingungen von Isolation und Gewalt. Da solche Übergriffe zum Teil sogar geduldet und gefördert wurden, machte sich die Heimleitung der unterlassenen Hilfeleistung bzw. der Körperverletzung durch Unterlassung schuldig.

Die Ersatzerziehung der Kinder der unteren Klassen sollte kostengünstig sein. Das Betreuungspersonal war kaum professionalisiert, wenigen ErzieherInnen stand eine große Zahl Kinder gegenüber und eine therapeutische Unterstützung fehlte zur Gänze. Unter diesen Verhältnissen entwickelte sich eine Struktur systemischer und systematischer Gewalt. Die Abgeschiedenheit des Heimes und das völlige Versagen der Aufsichtspflicht der Stadt Innsbruck und ihrer Organe bildeten einen günstigen Nährboden für die überschießende Gewalt.

Wie Kinder zu Tätern erzogen wurden

Josef Schuchter[122] ist einer jener Buben, den ehemalige Heimkinder von Holzham-Westendorf als Schläger nennen, der auch sexualisierte Gewalt ausübte. Sein biografischer Hintergrund gleicht jenem anderer Täter aus dem Kreis der Minderjährigen in der Jugendheimstätte Holzham-Westendorf.

Josef Schuchter kam während des Krieges auf die Welt. Er wuchs mit fünf Geschwistern in völlig desolaten Verhältnissen auf, der Vater war Trinker, die Mutter psychisch krank. Den Haushalt verrichtete die älteste Schwester. Die Nachbarn beobachteten, dass Josef als Siebenjähriger zeitweise im leerstehenden Stall schlafen musste, im Sommer auf dem Heuboden. Die Eltern und Geschwister benachteiligten ihn, die Mutter lehnte ihn ab. Oft fasste er grundlos harte Strafen aus. Seine Klassenlehrerin sah in ihm einen unkonzentrierten, aber nicht unbegabten Buben. Sie beschwerte sich, dass er oft zu spät in die Schule kam, die Hausübungen schlampig machte und seine Schulsachen unordentlich beisammen hatte. Unterstützung in seiner Not erhielt Josef keine, obwohl die Lehrerin bemerkte, dass er nur deshalb kränklich war, weil er regelmäßig einnässte und mehrere Tage hintereinander mit feuchter Kleidung in die Schule kam. Oft hatte er nicht einmal eine Unterhose an. Im Winter erschien Josef blau gefroren zum Unterricht, ohne Handschuhe und ohne Mütze. Im Alter von siebeneinhalb Jahren wies ihn das Jugendamt in die Jugendheimstätte Holzham-Westendorf ein.[123] Dort traf er auf Heimleiter Tatzel, der eine ausgesprochene Antipathie gegen ihn hegte. Er stellte Josef mit seiner verschmutzten Matratze als Bettnässer aus, demütigte ihn vor den anderen Buben, hieß ihn, sich vor der Kanzlei nackt auszuziehen, und schlug ihn dann mit einem Haselnussstock. Dieses Bestrafungsritual ist von vielen ehemaligen Zöglingen der Jugendheimstätte überliefert. So wie daheim musste sich Josef Schuchter abends ins nasse Bett legen. Der Heimleiter prügelte Josef nieder, schlug mit einem Gürtel auf ihn ein und beschimpfte ihn, wohl in Erinnerung an seine Vergangenheit als strammer Nationalsozialist, laut Josef Schuchter unflätig: „So was wie du gehört vergast."[124] Zu schaffen machte ihm der Hunger. Zwar waren die Speisekammern gefüllt, doch Wurst, Käse und Speck bekam er kaum zu Gesicht. So aß Josef Suppe, in die ein anderer hineingespuckt hatte, oder fischte sich Essen aus dem Schweinetrog. Im Keller, in den er zur Genüge eingesperrt wurde, ließ er sich rohe Kartoffeln schmecken.[125] Leidensgenossen von Josef Schuchter berichten, dass der Heimleiter ihn gezielt für die körperliche Bestrafung von Buben einsetzte. Bis er selbst kaum mehr zu bändigen war, eine Schlägerbande bildete, Erzieherinnen bedrohte und sexualisierte Gewalt gegen Jüngere anwandte. Insgesamt verbrachte Josef Schuchter über sieben Jahre in der Jugendheimstätte Holzham-Westendorf, die er mit knapp 15 Jahren verließ. Er war zu diesem Zeitpunkt immer noch Bettnässer. Zu seinem Glück fand sich ein Pflegeplatz mit einer psychiatrisch geschulten Betreuungsperson, die sich um ihn mit viel persönlichem Engagement kümmerte: Das Einnässen hörte schlagartig auf. Was für Gleichaltrige selbstverständlich war, musste er erst mühsam lernen: Josef Schuchter konnte weder einkaufen, eine Postsendung abschicken, noch ein Telefonat führen. Er absolvierte eine Lehre und ging schließlich als Beamter in Pension. Seine Vergangenheit wurde er dennoch nie mehr los: Seit seiner Entlassung aus dem Heim plagen ihn in regelmäßigen Abständen massive Schlafprobleme und schwere Depressionen, einen Selbstmordversuch hat er überlebt.

Hunger

Josef Schuchter macht auf ein Problem aufmerksam, das staunen lässt. Eine ganze Reihe von Kindern litt zeitweise in Holzham-Westendorf Hunger, auch in den 1960er Jahren: Weil die Kleinen im Kampf um den Essenstopf regelmäßig den Kürzeren zogen oder wegen des Essensentzugs als häufig verhängter Strafmaßnahme. Einiges weist darauf hin, dass Kindern Nahrungsmittel vorenthalten wurden. Die Stadt Innsbruck alimentierte jedenfalls das Heim, das über eine eigene Landwirtschaft verfügte, so, dass eine gesunde und ausreichende Verköstigung für alle garantiert gewesen wäre. Dass die Bekleidung der Buben dürftig und abgenutzt war, stellte sogar das Kontrollamt fest. Für arme Kinder ist der Besitz bescheidenen Eigentums ein besonders wichtiger Teil ihrer Identitätsausstattung. Geschenke, die die Kinder von ihren Angehörigen oder Verwandten bekamen, wie Essen, Süßes oder Kleidung, nahmen der Heimleiter und die ErzieherInnen den Buben ab und verteilten sie nach eigenem Gutdünken. Bewusst privilegierten sie die einen und benachteiligten die anderen. Oder sie behielten die Waren einfach selbst. Letztlich wurden die Kinder bestohlen.

Bildungsbenachteiligung

Nachhaltig negative Auswirkungen hatte die qualitativ mangelhafte Bildung der Kinder in der Sondererziehungsschule des Heimes. Da die Kinder keine öffentlichen Schulen besuchen durften, stand ihnen nur dieser Schultyp offen. Eine höhere Schule blieb den Buben von vornherein verwehrt. Zwar entwickelten die Lehrer durchaus Ehrgeiz, den Schulstoff zu vermitteln. Doch für viele Kinder, speziell für die Förderungsbedürftigeren, war Lernen schon wegen der ausweglosen Angst vor den sadistischen Lehrkräften schwer möglich. Bei der Berufswahl hatten die Pubertierenden nur wenig Auswahlmöglichkeit, allzu oft schickte man sie in die Landwirtschaft, wo Hilfskräfte benötigt wurden, oder in Betriebe, die schlecht zahlten, den Lohn für Überstunden zurückhielten oder wo die Schlaghand des Meisters regierte. Auch wenn die Heimleitung in den 1960er Jahren die Berufsberatung hinzuzog, ließ die Sorgfalt und Qualität der Beratung in vielen Fällen mehr als zu wünschen übrig. Ein Betroffener, der sich in der Schule leicht tat und durch sein Zeichentalent und technisches Interesse auffiel, schildert, wie seine berufliche Zukunft in wenigen Minuten abgehandelt und sein Traum vom Weiterlernen zerstört wurde. „Damals habe ich das letzte Mal geweint", stellt er fest.[126]

Maskerade statt Kontrolle

Trotz einer derartigen Häufung eklatanter Missstände fehlte eine wirksame externe Kontrolle des Heimes. Die politisch Verantwortlichen erkundigten sich sehr wohl von Fall zu Fall vor Ort. Doch Auskunft gaben der Heimleiter und die Erzieherinnen, die Kinder wurden nicht befragt. Dasselbe Bild ergeben amtliche Berichte, etwa des Kontrollamtes, das immer wieder das eine oder andere zu kritisieren hatte. Die Qualität der Erziehung und das Wohlbefinden der Kinder wurden nicht überprüft, sondern angenommen. Die angesagten Besuche der „Herren aus Innsbruck im schwarzen Mercedes", eine rhetorische Figur, die viele ehemalige Heimkinder bemühen, verstärkten das Gefühl der Hilflosigkeit. Die Buben durften patriotische Tiroler Lieder trällern, Gedichte aufsagen und das Brauchtum bemühen. Sie traten nicht im üblichen trostlosen Gewand auf, sondern in schmucken Trachten, die für den Außenauftritt gedacht waren. In welchem Zusammenhang Besuche der Politik standen, ist einem Stadtratsprotokoll von 1952 zu entnehmen, in dem von einer Besichtigungsfahrt in die Jugendheimstätte die Rede ist, „an der mehrere Mitglieder des Stadtrates teilnehmen, von denen einige anschließend die Messe in Rosenheim besuchen".[127]

Der bis 1962 ressortzuständige Politiker, Vizebürgermeister Flöckinger von der SPÖ, setzte sich für das Heim ein, laufend forderte er finanzielle Investitionen, „weil ich mir sage, daß diese milieugeschädigten Kinder sonst keine Bleibe haben. Diese Kinder müssen langsam wieder zu einer Ordnung zurückgeführt werden."[128] Flöckinger wollte für die Kinder im Heim gute Rahmenbedingungen schaffen, eine Kontrolle unterlief er aber in Wirklichkeit, weil er der Heimleitung und den Erzieherinnen vertraute, den Einfluss der Eltern negativ sah und deshalb die Abgelegenheit des Heims schätzte. Die Distanz zwischen Innsbruck und Westendorf erschwerte jedoch eine wirksame und regelmäßige Überprüfung des Heims und die Bereitschaft engagierter Erzieherinnen, in der Jugendheimstätte zu arbeiten, enorm. Repräsentativ für die Einschätzung der Erziehungswirklichkeit im Heim Holzham-Westendorf auf der politischen Ebene ist Flöckingers Bericht im Gemeinderat aus dem Jahr 1961, aus dem auch einige Ursachen für die Mängel in der Kontrolle herauszulesen sind:

"Nun gibt es in der Stadt eine Reihe von Kindern, die milieugefährdet sind und von zu Hause, durch das Amt, durch die Polizei, durch den Lehrer oder durch das Gericht empfohlen wird, diese Kinder in einem Heim unterzubringen. Was bleibt uns übrig, wenn wir ein Heim haben, diese Kinder unterzubringen und die bestmöglichsten Voraussetzungen zu schaffen, daß sie sich wieder in eine gesündere Umgebung eingewöhnen können. (…) Für uns ist es selbstverständlich, daß wir dem schlechten Einfluß der Eltern nach Möglichkeit ausweichen und daher ist es günstig, daß wir dieses Heim haben. Es kann nur mit einiger Mühe erreicht werden. Es muß die Bahn benützt werden, man muß eine 3/4 Stunde gehen, dann hat man vielleicht die Gelegenheit zu einer Sprechstunde. Der Rückweg ist derselbe. Man wird daher nicht so sehr begeistert sein, diese Wege allzu oft zu machen. Es kommt damit das Ergebnis heraus, daß die Erziehung im Heim nicht allzu sehr gestört wird.
Die Erzieherinnen dieses Heimes plagen sich wirklich sehr für die Kinder. Es ist bewundernswert, daß sie nicht nachgeben, sondern immer wieder versuchen, auf die Kinder entsprechend einzuwirken. Dasselbe gilt aber auch für die Sonderschullehrer."[129]

Der „Referenzrahmen des Handelns"[130]

Eine ungenügende Ausbildung, der viel zu hohe Betreuungsschlüssel und das Fehlen eines professionellen Unterstützungssystems führten zur Überlastung der Erzieherinnen. Die eigenen Ohnmachtsgefühle kompensierten sie durch die Ausübung von Macht über die Kinder. Die Erzieherinnen waren in vielen Situationen überfordert, schätzten sie falsch ein und reagierten mit Gewalt. War einmal der erste Schritt getan, erfolgte keine Reflexion des Fehlverhaltens, sondern der nächste Schritt, bis Routine abhärtete, die Gewalt zur Gewohnheit wurde, sich die gewaltförmigen

Beziehungen ständig hochschaukelten und die Gewalt ihre eigene spezifische Dynamik entwickelte. Am Ende stand ein Verhalten gegenüber den Kindern, wie man es anfangs selbst nicht für möglich gehalten hätte. Hier sei daran erinnert, in welch jugendlichem Alter die Erzieherinnen ihren Dienst antraten. Im Sinne von Alexander Mitscherlich haben wir es mit ungebildeten Menschen zu tun, wenn Bildung als Fähigkeit verstanden wird, in affekterregenden Lebenslagen die eigenen Gefühle und Triebregungen einigermaßen in Griff bzw. rationalisiert zu haben.[131] Doch nicht nur an der nötigen Distanz mangelte es ihnen, auch an der Fähigkeit, mit Nähe umzugehen. Nur wer eine Verbindung zu seinen eigenen Gefühlen, Erfahrungen und Bedürfnissen herzustellen vermag, wird dies angemessen mit jenen der Kinder machen können. Die Abgeschlossenheit der Jugendheimstätte Holzham-Westendorf erzeugte eine eigene Normalität von Erziehungsvorstellungen und Erziehungspraxen, zu denen die maßlose Gewaltausübung wie selbstverständlich dazugehörte. Neuankommende wurden in diesem Sinn sozialisiert, die – im höchsten Maß pervers zu nennenden – Normalitätsstandards nicht mehr hinterfragt. Da externe und interne Kontrolle nicht vorhanden war und die Institution, nicht aber die Kinder geschützt wurden, fehlte ein Korrektiv. In Holzham-Westendorf kam erschwerend hinzu, dass das Betreuungspersonal äußerst gering war, in der Regel gab es nicht mehr als zwei Erziehungspersonen, die im selben Zeitraum Dienst versahen. Der Heimleiter, selbst ein exzessiver Schläger, deckte die Gewaltverhältnisse, erwartete Ruhe und Disziplin, unabhängig davon, auf welche Weise sie hergestellt wurden. Ideologisch mag es eine innere Rechtfertigung gegeben haben, in Einklang mit der Autorität und dem verächtlichen Blick zu handeln, den vorgesetzte Behörden und die Gesellschaft auf die Eltern und Kinder der unteren Klassen warfen. Kern des Referenzrahmens, der das gewaltsame Handeln hervorbrachte, war das Moment, die Kinder fraglos als nicht anerkennungswürdige Menschen wahrzunehmen. Die Legitimationsfigur der Minderwertigen und Verwahrlosten ließ die Erzieherinnen die Kinder als Gruppe wahrnehmen und nicht als Individuen. Die ausgeprägte Kultur des Schlagens und Demütigens in den so genannten Normalfamilien und in der Schule[132] prägte viele Erzieherinnen, ebenso der Umstand, dass Kinder lange Zeit nicht als eigenständige Persönlichkeiten mit unveräußerlichen Rechten angesehen wurden, sondern als Modelliermasse, aus der erst noch etwas Brauchbares geknetet werden musste. Diese Erziehungseinstellungen und Haltungen zum Kind zu berücksichtigen, die ab den 1960er Jahren in Frage gestellt wurden, hilft, das indiskutable Verhalten der Erzieherinnen besser zu verstehen, entschuldigt es aber keineswegs. Es ist hervorzuheben, dass im Heim Körperstrafen – vielleicht mit Ausnahme der ganz unmittelbaren Nachkriegszeit – zu keinem Zeitpunkt erlaubt waren. Alle Erzieherinnen der städtischen Heime wussten über dieses kategorische Verbot Bescheid, so dass sie sich nicht vormachen konnten, das Richtige zu tun.

Die systemischen Rahmenbedingungen in den städtischen Kinderheimen, in denen sowohl die Heimleitung als auch die normative Kraft der Praxis die Gewaltbereitschaft legitimierten, schufen Gelegenheitsstrukturen der Gewalt. Die Erzieherinnen phantasierten sich in eine Rolle als Opfer der „schwererziehbaren" Kinder und rechtfertigten sich damit, dass diesen nicht anders beizukommen sei. Diese Interpretation legitimierte in ihren Augen die Gewaltausübung. Viele dieser Erzieherinnen waren nur bedingt fähig, sich für das Leid der Kinder empfänglich zu zeigen. Sie schlugen nicht nur aus einem Effekt heraus, sondern sprachen ihren Schutzbefohlenen das Menschsein ab, indem sie ohne Mitleid handelten und die eigenen Bedürfnisse über jene der Kinder stellten. Dieser Mangel an Empathie war es, der das Vertrauen der Kinder in die Welt erschütterte, vielfach unwiederbringlich. Auffällig ist, dass die von der Umwelt abgeschottete Jugendheimstätte Holzham-Westendorf Persönlichkeiten anzog, die eine Disposition zum Quälen und Demütigen von Kindern hatten. Heimleiter Tatzel, die Lehrer und zahlreiche seiner Erzieherinnen samt dem Erzieher B. neigten zu ausgeprägten sadistischen Verhaltensweisen, zu einer Freude an der Gewalt und Machtausübung. Was eine Therapeutin, die in jungen Jahren Praktikantin auf der Kinderbeobachtungsstation des Landeskrankenhauses Innsbruck war, über deren Leiterin, Maria Nowak-Vogl, sagte, gilt auch weitgehend für das Erziehungspersonal in der Jugendheimstätte Holzham-Westendorf: „Sie hatte einen Hass auf alles Lebendige und eigentlich auf das Leben selbst."[133] Der Literaturwissenschaftler Terry Eagleton stellt dazu fest:

> „(…) ich behaupte, dass das Böse aus einer Unfähigkeit zu leben entspringt. Es erwächst aus einem Mangel. Es geht darum, das Gefühl des Nichts in einen anderen zu projizieren (…). Mein Punkt ist, dass der Böse sich und anderen als Ersatz für das Leben, das er nicht hat, das Leiden zufügt. Das Böse ist eine vorgespiegelte Art zu leben. (…) Es ist eine Strategie, mit diesem Gefühl des inneren Totseins umzugehen."[134]

Viele ehemalige Heimkinder leiden bis heute an ihrer Stigmatisierung, die sich auch nach der Heimentlassung fortsetzte. Anders sieht es auf der Seite der TäterInnen aus. 1978 übermittelte der Innsbrucker Bürgermeister Alois Lugger Glückwünsche des Landeshauptmannes an verschiedene Persönlichkeiten des Stadtmagistrates Innsbruck, als der Bundespräsident ihnen Auszeichnungen zuteil werden ließ. Unter den Geehrten findet sich Oberamtsrat Franz Tatzel, der das Silberne Ehrenzeichen um Verdienste der Republik Österreich erhielt. Bürgermeister Lugger bemerkte in seiner Festrede: „Gerade in der Demokratie ist es notwendig, immer wieder darauf zu achten, daß Freiheit und Ordnung übereinstimmen, aber auch, daß sichtbare Anerkennung gegeben wird für jene, die Vorbilder sind."[135]

Kinderheime Mariahilf und Pechegarten

"Wann immer ich an das Heim zurückdenke: Ich sehe nur Gewalt. Gewalt seitens der Schwestern, Gewalt seitens der größeren Kinder, da hat es ja die Hierarchie gegeben von oben nach unten natürlich auch noch. Die Großen die Kleinen, die Kleinen die ganz Kleinen. Die ganzen vielen Vorfälle, wo (…) man meinen Bruder mit den ganzen Kleiderbügeln blutig geschlagen hat, weil er Bettnässer war und und und und. Das Alleinegelassensein, das am Dachboden Eingesperrtwerden stundenlang, Scheitelknien müssen mit ausgestreckten Händen. Es ist eigentlich nur Gewalt. Also zusammenfassend: Gewalt, nichts anderes. Keine einzige schöne Erinnerung, gibt es nicht. (…) Da war niemand, der dich in den Arm genommen hat, da war niemand, der dir auch nur einmal über den Kopf gestrichelt hat, da war niemand, der dich getröstet hat. Ganz im Gegenteil, wenn man in der Nacht geweint hat, dann hat man eine Ohrfeige gekriegt von den Tanten und ist von den größeren Kindern auch noch geschlagen worden. Also weinen war nicht erlaubt. (…) Du warst nur eine Nummer. Du hast müssen parieren, du hast müssen folgen, du hast dich müssen möglichst unauffällig verhalten. Dann war es vielleicht halbwegs erträglich. Und wenn man, so wie ich, so ein Protestkind war, das sich auch gewehrt hat und das den Mund nicht gehalten hat und geschrien hat und eben sich auch beschwert hat am Anfang, dann warst du natürlich überhaupt unten durch."[136]

Im Kinderheim Mariahilf „war Dauergewalt", erzählt eine Betroffene über die 1950er Jahre. So wie zahlreiche andere erwähnt sie langes Knien mit ausgestreckten und gewichtbeschwerten Armen auf Holzscheiten, ein Schlagen mit Stöcken und Kleiderbügeln, Ohrfeigen und Fußtritte, das Ausreißen von Haaren, Ohrenzwicken, kalte Duschen, die Verächtlichmachung von einnässenden Kindern, eine ungenießbare Verpflegung und ausgeprägte Hungererfahrungen, zum anderen spricht sie von einem Essenszwang bis hin zum Hinunterwürgen von Gebrochenem, vom Einsperren in dunklen Räumen, von erheblicher Gewalt unter den Kindern, der Wegnahme der wenigen eigenen Habseligkeiten und vom Verlust der eigenen Würde, der Verlassenheit in der Krankenstube, der verstörenden Lieblosigkeit, von ausufernden Beschimpfungen und Demütigungen. Nicht nur die „Tanten", wie die Erzieherinnen in den Heimen Mariahilf und Pechegarten genannt wurden, taten sich mit derart gewalttätigen Erziehungspraktiken hervor, auch die Heimleiterin Gerda Zangerle langte kräftig zu. Die Auswirkungen der Misshandlungen waren deshalb so nachhaltig, weil sie besonders viele Kleinkinder betrafen. Die schlimmste Zeit im Kinderheim Mariahilf waren die 1950er Jahre und die erste Hälfte der 1960er Jahre.

Vereinzelt gibt es ehemalige Heimkinder, die, sofern sie auch in der Jugendheimstätte Holzham-Westendorf untergebracht waren, berichten: „Im Pechegarten habe ich keine Schläge bekommen. Der Pechegarten war sozialpädagogisch super, ein Paradies."[137] Für die ehemaligen Heimkinder, die Westendorf kennengelernt hatten, boten die Kinderheime Mariahilf und Pechegarten, von Ausnahmen abgesehen, eine akzeptable Unterbringungsmöglichkeit, selbst wenn sie Ohrfeigen und ähnliche Strafmittel erfahren hatten. Einer der Zeitzeugen berichtete über seine Erfahrungen in der zweiten Hälfte der 1970er Jahre: „Die unbeschreibliche Gewalt in Westendorf hat mich völlig verroht. Als das Heim zugesperrt worden ist, kam ich in den Pechegarten, das war meine Rettung. Dort arbeitete eine ‚Tante', die für mich wie eine Mama war."[138]

In den 1970er Jahren nahm die Qualität der Betreuung unter der Leitung von Marianne Federspiel, die auch für den Pechegarten verantwortlich war, deutlich zu; zu ihrer Person äußert sich eine ganze Reihe ehemaliger Heimkinder, die vor der Opferschutzkommission erschienen sind, wertschätzend. Erwähnt werden die tendenzielle Abnahme von Gewalt und die häufigere Begegnung mit liebevollen Erzieherinnen, mehr Hilfestellungen bei der Arbeitsplatz- und Lehrstellensuche, erste merkbare Veränderungen bei den Raumverhältnissen, die das Wohlbefinden steigerten, die Zunahme von Freizeitaktivitäten innerhalb (Bücherei, handwerkliche Betätigung, Fernsehen, Musizieren) und außerhalb des Heimes. Mehrfach genannt sind „die wunderschönen Oster- und Weihnachtsfeiern. Jeder hat ein Packl bekommen, das etwas Persönliches hatte. Wir hatten ja sonst nichts Eigenes".[139] Dazu ist festzustellen, dass erst Marianne Federspiel, die 1973 die Leitung in den Innsbrucker Kinderheimen übernahm, die Weihnachtsgeschenke für die Kinder verpacken ließ.[140]

Zwei ehemalige Heimkinder können auf ein bemerkenswertes Engagement zweier Erzieherinnen zurückblicken. Eine 15-Jährige, die Mitte der 1970er Jahre das Heim verließ, war „zeitweise bei einer ihr gut bekannten Erzieherin des städt. Kinderheimes wohnhaft, mit der sie sich besonders gut verstand".[141] Eine weitere Erzieherin des Kinderheims Pechegarten sorgte sich um ein Kind an Sonn- und Feiertagen außerhalb des Heims, später nahm sie den Jugendlichen mehrere Jahre bis zum Abschluss der Lehre unentgeltlich auf. Der städtische Oberrevident meldete 1978 an das Finanzamt: „Das Kind sieht in Frl. H. seine Mutter und hat der Mj. in ihrer Familie seit Jahren Aufnahme gefunden."[142] In den 1970er Jahren traten besser ausgebildete Erzieherinnen in den Dienst, teils auch mit einer wesentlich kinderfreundlicheren Einstellung. Die öffentliche Diskussion über die Heimerziehung und ihre Reformbedürftigkeit hatte ihre Auswirkungen. Die Externistinnen-Ausbildung im Bundesinstitut für Heimerziehung in Baden bei Wien trug schon in den 1960er Jahren Früchte in der Intensivierung der Freizeitgestaltung, sie stärkte das Auftreten einiger Erzieherinnen gegenüber der Vorgesetzten und alteingesessenen „Tanten" und half gelegentlich, die rigiden Strukturen aufzulockern.[143] Die Gewalt ging zurück, augenscheinlich mehr Kinder machten positive Erfahrungen. Dennoch mussten immer noch zahlreiche Kinder Gewalt erleiden, ähnlich wie in den vorangegangenen Jahren. Vor allem Betroffene, die als Kinder ins Bett machten, erzählen von einzelnen Erzieherinnen, die sie einem beschämenden Umgang unterwarfen. Marianne Federspiel berichtet in diesem Zusammenhang vom großen Einfluss der Heilpädagogin Maria Nowak-Vogl, die als die Koryphäe schlechthin in den Heimen galt und in der Ausbildung in Baden als ratgebende Expertin wärmstens empfohlen wurde. Es nahm einige Zeit in Anspruch, bis man sich in den Kinderheimen Mariahilf und Pechegarten von ihrer „Expertise", auf die auch die Lieferung von Klingelmatratzen zurückging, zu distanzieren wagte.[144] Generell ist festzustellen, dass besonders Kleinkinder und auch Volksschulkinder die meiste Gewalt erlebten. Dies passt zu den Forschungsergebnissen zur Gewalt in den Familien, in denen diese Altersgruppen ebenfalls am häufigsten Gewalt ausgesetzt waren.[145]

In den 1970er Jahren blieben die Professionalisierung des Personals und die räumlichen Verhältnisse unzureichend und auch wenn die Gruppengrößen zurückgingen, so doch nicht in dem Maße, dass den spezifischen Bedürfnissen von Kindern, die aus erheblichen Problemlagen kamen, optimal begegnet werden hätte können. Die Erzieherinnen – männliches Personal war nicht vorhanden – arbeiteten am Limit, hatten zu wenige Ressourcen zur Verfügung und konnten nicht in dem Maß auf ein multiprofessionelles Unterstützungsteam zurückgreifen, wie dies nötig gewesen wäre. So bestanden trotz vieler Verbesserungen immer noch Rahmenbedingungen, die in den 1970er Jahren die Anwendung von Gewalt gegen Kinder in Mariahilf wie im Pechegarten begünstigten. Auch wenn die neue Leitung einen anderen Kurs einschlug, dauerte es geraume Zeit, bis die gewalttätigen Erzieherinnen ausschieden oder neutralisiert wurden. Daher fanden in Mariahilf weiterhin sexualisierte Bestrafungen statt, etwa wenn Kindern bei heruntergezogener Hose vor den anderen Buben und Mädchen der Hintern versohlt wurde. Wiederholt erzählen Betroffene von sexuellen Beschämungen durch Erzieherinnen auch im Heim Pechegarten: wenn sie beim Onanieren erwischt wurden oder beim Duschen abwertende Bemerkungen über sich ergehen lassen mussten. Ein ehemaliges Heimkind, das zwischen Mitte der 1970er und Mitte der 1980er Jahre im Pechegarten untergebracht war, erwähnt unter genauer Namensnennung der beiden Erzieherinnen sexuelle Übergriffe. Allerdings sind im Gegensatz zu Holzham-Westendorf sexuelle Grenzverletzungen von Erzieherinnen am Körper von Kindern kaum überliefert, wesentlich öfter jedoch ist von sexualisierter Gewalt der älteren gegenüber jüngeren Kindern die Rede, so auch während des Ferienaufenthalts der Kinder von Mariahilf und dem Pechegarten in Westendorf. Die 1970er Jahre sind jedenfalls der Übergang von systemischer Gewalt zur Gewalt einzelner Erzieherinnen. Negative Berichte für den Zeitraum nach 1980 liegen der Innsbrucker Opferschutzkommission kaum vor, eine

Meldung bezieht sich auf das Jahr 1991/92. Eine Betroffene und ihr Bruder erlebten im Kinderheim Pechegarten eine harte Erziehung, die Behandlung empfanden sie als grob und harsch, unempathisch, restriktiv und schikanös, gekennzeichnet von Beschimpfungen und „gesunden Watschen".[146]

Auf Ursachen gewaltförmiger Erziehungspraktiken in den Kinderheimen Mariahilf und Pechegarten wurde bereits im Zusammenhang mit der Jugendheimstätte Holzham-Westendorf verwiesen. Da die Kinderheime in Innsbruck offener geführt wurden und sie eine geringere Verschmelzung der verschiedenen Lebensbereiche aufwiesen als das Heim Holzham-Westendorf, war die potenzielle Kontrollmöglichkeit durch diese größere Öffentlichkeit besser (externer Schulbesuch, Anwesenheit von Tageskindern, weitaus mehr Erzieherinnen als in Westendorf). In den 1950er Jahren war davon jedoch gar nichts, in den 1960er Jahren immer noch vergleichsmäßig wenig zu verspüren. Doch zumindest ab den 1970er Jahren machte sich dieser Umstand – gestützt auf einen gesellschaftlich-politischen Veränderungsprozess und auf eine österreichweite Kritik an der Heimerziehung – positiv bemerkbar. Generell gilt, dass Gruppendruck und Zusammenhalt in einer unter harten Arbeitsbedingungen aufeinander angewiesenen Gemeinschaft auch falsch verstandene Loyalitäten und die Akzeptanz von Unterdrückungsmechanismen fördern können. Zum Tragen kam, „wonach in Bezug auf Mitglieder einer Gruppe, zu der Zugehörigkeit empfunden wird (…), implizit oder explizit eher Ähnlichkeit mit der eigenen Person unterstellt und eher positive denn negative Annahmen gemacht werden". Dieses Wahrnehmungsmuster und eine Handlungstendenz zum Schweigen über Missstände, zum Übersehen, Überhören, nicht Glauben und Verdrängen ist in Berufsgruppen mit moralisch aufgeladenem Selbstbild, wie dies bei der Betreuung von Kindern und Jugendlichen der Fall ist, besonders häufig anzutreffen.[147] Ob sich Widerspruch statt Anpassung stärker durchsetzt, hängt von der Selbsteinschätzung ab, davon, ob die Erzieherin an die Durchsetzungsfähigkeit eigenen Handelns glaubt und an die Veränderungsmöglichkeiten im System Heim. Es war jedenfalls nicht zwingend notwendig, sich so zu verhalten, wie man denkt, dass es die Institution, die Vorgesetzte und die Kolleginnen von einem erwarten, selbst wenn man in der Hierarchie unten stand und daran zweifelte, etwas bewirken zu können. Zumindest gab es noch die Option des Ausstiegs. Daran erinnert auch Marianne Federspiel: „Trotz aller Arbeitsbelastung, schlechter Bezahlung und langer Dienste: Niemand hat uns gezwungen dazubleiben, jede hätte auch gehen können."[148]

In den Landeserziehungsheimen Tirols: Arbeitsausbeutung als pädagogische Maßnahme

Eine Reihe von ZeitzeugInnen, die sich an die Opferschutzkommission Innsbruck wandten, befand sich vor ihrem Aufenthalt in einem städtischen Heim in anderen Erziehungsheimen für Kinder, andere danach oder auch abwechselnd (Martinsbühel, Hall, Fügen, Scharnitz, Kramsach, am Jagdberg in Schlins, Vorarlberg). Trotz vielfacher Forderungen und Vorhaben im Gemeinderat, schaffte es die Stadt bis Anfang der 1980er Jahre in nur geringem Maß, den AbgängerInnen der Heime Mariahilf, Pechegarten und Holzham-Westendorf eine Struktur zur Verfügung zu stellen, in der sie gezielt gefördert hätten werden können. Pläne zur Errichtung von Lehrlingsheimen scheiterten, obwohl ÖVP und SPÖ sich zunächst einig waren: Es brauchte ein Heim in Innsbruck für die schulentlassenen Jungen und Mädchen der städtischen Kinderheime. Schon 1947 beantragte die SPÖ:

„Der Herr Bürgermeister wird ersucht, Vorsorge zu treffen, daß in Fürsorge stehenden Minderjährigen bei Befähigung Gelegenheit geboten wird, Mittel- und Fachschulen zu besuchen. Begründung: Da die Fürsorge bestrebt sein muß, den vom Jugendamt befürsorgten Minderjährigen in jeder Hinsicht zu helfen, ist die Förderung befähigter Minderjähriger eine Pflicht der Fürsorgeämter."[149]

Maria Rapoldi sprach 1950 zunächst von einer geeigneten Unterkunft für die SchulabgängerInnen des Kinderheims Mariahilf, „damit sie während der Lehrzeit – denn einer solchen müssen sie unbedingt zugeführt werden – auch weiterhin in einer geschlossenen und geordneten Pflege und Aufsicht stehen".[150] Sechs Jahre später forderte sie zum Bau oder Erwerb eines Hauses für die Unterbringung der aus den städtischen Kinderheimen ausscheidenden Jugendlichen auf.[151] Vizebürgermeister Flöckinger wollte unbedingt sichergestellt wissen, dass sie bis zur Erlernung eines Berufes weiterbetreut werden.[152] Nach Meinung seiner Parteigenossin Zita Mauler wäre die Aufbauarbeit der Erzieherinnen in den Kinderheimen

„vollkommen zwecklos, wenn es uns nicht ehebaldigst gelingt, ein Lehrlingsheim in Verbindung mit einem Kinderheim zu errichten. Ich spreche hier als Frau, mir geht es besonders zu Herzen, wenn ich daran denke, daß diese Kinder 10 Jahre in einem Heim sind, das ihnen zum Elternhaus geworden ist, und nun wenn sie 14 Jahre alt geworden sind, plötzlich hinausmüssen. Sie werden in das Ungewisse gestoßen."[153]

Auch für Josef Hardinger (ÖVP), Sozialreferent seit 1962, war eine der drängendsten Fragen, was mit den 14- bis 15-Jährigen der Heime Mariahilf und Pechegarten geschehen soll: „Hier müßte sich die Stadt schon Gedanken machen, in welcher Form man für milieugeschädigte Kinder oder für die Kinder, die etwas labil sind, ein Obdach finden könnte."[154] Im Budget für 1962 war schließlich der Bau eines, so Flöckinger, „Kinderheims für 22 bis 24 Lehrlinge" berücksichtigt.[155] Dem Wunsch der SPÖ nach einem „Lehrlingsheim für Knaben und Mädchen", gekoppelt mit einem Kindertagesheim, wurde teilweise nachgekommen. Sozialreferent Hardinger zeigte sich 1963 erleichtert darüber, dass es gelungen war, der geplanten Errichtung des Kindertagesheimes Pradl-Ost ein Mädchenheim für Fürsorgezöglinge anzuschließen. Er bevorzugte schließlich den Titel „Lehrmädchen, die in Fürsorge stehen". Die Aufnahme von männlichen Jugendlichen wurde fallengelassen, weil die Magistratsabteilung V hierfür keinen ausreichenden Bedarf sah.[156] Dieses Mädchenlehrlingsheim sollte 84 Jugendliche in einer Lehr- oder Studienausbildung beherbergen und mit acht Zweibettzimmern für Erzieherinnen ausgestattet sein, ferner waren die Eröffnung von zwei Kindergartengruppen und die Errichtung eines Kindertagesheims vorgesehen.[157] Doch aus diesem ambitionierten Programm wurde nichts. Die Baufortführung verzögerte sich außerordentlich. Als das Gebäude 1970 endlich fertiggestellt war, verpachtete die Stadt es an den Verein Lebenshilfe. Vizebürgermeister Obenfeldner (SPÖ) zeigte sich darüber unglücklich. Er konnte sich dem sozialen Zweck der Umwidmung nicht entziehen, pochte aber darauf, dass ein Kindertagesheim für die Bedürfnisse berufstätiger Frauen und das Mädchenlehrlingsheim weiterhin unabdingbar wären. Ein „Heim für entwicklungsbehinderte Kinder" hätte auch in einem anderen Stadtteil errichtet werden können.[158]

Wer aus den städtischen Kinderheimen und der Jugendheimstätte Holzham-Westendorf nach Erreichen des Pflichtschulabschlusses ausschied, war vielfach auf sich alleine gestellt und verfügte über unzureichende Ressourcen in der Herkunftsfamilie. Dabei wäre eine besonders intensive Unterstützung für den weiteren Berufs- und Lebensweg notwendig gewesen. Einige kamen in Internaten unter, andere in Lehrlingsheime, wobei gerade für weibliche Jugendliche zu wenige Plätze zur Verfügung standen. Die AbgängerInnen der Kinderheime Mariahilf und Pechegarten fanden ungleich mehr Chancen vor, eine Fachausbildung zu beenden, als dies für die Jungen des Heims Holzham-Westendorf der Fall war, vor allem wenn diese im Heim die Pflichtschulzeit absolvierten oder von dort auf einen Arbeitsplatz oder eine – meist wenig attraktive – Lehrstelle untergebracht wurden. Die Kinder der Heime in Innsbruck gingen in einem geringeren Maß auf eine Sonderschule, sie waren nicht durch ein Zeugnis einer Sondererziehungsschule diskriminiert. Vor allem hatten die „Westendorfler" weit weniger Hilfestellungen bei der Lehrstellensuche. Trotzdem machte es sich auch für die Jugendlichen der Heime Mariahilf und Pechegarten negativ bemerkbar, dass es keine auf ihre Bedürfnisse zugeschnittene Nachbetreuung mit einem adäquaten Wohnangebot gab. Die Folge für eine beträchtliche Anzahl der

Kinder der städtischen Heime waren erneute Überstellungen in ein Heim, vor allem nach Kleinvolderberg, Eggenburg, Kaiser-Ebersdorf und nach St. Martin, Schwaz. Nur ein kleinerer Teil der weiblichen Abgängerinnen der Heime Mariahilf und Pechegarten kam in ein Fürsorgeerziehungheim. Größer ist der Anteil bei jenen, die während ihres Aufenthaltes in Mariahilf und im Pechegarten in Heime wie Kramsach, Scharnitz, Jagdberg in Schlins oder Steyr-Gleink überstellt worden waren. Dass so viele männliche Jugendliche von einer Einlieferung in ein Fürsorgeerziehungsheim betroffen waren, hängt eng mit den extrem negativen Sozialisationsbedingungen in der Jugendheimstätte Holzham-Westendorf zusammen. Die systemische und systematische Gewalt in den genannten Erziehungsheimen für Jugendliche ist bereits ausführlich dokumentiert. An dieser Stelle soll speziell auf die unzureichende Ausbildungssituation am Beispiel der Landeserziehungsheime Kleinvolderberg und St. Martin, Schwaz, eingegangen werden, um die verhängnisvollen Auswirkungen für den weiteren Lebensweg vieler ehemaliger Heimkinder besser verstehen zu können.

Die Erziehungsheime St. Martin für die weibliche und Keinvolderberg für die männliche Jugend haben eine mit Zwangsarbeitshäusern, Straf- und Besserungsanstalten eng verflochtene Geschichte, die bis ins 19. Jahrhundert zurückreicht. Der Geist dieser Form der Korrekturerziehung und ihre Ziele waren auch nach 1945 bis in die 1970er Jahre spürbar.[159] Neben der Vermittlung von bürgerlichen Sekundärtugenden von Gehorsam, Sauberkeit, Zucht und Ordnung verfolgten Erziehungsheime zwei Absichten: Die Zöglinge erstens zu arbeitsamen und nützlichen Menschen zu erziehen, die als Ehemänner ihre Familie zu versorgen und als Frauen den Haushalt zu führen und sich um die Kinder zu kümmern imstande waren. Gegebenenfalls sollten die Frauen in der Lage sein, sich mit Hilfstätigkeiten in weiblichen unterbezahlten Berufsfeldern den Lebensunterhalt zu verdienen. Generell gingen Fürsorge und Heim von einer vorübergehenden Phase weiblicher Erwerbsarbeit bis zur Verehelichung aus. Zweitens hatten die Heime mit ihrer sittlich-moralischen oder sittlich-religiösen Erziehung dafür zu sorgen, dass die Zöglinge nach ihrer Entlassung die gesetzlichen Vorschriften und insbesondere die Frauen die herrschenden Sexualnormen einhielten. Die Erziehung zur Arbeit durch Arbeit bestimmte die Alltagspraxis der Erziehungsheime und war der wesentliche gesellschaftliche Auftrag, den die PolitikerInnen aller Parteien im Land und in der Stadt Innsbruck teilten. Auch die Sozialdemokratie orientierte sich an der Arbeitserziehung, hatte sie doch die in der bürgerlichen Moderne propagierten Arbeitsideale längst übernommen. Die Arbeiterbewegung sakralisierte die Erwerbsarbeit, erhöhte sie mythisch und zog aus ihr einen wesentlichen Teil ihres Selbstverständnisses. Die Zeit des Nationalsozialismus akzentuierte und verstärkte diese Einstellung. So heißt es in der ersten Strophe im „Lied der Arbeit" in der aus dem 19. Jahrhundert stammenden Hymne der SPÖ, die noch heute bei den 1.-Mai-Feiern gesungen wird:

„Stimmt an das Lied der hohen Braut,
Die schon dem Menschen angetraut,
Eh' er selbst Mensch war noch.
Was sein ist auf dem Erdenrund,
Entsprang aus diesem treuen Bund.
Die Arbeit hoch!
Die Arbeit hoch!"

Über die religionsähnliche Stellung der Erwerbsarbeit bemerkt der Philosoph Robert Kurz:

„In Wahrheit ist die Arbeit schon immer ein bürgerlich-kapitalistisches Ideal gewesen, längst bevor der Sozialismus diesen Begriff für sich entdeckte. (…) Das Lob der Arbeit wird von der christlichen Soziallehre in den höchsten Tönen gesungen; der Liberalismus hat die Arbeit ebenfalls heiliggesprochen und verspricht ganz ähnlich wie der Marxismus ihre ‚Befreiung'; auch sämtliche konservativen und gerade auch die rechtsradikalen Ideologien beten die Arbeit geradezu an. Offensichtlich ist die Religion der Arbeit das gemeinsame Bezugssystem aller modernen Theorien, politischen Systeme und sozialen Gruppen. Sie konkurrieren miteinander, wer in dieser Religion die größte Frömmigkeit an den Tag legt und die größte Leistung aus den Menschen herauskitzelt."[160]

Das Jugendwohlfahrtsgesetz forderte eine möglichst optimale Schul- und Berufsausbildung, die dem Fortkommen der Jugendlichen nach dem Heim dienlich sein sollte. In den „Erläuternden Bemerkungen" zum Gesetz war klar definiert, dass es sich

„um eine Ausbildung in einem Beruf und nicht lediglich um die Befähigung handeln darf, durch eine Tätigkeit Einkommen zu erzielen. Für eine künftige Verwendung als ungelernter Arbeiter, Hilfsarbeiter, landwirtschaftlicher Hilfsarbeiter u. dgl. bedarf es keiner Berufsausbildung. Daraus muss also geschlossen werden, dass jedem Minderjährigen unter Fürsorgeerziehung die Möglichkeit geboten werden muss, einen Beruf zu erlernen, für den er sich nach dem Gutachten der Berufsberater und allfälligen Gutachten von Experten eignet."[161]

Eine höhere Schulbildung und die Eröffnung eines Zugangs zu gehobenen beruflichen Positionen strebte die Tiroler Landesregierung nicht an:

„Es kann auf diesem Wege naturgemäß niemals Pflicht des Amtes der Landesregierung sein, aus einer etwaigen Eignung zB für ein Hochschulstudium, die Pflicht zur

Gewährung dieser Form abzuleiten. Als oberste Richtschnur wird wohl zu gelten haben, dass es sich dabei um eine Ausbildung in kaufmännischer und gewerblicher Hinsicht handeln wird und alles Darüberhinausgehende als Kannleistung dem Amt der Landesregierung freigestellt ist."[162]

Die Hauptaufgabe der Landesheime bestand in der Theorie darin, den weiblichen und männlichen Jugendlichen einen guten Übergang in einen Beruf zu ermöglichen. Doch die gesetzlichen Vorgaben, den Zöglingen in den Erziehungsheimen eine solide Berufsausbildung angedeihen zu lassen, wurden in St. Martin, Schwaz, nur in Ausnahmefällen erfüllt, in Kleinvolderberg bis Anfang der 1970er Jahre nur bedingt. Die Praxis war eine Ausbeutung der jugendlichen Arbeitskraft.

Landeserziehungsheim Kleinvolderberg

Die Erziehungssituation und die Arbeitsbedingungen hingen eng mit dem äußerst miserablen baulichen Zustand des Heimes zusammen. Das Areal befand sich im Besitz der Erzabtei des Benediktinerstiftes St. Peter in Salzburg und war vom Land nur gepachtet. Dieser Status verhinderte eine menschenwürdige und pädagogisch zeitgemäße Adaptierung des Erziehungsheims, da das Land keine hohen Investitionen in den Gebäudekomplex, der ursprünglich als Kloster angelegt war, tätigen wollte. Zwar gab es eine Reihe von Plänen für einen Neubau, die jedoch regelmäßig an den Kosten oder am Widerstand der Gemeinden scheiterte, wo das Erziehungsheim errichtet werden sollte. Anfang der 1950er Jahre waren die sanitären Verhältnisse in Kleinvolderberg geradezu gesundheitsgefährdend, weshalb das Bezirksgesundheitsamt Innsbruck und die Hautklinik des Landeskrankenhauses Innsbruck Beschwerde führten.[163] 1960 fiel der veraltete Therm-Heizkessel aus, so dass die wenigen Duschen nicht mehr benützbar waren.[164] Ständig mussten nicht geplante Instandhaltungsarbeiten geleistet werden, die zwar Geld kosteten, aber nichts daran änderten, dass die „Gebäudlichkeiten sich samt und sonders in einem schlechten und ausstattungsmässig primitiven Zustand" befanden, so Landessozialreferent und Landeshauptmann-Stellvertreter Karl Kunst (SPÖ), der die ungenügenden Budgetmittel kritisierte, die ihm zur Verfügung gestellt wurden.[165] Für Heimleiter Josef Jahn war „allmählich der Notstand so groß, daß er einer Landesanstalt nicht mehr würdig ist".[166] Da die Betten der Zöglinge in den Massenquartieren „gefährlich" nahe beinander standen, sorgte er sich um die „großen Enthemmungen" und „übertwertigen Triebregungen", deretwegen Zöglinge eingeliefert worden wären.[167] Sein Nachfolger Wolfgang Aull schlug in dieselbe Kerbe. Seines Wissens gab es weder in Österreich noch in der Schweiz und in Deutschland ein „Erziehungsheim für schwererziehbare Jugendliche dieser Altersstufe", in der wie in

Kleinvolderberg Anfang der 1960er Jahre immer noch Gruppen mit 31 Burschen geführt wurden. 14 bis 16 Burschen schliefen in ungeheizten Stuben. Ein Waschbecken mit Warmwasser musste für 50 Jugendliche reichen. Deshalb bezeichnete er die pädagogische Situation als „zumindest mittelalterlich": „Auf die Gefahr der Verleitung sexuell triebhafter Buben zu unsittlichen Handlungen bei der raumbedingten, fast ehebettnahen Aufstellung der Zöglingsbetten sei auch besonders verwiesen."[168] Aull warnte vor einem „Weiterwursteln", nannte die jahrelang fast unveränderte räumliche Situation „als skandalös" und schlug vor, wenn in absehbarer Zeit weder ein Umbau noch ein Neubau erfolge, „das Landeserziehungsheim Kleinvolderberg aufzulösen".[169] 1963 wurde das Gebäude des ehemaligen Knabenhilfsschulinternats Josefinum dazugepachtet, so dass sich laut Landesjugendamt die Möglichkeit ergab, „die äusserst gedrängte Unterbringung der Zöglinge zu lockern und ausserdem den Belag des Heimes auf ca. 120 Zöglinge zu erhöhen".[170] Doch trotz der Adaptierung von Räumlichkeiten für die Jugendlichen in diesem Gebäude war 1967 die Situation insgesamt, so Heimleiter Aull, immer noch „überaus trist", „trostlos und deprimierend". Dass die Tischlerwerkstätte im Winter „nur in vollkommener Winterbekleidung" betreten werden konnte, war nur ein Aspekt unter vielen, so dass die Lage in Kleinvolderberg „bereits dem Status einer öffentlichen Schande" gleichkam.[171] Als „mit lautem Getöse ein Stück des Dachgesimses von der Ostfassade des Gebäudes Stachelburg abbrach und vor die Haustüre fiel", meldete das Landesjugendamt an den Landesamtsdirektor: „Der bauliche Zustand der einzelnen Gebäude gibt zu ernster Besorgnis Anlass. Es besteht Gefahr für die Sicherheit und das Leben der Zöglinge wie der Bediensteten."[172] Ein Jahr später entwarf die Landesbaudirektion ein Sanierungsprogramm für den Gebäudekomplex, dessen Substanz vorwiegend aus dem 18. und 19. Jahrhundert stammte, teils sogar aus dem Mittelalter. Die Arbeiten sollten sich über zehn Jahre erstrecken. Der Zöglingstrakt war nach Meinung des Amtes „außerordentlich baufällig": „Die Zöglingsgruppe müßte wegen des ruinösen Zustandes der Schlafräume, fehlender Heizungsmöglichkeit und mangelhafter sanitärer Anlagen sofort aus dem Gebäude herausgenommen werden."[173] Für Aull reichten die Pläne nur zur baulichen Sanierung, nicht aber zur Modernisierung der pädagogischen Situation, die er als „Steinzeit" bezeichnete.[174]

Das Beispiel von Herbert Oberkofler vermittelt einen repräsentativen Einblick, wie nun die Arbeitsbedingungen in diesem desolaten Landeserziehungsheim aussahen. Er verbringt zunächst zwei Jahre im Heim Holzham-Westendorf, als 15-Jähriger erfolgt Anfang der 1960er Jahre seine Einweisung nach Kleinvolderberg – unter Angabe falscher Versprechungen:

„Ich bin selbst mit dem Postbus nach Volders gefahren, da mir vom Jugendamt versichert wurde, dass es mir dort gut gehen werde und ich bestimmt eine gute Lehrstelle bekommen werde. (…). Nachdem ich mit meinem kleinen Koffer vor dem

damaligen 2. Heimleiter (…) stand und er mir unmissverständlich erklärte, dass jetzt eine neue Zeit für mich beginnt und ich zuerst in eine geschlossene Gruppe für 6 Wochen kommen würde, und ich ihn fragte, was mit meiner versprochenen Lehrstelle ist, lachte er nur mit der Bemerkung, dass hier mir niemand etwas versprochen hat! (…)
Am Tag mussten wir irgendwelche Plastikteile zusammensetzen und wer am Abend nach 9 Stunden dieser stupiden monotonen Arbeit nicht genug gemacht hatte, bekam keine Zulage und musste mit dem unter aller Kritik normalen ‚Hausfraß' auskommen. Da aber das zu schaffende Pensum sehr hoch war, musste man wirklich 9 Stunden konzentriert und schnell arbeiten, um das Ziel zu erreichen, was aber fast jeden 2. Tag nicht gelang. Dann wurde man von dem so genannten Erzieher noch mit einem ‚Fußtritt' oder Faust ‚Magenstrudel' belohnt für 9 Stunden schwitzen! (…) Als ich nach einiger Zeit den Erzieher fragte, wann ich die versprochene Lehre antreten kann, meinte er nur, zuerst müsse ich mich 1 Jahr hier im Heim bewähren und dann kann wieder ein Tag kommen, wo man darüber sprechen kann. (…) Das erste, was ich tat, war den Erzieher zu fragen, wie viel wir für diese doch aufreibenden 7 Tage in der Woche monotoner Arbeit bekommen, da ich und alle wussten, dass das für eine Firma war! Er gab mir keine Antwort, da ich vor allen anderen gesprochen habe. Nach ein paar Minuten nahm er mich mit zu dem (…), der ließ mich festhalten von 2 Erziehern und verprügelte mich dann nach Strich und Faden und sagte mir, dass das mit so genannten Aufwieglern passiert. Ich wurde daraufhin 3 Tage in eine Zelle gesperrt ‚zur Besinnung'. (…)
Nach ungefähr 2 Monaten kam ich zum Direktor, der mir offenbarte, dass ich jetzt in eine Heimgruppe komme und in der Landwirtschaft arbeiten werde. Als ich fragte, was mit meiner Lehre ist, sagte er mir zu, dass ich, wenn ich 1/2 Jahr fleißig und ohne Probleme arbeite, er mir eine Lehrstelle suchen wird. Die Arbeit am ersten Tag war, dass ich im Schweinestall alles putzen und ausmisten musste. (…)
Nach 1/2 Jahr und viel Überwindung in diesem Horrorhaus plus Arbeit erbat ich eine Unterredung mit dem Direktor, der mir sofort sagte, ich brauche gar nicht fragen wegen einer Lehrstelle, ich sei noch nicht reif dafür. Jetzt wusste ich, das waren nur leere Versprechen. Ich hatte mir alles ganz anders vorgestellt, nicht jeden Tag irgendwohin bei einem Bauern zu arbeiten ohne einen Groschen Entlohnung und nur ausgenutzt zu werden. Ich fasste den Entschluss, aus der Anstalt abzuhauen. (…) [Herbert Oberkofler wird nach kurzer Zeit gefasst und von einem Erzieher wieder nach Kleinvolderberg gebracht.] Bei der Ankunft im Hof hupte er und der Direktor kam mit dem Erzieher (…), der mit seinen 120 kg bekannt war für seine Brutalität, herunter und sie brachten mich in den Kerker. Dort bekam ich eine Glatze geschnitten und anschließend so lange Schläge, bis mir das Blut aus Nase und Mund rann und der ‚gütige' Direktor Einhalt gebot. (…)

> *[Die zweite Flucht führt Herbert Oberkofler einige Zeit nach Italien, bis er auch dort erwischt und wieder ins Heim zurücktransportiert wird.] Im Heim angekommen wurde mir sofort wieder eine Glatze geschnitten und ich ‚nackt' ausgezogen und nur mit einem gestreiften so genannten KZ Anzug ohne Hose und Unterhose am Appellplatz hingestellt. (…) Ich stand von 11 Uhr vormittags bis 6 Uhr abends nur halb bekleidet, wo durch den kurzen Rock nichts verdeckt wurde, und wurde von allen vorbeigehenden Zöglingen verspottet und ausgelacht."*[175]

In den ersten 20 Jahren nach dem Krieg herrschte im Erziehungsheim Kleinvolderberg nicht nur ein Klima roher Gewalt, auch die Ausbildungssituation präsentierte sich alles andere als gesetzeskonform, auch wenn der Berufsorientierung für die männliche Jugend ein weitaus höherer Stellenwert zukam als jener der weiblichen in St. Martin in Schwaz. Eine Heranführung an eine Berufsarbeit wurde angestrebt, doch waren es zunächst in erster Linie Hilfsarbeiten oder eine Ausbildung in der Landwirtschaft und Gärtnerei. Immerhin hatte das Heim in Kleinvolderberg im Gegensatz zu Schwaz Heim- bzw. Lehrwerkstätten – Tischlerei, Schlosserei, Schusterei und Schneiderei –, die aber nur über eine begrenzte Aufnahmekapazität verfügten und oft auch keinen Lehrabschluss anboten, sondern nur die Vermittlung handwerklicher Kenntnisse, manchmal den Nachweis einer abgelegten Fachprüfung; zudem absolvierte nur ein Teil der im Heim eingesetzten Jugendlichen eine Lehre, viele erhielten nicht mehr als die Einübung in eine Anlerntätigkeit. Wer im Heim eine Lehre machte, erhielt nur ein Taschengeld, das unter der regulären Lehrlingsentschädigung lag.[176] Der Arbeitsbeitrag der Jugendlichen zur Aufrechterhaltung der Infrastruktur des Heimes war von wesentlicher Bedeutung und half die Kosten der öffentlichen Hand zu senken. Jede Arbeitsleistung wurde als Therapie oder pädagogische Maßnahme ausgegeben. Heimleiter Adolf Spielmann, den das Land trotz elf Vorstrafen samt mehrmonatigen Arrest- und Kerkeraufenthalten wegen Diebstahls und Betruges mit Wissen des Landeshauptmanns eingestellt hatte,[177] betonte 1951, dass in den Tiroler Erziehungsheimen der „Arbeitstherapie" eine „ganz wichtige Rolle" zukam. Der Großteil der Burschen würde im Akt, mit dem sie ins Heim überstellt wurden, als arbeitsscheu bezeichnet werden:

> *„Dem Zögling mache ich auch klar, daß wir kein Erholungsheim, aber auch keine Siechenanstalt sind und daß wir hier alle arbeiten müssen. (…) Die Arbeit als Erziehungsmittel muß also dem Zögling zum Inhalt des Lebens werden, muß ihm das Selbstvertrauen stärken und in ihm die Lebensfreude wecken. Die Arbeit macht erst das Leben wert!"*[178]

Speziell unter den Direktoren Spielmann und Jahn, zu einem nicht unwesentlichen Teil auch unter Aull, diente der Großteil der Jugendlichen als billige Arbeitskräfte im Heim und außerhalb des Heimes. Viele der Arbeiten hatten einen ausgesprochenen Strafcharakter, zum Teil wurden sie auch explizit als Ordnungs- und Strafdienst bezeichnet. Die Arbeit in der heimeigenen Landwirtschaft, in Zeiten großen Arbeitsanfalls vom frühen Morgen bis späten Abend, war überaus strapaziös und verhasst, besonders bei den Jugendlichen aus der Stadt, die diese Tätigkeiten nicht gewohnt waren und die auch gar nicht daran dachten, einen derartigen Beruf zu ergreifen. Der Leiter der Landesjugendamtes stellte über den Landwirtschafts- und Gärtnereibetrieb des Heimes selbst fest, „daß es ganz selten einmal einen Jugendlichen gibt, der in diesen Bereichen lernen und arbeiten will".[179]

Nicht zu unterschätzen sind die Reproduktionsarbeiten in der Küche und in der kleinen Wäscherei. Speziell die Anfangsgruppe, die als „Geschlossene" organisiert war, klagte über den übermäßigen, monotonen und oftmals schikanösen Putzdienst. Die Arbeitskraft der Jugendlichen nutzten Erzieher auch für private Zwecke, ob für den Hausbau oder die Einbringung der Ernte für den Verkauf im eigenen Stand in der Innsbrucker Markthalle. Im Heim Kleinvolderberg verrichteten zahlreiche Jugendliche Hilfsarbeiten für Firmen, nicht selten im Akkord. Wer zu langsam arbeitete oder nicht sorgfältig genug, wurde auf vielfältige Art sanktioniert, geschlagen oder in die „Beobachtungskammer" gesteckt. In diesem heiminternen Gefängnis wurden die Jugendlichen unter menschenunwürdigen Bedingungen festgehalten. Gewerbetreibende und Bauern forderten Jugendliche aus Kleinvolderberg an, meist bei schlechter Entlohnung, die den Zöglingen nur bedingt zugutekam. Speziell ehemalige Heimkinder, die in den 1950er und 1960er Jahren in Kleinvolderberg untergebracht waren, führen darüber massiv Beschwerde, ebenso über die vorenthaltene ordentliche Berufsausbildung.[180]

Heimleiter Wolfgang Aull hatte, wie so häufig im Bereich der Heimerziehung, keine Ausbildung, doch er nahm häufig an Fachtagungen teil, nicht nur in Österreich, sondern auch in der Schweiz und in Deutschland, wo seit den 1960er Jahren heftige öffentliche Diskussionen und auch Reformversuche in der Fremdunterbringung von Kindern und Jugendlichen stattfanden. Ein Thema war die stärkere Integration von Heimkindern in der Gesellschaft. Über seine Erfahrungen beim „Deutschen Allgemeinen Fürsorgeerziehungstag" im Mai 1968 stellte Aull fest: „Speziell für Heime, in denen männliche Jugendliche untergebracht sind, wurde u. a. die Forderung erhoben, die Arbeitsausbildung aus der Binnensituation des Heimes herauszuführen." Aull forcierte während seiner Zeit als Heimleiter „die Einrichtung der Außenarbeitsbewährung". Dies war ein Fortschritt, widersprach aber dennoch der Intention des Jugendwohlfahrtsgesetzes, das den Behörden und Heimen eine qualifizierte bzw. bestmögliche Berufsausbildung auf der Basis einer Lehre für die Jugendlichen zur Pflicht gemacht hatte. Aull weitete diese Möglichkeiten zwar aus, doch auch er verweigerte den Jugendlichen ihr prinzipielles Recht auf das Erlernen eines ordentlichen Berufs.

Erst mussten sie brav sein und sich rund ein halbes Jahr im Heim bewähren, bevor sie in der Arbeit außerhalb des Heimes beweisen durften, dass sie taugten, und sei es nur als Hilfsarbeiter. Eine subjektiv bewertete Anpassungsleistung ersetzte ein verbrieftes Recht. Dabei bezog die Heimerziehung einen wesentlichen Teil ihrer Legitimation daraus, dass sie ihre Schutzempfohlenen auf das Leben danach so vorbereiteten, dass diese ihren eigenen Lebensunterhalt und den ihrer Familie, die sie gründen sollten, verdienen konnten. Letztlich hingen die Zukunftsperspektiven der Jugendlichen von der Einschätzung und den Berichten der Erzieher ab, von denen viele fachlich inkompetent waren und rücksichtslose Schläger obendrein. Besonders perfide war, dass das Jugendamt einigen ehemaligen Heimkindern unter Vorspiegelung falscher Tatsachen die Lehre in ihrem Wunschberuf versprach, so dass diese sich einverstanden erklärten, ins Heim Kleinvolderberg zu gehen, wo eine Enttäuschung auf sie wartete. Viele, die eine Lehre begannen und wieder abbrachen, waren in eine Berufsrichtung gedrängt worden, die sie verabscheuten, andere waren mit Lehrherren konfrontiert, die sich nicht an die gesetzlichen Vorgaben hielten, ausbeuteten oder sogar schlugen. Hinzugezogene Berufsberater nahmen sich vielfach wenig Zeit oder hatten eine voreingenommene Meinung über das Potenzial der Jugendlichen. Ihre Testungen – mit häufig zweifelhaftem Instrumentarium – waren Momentaufnahmen, die den bisherigen Lebensverlauf und die negativen Erfahrungen der Jugendlichen nicht berücksichtigten. Immerhin verfügte Kleinvolderberg über eine eigene Berufsschule im Heim.[181]

Der ehemalige Heimleiter Wolfgang Aull berichtet, dass er sich sehr bemüht habe, für die Burschen Fort- und Weiterbildungen zu organisieren, damit sie eine Fachprüfung oder eine Lehre absolvieren konnten. Allerdings sei er nicht sehr erfolgreich gewesen. Aull hebt besonders die Fachprüfungen als Schweißer oder Melker hervor, letzteres hätte die Landwirtschaftskammer und Landeshauptmann Eduard Wallnöfer gefördert.[182] Für die Jugendlichen in Kleinvolderberg war sicherlich positiv, dass Aull den Status eines „beurlaubten Zöglings" einführte. Wer drei bis vier Monate den an ihn gestellten Anspruch am auswärtigen Arbeitsplatz gerecht wurde, konnte außerhalb wohnen, wenn ihm sein Arbeitgeber oder Lehrherr einen Schlafplatz bereitstellte.[183]

Im Verlaufe der 1960er Jahre nahm der Anteil der Zöglinge von Kleinvolderberg in der „Außenarbeitsbewährung" deutlich zu, auch die Lehrlingszahlen stiegen, dennoch blieben sie bescheiden. 1963 waren im Jahresdurchschnitt 15 Jugendliche als Lehrlinge und 14 als Hilfsarbeiter außerhalb des Heimes beschäftigt. In den Jahren 1965 bis 1968 arbeiteten bei einem durchschnittlichen Zöglingsstand von 109[184] Jugendlichen jeweils 20 als Hilfsarbeiter und 22 als Lehrlinge im Außeneinsatz.[185] Aus dem Leistungsbericht des Heimes geht für 1967 hervor, dass nur 16 % der Burschen die heimeigene oder eine auswärtige Berufsschule besuchten. Das waren fast um die Hälfte weniger Burschen im Vergleich zum Zeitpunkt ihrer Einlieferung ins Heim. In einem Lehrverhältnis standen 24 % der Jugendlichen, wobei sich bei der Differenz zum Anteil der Burschen, die eine Berufsschule besuchten, die Frage stellt, wie eine Lehre ohne Berufsschule möglich war. Die Heimleitung gab ein weiteres Drittel an Jugendlichen an, die in den Heimwerkstätten arbeiteten. Wie viele davon in einem Lehrverhältnis waren, lässt sich nicht beantworten. Usus war es jedenfalls, dass die Heimwerkstätten, die auch als Lehrwerkstätten bezeichnet wurden, Burschen einstellten, damit sie zum einen die für das Heim anfallenden Arbeiten erledigten und um sie zum anderen auf eine Lehre vorzubereiten; nur ein – schwer einzuschätzender – Teil dieser Jugendlichen stand in einem regulären Ausbildungsverhältnis. Der Einsatz in den Heimwerkstätten ist jedenfalls keineswegs automatisch gleichzusetzen mit der Absolvierung einer Lehre und die Anzahl der Lehrlinge lässt noch weniger auf den tatsächlichen Abschluss der Ausbildung schließen. Die vorliegenden Zahlen aus dem Jahr 1967 verdeutlichen, dass vor ihrer Heimeinweisung mehr Burschen in einem Lehrverhältnis standen als im Heim.[186] Das heißt, bei den männlichen Jugendlichen ist in der Heimerziehung sogar eine Tendenz zur Dequalifizierung festzustellen. Diese war für die weibliche Jugend in St. Martin in Schwaz noch weitaus ausgeprägter. 1971 Jahre hatte knapp die Hälfte der Mädchen, die nach Schwaz gebracht wurden, eine Lehre begonnen,[187] die sie aber im Heim nicht fortsetzen konnten. Eine realistische zahlenmäßige Einschätzung für das Heim in Kleinvolderberg vermittelt der Jahresbericht für 1972, in dem der neue Heimleiter für den Einsatz außerhalb des Heimes 63 Zöglinge als Hilfsarbeiter und 26 Zöglinge, also rund 30 % des Heimbelages, als Lehrlinge angab.[188] Zu diesem Zeitpunkt waren die Heimwerkstätten als Lehrwerkstätten bereits aufgelassen, ebenso die Landwirtschaft.

Am Arbeitsmarkt stießen Heimzöglinge auf vielfältige Vorbehalte, attraktive Lehrangebote waren für sie noch rarer als für die Jugendlichen außerhalb des Heims. Überdies suchte die Heimleitung für einige Jugendliche „wegen der negativen Einflüsse der Stadt" nur nach Arbeitsplätzen in kleinen Gemeinden.[189]

Herbert Salchers Bemühungen um Reformen

Im Oktober 1970 löste Herbert Salcher (SPÖ) seinen Parteikollegen Karl Kunst als Landeshauptmann-Stellvertreter und Referent für Gesundheit und Soziales ab. Er verblieb in dieser Funktion bis zu seinem Abgang 1979 nach Wien als Gesundheits- und späterer Finanzminister. Unter Salcher, der den damaligen Diskurs über die „Heimmisere" und den in Wien gestarteten Reformprozess in der Heimerziehung rezipierte, kam Bewegung ins Sozialressort. 1971 wurde im Amt der Tiroler Landesregierung nach Vorarbeiten von Salchers Vorgänger Karl Kunst ein Psychologischer Dienst eingerichtet, 1973 folgte die Gründung einer Erziehungsberatung in der Anichstraße und 1975 der Wohngemeinschaft Cranachstraße für Jugendliche, die aus dem Heim Kleinvolderberg entlassen wurden. Der Psychologische Dienst stand in erster Linie den Jugendämtern und Landesjugendheimen zur Verfügung, um „fachlich fundierte Diagnosen zu erarbeiten und zielführende Behandlungsvorschläge zu erstatten". Teilweise hatte er auch „einfachere therapeutische Möglichkeiten selbst wahrzunehmen". Eine große Nachfrage gab es in den Bezirksjugendämtern, wo der Psychologische Dienst Sprechtage abhielt.[190] Die Aufgabe der Erziehungsberatung war eine „gründliche Diagnose-Stellung sowie die Durchführung oder Vermittlung der notwendigen Behandlungen". Sie sollte präventiv mithelfen, Überstellungen in Heime überflüssig zu machen. Aufgrund der großen Nachfrage wurden 1975 ambulante Beratungsmöglichkeiten im Unter- und Oberland mit besonderem Augenmerk auf die Jugendberatung eingeführt.[191] Das Landesjugendamt formulierte den Tätigkeitsbereich folgendermaßen: „Diese Einrichtung steht der Bevölkerung Tirols kostenlos zur Verfügung. Ihre Aufgabe ist es, Verhaltensauffälligkeiten und Schwierigkeiten sowie Entwicklungsstörungen im geistig-seelischen Bereich bei Kindern und Jugendlichen im Alter vom ersten bis zum neunzehnten Lebensjahr zu diagnostizieren, zu behandeln und ihrem Auftreten vorzubeugen."[192]

Salcher strebte auch in der Fürsorgeerziehung nach Veränderungen. Einen Neubau des Heimes Kleinvolderberg schloss er aus, die Institution Heim stellte er in Frage, stattdessen wollte er die Gründung von Wohngemeinschaften prüfen lassen. Das Landesjugendamt trat für eine vorsichtige Öffnung des Heimes Kleinvolderberg ein, bei den weiblichen Jugendlichen in Schwaz beharrte es auf die Kontrollfunktion des Heimes. Eine radikale Veränderung war nicht im Sinn des Beamtenapparates der Sozialabteilung. Nach dem Wechsel von Wolfgang Aull als Heimleiter von Kleinvolderberg in die Jugendfürsorgeabteilung der Bezirkshauptmannschaft Innsbruck-Land erfolgte an der Heimspitze ab Juli 1971 und Jänner 1973 mit Siegfried Haslwanter und Adolf Nußbaumer ein Generationenwechsel, der sich auch in ihrer Berufsqualifikation niederschlug.[193] Über die Lage im Heim Kleinvolderberg bis 1970 stellte das Landeskontrollamt fest:

„Das Konzept für die Erziehung der in diesem Heim untergebrachten Zöglinge ist in dieser Zeit nahezu gleich geblieben. (...) Im Rückblick auf diese Zeit bezeichnet der derzeitige Leiter des Jugendheimes, Direktor Dr. Nußbaumer, die Erziehungsmethoden jener Zeit als ein auf äußere Disziplinierung ausgerichtetes Erziehungskonzept. Die Jugendlichen waren in größeren Gruppen bis zu 40 zusammengefaßt. Der Erzieherdienst war Aufsichtsdienst, es wurde die Einhaltung bestimmter Regeln verlangt, ihre Außerachtlassung zog Strafe nach sich."[194]

Salcher bemühte sich, die notwendigen Budgetmittel zu erhalten, die für Reformen in der Heimerziehung vonnöten waren. In Übereinstimmung mit Heimleiter

Haslwanter legte er sich auf ein neues Konzept für das Landesjugendheim Kleinvolderberg fest. Haslwanter sprach den Lehrwerkstätten in der bisherigen Form ihren Wert ab, ebenso in ihrer Funktion als Hauswerkstätte oder Wirtschaftsbetrieb. Im Juli 1971 erteilte Salcher die Weisung, die „Lehrwerkstätten aufzulassen, wenn außerhalb des Heimes entsprechende Lehrplätze gefunden werden können".[195] Die Schneiderei und Schusterei wurden liquidiert, Tischlerei und Schlosserei bestanden zur Beschäftigung der beiden Angestellten noch Jahre weiter, ohne dass sie benötigt wurden.[196] Salcher drängte aber auch darauf, die heimeigene Landwirtschaft aufzulassen. Das Landesjugendamt ersuchte die Erzabtei St. Peter um die Erlaubnis, die landwirtschaftlich nutzbaren Flächen weiterverpachten zu dürfen, da sie, ebenso wie die Lehrwerkstätten, im Rahmen der Heimerziehung nicht mehr rentabel geführt werden konnten.[197] Die Anzahl der Jugendlichen im Heim hatte sich zu sehr reduziert, die Anstellung regulärer Arbeitskräfte kam zu teuer. In der Darstellung des Landesjugendamts wird ersichtlich, wie unbeliebt die Arbeiten in der heimeigenen Landwirtschaft bei den Jugendlichen waren. Es hob hervor, dass sie einen Beruf in diesem Bereich nicht ergreifen wollten und – dies war neu – „eine zwangsweise Heranziehung zur Mitarbeit aus pädagogischen Gründen nicht in Erwägung gezogen werden kann".[198] Im Jänner 1972 gab Salcher dem Leiter der Jugendwohlfahrt die Weisung: „Der Gutshof Kleinvolderberg ist sobald wie möglich einzustellen."[199] Ende März waren die Flächen verpachtet.[200]

Das wesentlichste Veränderungsmoment bestand darin, dass Salcher ein bauliches Sanierungskonzept über fünf Jahre anwies. Zwischen 1971 und 1973 wurde das besterhaltene Gebäude, das Josefinum, ausgebaut. Die Jugendlichen konnten aus den baufälligen Altbauten ausziehen und in drei Stockwerke übersiedeln, in denen sie jeweils vier Wohn-Schlafräume, einen großen Tagesraum und ein Erzieherzimmer vorfanden, die Sanitäranlagen waren weiterhin nur notdürftig hergerichtet. Vier Burschen teilten sich einen Wohn-Schlafraum. Insgesamt gab es nur mehr drei Gruppen mit je 16 Jugendlichen. Damit sollte ein Schritt von der Massen- zur Gruppenbetreuung gesetzt werden. Dies bedeutete auch, dass nur mehr maximal 48 Burschen im Heim Kleinvolderberg aufgenommen wurden.[201] Dies wurde möglich, weil die Nachfrage nach einer Heimunterbringung in Kleinvolderberg sowohl in Tirol als auch in anderen Bundesländern deutlich nachgelassen hatte. Ende 1975 war der Zöglingsstand im Vergleich zu 1965 um 60 % gesunken.[202] Zwischen 1973 und 1976 konnte die Gruppengröße auf zwölf Jugendliche reduziert werden.[203]

Bemerkenswert ist eine Stellungnahme von Paul Lechleitner, dem Leiter des Landesjugendamtes: Bei der baulichen Umstrukturierung wurden „erhebliche Leistungen mit eigenen Kräften erbracht (…) Dadurch konnten bei den notwendigen baulichen Veränderungen und Umgestaltungen größere Beiträge eingespart werden."[204] Lechleitner nennt in diesem Zusammenhang nur die Bediensteten, obwohl klar ist, dass es vor allem die Jugendlichen waren, die die Arbeiten verrichteten. Immerhin hatte der Heimleiter eingeführt, dass Jugendliche, die im Heim arbeiteten und ohne Arbeitsverhältnis dastanden, eine Arbeitsprämie erhielten, auch wenn die Höhe eher einem bescheidenen Anerkennungsbeitrag entsprach.[205] Im Heim konnte eine Hilfskraft in der Küche eingespart werden, weil die Jugendlichen deren Arbeit übernahmen.[206] Da seit Anfang der 1970er Jahre die meisten Burschen außerhalb des Heimes arbeiteten, verfügten sie über ein höheres Einkommen als vorher. Dies weckte die Begehrlichkeit des Landesjugendamtes, wie Paul Lechleitner 1977 ausführte:

„Weiterhin ergab sich als Folge der Umstrukturierung eine wesentlich höhere ‚Finanzkraft' der Jugendlichen. Viele Bekleidungsanschaffungen, Ersätze für Beschädigungen aller Art (…) werden nunmehr grundsätzlich von den Jugendlichen selbst getragen. Dadurch wurden Belastungen des Heimbudgets in diesen Bereichen beträchtlich vermindert."[207]

Im November 1971 stellte Lechleitner fest: „Das derzeit geltende Jugendwohlfahrtsgesetz und noch mehr die Mentalität derjeniger die es anzuwenden haben, sind noch sehr stark vom Leitbild der ‚Polizeistaatlichen Armenvorsorge' geprägt."[208] Salcher war daher als Sozialreferent bestrebt, „in Kleinvolderberg eine auf wissenschaftliche Grundlagen gestellte therapeutische Betreuungsstätte für sozialgeschädigte und verhaltensgestörte männliche Jugendliche aufzubauen".[209] Um ein zeitgemäßes Modell der Heimerziehung ausarbeiten zu können, beauftragte er nach einigen Vorgesprächen im März 1972 die Institute für Psychologie und Erziehungswissenschaften der Universität Innsbruck mit zwei wissenschaftlichen Studien.[210] Die Ergebnisse waren für eine Veränderung der Praxis in den Heimen bescheiden, das Landesjugendamt zeigte sich mäßig zufrieden. Das Institut für Erziehungswissenschaft nutzte den Auftrag unter Verwendung der Hälfte des Projektgeldes für einen umfangreichen Ankauf von Büchern für die Bibliothek. Dies hing damit zusammen, dass das Institut zunächst nicht an empirischer Forschung interessiert war und sich deshalb unter der Leitung eines Assistenten mit dem Zusammentragen und Auswerten der verstreuten Sekundärliteratur zur Fürsorgeerziehung begnügte.[211] Ein kleinerer Teil der Gelder kam einem Dissertanten zugute, der die Berufssituation des Erziehungspersonals in österreichischen Fürsorgeerziehungsheimen untersuchte.[212] Studentische MitarbeiterInnen legten eine kritische Haltung an den Tag. Sie wollten sich nicht vereinnahmen lassen, eine wissenschaftliche Grundlage für das Weiterbestehen des repressiven Heimsystems zu erstellen.[213] Der Psychologische Dienst beim Amt der Tiroler Landesregierung fasste den Forschungsbericht über die Literatur zu den Fürsorgeerziehungsheimen so zusammen, „daß die aufgezeigten Probleme allenthalben dieselben sind; exakte und allgemein brauchbare Lösungsmöglichkeiten werden keine angegeben. Über die Ursachen der Verwahrlosung liegen noch zu wenig Grundlagenforschungsergebnisse vor. Die Lösung des Verwahrlosungsproblems und des Heimproblems auf psychoanalytischer Grundlage erscheint nicht praktikabel."[214]

Auch die Forschungsergebnisse des Instituts für Psychologie konnten nur wenig für eine Reform der Heimerziehung beitragen. Immerhin forderten die allgemeinen Empfehlungen zu positiven Veränderungen auf, sieht man vom Ratschlag einer eventuell ins Auge zu fassenden „medikamentösen Einstiegstherapie zu Beginn des Heimaufenthaltes" ab: kleinere Gruppen, Individualisierung, Förderung der Selbstständigkeit, mehr Augenmerk auf Depressionen im Heim, Einbeziehung der Familie und Beachtung der Berufsentscheidung und Berufsausbildung.[215]

1973 regte Heimleiter Nußbaumer die Vergabe einer weiteren Studie an das Psychologische Institut der Universität Salzburg an, mit deren Hilfe ein neues Erziehungsmodell bei gleichzeitiger Schulung des Personals implementiert werden sollte.[216] Salcher befürwortete das Unterfangen, das zu einer Neuausrichtung des Heimes in Kleinvolderberg führen sollte. Heraus kam schlussendlich ein „Soll-Modell zur Reorganisation der Heime Kleinvolderberg und St. Martin, Schwaz", das als „Salzburger Modell" bezeichnet wurde und – in Einklang mit den nachhaltigen Forderungen von Heimleiter Nußbaumer – zur Verkleinerung der Gruppengrößen führte. Der Heimleiter war eine treibende Kraft für die Erhöhung der Anzahl der Gruppen und der Einrichtung einer Entlassungsgruppe in Form einer Wohngemeinschaft innerhalb des Heims.[217] Für das Jahr 1976 ersuchte er um die Einrichtung einer Therapiestation für schwierige Jugendliche und eines Turnsaals, Salcher sorgte für die Genehmigung der finanziellen Mittel.[218] Die bis 1980 fertiggestellte Therapiestation, für die auch ein Psychologe angestellt wurde, bestand aber schlussendlich aus vier Isolationszellen, die beiden „Besinnungsräume" waren nichts anderes als der umgebaute Karzer.[219] Die Kritik am weiterbestehenden Karzersystem in den Heimen Kleinvolderberg und St. Martin, Schwaz, durch den „Tiroler Arbeitskreis Heimerziehung" war dementsprechend groß und führte sogar zu einer parlamentarischen Anfrage der SPÖ im Dezember 1980.[220]

Salcher unterstützte Heimleiter Haslwanter in seiner Auffassung, „daß der neu eingewiesene Zögling einer unmittelbaren Konfrontation mit einer extrem harten Arbeitssituation" widerwillig gegenüberstehe und es besser sei, zunächst die Gruppenzugehörigkeit zu stärken, um auch den Erziehern gleich zu Anfang vermehrt die Möglichkeit zu einer psychologisch-diagnostischen Einschätzung zu geben. In der reformierten Eingangsphase ins Heim sollte auf den üblichen massiven Arbeitszwang verzichtet werden, stattdessen war geplant, die Jugendlichen turnusartig eine Woche lang bei allen im Heim anfallenden Arbeiten zu beschäftigen – im Hausdienst, in der Kirche, beim Einkauf, in der Bügelstube und Wäscherei etc. Schon in der zweiten Woche waren praktische Kurse unter Anwendung eines „sozialintegrativen Unterrichts- und Beschäftigungsstils" geplant.[221]

Eine der zentralen Umstellungen war die Auflösung der Werkstätten und der Verpachtung der Landwirtschaft und Gärtnerei, um die Burschen „bereits während ihrer Bewährungszeit ins Arbeitsgeschehen oder den Ausbildungsablauf außerhalb des Heims einzugliedern. Dadurch soll der für Jugendliche sich vielfach schädlich auswirkende Isolationseffekt vermieden werden", so die Heimleitung.[222] Der Leiter des Landesjugendamtes stellte fest: „Die im Heim von der Außenwelt abgekapselte Lehrausbildung konnte den Gesamtzweck nur unzureichend erfüllen. Insbesonders kann der Jugendliche erwünschtes Sozialverhalten in der Situation heiminterner Lehrwerkstätten nicht erlernen."[223] Das pädagogische Ziel im Landesjugendheim Kleinvolderberg war die „Resozialisierung" der Jugendlichen, womit die erfolgreiche Eingliederung in den normalen Arbeitsprozess außerhalb des Heimes gemeint war. Mit rund 50 Firmen konnten Kontakte hergestellt werden, die Ausbildungsbilanz selbst war jedoch mehr als ernüchternd. Ende Dezember 1973 befanden sich 42 Zöglinge im Heim Kleinvolderberg. Doch während des Jahres waren in den Betrieben nur sechs Zöglinge als Lehrlinge eingesetzt, dafür durchschnittlich 30 Zöglinge als Hilfsarbeiter.[224] Jugendliche, die im Heim arbeiteten, erhielten entsprechend dem „Verstärkerprinzip" des „Salzburger Modells" eine „Fluchtprämie", wenn sie über einen bestimmten Zeitraum nicht entwichen waren, oder mit Vergünstigungen verbundene „Arbeitskreuze" als Belohnung für angepasstes Arbeitsverhalten. Wer jedoch in den Krankenstand ging, dem wurde pro Tag ein Ausgang gestrichen.[225]

Gescheitert

Anfang der 1970er Jahre wurde die horrende Ausbeutung der Arbeitskraft der Zöglinge im Heim und besonders in der Landwirtschaft innerhalb und außerhalb der Anstalt beendet. Doch die traditionelle Funktion des Landesjugendheims blieb in der Praxis weitgehend bestehen: Kleinvolderberg belieferte die Betriebe mit billigen, ungelernten Arbeitskräften, eine gediegene Ausbildung und Lehre mit Zukunftsperspektive kam nur einer relativ kleinen Zahl Jugendlicher zugute.

Landeshauptmann-Stellvertreter Herbert Salcher initiierte Reformen und stellte beträchtliche finanzielle Mittel für bauliche Investitionen und wissenschaftliche Studien bereit. Doch der Gegenwind war beachtlich, ausreichende Finanzmittel zu erhalten nicht einfach. Ein nicht zu unterschätzendes Problem für die für den Sozialbereich zuständigen SPÖ-Politiker wie Herbert Salcher bestand darin, dass sie in ihrer Abteilung konservativen Beamten gegenüberstanden, die gegenläufige gesellschaftspolitische Ansichten und Erziehungskonzepte vertraten. Sie konnten sich ihr Personal nicht aussuchen, die personellen Bestellungen in der Landesverwaltung waren (und sind) weitgehend der ÖVP vorbehalten. Während Paul Lechleitner als

Leiter des Landesjugendamtes wenigstens eine bedächtige Reformbereitschaft an den Tag legte und seine Haltung in Erziehungsfragen als gemäßigt-repressiv charakterisiert werden kann, versuchte sein Nachfolger Ekkehard Kecht in den 1980er Jahren den Reformmotor zum Stottern zu bringen und trotz sinkender Nachfrage und Akzeptanz innerhalb der Akteurinnen und Akteure im sozialpädagogischen Feld die Heime aufzuwerten.[226] Die eingesessenen Erzieher waren nicht bereit, den 1971 eingeleiteten Reformkurs mitzutragen, bei Neueintretenden sah Paul Lechleitner ein Übermaß an liberalen Anschauungen, die nur zur Anarchie führen konnten und der durch Einstellung angepassterer Jungerzieher entgegengewirkt werden sollte.[227] Siegfried Haslwanter musste seine Heimleitertätigkeit nach nicht einmal eineinhalb Jahren aufgeben, weil die Meinungsunterschiede unüberbrückbar waren. Auch sein bemühter Nachfolger Adolf Nußbaumer stand vor dem Problem, mit teils widerwilligen Erziehern weiterarbeiten zu müssen, die sich nicht mehr umstellen wollten oder konnten. 1977 musste der Leiter der Jugendwohlfahrt zugestehen, dass wegen der geforderten Veränderungen im Heim Kleinvolderberg in der Praxis immer noch „Unsicherheiten" bestanden.[228] Fachlich qualifizierte Erzieher nahmen zwar zu, blieben aber weiterhin rar und standen unter Druck der altgedienten. Wer wie B. um 1977 mit einem kritischen Bewährungshelfer zusammenarbeitete und Fotos des Karzers anfertigte, wurde gemobbt und verließ das Heim.[229] Der Beruf des Erziehers war finanziell unattraktiv, das Ansehen gering und die Arbeitsbedingungen waren schlecht. Bezeichnend ist, dass die Auflösung der Gärtnerei personaltechnisch so gelöst wurde, dass der Meister als Erzieher Anstellung fand.[230]

Die Umbauten im Heim Kleinvolderberg waren zum Großteil eine Initiative von Herbert Salcher, sie wurden fertiggestellt, noch bevor das vom Psychologischen Institut der Universität Salzburg ausgearbeitete „Salzburger Modell" vorlag, das den Prozess des räumlichen Ausbaus intensivierte und zu einer weiteren Verkleinerung der Gruppengrößen beitrug. Zu den Reformbemühungen stellte Lechleitner fest:

„Es darf erwähnt werden, daß insgesamt relativ viele Initiativen ergriffen wurden. Es handelt sich in fast allen Bereichen nur um den Beginn. Die Erreichung des letzten Zieles, d. h. eine Verbesserung der Effizienz der gesamten Arbeit auf dem Gebiet der öffentlichen Jugendfürsorge stellt einen langen Entwicklungsprozeß dar und bedarf daher eines längeren Zeitraumes."[231]

Die Reformen in Kleinvolderberg konnten schon aufgrund des für seinen pädagogischen Zweck ungeeigneten Gebäudekomplexes nur bedingt erfolgreich sein. Trotz der merklichen Verbesserungen betonte Lechleitner, dass „noch so erhebliche Investitionen niemals zu einem zeitgemäßen und optimalen Jugendheim führen können".[232] Deshalb verschärften „die schlechten äußeren Bedingungen", so

Lechleitner, auch die personelle und pädagogische Problematik außerordentlich".[233] Doch weder ein Neubau noch ein geeigneter Umbau, der den Kosten eines Neubaus gleichgekommen wären, waren politisch realistische Optionen.[234] Auch das Landeskontrollamt unterstrich 1976, dass entgegen aller finanzieller Aufwendungen „offensichtlich kein zufriedenstellendes ‚Jugendheim' geschaffen werden" konnte,[235] und empfahl, die Weiterexistenz des Heimes überhaupt zu überdenken. Die Behörde zweifelte, dass mit dem Konzept des „Salzburger Modells" wirklich „die Ideallösung für ein Jugendheim und für die Resozialisierung der Jugendlichen gefunden ist, oder ob nicht weitere neue Ideen und Erkenntnisse nach einer Verwirklichung drängen, durch die wiederum der derzeit notwendige Ausbau in Frage gestellt wird".[236]

Die Tätigkeit des „Tiroler Arbeitskreises Heimerziehung" ab 1978 und die Fernsehsendung „teleobjektiv" im September 1980 verdeutlichten ebenso wie die parlamentarische Anfrage der SPÖ über die Berechtigung von Zwangsisoliermaßnahmen („Karzer"), dass trotz der Verbesserungen in den Tiroler Landesjugendheimen zahlreiche Missstände weiterbestanden,[237] so dass die mangelnde Nachfrage den endgültigen Ausschlag für die Schließung 1990 gab.

Fehlende Pensionsversicherungsbeiträge

In den 1950er und 1960er Jahren arbeiteten viele Jugendliche des Landeserziehungsheimes Kleinvolderberg außerhalb des Heimes, ohne pensionsversichert zu sein. Wer im Heim arbeitete, war nicht einmal versichert, wenn er eine Lehre absolvierte. Der Gesetzgeber ging einfach davon aus, dass es sich bei der Arbeit der Zöglinge um eine pädagogische Maßnahme handeln würde. Ab 1964 war es zumindest theoretisch möglich, wie dies etwa bei Lehrlingen im Erziehungsheim Eggenburg in Niederösterreich der Fall war, zur gesetzlichen Pensionsversicherung angemeldet zu werden.[238] Im Mädchenheim St. Martin in Schwaz waren noch viel weniger Jugendliche pensionsversichert, weil die Unterbringung in reguläre Arbeitsverhältnisse bis Ende der 1970er Jahre kaum angestrebt wurde. Bundesminister Rudolf Hundstorfer stellte im Dezember 2010 fest:

> *„Richtig ist, dass bis in die 1990iger Jahre die in den Heimen als Lehrlinge und Arbeiter beschäftigten Zöglinge nicht zur Sozialversicherung gemeldet waren, weil strittig war, ob die Arbeit in den Heimen der Pflichtversicherung unterliegt.*
> *Das ist – nach entsprechenden Entscheidungen durch das BMASK [Bundesministerium für Arbeit, Soziales und Konsumentenschutz] – in der Zwischenzeit unbestritten."*[239]

Viele ehemalige Heimkinder mussten deshalb eine verminderte Pension in Kauf nehmen. Die Anregung der Steuerungsgruppe Opferschutz des Landes Tirol, wegen der fehlenden Anrechnung von Heimzeiten für die Pension mit dem Bund in Verhandlungen zu treten, blieb im Ergebnis erfolglos. Gesetzlich war ein Erwerb von Versicherungszeiten nur möglich, wenn die Betroffenen noch keine Pension bezogen. Eine beitragsfreie Anrechnung als Ersatzzeiten, für die eine Gesetzesänderung notwendig wäre, lehnte der Minister „trotz des Verständnisses für die Belange der ehemaligen Fürsorgezöglinge" ab, da dies „in Zeiten der Einsparungen in der Pensionsversicherung nicht möglich ist". Allerdings verwies der Minister auf Handlungsmöglichkeiten des Landes Tirol. Der Personenkreis, der noch nicht in Pension war, kann ein Verfahren bei der entsprechenden Kasse einleiten. Hundstorfer machte darauf aufmerksam, dass dies für eine größere Zahl von Menschen auch durch einen Vertreter erfolgen könne – also durch das Land Tirol: „Beim Aufbringen des Nachzahlungsbeitrages wäre eine Unterstützung der ehemaligen Zöglinge durch das Land oder andere Institutionen möglich."[240]

Eine vom Land Tirol in Auftrag gegebene Studie, die von Landesbediensteten erstellt wurde, behauptete aber etwas anderes: „Die geltende Rechtslage erfordert (…), dass jede/r einzelne Betroffene/r selbst bei der Sozialversicherung tätig werden muss", und vermerkte lediglich, dass das Amt der Landesregierung ein Informationsblatt herauszugeben beabsichtige, „um den komplizierten Rechtsweg zu erleichtern. In diesem Informationsblatt werden alle Ansprechstellen genannt."[241]

Im November 2013 verkündete Landesrätin Christine Baur, dass eine Anrechnung der Heimzeiten, in denen die ehemaligen Heimkinder arbeiteten, ohne pensionsversichert zu werden, nicht möglich wäre, selbst wollte das Land nicht einspringen, weil dies zu teuer käme. Die Landeshauptleutekonferenz hatte den Bund vergeblich um eine Lösung gebeten.[242] Im August 2014 hielt die Landesrätin im KURIER fest: „‚Rechtlich ist es so, dass diese Arbeit, die in Heimen geleistet wurde, keine sozialversicherungspflichtigen Dienstverhältnisse waren.' Man habe den Heimkindern also nichts vorenthalten."[243]

Eine andere Position nahm das Land Oberösterreich ein. Landeshauptmann Josef Pühringer kritisierte den Bund, der den ehemaligen Heimkindern die verlorenen Pensionszeiten nicht nachträglich anrechnen wollte: „Meiner Meinung nach hätte das den Bund oder die Sozialversicherung nicht ärmer gemacht, weil so viele sind es dann auch wieder nicht." Das Land Oberösterreich kaufte Betroffenen die Pensionszeiten selbst nach: „Das ist man den Menschen auch schuldig", so der Landeshauptmann.[244]

Landeserziehungsheim St. Martin in Schwaz

„Ich habe also in den Jugendjahren nichts gelernt, sondern wurde benutzt und ausgenützt als Arbeitskraft![245]

So wie im Heim Kleinvolderberg erhielten die weiblichen Jugendlichen in Schwaz eine geschlechts- und klassenbezogene Ausbildung, nur dass in Schwaz fast ausschließlich Hilfstätigkeiten angeboten wurden, die die Jugendwohlfahrt und das Heim als pädagogische Maßnahme und Arbeitstherapie ausgaben oder euphemistisch „Berufsvorschulung" nannten. Wer seine Schulpflicht noch nicht erfüllt hatte, besuchte statt des 9. Pflichtschuljahrs die heimeigene Haushaltungsschule, ansonsten bestimmten die Erzieherinnen, wer diese Schule besuchen durfte, zudem war eine Zeit lang eine Art Aufnahmetest zu absolvieren. Stets war es daher nur eine Minderheit der Jugendlichen, die die Haushaltungsschule in Anspruch nehmen konnten – für die meisten eine willkommene Abwechslung zum monotonen und arbeitsreichen Heimalltag. Ansonsten bot St. Martin kaum Bildungsmöglichkeiten. In der zweiten Hälfte der 1970er Jahre konnten zwei Jugendliche einen Steno- und Phototypiekurs belegen, andere im häuslichen Unterricht den Hauptschulabschluss nachholen. 1987 ging eine Jugendliche ins BORG Schwaz.[246] Einmal verhalf die Direktion einer Jugendlichen zur Aufnahme in einer Schule, in der sie es zur medizinisch-technischen Fachkraft bringen konnte. Derartige Möglichkeiten blieben äußerst beschränkt.[247]

1970 meldete die Heimleiterin erstmals Jugendliche, die in einem Lehrverhältnis standen, es waren fünf von 70 Jugendlichen.[248] In den Leistungs-, Tätigkeits- und Jahresberichten der Bezirksjugendämter und des Landesjugendamtes bzw. des Landeserziehungs-, später Landesjugendheims Schwaz scheint 1973 das erste Mal eine Jugendliche auf, die eine Lehre im Heim begann – als Köchin.[249] Zwei Jahre zuvor hatte die Wirtschaftskammer ein Gutachten erstellt, das dem Heim die Erfüllung der Voraussetzungen attestierte, eine derartige Lehre anbieten zu dürfen.[250] Es blieb bei derartigen Einzelfällen. 1979 stellte der Leiter der Jugendwohlfahrt im KURIER fest: „Ich gebe zu, dass wir bis jetzt eine gute Berufsausbildung der Jugendlichen versäumt haben. (…) Ab Herbst wird sich eine Erzieherin nur mit der Arbeitsvermittlung für die Mädchen in St. Martin befassen."[251]

1980 hatte St. Martin vier Lehrlinge aufzuweisen,[252] und auch in den 1980er Jahren, berichtet eine Erzieherin, absolvierten Jugendliche des Heims nur vereinzelt eine Lehre und zwar in typisch weiblich definierten Berufsfeldern, etwa als Schneiderin, Frisörin oder Bürokauffrau. Was sie fallweise erhielten, war der Besuch von Kosmetikkursen oder eine Bestätigung über Grundkochkenntnisse, wenn sie im Küchendienst arbeiteten und eine informelle Prüfung ablegten. Auch der Landeskontrollamtsbericht von 1987 führt nur eine einzige Jugendliche an, die – in der Heimküche – eine Lehre begonnen hatte.²⁵³

Die Jugendlichen arbeiteten im Hausdienst und in der Heimküche, in der Wäscherei, Näherei und Büglerei, sie malochten in der heimeigenen Landwirtschaft und für Bauern während der Erntezeit, sie erledigten Aufträge für Firmen im wahrsten Sinne des Wortes in Heimarbeit, waren Haushälterin und Kindermädchen in Privathaushalten, ab den 1970er Jahren nahm die Zahl der Jugendlichen, die im Außendienst tätig waren, deutlich zu: als Hilfsarbeiterin in der Fabrik, Serviererin und Stubenmädchen in Gasthäusern und im Tourismus, als Verkäuferin oder Stockmädchen im Krankenhaus. Wer sich am Samstag im Heim aufhielt, wirkte am wöchentlichen Generalputz mit. Die unbeliebtesten Arbeiten waren im Heim in der Wäscherei, der Landwirtschaft und im Hausdienst. Der Außendienst war deshalb begehrt, weil man das Heim verlassen konnte und mehr verdiente. Voraussetzung dafür war Wohlverhalten, denn selbst auf diese Hilfsarbeiterinnen- und Anlerntätigkeiten hatten die Jugendlichen kein Recht, erst mussten sie sich längere Zeit an die vielen Anstaltsnormen halten, mit den Erzieherinnen gut auskommen und in der Arbeit im Heim bewähren.

Sowohl im Innen als auch im Außen war das Heimgebäude längere Jahre in einem desolaten Zustand, im September 1958 bezeichnete die Direktorin die Situation als untragbar, weil eine schmucke Ordnung im Heim „ein wertvolles Erziehungsmittel" darstellen würde, insbesondere für „verwahrloste Mädchen", die zur „Ordnung und Sauberkeit" erzogen werden sollten.²⁵⁴ Nach diesen weit zurückreichenden traditionellen Erziehungsansichten spiegelte die äußere Ordnung die innere Sauberkeit wider. Sie war es, die neben der Arbeitsmoral das höchste Erziehungsziel für die weiblichen Jugendlichen in Schwaz war. Beschäftigungslosigkeit galt als große sittliche Gefahr, war der christliche Gegenbegriff zur Arbeit doch Müßiggang, der leicht vom Weg Gottes abweichen ließ,²⁵⁵ auf dumme Gedanken brachte und letztlich zur „sexuellen Verwahrlosung" führen konnte. So wie bereits beim Umbau des Gebäudes um 1930²⁵⁶ sah auch nun die Heimleitung eine sittliche Gefährdung der Jugendlichen, wenn, wie von der Landesbaudirektion geplant, Instandsetzungsarbeiten mehrere Jahre andauern sollten und sich Arbeiter im Heim aufhielten. Dies, so die Direktorin,

*„gefährdet unsere Erziehungsarbeit und stellt den Erziehungserfolg bei vielen Mädchen in Frage. Die monatelange Anwesenheit einer Anzahl von jungen Männern in unserem Heim ist, wie die letzten Monate bewiesen, untragbar. Die Erzieherinnen können keine Erziehungsarbeit leisten, sondern sind lediglich Wachposten um Bekanntschaften, Fluchtversuche, Schwindeleien jeder Art zu unterbinden."*²⁵⁷

Mitte der 1960er Jahre entsprach das Landeserziehungsheim nach Ansicht des Landesjugendamtes in Erscheinungsbild und Ausstattung „den Anforderungen moderner Fürsorgeerziehungsheime".[258] Das Heim war zwar saniert worden, in pädagogischer Hinsicht genügte es aber nur einer Massenbetreuung. Die Anfänge der Lohnwäscherei in St. Martin in Schwaz geben einen Einblick in das zentrale Erziehungskonzept des Heimes. Bis Anfang der 1960er Jahre mussten die Jugendlichen mit veralteten Maschinen und Arbeitsgerät für die Reinigung sorgen, viel händische Arbeit war nötig. Seit 1958 wuschen sie auch die Bettwäsche für das Heim Kleinvolderberg, das einen Teil in anderen Anstalten reinigen ließ. Als die Heimleitung in Kleinvolderberg einen Ausbau seiner Waschküche plante,[259] entschloss sich die Landesverwaltung dazu, die Investitionen in Kleinvolderberg zu unterlassen und den Anregungen der Direktorin von Schwaz zu folgen, um so wirtschaftliche Rentabilität mit den Zielen einer Arbeitserziehung zu verbinden. Auch das Landeskontrollamt unterstrich, dass finanzielle Einsparungen ein wesentliches Motiv waren, eine Großwäscherei in Schwaz zu installieren:

„Sobald diese Neuanlage geschaffen, kann das Reinigen der Wäsche der Erziehungsheime Kleinvolderberg und Kramsach in Schwaz geschehen. Diese Zentralisierung der Wäschereinigung der Erziehungsanstalten wird Wäschereien in Kleinvolderberg und Kramsach überflüssig machen. Ferner wird sich dadurch bei verständnisvoller Zusammenarbeit eine Senkung des diesbezüglichen Aufwandes in den zwei Heimen Kleinvolderberg und Kramsach erzielen lassen."[260]

Die Heimleiterin von Schwaz wandte sich an die Landesbaudirektion und stellte fest:

„Ausbau und zweckmässige Gestaltung der Wäscherei. Der derzeitige Zustand ist eine Gefahrenquelle für die in diesem Raum arbeitenden Zöglinge und Erzieherinnen. Die in dieser Waschküche mögliche Arbeitsmethode ist keine Arbeitsausbildungsmöglichkeit unserer Mädchen. Die Ausbildungsmöglichkeiten in unserem Hause sind so gering, daß es notwendig ist, hier eine vorbildliche Wäscherei, Bügel- und Nähstube auszubauen. Die Mädchen werden voll beschäftigt sein und eine Arbeit erlernen, die ihnen nach der Entlassung eine Existenzmöglichkeit bietet. Letzten Endes wird der gut geführte Betrieb aber auch noch rentabel sein. (…) Schwimmbad. Die Erdarbeiten können zur Gänze kostenlos durch unsere Mädchen geleistet werden. Sie werden gerne und freudig bei richtiger Anleitung und Vorbild diese verrichten."[261]

Das Landesjugendamt unterstützte diese Pläne, damit „die Zöglinge während des ganzen Jahres in geeigneter und passender Form beschäftigt werden". Es sah den

Vorteil einer „fast lehrlingsmässigen Ausbildung der Zöglinge und Beschäftigung derselben", vor allem aber betonte das Amt aufgrund der Erfahrungen in Heimen anderer Bundesländer, dass sich die Investitionen wirtschaftlich rechnen würden.[262] Als die Großwäscherei mit der Büglerei und Näherei 1963 fertiggestellt war, ging es laut Jugendamt nur mehr um „eine hinlängliche Beschäftigung und eine gründliche Anlernung der Zöglinge". Mit den Aufträgen des Bundesheeres ab 1965 glaubte das Land an eine ausreichende Auslastung.[263] Da mit immer mehr Firmen und Anstalten Verträge abgeschlossen werden konnten, steigerte das Heim seinen monatlichen Ausstoß an Wäschereinigung von 3.500 kg 1965 stufenweise auf 5.000 kg 1967.[264] Zunächst war die Großwäscherei auch profitabel. So erwirtschaftete sie 1968 einen Gewinn von 180.000 Schilling (mit Lohnkosten), 1969 und 1970 ein Plus von 182.000 und 209.000 Schilling (ohne Lohnkosten).[265] Die Heimleiterin gab für 1972 und 1973 bei ihrer Einnahmen-Ausgaben-Rechnung einen Überschuss von 30.000 und 155.000 Schilling an.[266] Erst mit der Krise der Heimerziehung im Laufe der 1970er Jahre und dem damit verbundenen merkbaren Rückgang an Jugendlichen wurde die Großwäscherei defizitär und mit den Jahren völlig unrentabel. Die heimeigene Landwirtschaft bilanzierte laut den Berichten des Landesjugendamtes bzw. des Heimes fast durchgängig positiv, die schwer arbeitenden Jugendlichen trugen wesentlich zur Ernährung im Heim bei, das Landesjugendamt stellte jedoch den erzieherischen Nutzen in den Vordergrund. Zwischen 1970 und 1972 wurde die Landwirtschaft eingestellt,[267] da, so das Landeskontrollamt, „nicht zu jeder Zeit genügend Arbeitskräfte für die Landwirtschaft freigestellt werden können".[268] Bei Weitem nicht nur pädagogische Überlegungen waren es also, die den Arbeitseinsatz in diesem Bereich in den 1950er und 1960er Jahren forciert hatten, sondern ökonomische Interessen. Im Nachhinein führte der Leiter des Landesjugendamtes das „Salzburger Modell" als Grund für die Einstellung an, doch dieses Erziehungskonzept lag zu diesem Zeitpunkt noch gar nicht vor. In der Wäscherei gab es von Anfang an die Tradition, den Jugendlichen ein sehr geringes Fixum zu zahlen, das durch einen leistungsorientierten Anteil aufgefettet werden konnte. Nach privatwirtschaftlichem Muster vergaben die Erzieherin als Vorarbeiterin oder die Meisterin bis zu sechs Punkte, das Entgelt steigerte sich pro erreichtem Punkt und konnte das Doppelte des Fixums ausmachen. Das Heim verlangte für seine Leistungen von den Auftraggebern zwar Marktpreise, zahlte aber keine Marktlöhne, die in dieser Berufssparte ohnedies am Ende der Tarife angesiedelt waren. Auf diese Weise versuchte das Heim ein Maximum aus der weiblichen Arbeitskraft herauszuholen. Darüber hinaus verhängte es bei ungenügender Arbeitsleistung zumindest bis Ende der 1970er Jahre Strafgelder oder ahndete Arbeitsverstöße mit Isolierhaft, dem Karzer. Das Erziehungskonzept des „Salzburger Modells" beendete diese Ausbeutungspraxis keineswegs, sondern versuchte sie effizienter zu gestalten und die Belohnungskomponente attraktiver zu machen.²⁶⁹ Legitimiert war das Ganze dadurch, dass die Arbeit der Jugendlichen als Therapie getarnt wurde und gesetzlich geregelt war, dass sie bzw. ihre Angehörigen für die Kosten der Fürsorgeerziehung aufzukommen hatten, ansonsten musste die öffentliche Hand einspringen. Die Korrekturerziehung durch Arbeit war eben nicht nur pädagogischen Überlegungen geschuldet, sondern besonders dem Interesse der Kostenersparnis für das Land.

Als die Großwäscherei wirtschaftlich nicht mehr ertragreich war, wurde ihre pädagogische Bedeutung noch stärker betont. Das Landesjugendamt verteidigte sich im Dezember 1977 gegenüber dem Landeskontrollamt wegen des finanziellen Abgangs mit der seiner Meinung nach teils schlechten Arbeitsleistung der Jugendlichen.

*„Der Zwang, im Heim sein zu müssen, ein gewisser Leistungsdruck – in der Wäscherei unvermeidlich, da mit Maschinen gearbeitet werden muß – und gelegentliche Streßsituationen sind Faktoren, die für die teilweise sehr schwer verhaltensgestörten Mädchen kaum oder nicht verkraftbar sind. Daraus ergibt sich, daß diese Wäscherei niemals primär nach kaufmännischen oder wirtschaftlichen Überlegungen, sondern nur nach arbeitstherapeutischen Grundsätzen geführt werden kann. Die Tätigkeit der Mädchen in der Wäscherei hat den Zweck, nach der ersten Akklimatisationsphase eines Mädchens im Heim, dasselbe behutsam und überlegt an Arbeitsprozesse heranzuführen, ihr Durchhaltevermögen zu trainieren, ihr womöglich Erfolgserlebnisse zu vermitteln und sie schließlich vor ihrer Arbeitsbewährung außerhalb des Heimes an einen geregelten Tagesrhythmus zu gewöhnen und schließlich auch den bisherigen Erziehungserfolg zu testen. Dieses Heranführen an die Arbeitssituation erfolgt unter Anwendung aller dem Heim zur Verfügung stehenden arbeitstherapeutischen Mitteln wie gezieltes Anwenden von Verstärkern sozialer und finanzieller Art, Anwendung von Handlungsverstärkern, Praktizieren von Modellverhalten, Vermittlung von Arbeitsanleitungen, durch Appellieren an die Einsicht der Mädchen, und schließlich durch Motivation zur Einsicht der Selbstkontrolle und letztlich eines gewissen Selbstverständnisses."*²⁷⁰

Das Allheilmittel zur gedeihlichen Persönlichkeitsentwicklung für die laut Behörde „teilweise sehr schwer verhaltensgestörten Mädchen" war weiterhin Schwerarbeit. Davon berichten nicht nur zahlreiche ehemalige Heimkinder, selbst eine Erzieherin, die bis in die späten 1970er Jahre in St. Martin in Schwaz tätig war, erwähnt, dass die Jugendlichen „gebuckelt" und „geschuftet" haben „wie die Wahnsinnigen" bzw. „wie ein Esel".²⁷¹

Die Argumentation des Landesjugendamtes Ende 1977 (!) war ein Widerspruch in sich. Es gab zu, dass der Leistungsdruck und der Stress in der Großwäscherei die

Jugendlichen überforderten, dass diese Belastungen für sie „kaum oder nicht verkraftbar" waren. Das bedeutete aber, dass diese „Arbeitstherapie" schädlich war und so schnell wie möglich aufgegeben hätte werden müssen. Keinesfalls konnte es sich bei dieser Arbeitserziehung um eine pädagogische und schon gar nicht um eine pädagogisch sinnvolle Maßnahme handeln. Da die Jugendlichen aufgrund ihres Einsatzes in der Wäscherei aber weder eine mittlere Schulausbildung machen noch einen Beruf lernen konnten, blieb die einzige Zielsetzung dieser hilfsarbeiterischen Tätigkeit, die am Arbeitsmarkt nicht nachgefragt wurde, die Gewöhnung an Arbeit an sich oder besser gesagt an entfremdende Arbeit: Pünktlich sein, sich an den Zeitrhythmus gewöhnen, den die Maschine vorgibt, Ausharren in einer Tätigkeit, die man verabscheut. Das Heim verweigerte den Jugendlichen eine angemessene Schulbildung oder Berufsqualifikation, übte stattdessen angelernte Arbeitstätigkeiten ein und trainierte das Durchhalten in einem Arbeitsprozess unter Arbeitsbedingungen, die die Jugendlichen nie freiwillig gewählt hätten. Ein Selbstbewusstsein zu entwickeln oder eigene Potenziale und eine berufliche Zukunftsperspektive zu erkennen, war auf diese Weise äußerst schwierig bis unmöglich. Die eingesetzten „arbeitstherapeutischen Mittel", die ab Mitte der 1970er Jahre teils vom neuen Erziehungskonzept („Salzburger Modell") angeregt wurden, waren ein konditionierendes Instrumentarium, von denen Heim und Jugendwohlfahrt sich erhofften, dass die weiblichen Zöglinge den Arbeitszwang verinnerlichten und die Einsicht hatten, dass diese Art von Arbeit zu ihrem Besten wäre. Doch diese Kolonialisierung der Köpfe gelang nicht. Letztendlich war das Ziel der harten Arbeitserziehung in Heim St. Martin in Schwaz die Verhäuslichung der weiblichen Erwachsenen, die Vorbereitung auf ein Dasein als Ehefrau und Mutter und darüber hinaus als Anlernkraft in einer untergeordneten und schlecht bezahlten Position ohne gesellschaftliches Ansehen.

In seiner Eigenschaft als Sozialreferent hatte sich Herbert Salcher bemüht, die Heimerziehung in Tirol auf neue Grundlagen zu stellen. Eines der Ergebnisse der von ihm einberufenen Tagung zum Thema der „Probleme der Heimerziehung" war, dass 1973/74 das Amt der Tiroler Landesregierung drei SozialarbeiterInnen anstellte für die völlig im Argen liegende Nachbetreuung der aus der Fürsorgeerziehung entlassenen Kinder und Jugendlichen. Dies war ein deutlicher Fortschritt. Doch die mangelnde berufliche Qualifizierung und ihre nachhaltig negativen Konsequenzen für den weiteren Lebensverlauf der ehemaligen Heimkinder waren kaum wettzumachen. Aus den vielen Gesprächen mit ehemaligen Heimkindern geht hervor, dass Nachbetreuung in vielen Fällen nicht viel mehr als Kontrolle bedeutete, den Zwang, eine Berufstätigkeit auszuüben oder eine Lehre zu beginnen, die nicht dem Interesse der Betroffenen entsprachen. Doch zweifellos gab es ab Mitte der 1970er Jahre zunehmend junge SozialarbeiterInnen, die mit einem offeneren und kritischeren Zugang versuchten, aus dem Heim Entlassene zu unterstützen. Wie mangelhaft die Nachbetreuung insgesamt war, geht schon aus der Tatsache hervor, dass 1977 die Hälfte der im Landesjugendheim Schwaz geführten Zöglingskonten längst entlassenen Jugendlichen gehörte. Die bis zur Abmahnung durch das Kontrollamt verabsäumte Auszahlung des hart erarbeiteten Geldes war deshalb so schwierig, weil die Adressen der Jugendlichen dem Heim gänzlich unbekannt waren.[272] Laut den Aufzeichnungen eines in der Nachbetreuung tätigen Sozialarbeiters kümmerte er sich in einem Zeitraum von sechs Jahren in den 1970er Jahren um 100 Burschen und 102 weibliche Jugendliche, von denen 29 bzw. 10 eine Lehre abschlossen, 31 bzw. 10 die Lehre abbrachen. Vier Fünftel der Frauen waren Hilfsarbeiterinnen, ein Drittel konnte im Erwerbsleben überhaupt nicht Fuß fassen. 18 % der Burschen und 15 % der weiblichen Jugendlichen wurden wieder ins Heim rücküberwiesen. Der Erfolg der Nachbetreuung wurde daran gemessen, dass 65 % der Burschen und 90 % der Frauen nicht straffällig wurden und 84 % der Burschen ein positives Arbeitsverhalten zugestanden bekamen.[273] Zu diesem Zeitpunkt gab es bereits Untersuchungen, die nicht nur die klassischen Bewährungskriterien zur Messung des Erfolges der Fremdunterbringung heranzogen, sondern auch das Maß der gesellschaftlichen Integration insgesamt: etwa den sozialen Status im Vergleich zum Herkunftsmilieu, das Vorhandensein stabiler Freundschaften und Paarbeziehungen, den Bedarf an Unterstützung bei der Erziehung eigener Kinder, die Teilhabe am öffentlichen Leben, die Entwicklung sozialer Kompetenzen, das Erreichen selbst definierter Glücks- und Zufriedenheitsvorstellungen, die Verarbeitung der Zeit der Fremdunterbringung usw. Derartige Kriterien als Maßstab für den Erfolg der Heimerziehung hätten zu alarmierenden Ergebnissen geführt, die die Notwendigkeit tiefgreifender Reformen aufgezeigt hätten.

Eine Sozialarbeiterin berichtete, welche Probleme sich noch in den 1970er Jahren bei der Nachbetreuung von weiblichen Jugendlichen des Heimes St. Martin in Schwaz auftaten:

„Mädchen, die aus Heimen kommen, haben meist nichts anderes gelernt als Putzen und Saubermachen. Sie kriegen also keine gescheite Arbeit, die Freude macht. Sie müssen mit jenen Beschäftigungen zufrieden sein, für die sich niemand – auch kein Gastarbeiter – findet. (…) Meine Chefs vom Jugendamt haben mich gewaltig unter Druck gesetzt, die verlangten von mir, dass ich die Mädchen in kürzester Zeit in irgendeinem Betrieb unterbringe; ganz egal, ob dort die Arbeit oder die Arbeitsbedingungen gut, mäßig oder saumies waren. (…) Die Eingeschüchterten, die psychisch ‚Niedergeschlagenen', die unsicher Gehaltenen lassen sich eine Zeit lang – wenn sie einen Job bekommen haben – nahezu alles von ihrem Chef und den Kollegen gefallen; sie werden herumkommandiert, angeschrien; oft drängt man sie mit Gewalt in die Rolle der Betriebssündenböcke. Zu kämpfen um Anerkennung, sich durchzusetzen und Schwierigkeiten durchzustehen, haben sie nie gelernt

im Heim. Klar: Wenn man immer nur gehorchen, kuschen, sich ducken und sich anpassen muss, lernt man das nicht. (...) Und die anderen Mädchen, die frechen, die renitenten, die schon im Heim die Unverbesserlichen, Bösen, Vorlauten waren; die Mädchen, die sich also sehr wohl auch an ihrem Arbeitsplatz zu wehren verstehen, verlieren auch ihren Job. Die Unternehmer können Arbeiterinnen, die nichts gelernt haben und sich erdreisten, Ansprüche zu stellen, nicht brauchen.
Täglich erleben die Mädchen – vor allem dann, wenn sie gut aussehen, welche Rolle sie in der (Männer-)Gesellschaft spielen (sollen): Nicht ihre Leistungen sind geschätzt und begehrt, niemand fragt nach ihrer Bildung. Aber: Ihr einziges, ihr wertvollstes Kapital ist ihr Aussehen, ist ihr Körper. (...) ‚Ich gehe doch für so einen reichen Stinker nicht einen ganzen Monat arbeiten! Für viereinhalbtausend Schilling!', erklärten sie mir. ‚Das verdiene ich ja in einer Bar oder auf dem Strich in ein paar Tagen.' Diesem Standpunkt hatte ich wenig entgegenzusetzen, was auch für die Mädchen glaubwürdig und überzeugend gewesen wäre. (...) Dass in den Cliquen, die mit Vorliebe Mädchen aus Heimen aufnehmen, oft Zuhälter, Loddel, Peitscherlbuab'n die Bosse und Anschaffer sind, ist kein Zufall. Die cleveren Herren Strizzis haben immer schon mit Frischfleisch aus Fürsorgeheimen gute Geschäfte gemacht."[274]

Das „Salzburger Modell" brachte ab Mitte der 1970er Jahre einige Verbesserungen bei den Rahmenbedingungen des Heimes, vor allem kleinere Gruppen, die die Behörde durch Umbauten, die zwischen 1977 und 1980 fertiggestellt wurden, ermöglichte. 1981 entstand eine Selbstverwaltungsgruppe mit mehr Freiheiten und Selbstständigkeit, ein Mann übernahm ein Jahr später die Leitung und männliche Erzieher traten in den Dienst.[275] Diese Veränderung ist auch im Zusammenhang mit äußeren Umständen zu sehen. Zwischen 1971 und 1977 sank die Anzahl der weiblichen Jugendlichen im Heim St. Martin in Schwaz um 20 %,[276] zwischen 1977 und 1987 noch einmal um die Hälfte.[277] Ab 1982 verringerten sich die Belegszahlen binnen kurzer Zeit von 50 auf unter 30 Jugendliche. Eine kritische Szene in der Sozialen Arbeit hatte inzwischen Wohngemeinschaften und ambulante Betreuungsformen erkämpft, die attraktiver waren als die Heime, die Tätigkeit der Bewährungshilfe, aber auch des Psychologischen Dienstes trug Früchte: Seit Mitte der 1970er Jahre häuften sich die Klagen von Jugendämtern, dass die Vormundschaftsgerichte zunehmend weniger Bereitschaft zeigten, den Begründungen der Jugendämter Rechnung zu tragen, um Jugendliche „mit den üblichen Kriterien der Verwahrlosung" in Heime einzuweisen.[278] Die Bezirkshauptmannschaft Innsbruck machte 1976 erstmals einen verstärkten Trend hin zur Übernahme der Vormundschaft durch die Kindesmutter aus, verwies aber auch auf die eigene veränderte Einstellung zur Arbeit in der Jugendfürsorge. Sie sprach weniger Erziehungsmaßnahmen gegen den Willen der

Erziehungsberechtigten aus und suchte mehr deren Einverständnis.[279] Dieser Trend hatte bereits 1970 eingesetzt. Das Landesjugendamt machte darauf aufmerksam, dass der Stand der Kinder und Jugendlichen in der Fürsorgeerziehung im Vergleich zum Vorjahr um ein Drittel gesunken war, weil „die Bezirksverwaltungsbehörden in steigendem Maße von den Maßnahmen der freiwilligen Erziehungshilfe Gebrauch machen".[280] Auch im Jugendschöffengericht von Innsbruck hatte ein Umdenken eingesetzt und zwar früher und stärker als in den Vormundschaftsgerichten. Darüber zeigte sich so manches Jugendamt entsetzt, so auch die Jugendfürsorge Kitzbühel. Zu den „unerfreulichsten Erscheinungen" im Jahr 1969 zählte sie die neue Praxis des Innsbrucker Jugendschöffengerichtes, die Erhebungsberichte der Jugendfürsorge zwar anzufordern, den Vorschlägen aber selbst dann nicht zu folgen,

> *„wenn sie eine ausführliche und stichhaltige Begründung aufweisen. An Stelle der Maßnahmen des JWG. bestellt das Jugendschöffengericht den jugendlichen Rechtsbrechern in Fällen, in welchen nach der bisherigen Praxis sehr oft Fürsorgeerziehung oder eine mit anderweitiger Unterbringung verbundene Erziehungshilfe angeordnet worden ist, regelmäßig einen Bewährungshelfer, wenn eine Erziehungsmaßnahme nicht überhaupt unterbleibt. (...) Bei dieser Praxis mußte das Jugendamt beispielsweise in einem Fall eines Bandendiebstahles, an dem ein Strafmündiger und zwei Strafunmündige beteiligt waren, auf die sonst in solchen Fällen gestellten Anträge an das Vormundschaftsgericht verzichten, da es im Ergebnis damit zu rechnen gehabt hätte, daß die Strafunmündigen eventuell ihren Eltern abgenommen und anderweitig untergebracht, der Strafmündige aber im Elternhaus verbleibt. (...) Eine Übereinstimmung der vormundschaftsgerichtlichen und der strafrichterlichen Praxis wird, wie die Dinge liegen, nicht zu erreichen sein."*[281]

Immer mehr Zweifel regten sich, ob die Heime noch zeitgemäß waren, dies zeigte auch die seit Ende der 1970er Jahre anhaltende Diskussion über ein modernes Jugendwohlfahrtsgesetz, das aber erst 1989 beschlossen wurde. Das „Salzburger Modell" kritisierte Zwänge, Strafen, das Verhalten von Erzieherinnen, das mangelnde Mitspracherecht und die Erziehung zur Unselbstständigkeit, letztlich sicherte es mit seinem behavioristischen Ansatz den Fortbestand der Landesheime. Das „Verstärkerlernen", das es pries, stieß auf heftige Ablehnung bei den Jugendlichen. Arbeitsprämien, Punkte und Sternchen, für die sie Zigaretten, Fernseherlaubnis, Ausgang oder mehr Taschengeld vom selbst erarbeiteten Lohn erhielten, motivierten die wenigsten und erkannten viele als ihren Interessen entgegengesetzt, als psychologisch erzwungene Anpassungsleistung oder als „Kindergartenmethoden", wie eine Jugendliche 1980 feststellte:

„Wir haben immer die Erzieherinnen ausgelacht. Die beurteilen uns mit Sternchen. Und, wennst brav bist, darfst den Nachtfilm anschauen, sonst darfst ihn nicht anschauen, es heißt, danke und mei, nett, daß du ein Safterl kriegst, dann bist halt bei den Erzieherinnen unten durch gewesen. Wennst nicht jeden Tag gesagt hast, mei, haben Sie eine schöne Frisur, Sie sind aber fesch, und ewig die Komplimente machen."[282]

Auch die Einrichtung einer „Heimverkaufsstelle" im Jahr 1975 auf Anregung des „Salzburger Modells" im Heim in Schwaz zeigt dessen Widersprüchlichkeit. Die Jugendlichen sollten die Möglichkeit haben, ihre „durch positives Verhalten verdienten Belohnungen selbst möglich rasch in jene Güter umzusetzen, die für ihr erwünschtes Verhalten eine Verstärkung darstellen (Verstärkerprinzip).[283] Hier soll weniger auf die pädagogische Sinnhaftigkeit solcher materiellen Anreize eingegangen werden als auf den Umstand, dass das Modell in der Theorie auf Selbstständigkeit und eine Integration in die Gesellschaft hinarbeitete. „Die Mädchen sollen außerdem lernen, sich selber für ihre eigene Kleidung zu entscheiden, sie sollen selber einkaufen gehen und vorerst in gewissem Rahmen über ihr eigenes Geld verfügen dürfen."[284] Doch mit der Gründung einer „Heimverkaufsstelle" bekräftigten die Psychologen die Einschließung der Jugendlichen, statt ihnen zu ermöglichen, ihren Kauf in der Stadt zu tätigen. Nicht nur das „Salzburger Modell" in Verbindung mit einem familienorientierten Konzept von Andreas Mehringer in den 1980er Jahren, sondern auch die Initiativen des „Tiroler Arbeitskreises Heimerziehung" waren ein wichtiger Faktor, dass sich das Heim in Schwaz stärker nach außen öffnete, 1980 Wohngruppen und ab 1981 eine Selbstverwaltungsgruppe einführte.[285] Die Bilanz des Landeskontrollamtes fiel 1987 dennoch ernüchternd aus:

„(...) trotzdem ist der üble Beigeschmack eines Heimes nicht loszubekommen. Nur so ist es zu verstehen, daß Jahr für Jahr immer weniger Mädchen dem Landesjugendheim St. Martin anvertraut werden. (...) die auf das Heim zugekommene Entwicklung läßt Wehmut aufkommen, wenn man auf die großen Anstrengungen des Landes verweist, durch die vielen Investitionen die Heimstruktur derart zu verbessern, daß den Mädchen der Aufenthalt im Heim möglichst angenehm gemacht wird."[286]

Dass sie das Heim in Schwaz weiterhin als Zwangsanstalt empfanden, brachten die Jugendlichen deutlich zum Ausdruck. Über den Stand von nicht einmal mehr zwei Dutzend Bewohnerinnen des Heims im Jahr 1987 bemerkte das Kontrollamt: „Der tatsächliche Heimbeleg schwankt von Tag zu Tag und ist sehr von der Anzahl flüchtender Mädchen abhängig."[287] Der massive Rückgang an Jugendlichen bei nunmehr hohem Personalstand und das Ausbleiben des Ertrages der jugendlichen Billigarbeitskräfte im Heim und für das Heim ließen die Kosten explodieren. In finanzieller Hinsicht war das Landeserziehungsheim St. Martin in Schwaz untragbar geworden, der pädagogische Erfolg blieb begrenzt, kaum eine Jugendliche ging freiwillig dorthin und selbst die Jugendämter präferierten im Laufe der 1980er Jahre andere Betreuungs- und Unterbringungsmöglichkeiten. Die einzig mögliche Lösung war die Schließung der Heimes St. Martin, Schwaz, im Jahr 1990.

Abschließend ist festzuhalten: Jugendliche mussten in den Landeserziehungsheimen in Arbeitsbereichen ohne Ausbildungsziel schuften, statt dass sie entsprechend den gesetzlichen Auflagen eine angemessene (Aus)Bildung erhielten. Entsprechend dem neuesten Stand der Forschung muss festgehalten werden, dass derartige Arbeitseinsätze auch nach damaligem Recht als unverhältnismäßig zu bezeichnen sind und dass ein großer Teil der von Heimkindern geleisteten Arbeit nicht durch einen Erziehungszweck gerechtfertigt war. In großem Umfang ging es bei der erzwungenen Arbeitsleistung – unter Vortäuschung pädagogischer Maßnahmen – darum, die Heimkosten zu reduzieren und das Land Tirol finanziell zu entlasten. Dies gilt auch für von katholischen Orden geführte Kinderheime wie jenes in Martinsbühel bei Zirl, in das das Landesjugendamt Mädchen und Minderjährige mit Behinderungen einwies. Dort war exzessive Kinderarbeit der Normalzustand, die Unterbringung seiner schutzempfohlenen Mündel in Martinsbühel kam dem Land deutlich billiger als in einem Landesheim. Die Mädchen erhielten den Anstalts- und Landwirtschaftsbetrieb aufrecht und wirkten als Pflegerinnen von Kindern, Jugendlichen und vereinzelt auch Erwachsenen mit geistigen und körperlichen Beeinträchtigungen.[288] Das Land Tirol war wegen zu geringer Alimentierung der Heime in erster Linie daran interessiert, seine gesetzlich festgeschriebenen Regressforderungen von den Jugendlichen erfüllt zu bekommen, zu Lasten des gesetzlichen Auftrags, für eine dem Fortkommen der Jugendlichen dienliche Bildung und Ausbildung Sorge zu tragen. Folglich erhielten weibliche Jugendliche fast nie, männliche Jugendliche nur beschränkt eine berufliche Qualifizierung, die den sozialen Status gegenüber der Zeit vor der Anordnung der Fürsorgeerziehung verbesserte. Für eine erschreckend hohe Zahl von Heimkindern, die bereits bildungsfern aus bitterarmen Familien in der Anstalt ankamen, hatte diese Vorenthaltung von Lebenschancen verheerende Konsequenzen für ihren weiteren Lebensweg. Wir haben es mit Folgeschäden erlittener Rechtsbrüche zu tun. Die zwangsweise Heranziehung zur Arbeit führte in vielen Fällen zu einer Verletzung der Menschenwürde. Generell macht der Sozialpädagoge Manfred Kappeler auf das Wächteramt des Staates bzw. der Länder für das Kindeswohl aufmerksam:

„*Die Heimträger hätten sich also weigern können und müssen, die ihnen von den Jugendämtern zur Versorgung, Bildung und Erziehung übergebenen Kinder und Jugendlichen unter in jeder Hinsicht unzumutbaren, das Kindeswohl gefährdenden Bedingungen, aufzunehmen und öffentlich auf der finanziellen, personellen und baulichen Ausstattung ihrer Heime bestehen müssen. Dass sie statt dessen die Arbeitskraft der Kinder und Jugendlichen ausgebeutet haben, ist ein wesentlicher Beitrag zur Aufrechterhaltung des Unrechtssystems gewesen.*"[289]

Die soziale Realität der Ausgeschlossenen

Jenische Familien – die Tradition der „residualen Armut"

Eine besondere Gruppe von Kindern und Jugendlichen, die zuhauf in Kinder- und Fürsorgeerziehungsheime eingeliefert wurden, waren Jenische oder solche, die die Behörden unter dem Negativbegriff „Karrner" subsumierten. Die in Österreich im Gegensatz zur Schweiz nicht anerkannte Volksgruppe der Jenischen weist eine weit zurückreichende Geschichte von Diskriminierung und Verfolgung auf, die ihren Höhepunkt in der Zeit des Nationalsozialismus erreichte. Nach 1945 existierte in der Mehrheitsgesellschaft weder ein Schuldbewusstsein noch ein Bemühen um Wiedergutmachung. Unter demokratischen Vorzeichen ging die systematische Benachteiligung der Jenischen weiter, polizeilich, justiziell, administrativ, gewerblich, fürsorgerisch, schulisch und psychiatrisch-heilpädagogisch. Wir werfen nun einen ausführlichen Blick in die Geschichte, um erstens die Haltung und Vorgehensweise gegenüber jenischen Kindern bis in die jüngere Zeit hinauf darzustellen und zweitens ihre extrem prekären Familienverhältnisse zu erklären. Drittens nötigt die große Anzahl der von der Zwangsunterbringung in Heimen von Stadt, Land, Bund und katholischen Orden Betroffenen dieser Gruppe – über Generationen – zu diesem ausführlichen Diskurs. Und viertens können wir am Umgang mit der Minderheit der Jenischen exemplarisch nachvollziehen, wie die Herrschaftsträger über die politischen Systeme hinweg einen Kampf gegen die Armen ausfochten statt gegen die Armut.

Die Herkunft der Jenischen ist nicht eindeutig zu klären. In Innsbrucker Urkunden sind sie seit dem 16. Jahrhundert in Tirol greifbar. Ob sie aus der ansässigen Bevölkerung stammen und wegen Armut und Not mit ihrer Wanderschaft begannen, Nachkommen von Flüchtlingen des Dreißigjährigen Krieges sind, zur Romanes-Gruppe gehören oder keltischen Ursprungs sind, darüber wird weiter diskutiert. Offensichtlich ist, dass das fahrende Volk der Jenischen in weiten Teilen Europas auf eine Geschichte zurückblicken und für sich beanspruchen kann, eine Volksgruppe zu sein, die eine eigenständige Sprache, Kultur und Lebensweise hervorgebracht hat.[1]

Belegt ist, dass Tiroler Jenische seit Jahrhunderten speziell im Oberen Inntal siedelten, von Frühjahr bis Herbst mit ihrem öfter zwei- als vierrädrigen Karren, einen Plachenwagen, zogen, ihre Waren und Dienstleistungen in Tirol, Südtirol, Vorarlberg und Oberbayern, Salzburg und an anderen Orten in Österreich feilboten und den Winter in ihren Quartieren verbrachten, wo sie ihre Produkte für den Verkauf in der Fremde in Heimarbeit herstellten – vor allem Körbe, Besen, Schuhcreme und Wagenschmiere. Das Inntal von Landeck bis Innsbruck, das Stanzertal von Landeck bis St. Anton am Arlberg, das Ötztal, das Mieminger Plateau, Nassereith, das Becken von Reutte, das Lechtal, das Gebiet um die Stadt Schwaz und das Zillertal waren ihre bevorzugten Wohnorte, wo die meisten in unvorstellbarer Armut lebten. Die traditionellen Berufe der Jenischen waren Pfannen- und Kesselflicker, Besenbinder, Korbflechter, Scheren- und Messerschleifer, Schirmflicker, Marktfahrer, Vogelhändler und Hausierer, aber auch Pferdehändler, Schausteller, Musikanten und Ringelspielbesitzer. Eine ausgesprochene Ambivalenz ergab sich aus der Abwertung der Jenischen einerseits und der Nachfrage nach ihren Dienstleistungen andererseits. Sie brachten von ihren Reisen Fertigkeiten und Fähigkeiten mit, von denen die sesshafte Tiroler Bevölkerung Nutzen zog. Für die Unterhaltung bei Festen und Feiern waren die musikalischen Talente von Jenischen willkommen, lange Zeit erfreute sich die bäuerliche Bevölkerung ihrer Geschichten und Erzählungen darüber, was in der weiten Welt vor sich ging. Die Bezeichnungen, mit denen die Tiroler Bevölkerung sie bedachte, waren allesamt abschätzig oder hatten einen abwertenden Beigeschmack: Gratten- und Karrenzieher, Karrner, Dörcher, Laninger und Storchen. Die Geschichte der Jenischen ist eine Geschichte der Armut, Ausgrenzung, Diskriminierung und Verfolgung, geprägt vom Ansinnen der Mehrheitsbevölkerung, sie sesshaft zu machen, und ihre Kultur und Sprache zum Verschwinden zu bringen:[2]

> *„Rotwelsch scheint ein Oberbegriff zu sein, der die Sprache nichtsesshafter Menschen und deren Nachkommen im deutschen Sprachraum bezeichnet. Jenisch ist ein Unterbegriff, der für dieselbe Sprache im süddeutschen Sprachraum steht, somit auch in Tirol und in der Schweiz. Es handelt sich um eine Sondersprache, welche der Schaffung einer Identität im Sinne einer Zugehörigkeit dient, und hatte eine verhüllende Funktion; die Geheimhaltung des Gesagten scheint eines der Hauptmotive für die Entstehung der jenischen Sprache zu sein. (…) Durch Entlehnungen aus anderen als der deutschen Sprache (Jiddisch, Romanes, romanische Sprachen usw.), durch Neubildung von Wörtern, aber auch mit Hilfe von kreativen Verballhornungen deutscher Wörter wurde die Sprache für Nicht-Eingeweihte unverständlich."*[3]

Vom 17. bis zum 20. Jahrhundert versuchte die Obrigkeit, das fahrende Volk in Tirol mit Edikten, Anordnungen, Erlässen und Gesetzen zu erfassen, zu reglementieren und zu kategorisieren, sie auszugrenzen, einzusperren, zu vertreiben und auch physisch zu vernichten. Das Bild des „typischen Karrners", das Behörden, Ämter, Bürgermeister, Schriftsteller, Volksdichter und Medien zeichneten, war manchmal ein klischeebeladen romantisierendes, selten ein um Objektivität bemühtes, fast immer ein negatives. Die Jenischen erscheinen als Landstreicher, Vagabunden, Diebe, Kriminelle, Raufbolde, arbeitsscheues Gesindel, lästige Almosenempfänger, Degenerierte und Asoziale. Wie das traditionelle Bild des „Karrners" und seiner Familie ausgesehen hat, verdeutlicht ein Bericht über „Die Dörcher" des Volkskundlers, Schriftstellers und langjährigen Direktors der Universitätsbibliothek Innsbruck, Ludwig von Hörmann, den er 1870 in „Der Alpenfreund" veröffentlichte; es handelte sich um „Monatshefte für Verbreitung von Alpenkunde unter Jung und Alt in populären Schilderungen aus dem Gesammtgebiet der Alpenwelt und mit praktischen Winken zur genußvollen Bereisung derselben":

> „Welchem Wanderer durch Tirol wäre nicht, wenn er zeitweilig seinen Weg auf staubiger Landstraße fortsetzen mußte, karrenziehendes Gesindel begegnet, dessen halbnackte verwahrloste Fratzen ihn mit beispielloser Unverschämtheit und Ausdauer um einen Kreuzer anbettelten! Es sind die ‚Dörcher' oder ‚Laniger' (...); vom Volk werden sie auch schlechtweg ‚Kärner' oder ‚Gratelzieher' genannt. Sie sind die Zigeuner Tirols, der Schrecken aller Einödhöfe, eine Pflanzschule sittlichen Verderbens, ein Hauptfaktor der Verarmung gerade der ärmsten Teile Tirols, mit einem Wort ein Krebsschaden des Landes, welches Renommé die unleugbare Romantik, die ihre ganze Erscheinung umgibt, nicht zu paralysieren vermag. (...) Kommt nun eine solche Bande an einen Ort, so ist natürlich ihr Erstes, ein Absteigquartier zu suchen. (...) während Mann und Weib vom Karrenziehen ausrasten, werden die Kinder ausgeschickt, ein Mittagessen zusammenzubetteln. Ist ein Kloster im Orte, so holen sie die Klostersuppe; auch zieht der Herr Papa natürlich kein böses Gesicht, wenn die hoffnungsvollen Sprösslinge da und dort etwas mitgehen lassen, was ihnen nicht freiwillig gegeben wird. Besonders werden die Rübenäcker der Bauern gebrandschatzt. (...) Der Mann aber packt seinen Kram aus und geht Hausieren. (...) So kann dieser am Ende seiner Handelschaft ein ziemlich gespicktes Beutelchen mit ins Wirtshaus nehmen. Dort pflanzt er sich stolz und herausfordernd an den Schenktisch und tut sich beim Glase Schnaps gütlich, so lange bis er stockbesoffen ist und wohl nicht mehr den Weg zum heimatlichen Wagen finden würde, käme nicht seine zärtliche Ehegattin ihm dabei zu Hülfe und suchte ihn auf. (...) Durch ihre Verwilderung blickt sogar ein rührender Zug von Humanität, nämlich ihre Liebe zu den Kindern, besonders bei geordneteren Familien. (...) Das Elternpaar quält sich indeß nicht viel mit Erziehungssorgen. Sind die Kinder einmal so groß, daß sie laufen können, so läßt man sie aufwachsen, wie das liebe Gras, von Unterricht ist

natürlich keine Rede. Zwar besuchen sie im Winter die Schule, lernen aber nicht nur gar nichts, sondern verderben auch noch ihre Mitschüler und verleiten sie zur Trägheit und Ungezogenheit. Es darf auch gar nicht Wunder nehmen. Das beständige Herumvagabundieren, das rohe Beispiel der Erwachsenen, der Müssiggang und Bettel, zu dem die Kinder von den Eltern systematisch angeleitet werden, der gänzliche Mangel an religiösen Begriffen lassen in diesem Nachwuchs eine wahre Pflanzschule sozialen Verderbens erwachsen. Wie es mit der Sittlichkeit bestellt ist, kann man sich ohnedies leicht denken, da Knaben und Mädchen, Erwachsene und Kinder ohne Unterschied zusammen wohnen. Kaum sind Söhne und Töchter herangewachsen, so sind denn auch uneheliche Kinder an der Tagesordnung, und das betreffende Liebespaar betrachtet sich längst als verheiratet, ehe es ihm einfällt, um den kirchlichen Segen zu bitten. Dieser wird ihnen natürlich selten erteilt (…) Der Winter versammelt die Zerstreuten wieder im heimatlichen Dorfe, wo sie die Wohnung auf Gemeindekosten erhalten. Manche verdingen sich auch als Dienstboten bei einem Bauern. (…) Alle Dörcherfamilien leben untereinander in einem gewissen freistaatlichen Verbande, indem sie sich nicht nur gegenseitig unterstützen, sondern auch ihre gewissen Satzungen und ihre eigene Gerichtsbarkeit haben oder, richtiger gesagt, hatten. (…) abgesehen davon, daß ihnen die Wohnung auf Gemeindekosten hergestellt wird, müssen auch alle alten und des Gehens unfähigen Dörcher von der Gemeinde erhalten, und viele uneheliche und verwaiste Kinder erzogen und ausgestattet werden. Nimmt man dazu die außerordentliche Vermehrung dieses Gesindels, die ins Unglaubliche geht, so kann man sich von der in solchen Landesstrichen herrschenden Not einen Begriff machen. Es wäre sehr zu wünschen, wenn im Interesse des Landes dem Übelstande durch zweckmäßige, konsequent durchgeführte Vorkehrungen abgeholfen würde. Bisher wenigstens erwiesen sich die meisten Maßregeln zur gründlichen Ausrottung dieser Landesplage als unzureichend."[4]

1853 erließ die Tiroler Landesregierung Bestimmungen gegen die „Karrner", um das „Unwesen" zu beenden und diese „gefährliche, in moralisch-religiöser Hinsicht gänzlich verwahrloste Menschenklasse" zu einem geregelten, sesshaften Leben zu zwingen. Kinder sollten nicht mehr auf die Wanderschaft mitgenommen werden dürfen. Die Behörden behinderten die Jenischen in der Ausübung ihres Gewerbes, wo sie nur konnten, und erschwerten ihnen ab Mitte des 19. Jahrhunderts das Reisen erheblich. Etwa indem sie die Ausstellung von Pässen äußerst restriktiv handhabten.[5] Die Fahrenden mussten entweder einen sesshaften Beruf ergreifen, eine Ausnahmeregelung erwirken oder ohne Pass illegal umherziehen. Dies förderte die Kriminalisierung und steigende Armut der Jenischen, weil die Einkünfte geringer wurden, die schon allein mit der steigenden Industrialisierung und Modernisierung abnahmen. So zwang der Hunger so manche jenische Familie zum Betteln und zum Mundraub. Mit ihrer Auffassung, dass frei für alle ist, was frei wächst, standen sie im Gegensatz zum bäuerlichen Eigentumsbegriff. Doch während die Regierungen Bestimmungen erließen, mit denen sie sich eine erzwungene Sesshaftmachung erhofften, konterkarierten die Gemeinden dieses Unterfangen wiederholt und versuchten zu verhindern, dass Jenische eine Heimatberechtigung erhielten, mit der für Notleidende das Recht auf Fürsorgeleistungen verbunden war. Besonders ins Visier der Behörden gerieten jenische Kinder. Sie wurden häufig ihren Familien entrissen und umerzogen, männlichen Jugendlichen drohte die zwangsweise Einziehung zum Militär, weiblichen die Einweisung in ein Arbeitshaus.[6] Ein Blick in die „Volks- und Schützen-Zeitung für Tirol und Vorarlberg" von 1856 gibt Aufschluss darüber, dass die Jenischen und ihre Kinder im Zentrum der Gesellschaft als „gefährliche Klasse" gesehen wurden:

„Schon von den Eltern geht gewissermaßen ein überwiegender Hang zum Bösen, zur Arbeitsscheu und Ungebundenheit auf die Kinder über, woraus sich die Erfahrung erklärt, dass solche Dörcherkinder, wenn selbe von einer ordentlichen Familie angenommen und erzogen werden, sehr schwer zurecht zu bringen sind. (…) Ja es wäre vielleicht besser, wenn sie gar nicht die Schule besuchten, weil sie nur andere Kinder verderben (…). Sonach wachsen die Laninger Kinder unter dem Einfluß des unverschämten Haus- und Straßenbettels auf und können nicht anders als gefährliche Leute werden."[7]

Für den langjährigen Kapellmeister und Gründer der Musikkapelle Mieming, Johann Scharmer (1811–1866), waren die Jenischen „eine Proletarierklasse übelster Sorte". Als Landtagsabgeordneter war er tatkräftig bemüht, die Verehelichung von Jenischen zu unterbinden, damit ihre Familien nicht den Gemeinden zur Last fallen konnten. Im Ort konnten sie daher nur heiraten, wenn der Pfarrer sein Einverständnis zur Verehelichung gab, was selten der Fall war. Heiratswillige Jenische mussten daher nach Rom pilgern, um sich dort mit Genehmigung des Papstes zu vermählen. Für ihn war Armut kein Ehehindernis.[8]

Die Diskriminierungs- und Verfolgungsgeschichte der Jenischen ist eng verflochten mit jener von Roma und Sinti. Speziell ab den 1870er Jahren bis zum Oktober 1939 und dann wieder nach 1945 kriminalisierten Einzelgesetze Fahrende und machten sie zu Objekten sicherheitspolizeilicher Maßnahmen. Das Schubgesetz (1871), das Vagabundengesetze (1873 und 1885) und der Zigeunererlass (1888), der bis Ende der 1950er Jahre in Österreich in Kraft war, wandten sich auch gegen Jenische. Noch ungenau formuliert ging es um „Landstreicher und sonstige arbeitsscheue Personen, welche die öffentliche Mildthätigkeit in Anspruch nehmen" oder um „ausweis- und bestimmungslose Individuen". Wegen ihrer Lebensweise wurden die Jenischen in der Praxis oft einfach unter die „Zigeuner" gezählt oder sie wurden explizit genannt, indem am Ende derartiger „Zigeunererlässe" die Bemerkung stand, dass die Bestimmungen auch für die Jenischen gelten. Abschieben aus Tirol, wie die Roma und Sinti, konnte man die Jenischen als hierzulande Heimatberechtigte nicht. 1925 erarbeitete das Präsidium der Tiroler Landesregierung einen Maßnahmenkatalog, um nicht nur „Zigeunern", sondern „auch sonstigem fahrenden Volk, insbesondere den Karrnern (…) das Augenmerk zuzuwenden".[9] So war erstmals vorgesehen, Fingerabdrücke zu nehmen, möglichst vollständige „Zigeunerlisten" zu erstellen und das Material von der Tiroler Landespolizeistelle an die Polizei-Zentralstelle in Wien weiterzuleiten.[10] Die Verweigerung von Hausierpässen und der Widerwille der Gemeinden, arme Jenische zu versorgen, zwang zum Fahren ohne behördliche Genehmigung, so dass viele vorbestraft waren und erst recht wieder als Asoziale eingestuft wurden. Der sicherheitspolitische und ökonomische Druck auf die Jenischen nahm in der Zwischenkriegszeit derart zu, dass bis Ende der 1930er Jahre eine große Anzahl von ihnen dem Zwang zur Sesshaftigkeit nicht mehr widerstehen konnte: So wie in Telfs, wo sie als verfemte soziale Gruppe in ghettoähnlichen Siedlungen zusammen mit anderen Randständigen lebten, ihren traditionellen Erwerbstätigkeiten nachgingen oder auch in Fabriken arbeiteten, besonders die Frauen.[11] Bis 1938 war ein engmaschiges Kontrollnetz um die Jenischen als weniger Leistungsfähige, weniger Brauchbare, Abweichende und sich Verweigernde gezogen worden, ergänzt um Arbeits- und Zuchthäuser. Ihr Wert wurde zunehmend mit ihrer Arbeitswilligkeit, Arbeitsfähigkeit und Arbeitsleistung in Bezug gesetzt. Maßnahmen zur Vernichtung der Identität der Jenischen kamen immer stärker zur Geltung, das Lebensrecht als Menschen hatten sie behalten – bis zum Nationalsozialismus.

Verfolgung als „Asoziale" im Nationalsozialismus

Mediziner, Psychiater, Juristen, Bevölkerungswissenschaftler und Ökonomen forderten in den Jahrzehnten vor 1938 eugenische Lösungsstrategien gegen „Erbkranke" und „Asoziale", schlugen vor, die Pflege- und Fürsorgeausgaben für Arme und psychisch Kranke zu senken.[12] Die „Reinigung" des deutschen „Volkskörpers" von „Minderwertigen" und „Unproduktiven" stand nun im Mittelpunkt der nationalsozialistischen Rassenvisionen. So genannte „Asoziale" wurden verfolgt, weil die Rassenhygiene von einer Vererbung kriminellen, missliebigen und von der erwünschten Norm abweichenden Verhaltens ausging. Der arbeitsscheue „Asoziale" galt als Antityp im Vergleich zu den produktiven deutschen VolksgenossInnen. Sie wurden deshalb sozialpolitisch ausgegrenzt, finanziell ausgehungert und verloren im schlimmsten Fall ihre Daseinsberechtigung. Die Jenischen wurden „als nach Zigeunerart umherziehende Personen" und als „Asoziale" von Anfang an erkennungsdienstlich registriert und in die nationalsozialistischen Verfolgungsmaßnahmen miteinbezogen.

Bis 1938 herrschte die fürsorgerisch-autoritäre Asozialenverfolgung vor. Die Kommunen initiierten Maßnahmen wie Zwangsarbeit, Arbeitshausunterbringung, Bettlerrazzien, geschlossene Fürsorge und Wanderreglementierungen. Die rassenhygienische Politik richtete sich speziell auf die „asoziale Großfamilie" als Gegensatztypus zur erwünschten kinderreichen, guten deutschen Vollfamilie. Dabei ging es vor allem darum, die als nicht erbgesund und unwürdig apostrophierte Asozialenfamilie von familienpolitischen Förderungen wie Kinderbeihilfen, Ehestandsdarlehen und der Verleihung des Mutterkreuzes auszuschließen. Ansuchen um Kinderbeihilfen wurden mit folgenden Begründungen abgelehnt: „(…) sind beide Eheleute außerehelicher Abkunft. Die Gemeinde Schwaz bezeichnet die Familie als ‚Karrner' (…) sodaß die Gewährung der Kinderbeihilfe in diesem Falle mit dem Zweck derselben nicht vereinbar ist."[13] Doch bald ging es nicht mehr nur darum, die „asoziale Großfamilie" von Sozialleistungen auszuschließen, sondern sie zu zerschlagen. Der Erlass zur „Vorbeugenden Verbrechensbekämpfung" aus dem Jahr 1937 und die reichsweite „Aktion Arbeitsscheu Reich" vom Juni 1938 sorgten dafür, dass Jenische in Zwangsarbeit, Gefängnisse und Konzentrationslager kamen. Ein aus Rattenberg stammendes Dokument belegt: „Die Festnahme der asozialen Bettler, Landstreicher, Zigeuner und Karner haben schlagartig in der Nacht vom 20. zum 21. Juni 1938 stattzufinden."[14] Von 1938 bis Kriegsende wurden kontinuierlich „Asoziale" und „Arbeitsscheue" in die KZ eingeliefert. Im September 1942 erarbeiteten Reichsjustizminister Otto Thierack, Propagandaminister Josef Goebbels und Reichsführer-SS Heinrich Himmler eine Übereinkunft zur „Vernichtung asozialen Lebens". „Asoziale Elemente" wurden aus den Strafvollzugsanstalten in die KZ zur „Vernichtung durch Arbeit" überstellt. Zahlreiche Tiroler Jenische kamen in Konzentrationslager,[15] von denen einige nie wieder zurückkehrten. Des Öfteren führte der Weg in ein KZ über das „Arbeitserziehungslager Reichenau".[16] „Karrner" wurden nicht nur im Rahmen der „Asozialenbekämpfung" verfolgt, sondern auch auf Grund verschiedener anderer „Delikte" zu Opfern des nationalsozialistischen Regimes, allerdings gibt es bis jetzt keine näheren Angaben über die Anzahl der betroffenen Menschen.[17] Eine jenische Frau, die eine unerwünschte Beziehung mit einem ausländischen Zwangsarbeiter hatte, landete in Auschwitz, eine andere im KZ Ravensbrück.[18]

Da die Jenischen als Einheimische und nicht als Fremdrassige wie die „Zigeuner" galten, wurden sie nicht wie diese als Gesamtgruppe in Konzentrations- und Vernichtungslager deportiert, obwohl Vertreter Tiroler Behörden und der Exekutive dies gerne gesehen hätten, auch Bürgermeister. Wiederholt gab es regionale und lokale Stellen, die eine schärfere Gangart forderten, als sie die Zentralstellen in Berlin eingeschlagen hatten. Der Bürgermeister von Rietz, der pauschal alle Jenischen des Dorfes als „Asoziale" eingestuft wissen wollte, schrieb schon im Juli 1938 an die Bezirkshauptmannschaft: „Im Reiche Adolf Hitlers darf es für Untermenschentum und arbeitsscheues Gesindel keinen Platz mehr geben." Das Bezirksgendarmeriekommando Imst forderte „radikalere Mittel und Wege", um das „Karrnerunwesen" zu beseitigen.[19] Jenische Kinder gerieten in die Verfolgungsmaschinerie des Nationalsozialismus als Nachkommen von „Asozialen und Minderwertigen". Sie kamen in die Jugendschutzlager Moringen und Uckermark, die wie Jugend-Konzentrationslager geführt wurden, oder wurden der Vernichtung zugeführt, wie das Beispiel von Franz Monz, der als „Karrner" definiert wurde, und seiner Lebensgefährtin Franziska Raiminius zeigt, die als „Zigeunerin" registriert war. Franziska Raiminius wurde mit ihren drei Kindern, bei zwei von ihnen war Monz der biologische Vater, im April 1943 nach Auschwitz überstellt.[20]

Besonders häufig lieferten die NS-Behörden jenische Kinder und Jugendliche in Fürsorgeerziehungsheime ein. Einer der Hauptverantwortlichen dafür war der Facharzt für Psychiatrie, Kriminalbiologe und Leiter des Erb- und Rassenbiologischen Instituts der Universität Innsbruck Friedrich Stumpfl, der für die wissenschaftliche Definition der Asozialität sorgte und entsprechend seinem Forschungsschwerpunkt „Erbanlage und Verbrechen" ursächliche Zusammenhänge zwischen asozialem Verhalten und Kriminalität untersuchte. Zu diesem Zweck ging es ihm auch um die „Erbbiologische Bestandsaufnahme" von „Sippschaften" wie der Jenischen, in die er nach seinen Definitionen Geisteskranke, Behinderte, Asoziale, verwahrloste Kinder, Alkoholiker usw. aufnahm. Das Gesundheitsamt in Innsbruck stellte ihm das gesamte „Karrnermaterial" Nordtirols zur Verfügung. Sein Assistent Armand Mergen lebte fast drei Monate unerkannt unter Jenischen in Hall. Insgesamt waren 244 „Karrner" dieser Kleinstadt untersucht worden. Mergen beobachtete die Menschen, erstellte Lebensläufe und Stammbäume.[21] Der Zugriff auf Jenische als „Asoziale", um sie der Zwangssterilisierung zuzuführen, erfolgte vor allem über die überaus dehnbare Diagnose „angeborener Schwachsinn". Dabei zogen die Erbgesundheitsgerichte, die die Letztentscheidung trafen, die Dimension des „moralischen Schwachsinns" heran, unter der sie eine unangepasste Lebensweise und ein abweichendes Wertesystem verstanden. Zwangssterilisierungen entwickelten sich so zu einer sozialtechnischen Maßnahme gegen Unterschichten, bei der sich die soziale Beurteilung hinter einer pseudomedizinischen Diagnose versteckte. Schulversagen, Vorstrafen, Arbeitsplatzverlust, Wohnungslosigkeit und inkriminiertes Sexualverhalten konnten ausreichen, um rassenhygienischen Maßnahmen unterworfen zu werden.[22] Im Kern handelte es sich um den Kampf gegen Unterschichtsfamilien und den Versuch, die soziale Frage biologisch zu lösen. Der Wert eines Menschen hing in diesem Zusammenhang also von seiner gesellschaftlichen Position ab. Wer letztendlich zum Kreis der „Asozialen" und „Gemeinschaftsfremden" zählte, blieb im Nationalsozialismus nicht genau geklärt und wurde von Fürsorge, Medizin und Polizei immer wieder aufs Neue definiert.[23]

Ab Juli 1941 durchforstete Friedrich Stumpfl systematisch die Fürsorge-Erziehungsheime des Gaues Tirol-Vorarlberg. Ein Drittel der Zöglinge des Gauerziehungsheimes Schwaz beurteilte er als „Sterilisierungsfälle" und Fälle, die in ein Arbeitslager eingewiesen gehören.[24] Dementsprechend sah sein Gutachten aus dem Jahr 1942 über ein 17-jähriges jenisches Mädchen im Erziehungsheim St. Martin in Schwaz aus. Dorthin war sie eingeliefert worden, weil sie und ihre Mutter obdachlos waren und sich an die Nationalsozialistische Volkswohlfahrt um Hilfe gewandt hatten, die Maria als Pflichtjahrmädl vergatterten. Doch Maria lief davon. Nach einer kurzen Befragung, stellte Stumpfl, ohne weitere Unterlagen zur Verfügung zu haben, fest:

„Der Schwachsinn des Mädchens ergibt sich eindeutig aus der Intelligenzprüfung. Ihr Gehabe ist läppisch, sie lacht bei jeder Frage. In der Volksschule sitzen geblieben, kam in die Hilfsschule. (…) Die Minderjährige sitzt gerne mit Männern betrunken in Wirtshäusern herum. Ihre sittliche Verwahrlosung bringt es mit sich, daß sie für keine ordentliche Arbeit mehr zu haben ist. Schon vor 6 Jahren [damals war sie 11!; H. S.] ist sie in einem Ferienheim durch ihr verlogenes, süßliches und stets Unfrieden stiftendes Wesen aufgefallen.
Die geistige Kombinationsfähigkeit, die rein verstandesmäßigen Denkleistungen und das Gedächtnis sind äußerst gering. Dagegen entwickelt sie im Wahrsagen und ähnlichen kurzweiligen Beschäftigungen ein großes Geschick und zeigt sogar ein erhebliches Einfühlungsvermögen.
Das Mädchen ist sexuell ganz besonders gefährdet (Prostituiertentypus). (…) Angesichts des erheblichen Schwachsinns und der nachweislichen erblichen psychopathischen Minderwertigkeit ist Sterilisation zu fordern, weil ein erbgesunder Nachwuchs nicht zu erwarten ist."[25]

Maria wurde, so wie eine ganze Reihe anderer Jenische, in die Heil- und Pflegeanstalt Hall überwiesen. Stumpfls Gutachten wurde bestätigt, Maria zwangssterilisiert.

In der Republik

Mit der Befreiung vom Nationalsozialismus endete die physische Verfolgung der Jenischen, Angst um ihr Leben mussten sie nicht mehr haben. Zwangspsychiatrierungen und menschenunwürdige Verwahrung in der Heil- und Pflegeanstalt Hall in Tirol unter Anwendung gewaltförmiger Behandlungen existierten bis in die 1980er

Jahre weiter. Ob Zwangssterilisierungen fortgesetzt wurden, kann trotz einiger Indizien nach aktuellem Forschungsstand nicht beantwortet werden. In den Nachkriegsjahrzehnten herrschte in Politik, Ämtern, Behörden, Medizin, Fürsorge, Wissenschaft und Gesellschaft kein Schuldbewusstsein vor, was den Jenischen in der Zeit des Nationalsozialismus angetan wurde. Die traditionellen Zuschreibungen als arbeitsscheu und asozial pflegten die Instanzen der Macht weiter, äußerst wenige Jenische konnten daher wie andere Opfergruppen in irgendeiner Form eine Wiedergutmachung im Sinne des Opferfürsorgegesetzes in Anspruch nehmen. Sie galten nicht als Opfer, sondern waren als Kriminelle und „Asoziale" in ein Lager oder Gefängnis eingeliefert worden, so die offizielle Sicht in der Republik Österreich und in der Tiroler Landesverwaltung, die somit die Verfolgungspraxis der NS-Behörden im Nachhinein legitimierten. Die Chance auf eine Anerkennung als Opfer einer Zwangssterilisierung stand in späteren Jahren ein klein wenig besser. Bei den Täterinnen und Tätern sah die Lage anders aus. Vor Gericht gestellt wurde niemand, der an der Verfolgung der Jenischen beteiligt war. Die aktive Mitwirkung an Verbrechen gegen Jenische konnte sogar ein Entlastungsfaktor sein, wenn es, wie im Fall von Friedrich Stumpfl, gelang, die Verfolgung als Rettungstat auszugeben.

Der Rassenbiologe Friedrich Stumpfl als „Retter der Jenischen"?

Als Leiter des Erb- und Rassenbiologischen Instituts der Universität Innsbruck konnte Stumpfl mit Unterstützung der Medizinischen und Juridischen Fakultät das Institut unter einer anderen Bezeichnung bis 1947 weiterführen. Als es aufgelöst wurde, wechselte Stumpfl zuerst nach Salzburg, um die psychiatrische Kinderbeobachtungsstation zu führen, und dann nach Wien, wo er als Nervenarzt für die Gerichtspsychiatrie tätig wurde. Ab 1953 hielt er bis ins hohe Alter Vorlesungen zu Forensischer Psychiatrie an der Universität Innsbruck ab und mit Unterstützung eines Professorenkollegiums der hiesigen Medizinischen Fakultät, in dem sich ehemalige Nationalsozialisten befanden, wurde Stumpfl, den die Fakultät dem Unterrichtsministerium zur Verleihung des Titels eines a. o. Professors vorschlug, 1959 restlos rehabilitiert. Seinen rassebiologischen Positionen blieb er in Lehre, Forschung und Beruf bis zu seinem Tod treu.[26]

1946 musste sich Friedrich Stumpfl einer politischen Überprüfung durch die Universität Innsbruck stellen, die äußerst positiv ausfiel und die Grundlage für sein Entnazifizierungsverfahren bildete. 1938 hatte sich Stumpfl in seinem Lebenslauf noch in die Tradition seiner Familie gestellt, die er als „grundsätzlich großdeutsch und großvölkisch, somit antisemitisch und antiklerikal" bezeichnete.[27] Als Teil seiner beabsichtigten Forschung und Tätigkeit in Innsbruck hatte er angegeben, „Beobachtungsreihen an jugendlichen Asozialen und Psychopathen" herzustellen, um die „Asozialenfrage" lösen zu helfen mit einer „frühzeitigen sozialen Prognosestellung". Ebenso ging es ihm darum, „die Frage der Erbbedingtheit durch entsprechende Familienuntersuchungen" bei „abnormen Persönlichkeiten (Psychopathen) und einer bestimmten Gruppe von Asozialen (...) klarzustellen".[28] Wie bereits kurz skizziert, waren seine Forschung und seine Gutachtertätigkeit für die praktische Auslese- und Aussonderungspraxis wie für die Durchführung von Zwangssterilisierungen von Jenischen im Zuge der „Reinigung des Volkskörpers von Asozialen" förderlich. Im Überprüfungsverfahren folgte die Medizinische Fakultät der Argumentation von Stumpfl, die Entnazifizierungsbehörde des Stadtmagistrats Innsbruck schloss sich der Beurteilung der Fakultät an, ihr Bescheid ist praktisch ident mit Stumpfls Verteidigungsschrift. Das NSDAP-Parteimitglied Friedrich Stumpfl, das in der NS-Zeit noch auf seinen Status als Illegaler gepocht hatte, war nun nie wirklich Nationalsozialist gewesen, sondern sogar Widerstandskämpfer zum Schutz von Juden, antinationalsozialistisch eingestellten Jugendlichen und „Karrnern".[29] Er war „auf Grund seiner Gegnerschaft zum Nationalsozialismus (...) schweren beruflichen Schädigungen ausgesetzt" und kämpfte, so der Entnazifizierungsbescheid des Innsbrucker Stadtmagistrats, „als Wissenschafter u. a. gegen die nationalsozialistische Ausrottungspolitik an den Tiroler Karrnern mit dem Erfolg an, daß diesen bereits dem Untergang geweihten Menschen auf Grund des Fachgutachtens von Prof. Dr. Stumpfl das Leben gerettet wurde."[30]

Das Nachwirken der Rassenlehre und der Zwang zur Umerziehung

Stumpfl und sein Assistent, Armand Mergen, konnten ihre Forschungen mit dem Material, das sie während des Nationalsozialismus zusammengetragen hatten, unter demokratischem Vorzeichen fortsetzen. Ihr rassenbiologisch orientierter wissenschaftlicher Ansatz blieb derselbe, doch passten sie ihre Ergebnisse an die Erfordernisse der neuen Zeit an. Beide wurden in Wissenschaft und Praxis stark rezipiert, auf den Kinderbeobachtungsstationen, in der Psychiatrie und am Gericht ebenso wie in den Fürsorgeämtern. Ein Blick in Stumpfls Arbeit „Über die Herkunft des Landfahrertums in Tirol"[31] von 1950 zeigt das Weiterleben des negativen Bildes vom „Karrner", erhellend ist die Argumentation Stumpfls deshalb, weil sie die Sicht der Fürsorge auf die Jenischen, aber auch auf die Familien der unteren Klassen generell, besser verständlich macht und ein Stück weit ihren Ansatz im Umgang mit den betroffenen Kindern erklärt. Stumpfl wiederholt altbekannte Stereotypien über die psychopathische Minderwertigkeit der Jenischen, differenziert aber im Sinne seines neuen Status als Wissenschaftler, der „niemals die nationalsozialistische Rassenlehre vortrug".[32] In diesem Sinne betonte er die Resozialisierungsmöglichkeit der „Karrner", die er nun zwar nicht konsequent, aber häufig korrekter Landfahrer nennt.

Stumpfl betont, dass seine Untersuchung eines bewiesen habe: „Es sind in der Regel nur minderwertige Menschen, die mit Karrnern eine Ehe eingehen."[33] Er zählt eine Fülle der traditionellen Vorurteile als wissenschaftlich untermauerte Erkenntnis auf, konzediert, dass sich die Landfahrer in der Regel nur zahlreicher Bagatellvergehen schuldig machen, so dass sie zwar zur „Plage" werden können, doch erscheint der ihnen zugesprochene Hang zur Kriminalität nun nicht mehr ausschließlich als Erblast und Ausdruck von Asozialität – Stumpfls Interpretationsmuster, mit denen er während des Krieges den Antrag auf Zwangssterilisation jenischer Frauen gestellt hatte. Er sah sie jetzt als „grundsätzlich eingliederungsfähig" und „als verläßliche Arbeiter", die dazu imstande seien, über Jahre „ihre Pflicht" zu tun".[34]

Die Landfahrer gehörten zwar zu jenen „Populationen im Sinne der Genetik, die durch Genverlust eine biologische Sonderprägung erhalten haben", aber keine „Systemrasse" darstellten. Ihm sei der Nachweis gelungen, dass die Landfahrer keine „fremdrassigen Vaganten" seien, sondern erst im Anfangsstadium waren, eine Rasse herauszubilden (in „statu nascendi"). Daher sei der „Prozeß des Zurückfallens auf die Stufe einer primitiven, nomadenhaften Lebensform" dieser „Menschengruppe, die primär durch unverschuldete soziale Not zur Zeitwanderung gezwungen wurde", reversibel, also umkehrbar.[35]

Stumpfl rühmt die große Kinderliebe der „Karrnerfrauen", um sie im selben Atemzug zu denunzieren, weil ihr etwas Animalisches anhafte:

„(...) die seelische Entwicklung als Ganzes bleibt primitiver und ist hinsichtlich ihrer Dauer verkürzt. Mit Schwachsinn hat das nichts zu tun, doch scheint diese Eigenart schon konstitutionell, bis zu einem gewissen Grad also auch erblich verankert zu sein. Immerhin ist wesentlich, daß den Kindern der regelmäßige Schulunterricht fehlt, daß sie keine klaren Begriffe von Mein und Dein, von einem geregelten Familienleben, wohl aber recht bald Kenntnisse sexueller und anderer, das niedere Sinnenleben betreffender Art mitbekommen. Die Begriffe einer höheren Sittlichkeit werden nicht entwickelt, ja kaum angelegt. Wenn das Kind älter wird, hat die Mutter ihren Lebensgefährten vielleicht wieder gewechselt (...). In unserem Sinne sind wohl alle diese Kinder schon von klein auf im Grunde verwahrlost. Diese Verwahrlosung zeigt sich jedoch für unseren Blick in der Regel erst, wenn die Kinder 8 Jahre alt sind. Das hängt mit den besonderen Verhältnissen und Umständen des Familienlebens bei den Landfahrern zusammen, das, solange die Kinder klein sind, durch einen besonders starken, beinahe tierischen Zusammenhalt gekennzeichnet (...) ist. Gerade der biologische Familienzusammenhalt ist in diesen Familien ein sehr starker, viel stärker als in anderen Familien."[36]

Im Gegensatz zu seiner Zeit als Leiter des Erb- und Rassenbiologischen Instituts, in der er bei einer Reihe von Jenischen keine Veränderungsfähigkeit sah, mit all den negativen Konsequenzen für die Betroffenen, empfahl er nun im Umgang mit ihnen eine Mischung von Zwang, Umerziehung und Angeboten, um sie zu brauchbaren und „vollwertigen Mitgliedern" der Gesellschaft zu machen. Zwar seien die Landfahrer erblich belastet, doch dies schließe nicht aus, „daß durch langsame Eingewöhnung und Umerziehung (…) eine Differenzierung dieser primitiven Menschen einsetzt", auch wenn sie den Durchschnitt der Bevölkerung nicht erreichen werden:

„Der Zeitpunkt für eine Rückführung und Wiedereingliederung des Landfahrertums ist gerade jetzt ein besonders günstiger. Die rauhen Zeiten der Nationalsozialisten-Herrschaft und des Krieges haben die alten Landfahrersitten untergraben (…). Wenn man jetzt auf der einen Seite einen festen Zwang zu geregelter Arbeit, auf der anderen Seite Begünstigungen in Schule und Erziehung und eine geduldige, aber beharrliche Bemühung darauf verwenden wird, diese Menschen allmählich als vollwertige Mitglieder in die Gemeinschaft aufzunehmen, so kann an dem Erfolg nicht gezweifelt werden."[37]

Zur „Vollblutkarnerin" entwickelt

Elisabeth Grosinger-Spiss weist nach, wie nicht nur unmittelbar nach Kriegsende,[38] sondern noch in den 1960er Jahren diese Sicht von Stumpfl und Mergen auf die Jenischen Eingang in wissenschaftliche Abschlussarbeiten zur Erlangung akademischer Grade und Lehrämter fand. Besonders hervorzuheben ist die Dissertation von Elke Clemens aus dem Jahr 1963 auf der Philosophischen Fakultät „Lebensschicksal und Lebenserfolg unerziehbarer weiblicher Fürsorgezöglinge", in der sie unter der Überschrift der erblichen Belastung vier jenische Jugendliche beschrieb, die eine „Ausprägung typischer Karnereigenschaften" aufweisen würden: „Josefine dürfte ihre diebischen Veranlagungen von der Mutter überkommen haben. Bei Irmgard ist auf einen sexuell triebhaften Vater, bei Irene auf eine ebensolche Mutter hinzuweisen. Schwer belastet ist Elfriede mit Schwachsinn (Vater), Epilepsie und endogener Depression (weitere Verwandte). Eine Tante ist eine asoziale Psychopathin."[39]

Die Zahl der Jenischen sei klein, doch sie machten „mit umso stärkerer Intensität den Fürsorge- und Jugendämtern zu schaffen". In einer ihrer neun detaillierten Lebensgeschichten schreibt Clemens über eine junge Frau:

„Beide Elternteile sind arbeitsscheue Karner. Der Vater sorgte nur zeitweise für seine 12köpfige Familie, indem er Körbe fertigte. Die Mutter galt als unordentliche

und schlampige Hausfrau. Zillis Erziehung war infolge dieser Verhältnisse in Frage gestellt. Vor allem in sittlicher Hinsicht war eine Verwahrlosung zu befürchten. (...) Nach siebenjähriger Heimerziehung wurde Zilli probeweise entlassen. Hier entpuppte sich ihr wahrer Kern. Äußerst freiheitsliebend und mannstoll, führte sie ein hemmungsloses Leben und wurde zu einem ordinären und erfahrenen Weib. Eine erneute Heimeinweisung mit 17 Jahren scheiterte daran, dass sich Zilli inzwischen zur Vollblutkarnerin entwickelt hatte und jeder weiteren Beeinflussung nur mit Widerstand begegnete."[40]

Eine „Halbzigeunerin" mit den schlechten Eigenschaften von „Karnern und Zigeunern"

Auf das Schicksal von Maria, die als Fürsorgezögling von St. Martin in Schwaz aufgrund des Gutachtens von Friedrich Stumpfl, bestätigt von der Heil- und Pflegeanstalt Hall, zwangssterilisiert und bis nach Kriegsende in Hall verwahrt worden war, wurde bereits hingewiesen. Ihr weiterer Lebensweg ist jenem vieler jenischer und weiterer ehemaliger Heimkinder ähnlich. Als sich endlich die Tore der Freiheit öffnen, ist sie eine schwer traumatisierte Frau.[41] Sie hat keinen Beruf, keine Kinder und kein Geld, dafür eine schwer angeschlagene Gesundheit. Zur Führung eines bürgerlichen Lebens fehlt jegliche Voraussetzung. Maria geht mit der Mutter hausieren, arbeitet in der Gastronomie, kassiert Schläge von ihren Lebensgefährten und lebt schließlich in einer Kellerwohnung. Einige Male verbringt sie meist wenige Tage an der Innsbrucker Nervenklinik: wegen einer Schmerzattacke in der rechten Gesichtshälfte, wegen einer akuten Gastroenteritis („Magen-Darm-Grippe"), wegen Selbstmordäußerungen, wegen psychogener Reaktionen und wegen eines Rauschzustandes. Mit 40 Jahren wird Maria in die Frühpension geschickt, das Einkommen ist äußerst bescheiden trotz einer kleinen Fürsorgerente, die sie als Opfer des Nationalsozialismus erhält. Über Auftrag des Landesgerichts erstellt Karl Hagenbuchner, Facharzt für Neurologie und Psychiatrie an der Universitätsnervenklinik Innsbruck, 1969 ein neurologisch-psychologisches Gutachten über Maria, weil sie einen Rasierapparat und einen Geldbetrag entwendet bzw. nicht zurückgezahlt haben soll. Hagenbuchner schreibt über seine Patientin Maria, die 26 Jahre zuvor grundlos an seiner Klinik sterilisiert worden war und einen Horror vor Ärzten, Heimen, Anstalten und der Polizei hat:

„In typischer Alkoholikermanier sitzen ihr die Tränen sehr locker, sie quillt über vor Selbstmitleid und Sentimentalität. Lügen scheint ihr in Fleisch und Blut übergegangen zu sein, sie biegt sich die Wahrheit zurecht, wie sie ihr am günstigsten erscheint, wobei sie teilweise selbst von der Richtigkeit ihrer Angaben überzeugt ist. (...) Sie ist

servil und unterwürfig, wenn sie etwas erreichen will, hinterhältig und voll Bosheit, wenn sie glaubt, dass sie jemand ungerecht behandelt, so z. B. gegen eine Schwester auf der Station."[42]

Hagenbuchner diagnostiziert bei Maria, gestützt auf die NS-Gutachten von Stumpfl und Hall, die er auch zitiert, in altbewährtem Jargon:

„Asoziale Psychopathin mit pseudologistischen Zügen. (…) Aus jetzigem Befund und aus den zahlreichen Ergebnissen früherer Aufenthalte bei uns und in Hall kennen wir (…) die Untersuchte sehr genau. Es handelt sich bei ihr um eine Halbzigeunerin mit allen Eigenschaften, die man eben in schlechtem Sinne den Karnern und Zigeunern nachsagt, nämlich soziale Instabilität, soziale Unangepaßtheit, Unehrlichkeit und Arbeitsscheu, verbunden mit raffinierter Schläue. (…) Sie selbst ist schon in frühen Jahren als sexuell haltlose Person aufgefallen, Erziehungsversuche sind wirkungslos geblieben und so kam sie fast 5 Jahre lang in die Heilanstalt nach Hall und im Verlaufe des Aufenthaltes wurde sie auch im Zuge der damals gepflogenen Maßnahmen sterilisiert (wofür sie nunmehr groteskerweise eine Wiedergutmachungsrente erhält). (…) Sie verstand es immer, dann krank zu sein, wenn dies gleichzeitig Vorteile gebracht hat, so in der Art alter Vaganten, die ins Krankenhaus kommen, wenn die Wohnung zu kalt wird."[43]

Eine „erbmäßig bedingte sexuelle Abwegigkeit" im „Karrnermilieu"

1958 kam Tina Rottensteiner auf die Innsbrucker Kinderbeobachtungsstation von Maria Nowak-Vogl in Innsbruck. Die Eltern galten als „Karrner aus Telfs".[44] Nowak-Vogl injizierte der Sechsjährigen Epiphysan zur Bekämpfung ihrer angeblichen Hypersexualität. Ohne vorher mit dem Kind gesprochen zu haben, erstellte sie eine vorläufige Beurteilung: „Ob die frühe sexuelle Gewecktheit erbmäßig bedingt ist oder auf irgendwelche bahnende Milieueinflüsse zurückzuführen ist, läßt sich bei dieser ungenügenden Anamnese wohl nicht entscheiden. Es soll versucht werden, den Anteil, der aus reiner Triebhaftigkeit stammt, durch Epiphysan zu dämpfen (…)."[45] Ihre abschließende Beurteilung, mit der sie eine Überstellung in ein Erziehungsheim begründete, charakterisierte Tina so: „Es handelt sich um ein Kind aus charakterlich ziemlich schwer belasteter Familie."[46] Gegenüber dem Jugendamt formulierte die Psychiaterin:

„Tina ist in erzieherischer Hinsicht in einer Weise unbeeinflussbar, wie dies selten einmal der Fall ist. Zwar stellt sie auf Grund ihres Alters noch nicht gerade viel an. Aber immer dort, wo sich ein Punkt der Hausordnung oder eine Anweisung der

Erzieherin nicht mit dem deckt, was Tina derzeit will, kommt es zu einer Unbotmäßigkeit, die mit erzieherischen Mitteln jeweils außerordentlich schwer beherrschbar ist. (...) Dabei fehlt es ihr (...) an der Bereitwilligkeit, sich einer Notwendigkeit zu fügen. Wir nehmen an, daß gerade dieser Charakterzug im Hinblick auf die Aktenlage von den Eltern ererbt ist."[47]

Die einzige Grundlage für Maria Nowak-Vogls Erbtheorien war ihr Wissen um die Herkunft der Eltern als „Karrner" und die Lebensumstände in der Herkunftsfamilie, wie sie sich im Akt des Jugendamtes darboten. Sie sorgte dafür, dass Tina von einem Fremdunterbringungsplatz zum anderen wandern musste. Als Kind von „Karrnern" unterstellte sie ihr eine Triebhaftigkeit, die in naher Zukunft durchbrechen würde, aber durch straffe Führung noch hintangehalten werden könnte:

„Die sexuellen Umtriebe mit Buben dürften in kurzer Zeit ein solches Ausmaß annehmen, daß auch ein gewöhnlicher Schulweg kaum mehr vertretbar ist. (...) Wir halten hier Fürsorgeerziehung für unerlässlich, da der bereits eingetretene, in diesem Alter schwere Erziehungsnotstand nur durch eine auf Jahre hin gesicherte konsequente Erziehung behoben werden kann. Anderenfalls ist damit zu rechnen, daß in zwei bis drei Jahren das Bild einer vollkommenen sexuellen Depraviertheit entsteht. Jedoch ist zu hoffen, daß trotz der vorhandenen erblichen Belastung eine sofort einsetzende konsequente Korrekturerziehung die soziale Anpassung zu erreichen mag."[48]

1962 konnte zwar eine Wendung zum Guten festgestellt werden, trotzdem war sich Nowak-Vogl nunmehr gewiss, dass das mittlerweile zehnjährige Mädchen von einer vererbten pathologischen Minderwertigkeit gezeichnet war, gegen die man nichts ausrichten könne. Dennoch durfte sie nicht ins Elternhaus zurück, da das Milieu der „Karrner" noch Schlimmeres bewirken würde: „Es handelt sich bei Tina sicher um eine erbmäßig bedingte sexuelle Abwegigkeit, die infolgedessen bei einer Behandlung nicht zugänglich sein dürfte. (...) Die Unterbringung bei den Eltern jedoch dürfte im Hinblick auf das in dieser Hinsicht Stimulierende im Milieu besonders ungünstig sein, weshalb ein Pflegeplatz vorzuziehen wäre."[49]

„... typisch karnerische Züge (...), obwohl sie der Rasse nach keine Karnerin ist"

Wie sehr das Jugendamt Innsbruck die Vorurteile gegenüber Jenischen pflegte, ist am Umgang mit einer kinderreichen Familie ersichtlich, die im Lager Reichenau, Baracke D 19, wohnte. Fast alle Kinder kamen in mehrere Heime hintereinander. Im

Landeserziehungsheim Kramsach hieß es in einem Führungsbericht aus dem Jahr 1970 über die 15-jährige Vera Welzig kurz vor ihrer Überstellung in die Innsbrucker Kinderbeobachtungsstation und von dort ins nächste Heim, das eine „straffe Korrekturerziehung" sichern sollte: „Wird als erfrischende, sich jeder Situation anpassende Karnerin bestimmt die Sonnenseiten des Lebens erfassen."[50]

In standardisierten Erhebungsbögen für die Aufnahme eines Kindes in einem Heim wurde unter anderem abgefragt: „Zigeuner (Halbzigeuner), Karner oder Händlerfamilie?" Über die Familie eines Kindes aus der genannten Familie aus dem Reichenauer Lager füllte das Stadtjugendamt Ende August 1968 aus: „An und für sich keine Karner". Damit war gemeint, dass die Minderjährige und ihre Familie zwar keine Jenischen waren, dem Verhalten nach aber schon. Kinder der unteren Klassen wurden aus diesem Grund häufig generalisierend als „Karrner" kategorisiert. Über Veras Schwester Mathilde, die ins Heim der Benediktinerinnen nach Scharnitz kam, ist daher bereits im ersten Führungsbericht über die knapp Achtjährige zu lesen, dass man ihr „nach wie vor anmerke, daß ihr typisch karnerische Züge anhaften, obwohl sie der Rasse nach keine Karnerin ist".[51]

Familien im Prozess der Stigmatisierung, Degradierung, Ignorierung

Was für viele Herkunftsfamilien ehemaliger Heimkinder gilt, trifft auf die Familien jenischer Kinder umso mehr zu. Ihre soziale Lage, ihre Randständigkeit und ihre Lebensweise wurden als Rückständigkeit und mangelnde Fähigkeit oder fehlender Wille zur Integration in die „Normalgesellschaft" interpretiert. Diese Sichtweise verfestigte sich in den 1960er Jahren, als die vom Wohlstand Abgehängten unter den Rahmenbedingungen von Wirtschaftsaufschwung, Hochkonjunktur und steigendem Lebensstandard besonders verdächtig wurden. Die Ursache für die miserablen Lebensbedingungen dieser Menschen konnte nur in deren angeborenen und ihnen zugeschriebenen negativen Eigenschaften liegen. Nicht Prozesse der Stigmatisierung, der Ausgrenzung und des Ausschlusses, die ihren Ausgangspunkt in der Mitte der Gesellschaft hatten, wurden für ihre gesellschaftliche Randständigkeit verantwortlich gemacht, sondern ihr von der Norm abweichendes Verhalten. Es handelt sich um historisch weit zurückreichende traditionelle Rechtfertigungen, die für die lokale und regionale Gesellschaft „nutzlosen" Menschen als Bodensatz der Gesellschaft zu kategorisieren: als Deklassierte, Verachtete, Rausgefallene und Übriggebliebene, die Regeln und Erwartungen nicht erfüllten: „Man behandelt die Entbehrlichen als defizitäre Exemplare, denen es entweder an der notwendigen geistigen Ausstattung oder an der unabdingbaren moralischen Festigkeit fehlt, um zu nützlichen Mitgliedern der Gesellschaft zu werden."[52]

Ein Teil der pauperisierten Familien, deren Kinder in ein Heim verfrachtet wurden, und ganz besonders die jenischen Familien, sind durch ein „präzises Defizit einer Lebenslage"[53] definiert, sie stehen in der Tradition einer „residualen Armut"[54], also einer Armut, die sie seit langer Zeit an den Rand gedrängt hatte. Dieser Armutszustand ist das Ergebnis kontinuierlicher Diskriminierungen und Ausschlussprozesse. Die Zeit des Nationalsozialismus hatte mit Ausnahme einer kleinen Gruppe von Menschen, die sich an die erzwungene Sesshaftmachung und die geforderten Lebensumstellungen anpassen konnten, verheerende Auswirkungen auf die von vornherein bereits prekäre materielle Lage der nicht anerkannten Volksgruppe. Mehr oder weniger (in)stabile Existenzen wurden vernichtet, traditionelle berufliche Zusammenhänge zerstört, Familien systematisch zerrissen, das Selbstwertgefühl noch mehr beschädigt und soziale Beziehungen aufgelöst. Für den Großteil dieser Gruppe gilt tatsächlich, dass sie seit Jahrhunderten trotz ihrer sozialen Austauschprozesse mit der Mehrheitsgesellschaft in zunehmendem Maß ausgegrenzt wurden und häufig bereits als Ausgeschlossene zur Welt kamen, „die immer am Rand der Gesellschaft gelebt haben, nie in die üblichen Kreisläufe der Arbeit und der gewöhnlichen Gesellschaftlichkeit hineingekommen sind, unter sich leben und auch über die Generationen unter sich bleiben".[55]

Der andere Teil der Familien ehemaliger Heimkinder litt an einem Integrationsdefizit bei Arbeit und Wohnen, in der Erziehung und Kultur, das sie sozial verwundbar machte, so dass sie von einem gesellschaftlichen Ausschluss bedroht waren. Sahen sich die Jenischen immer schon diskriminiert, so erlebten diese Familien ihre Exklusion als „Degradierungsvorgang gegenüber einer früheren Position",[56] als ein Auf und Ab ihrer Lebensverläufe, als einen Wechsel zwischen Drinnen und Draußen, als ein Hineinkommen, Abgleiten und Rausfallen, je nachdem wie gesichert das Verhältnis zur Arbeit, wie erträglich die Wohnsituation oder wie fest die Einbindung in soziale Netze war. Gemäß der Logik der Exklusion waren die einen gar nicht ins Spiel gekommen wegen des Fehlens von ökonomischem, sozialem und kulturellem Kapital und wegen der prinzipiellen Kriterien des Ausschlusses von Gruppen, die keine ausreichende Position im Verhandlungssystem des institutionalisierten Interessenausgleichs hatten. Die anderen waren aus dem Spiel gefallen durch „bestimmte Umstände der Stigmatisierung, Degradierung und Ignorierung".[57] Für sie war der Weg ihrer Kinder vom Herkunftsmilieu in das Milieu der Fürsorgeheime ein unerträglicher sozialer Abstieg – dies kann als „Niedertracht der Verhältnisse" bezeichnet werden.

Für die von tiefgreifenden gesellschaftlichen und wirtschaftlichen Transformationsprozessen hervorgebrachte Armut waren die Betroffenen selbst schuld. Für die Unsicherheit ihres Lebens wurden sie bestraft. Ein Hauptvorwurf war die mangelnde Akkulturationsfähigkeit: die in den Augen der Ämter und Behörden ungenügende Erziehung und Einpassung der Kinder in die bürgerliche Kultur. Daher wurde nicht versucht, die ausgrenzenden gesellschaftlichen Verhältnisse zu beheben, sondern die Symptome sozialer Not zu behandeln, etwa durch das Wegsperren der Kinder und Jugendlichen in Heimen. Die Aufmerksamkeit konzentrierte sich auf die Defizitären, um sie mit sozialpflegerischen und sozialtherapeutischen Maßnahmen zu resozialisieren und in die Gesellschaft einzugliedern. Die Frage war, mit welcher harten Erziehung die als verwahrlost, erbbelastet, deviant, übersexualisiert und arbeitsscheu geltenden Kinder und Jugendlichen der sozial deklassierten Familien dazu gebracht werden konnten, sich so zu verhalten, wie dies die „gute Gesellschaft" erwartete. Die Grundvoraussetzung war ihre soziale Überwachung und Bevormundung, ihre permanente, aktive Kontrolle, eine Aufgabe, die vornehmlich die Fürsorge übernahm, um die der moralischen und strafrechtlichen Abweichung Verdächtigten Herr zu werden.[58]

Viele Familien ehemaliger Heimkinder wohnten in segregierten Räumen in der Stadt Innsbruck, ebenso aber auch in anderen Bezirksstädten und kleineren Gemeinden. Mit wachsendem Abstand vom Stadt- und Dorfkern wuchs auch die soziale Entfernung von der Mitte der Gesellschaft. Die Verbannung der Nichtrespektierten in Lager, Baracken und bestimmte Viertel und Straßenzüge liegt zum einen in der sozialen Not und Wohnungsmisere der Nachkriegszeit begründet, viele der prekär lebenden Familien waren davon in Innsbruck aber auch in den 1960er bis 1980er Jahren betroffen. Zum anderen ging es um eine Säuberung des öffentlichen Raumes, so wie die „gefährlichen Kinder" in Heime gesteckt wurden und außerhalb der Sichtweite der „besseren Gesellschaft" kamen. Heinz Bude spricht von einer Art Mischung von Ein- und Ausschluss, die er als Polarisierung bezeichnet:

> „Wo ist man, wenn man seinen Platz in der Welt verloren hat? Polarisierung geschieht durch Praktiken der Sichtung, Säuberung und Sicherung. Öffentliche Orte werden so zu Räumen für die zweifelsfrei Inkludierten gemacht, in denen die von Exklusion Bedrohten keine Aufenthaltsberechtigung mehr haben. (...) Die aussortierten und abgehängten Gestalten sollen sich zu ihresgleichen verziehen oder ganz von der Bildfläche verschwinden. Polarisierung ist ein Prozess der stillen Reinigung des öffentlichen Raums, der eine Zonierung der Lebenswelt mit sich bringt."[59]

Die städtische Politik unterschied zwischen integrierbaren MieterInnen und „nicht wohnfähigen" oder „noch wohnfähigen bzw. beschränkt wohnfähigen" Mietparteien der Barackensiedlungen. Die „nicht wohnfähigen Siedler" wollte sie „auf einer Stelle des Stadtgebietes sammeln", so Bürgermeister Alois Lugger Mitte der 1960er Jahre. Entsprechende Pläne wurden auch ausgearbeitet.[60] Selbst für die „beschränkt Wohnfähigen" war eine eigene separierte Siedlung in der Nähe der Roßauer Brücke vorgesehen, die aber schließlich nicht realisiert werden konnte, weil dort weder Wasser noch Kanalisierung vorhanden war.⁶¹ Nur ein kleiner Teil der BewohnerInnen der Barackenlager kam in den Genuss einer Neubauwohnung. Die PolitikerInnen der ÖVP strebten eine andere Lösung an. Als 1965 allmählich der Zeitpunkt gekommen war, die BewohnerInnen der Sieglanger-Baracken umzusiedeln, betonte Vizebürgermeister Maier (ÖVP), wie dringend es war, ihnen Wohnungen aus dem Altbestand der Stadt zur Verfügung zu stellen, denn sonst „müssen wir sie nächstes Jahr in den schönen Neubauwohnungen in der Radetzkystraße unterbringen". Doch „die schönen, modernen Neubauwohnungen" sollten an würdigere und finanziell potentere Wohnungssuchende vergeben werden.⁶² All dies galt generell für die „noch wohnfähigen Mietparteien" aus dem Reichenauer Lager und die Bocksiedlung. Bei den geplanten Wohnungen in Amras kamen zuerst die Menschen zum Zug, die dem Autobahnbau weichen mussten, erst dann sollten BewohnerInnen der Lager berücksichtigt werden.⁶³ Das Wohnungsamt klagte, dass niemand in diese Alt- oder Neubauwohnungen ziehen wollte, für die ein Mehrfaches der bisherigen Miete zu bezahlen war. Bürgermeister Lugger sprach davon, dass es sich bei den Nachbesiedlungen in eine Altbauwohnung um „durchweg erschütternde Fälle" handle. Die SPÖ kritisierte, dass sie erstens nicht nachvollziehen könne, wer die Einteilung der „Wohnfähigkeit" vorgenommen hatte, und dass zweitens die politischen MandatarInnen, speziell der SPÖ, von der Wohnungsvergabe ausgeschlossen waren. Bürgermeister Lugger forderte auf, dem Amt zu vertrauen, dass es sich an die gemeinsamen Grundsätze des Gemeinderates hielt.⁶⁴

Viele BewohnerInnen des Reichenauer Lagers und der Bocksiedlung waren freiwillig nicht zu bewegen, ihre bisherige Wohnstätte zu verlassen. Die ObjekteigentümerInnen erhielten die Räumungsklage, weil sie der Errichtung des Zentralbauhofs, der Kanalisierung und der Abwasserbeseitigung für 168 im Bau befindlichen Wohnungen im Weg standen oder im Baugebiet lagen und so die Errichtung von Hochhäusern und Wohnblocks behinderten. Viele der Abgesiedelten der Bocksiedlung glaubten, dass sie eine Ablöse erhalten würden. Der Stadtsenat hatte allerdings beschlossen, und hier auch nur aus Billigkeitsgründen, allein jenen EigentümerInnen eine Ablöse zu zahlen, die ihr Objekt abbruchbereit räumten und auf die Zuteilung einer städtischen Wohnung verzichteten. Grundlage dieser politischen Entscheidung war, dass die BewohnerInnen und BesitzerInnen von Objekten der Bocksiedlung sich in ihrer Not selbst geholfen hatten, das heißt, dass sie für ihre meist selbst errichteten Unterkünfte städtische Grundflächen nutzten, teilweise ohne Rechtstitel, teilweise „bittleihweise gegen jederzeitigen Widerruf". Daher stand die Stadt auf dem Standpunkt, dass in keinem Fall ein Rechtsanspruch auf Entschädigung bestand.⁶⁵ Ausnahmen gab es nur für jemanden wie den „alten Bock": Johann Bock galt als „Bürgermeister" der Bocksiedlung. Die Stadt hatte zwar einen Exekutionstitel erwirkt, doch Bock ließ sich nicht so leicht einschüchtern. Die Zwangsräumung erschien „wegen Umfang und Art des Objektes praktisch undurchführbar". Bock war aber bereit, den Abbruch für eine Ablösesumme selbst durchzuführen. Er galt als „Sonderfall der Bocksiedlung", so dass es in diesem Fall vertretbar schien, „ausnahmsweise" eine Zahlung als Anreiz zu leisten. Vizebürgermeister Obenfeldner unterstrich, Bock habe sich bei den Verhandlungen „anständig gezeigt und hat auf die Leute der Bocksiedlung beruhigend eingewirkt". Er habe ihm deshalb eine Entschädigung in Aussicht gestellt: „Er ist einmal abgebrannt. Die Stadtgemeinde hätte ihm sagen müssen, daß er dort keine Bleibe mehr hat. Er hat nicht unbeträchtliche Mittel zum Wiederaufbau aufgewendet." Der Stadtsenat kam dem Vorschlag Obenfeldners nach.[66] Doch ansonsten konnte der SPÖ-Politiker sich nicht durchsetzen, auch wenn er darauf hinwies, dass Menschen unter Vorspiegelung falscher Tatsachen einer Absiedelung aus der Bocksiedlung zugestimmt hatten. Sie waren aufgefordert worden, ihre Ablösegesuche gesammelt im Stadtmagistrat abzugeben, da darüber erst dann entschieden werden könne, wenn die gesamte Bocksiedlung beseitigt wäre und das Magistrat einen Überblick hätte.[67] 1971 stellte ein abgesiedelter Bewohner der Bocksiedlung den Antrag auf eine Ablöse, da er zahlreiche Umbauten und Ausbesserungen beim Einzug in die ihm zugewiesene Altbauwohnung vornehmen hatte müssen und deshalb einen Kredit aufgenommen hatte. Nachforschungen ergaben, dass seine Angaben zu den getätigten Investitionen zwar stimmten – so hatte er eine Badewanne und einen 100 Liter-Boiler angeschafft, weil, so die Magistratsabteilung IV, „in den Altbauten von 1937 die Bäder nicht eingerichtet wurden und nur die Anschlüsse vorhanden waren" –, doch aus der Sicht des Amtes bestand für derartige Ausbauten keine unmittelbare Veranlassung: Schließlich habe der Betroffene in der Bocksiedlung auch keine Bademöglichkeit gehabt. Übersiedlungskosten treffe aber jede Partei, die aus der Bocksiedlung in eine „ordentliche städtische Wohnung" eingewiesen werde. Der Einbau einer Badewanne stelle eine Wertverbesserung der Wohnung dar und die Auslagen „dienten nur der Verbesserung der Ausstattung, die keineswegs zwingend notwendig war und nur auf freien Beschluß des Mieters beruht".[68] Der Stadtrat beschloss die Ablehnung des Ablösegesuchs und informierte über das Wohnungsamt die weiteren Antragsteller aus der Bocksiedlung, die eine Ersatzwohnung zugeteilt bekamen, dass keine Entschädigungen zur Auszahlung kamen.[69]

Die enorme Wohnbautätigkeit in Innsbruck bis Anfang der 1970er Jahre hatte vielen EinwohnerInnen der Stadt eine Verbesserung ihrer Wohnsituation gebracht. Dies galt aber nur zum Teil für die traditionell marginalisierten Familien. Sie konzentrierten sich weiterhin in bestimmten Wohngegenden mit Substandard und dementsprechend schlechtem Ruf. Viele verfügten nicht über die finanziellen Mittel, um sich in eine der Neubauwohnungen einmieten zu können. Romuald Niescher, ÖVP-Stadtrat für Wohnungsbau, breitete das Dilemma der Wohnungsvergabe 1972 aus:

In der Wohnbauförderung 1954 gab es Sonderbestimmungen für die Barackenbeseitigung, für die ein Viertel der Mittel reserviert war. Diese Bestimmungen enthielt das Wohnbauförderungsgesetz von 1968 nicht mehr. Wenn die Stadt nun bei der Wohnbauförderung für BewohnerInnen von Baracken und Notunterkünften eingereicht hätte, wären die BewohnerInnen von Notunterkünften in Neubauwohnungen eingewiesen worden. Doch aufgrund ihrer prekären Lebensverhältnisse wären sie selbst bei einem Zinsenzuschuss kaum imstande gewesen, den Baukostenzuschuss aufzubringen, auch die laufenden Mietzahlungen hätten sie überfordert. Die Gewährung von Mietzinsbeihilfen sei wenig wahrscheinlich, weil, so Niescher, dieser Personenkreis Schwierigkeiten habe, „eine geregelte Arbeitszeit und vieles mehr nachzuweisen". Daher hielt er es für sinnvoller, sie in billiger Miete mit städtischen Altwohnungen, gemeint waren vor allem Substandardwohnungen, zu versorgen: „Diese Methode hat sich auch in der Praxis bewährt."[70] Niescher rechnete für die Beseitigung der noch vorhandenen Notunterkünfte mit einem Zeitraum von sechs bis sieben Jahren, da „nur eine sehr beschränkte Anzahl von Altwohnungen zur Verfügung steht".[71]

Stadtrat Karl Hackl von der SPÖ kritisierte, dass Niescher ohne Befassung des Gemeinde- und Stadtrates agierte und man nicht noch so viele weitere Jahre zuwarten könne, da die Situation am Innsbrucker Wohnungssektor „äußerst schlecht" wäre und die Stadt „vor allem für den sozial Schwachen" Wohnungen bereitstellen müsse.[72]

1981, ein knappes Jahrzehnt später, nahm Stadtrat Niescher Forderungen der SPÖ in das Programm zur Bewältigung des Wohnungsproblems für die nächsten drei bis vier Jahre auf. Erstmals stand im Budget so deutlich wie nie zuvor das Vorhaben der Stadt, regelmäßig Grundkäufe für den sozialen Wohnbau zu tätigen. Ein Schwerpunkt war die Sanierung der städtischen Substandardwohnungen, die bereits 1979 begonnen hatte, in der Herzog-Friedrich-Straße 15, der Stiftgasse 17, der Innstraße 2, der Liebeneggstraße 2, der Pfarrgasse 1 und mit besonders hohen Investitionen im Schlachthofblock. Allerdings musste auch Geld für Häuser im O-Dorf in die Hand genommen werden, die erst 1964 erbaut, aber jetzt schon erneuerungsbedürftig waren.[73] Wie prekär zahlreiche Familien noch wohnten, speziell jene, die von Lagern und Notunterkünften in Altwohnungen gezogen waren, darunter viele, deren Kinder sich im Heim befanden oder noch hinkommen sollten, zeigt die Auflistung der städtischen Substandardwohnungen ohne Bad, Dusche oder Wasserentnahmestelle mit Stichtag 3. Dezember 1981. Es handelte sich um alle Hausnummern von 7 bis 35 und um Nummer 37 in der Premstraße, um die Ing.-Etzel-Straße 4 bis 20a, um 15 Hausnummern in der Roseggerstraße, um neun in der Burgenland-, sieben in der Amthor- und um fünf in der Kaufmannstraße. Je vier Hausnummern waren betroffen am Marktgraben und in der Stiftgasse, je drei in der Cranach-,

Dr.-Glatz- und Pacherstraße, je zwei in der Amraser Straße, Schneeburggasse, Schlossergasse und Höttinger Au sowie jeweils ein Gebäude war zu sanieren in der Geyr-, Schloß-, Anton-Rauch-, Inn-, Liebenegg-, Mariahilf-, Herzog-Friedrich-, Templ-, Erzherzog-Eugen-, Igler- und Pradler Straße, weiters in der Bach-, Ried-, Schul-, Weiherburg-, Kiebach- und Sillgasse, am Innrain, am Brückenplatzl, im Schloßfeld, am Eichlerweg (heute Eichlerstraße) in Igls und in Vill.[74]

Das Wohnen in den sozial peripheren Räumen hatte für ihre BewohnerInnen eine widersprüchliche Bedeutung. Die Qualität der Unterkunft und die Lebensbedingungen waren unglaublich elend und unsagbar ärmlich. Die Menschen erlebten ihre Separierung diskriminierend, weil ihrem Wohnort in den Augen der bürgerlichen Gesellschaft ein schlechter Ruf vorauseilte, die Nennung der Adresse in der Schule wie bei der Arbeitssuche benachteiligte und im Alltag beschämend wirkte. Dies führte dazu, dass viele die Negativzuschreibungen übernahmen und sich mit der Wohngegend identifizierten, so dass sie ein Gefühl der Unterlegenheit verinnerlichten und mitnahmen, selbst wenn sie den Ort verließen.

Doch zahlreiche BewohnerInnen schwankten zwischen Bestrebungen, die negativ konnotierte Wohngegend, speziell wenn es sich um das Reichenauer Lager und die Bocksiedlung handelte, aufzugeben oder dazubleiben, weil ihr Wohnsitz auch Schutz und Solidarität bot. Zwar schloss das räumlich randständige Leben aus sozialen Nahbeziehungen aus und machte klar, einem deklassierten Milieu unter der Grenze der Respektabilität anzugehören, doch gleichzeitig schufen sich die Marginalisierten eine eigene Welt,[75] die durch selbst definierte Ehrbegriffe auf der Basis gegenseitiger Hilfe gekennzeichnet war, um die prekäre Lebenssituation bewältigen zu können. Auch wenn man in der sozialen Hierarchie unten angesiedelt war, so war man doch unter Gleichgesinnten in vergleichbarer Lage und wurde zwar im Außen, nicht aber im Inneren verachtet, wo Personen mit ähnlichem sozialen Status zusammenlebten. Die Menschen waren arm, aber in nachbarschaftliche Kreise und Freundesnetzwerke eingebunden, die einem das Leben erträglicher machten und die misslichen Bedingungen nicht als individuelles, sondern als kollektives Schicksal wahrnehmen ließen. Man kannte sich, war nicht sozial isoliert und lebte eine eigenständige Form von Freiheit, die auch die Kinder betraf. Die BewohnerInnen unterstützten einander, wenn es notwendig war; wer zu essen brauchte, wurde versorgt, auch wenn den Gebenden selbst wenig später die Nahrungsmittel ausgingen. Sie verstanden es, unerträgliche Lebensbedingungen zu kompensieren und etwas Poesie in ihren Alltag zu bringen. Immer war etwas los, allein war man nie: Die Menschen saßen zusammen, feierten, fabulierten und erzählten einander Geschichten, tanzten, sangen und musizierten. Die Lebensbedingungen – und nicht nur die Geselligkeit, vor allem die Notwendigkeit, sich Geldquellen zu erschließen – brachten es mit sich, dass sich unter den BewohnerInnen und ganz besonders unter den Jenischen viele fanden, die gut bei Stimme waren und es meisterhaft verstanden zu musizieren. Gegen Außenstehende, die den BewohnerInnen feindlich gesinnt waren, sei es die Polizei oder die Fürsorge, hielt man fest zusammen. Dies schloss lautstarke und handgreifliche Auseinandersetzungen untereinander ebenso wenig aus wie übermäßigen Alkoholgenuss und Vernachlässigung von Kindern oder auch Gewalt gegen sie. Nur definierte die Fürsorge einen anderen kulturellen Umgang mit Kindern auch dort, wo er ihnen gut tat und menschenfreundlicher war als die bürgerlichen Erziehungspraktiken, umgehend als Verwahrlosung. Selbst wenn man die negativen Erfahrungen von Kindern und Jugendlichen, die in diesem Milieu aufwuchsen, mit ihrer Erziehung in einem Heim vergleicht, ist festzustellen, dass diese etwa in der Bocksiedlung, im Reichenauer Lager oder in „Stalingrad" eine höhere Chance hatten, auf Menschen zu treffen, die ihnen Aufmerksamkeit und Zuneigung schenkten. In Gesprächen und Interviews heben daher Betroffene, ohne ein romantisierendes Bild entwerfen zu wollen, nicht zufällig den Aspekt der unbedingten Solidarität hervor, die es heutzutage so nicht mehr gäbe. Wenn wir an dieser Stelle wieder Bezug auf die Jenischen, ihren Stolz und ihre historisch gewachsene Kultur nehmen, so können wir gleichzeitig einen allgemeinen Blick auf die „Kultur der Armut"[76] und die Verhältnisse in Lagern, Baracken und Substandardwohnungen werfen, der im Diskurs der damaligen Zeit selten Platz hatte. Ein unverdächtiger Zeuge ist der Rassenbiologe und Psychiater Friedrich Stumpfl: „Wer von den Karrnern in ihre Gemeinschaft Aufnahme gefunden hat, kann auch in der größten Not auf sie zählen. Wer ihnen als Freund begegnet und ihre Anerkennung gewinnt, kann sich auf sie verlassen. (...) Auch die Hilfsbereitschaft dieser Menschen gegenüber jedem, der ihr Vertrauen einmal gewonnen hat, ist groß."[77]

Der Alltag von Armut, Ausgrenzung, Benachteiligung in der Erwerbsarbeit und die Fähigkeit zur mühseligen Subsistenzsicherung schufen ein Erfahrungswissen, das zur Lebensbewältigung in den Wohngegenden vieler Herkunftsfamilien ehemaliger Heimkinder gehörte, dort weitergegeben wurde und die Kreativität förderte. Über den Reichtum an Kenntnissen und Fertigkeiten armer Menschen stellt Thomas Huonker am Beispiel der Jenischen fest:

> „Nicht alle machen eine Lehre und wenige besuchen höhere Schulen – wenn es auch jenische Akademiker gibt (...). Aber wenn sie mit den elterlichen Gewerben aufwachsen können, lernen die jenischen Jugendlichen gleich mehrere Berufe gleichzeitig. So betrachtet ist das jenische Ausbildungssystem immer schon eine Vorwegnahme dessen gewesen, was heute die Bildungspolitiker fordern: Lebenslängliches Lernen und Umlernen, flexible Anpassung an das sich stets verändernde wirtschaftliche Umfeld, Bereitschaft zum Umdenken, Kenntnisse, Praxis und Fertigkeiten in vielen verschiedenen Bereichen."[78]

Die Realität der sozialen Welt der Familien vieler Heimkinder entsprach in vielem nicht dem denunziatorischen Bild, das die bürgerliche Gesellschaft entwarf. In ihr eine antikapitalistische „Kultur der Widersetzlichkeit" zu sehen, wäre zu kurz gegriffen und hieße diese Wirklichkeit zu romantisieren, auch wenn in der Widersprüchlichkeit des Bewusstseins und der Praxis im Alltag ein ansprechbar antibürgerliches Potenzial vorhanden war. Doch generell waren diese Menschen zu sehr mit ihrem Überleben beschäftigt und den gesellschaftlichen Zwängen und Unterdrückungsmechanismen ausgesetzt.

Erst unter Berücksichtigung all der genannten Faktoren ist es zu verstehen, warum viele BewohnerInnen von Lagern und Baracken, die sie sich in ihrer Tradition der Selbstorganisierung aufgebaut oder hergerichtet hatten, der Absiedelung Widerstand entgegenbrachten und den Aufenthalt in einer solidarische Schicksalsgemeinschaft bevorzugten – trotz all der gravierenden Nachteile.

Berichte vom täglichen Überleben und vom Fortleben der Gewalt in den Körpern

In den Gesprächen mit den Mitgliedern der Opferschutzkommission, in schriftlichen Berichten, E-Mails, Telefonaten und weiteren Interviews haben Betroffene der Heimerziehung Auskunft darüber gegeben, wie sich ihr Leben danach entwickelt hat, welchen Auswirkungen sie sich zu stellen hatten und wie sie sich heute fühlen und in ihrem Leben eingerichtet haben.

In der Folge kommen eine Frau und drei Männer zu Wort, die bereit waren, aus der Anonymität herauszutreten. Ihre Erzählungen gewähren Einsicht in vielfältige Gegenwärtigkeiten einer individuellen Schicksalsmeisterung, in ein ständiges Ringen um Sinn. Es sind, trotz nachhaltiger Probleme, die einem „normalen Leben" weiterhin entgegenstehen, Beispiele eines hart erkämpften gelungenen Lebens.

Trotz alledem: „Ich hab's geschafft"

Irene (geboren 1948)

Wegen der Delogierung der Eltern bringt das Jugendamt Irene und ihren um ein Jahr älteren Bruder in der ersten Hälfte der 1950er Jahre im Kinderheim Mariahilf in Innsbruck unter, wo sie von ihrem dritten bis zum sechsten Lebensjahr verbleiben muss.[1]

Die Auswirkungen des Heimes? Schlimm war, dass ich meiner Mutter nicht mehr vertraut habe. Man hat mir ja im Heim immer gesagt, wir müssen dort bleiben, weil unsere Mutter liebt uns nicht mehr. Man hat mich und meinen Bruder später dann am Wochenende geholt, wie meine Mutter ein eigenes Zimmer gehabt hat, oder mein Vater. Das war fast noch schlimmer, als durchgängig im Heim zu sein. Weil man uns immer zurückbringen hat müssen. Und das war dann immer ein Drama und jedes Mal hat es dann geheißen, das passiert deswegen, weil wir so schlimme Kinder sind, und weil uns unsere Eltern nicht mehr mögen. Wobei das beim Papa dann eher so war, dass ich Angst gehabt habe vor ihm, da habe ich jetzt nicht auf die Liebe gewartet, aber bei der Mama. Und wenn man das dann jedes Mal gesagt bekommt als kleines Kind und das durch drei Jahre hindurch und noch länger. Meine Mama hat später einmal zu mir gesagt: „Damals hat die Entfremdung auch angefangen zwischen uns." Für sie auch, weil sie gemerkt hat, wie sehr ich anfange, sie abzulehnen, wie sehr der Widerstand da ist. Und sie hat das dann auch nicht mehr aufgebaut, das ist nicht mehr gegangen. Ich habe jedem misstraut, außer meinem eigenen Bruder. Und ich habe auch wirklich sofort die Stacheln aufgestellt. Also ich war immer auf Abwehr eingestellt. Was natürlich für meinen Vater besonders schlimm war, beziehungsweise für mich schlimm war, weil er mit dem überhaupt nicht umgehen hat können und dann die Gewalt zu Hause weitergegangen ist. Wir waren keine angepassten Kinder. Manche, glaube ich, sind angepasst herausgekommen, ich weiß es nicht, ich jedenfalls nicht.

Bei mir sind, sagen wir einmal, Neurosen übrig geblieben, die sich durch mein ganzes Leben durchgezogen haben, mitsamt den Therapien, die mir eigentlich lange Zeit nicht bewusst waren. Das war so die irre Angst, irgendwo eingesperrt zu sein, auch wenn das ein riesiger Raum ist, sobald ich das Gefühl habe, ich komme da nicht mehr heraus. Ich bin zehn Jahre nicht auf unseren Dachboden hinaufgegangen zum Beispiel, nicht einmal mit meinem Mann. Ich war extrem misstrauisch, jedem gegenüber. Ich habe niemandem vertraut, ich habe mich auch nie fallen gelassen. Ich habe lange Zeit gebraucht, bis ich überhaupt mich selber einmal akzeptieren habe können, mögen habe können. Einiges davon ist mir geblieben. Nicht mehr so krass, aber ja.

Ich habe ein zerbrochenes Verhältnis zu meiner Mutter, nicht einmal ein gestörtes, wirklich ein wirklich zerbrochenes. Das hat man auch in den ganzen 40 Jahren nicht kitten können. Wie gesagt, da ist nicht einmal sie die Schuld selber, das ist einfach die Heimzeit gewesen. Und, ich bin wahnsinnig hart geworden. Das ist der einzige Vorteil, den ich später gesehen habe, dass ich alleine absolut überlebensfähig bin und zwar in jeder Situation, weil ich das damals auf die wirklich harte Tour lernen habe müssen. Vor allen Dingen mein Unvermögen, lieben zu können. Ich habe dann wirklich, später, die Liebe gesucht an allen falschen Ecken. Und auf der anderen Seite jeden abgelehnt, der mir zu nahe gekommen ist, ich habe auch niemandem vertraut. Ich habe, wie gesagt, lange Zeit gebraucht, bis ich überhaupt irgendjemandem vertrauen habe können, zumindestens stückchenweit. Und ich glaube, der erste Mensch in meinem Leben war dann eben mein Mann. Und auch meine beiden besten Freundinnen, die ich viel, viel später kennengelernt habe. Ich habe natürlich auch unter der Trennung von meinem Bruder immens gelitten. Und, zusammenfassend muss ich sagen, ich habe seit damals ein Loch irgendwo innen drinnen, so ein Vakuum, es fühlt sich wie ein Vakuum an und das kann einfach niemand mehr füllen. Nicht einmal meine Tochter, nicht einmal mein Enkel, auch nicht mein Mann. Das Stück bleibt, das Stück tut weh, das schmerzt wie eine Wunde, die immer wieder aufgeht, die sich auch nie ganz schließen wird. Das ist so der Kontext dieser ganzen Heimgeschichte.

Für ein gutes Leben habe ich lange kämpfen müssen. Ich habe mich ein paar Mal wirklich auch selber verloren, als Persönlichkeit. Ich habe extrem viel Blödsinn gebaut, ich habe Glück gehabt, dass ich, beinhart gesagt, nicht am Straßenstrich gelandet bin. Da habe ich mich immer selber, Gott sei Dank, schützen können davor.

Worauf ich stolz bin, ich bin keine Alkoholikerin geworden, ich habe nie Drogen genommen, ich habe mein Leben irgendwo in den Griff gekriegt. Ich habe meine Lehrzeit zu Ende gemacht, ich bin dann auch in Vorarlberg gewesen, ein paar Jahre allein. Also ich habe immer für mich selber sorgen können, ich war nie auf irgendjemanden angewiesen, ich war niemandem etwas schuldig, da habe ich immer darauf geschaut. Meine Beziehungen, auch die langjährigen, sind natürlich in die Brüche gegangen, irgendwann, weil ich da auch noch nicht bereit war dazu. Aber im Großen und Ganzen, muss ich sagen, rückblickend, ja, ich habe es geschafft. Ich habe eine tolle Tochter, ich habe ein tolles Enkelkind, ich bin immer noch fähig, allein zu überleben. Was ich auch gelernt habe, war, meine Verlustängste zu kompensieren, obwohl es sicher nicht gut ist in Beziehungen. Immer damit zu rechnen, du verlierst es, es bleibt dir nicht. Ob das jetzt materielle Sachen sind oder gefühlsmäßig. Ich bin immer mein Leben lang darauf eingestellt und das wird sich auch nicht mehr ändern, schätze ich, stell dich darauf ein, du verlierst das irgendwann, und gewöhne dich rechtzeitig daran, dann tut es nicht so weh. Ob es richtig ist, weiß ich nicht. Für mich ist es die Art zu überleben.

Die Aufarbeitung der Heimzeit und meiner Geschichte hat auf der einen Seite wirklich gut getan, weil man überhaupt nicht darüber reden hat können, und zwar mit niemandem. Natürlich hat sich das früher auch schon mal ergeben, gesprächshalber. Es hat genau zwei Arten von Reaktionen gegeben: Ungläubigkeit oder: „Ich kann das nicht hören, weil ich schaffe das nicht zuzuhören". Sogar meine allerbeste Freundin, die mich jetzt wirklich seit 45 Jahren kennt, der habe ich auch nur so prozentsatzmäßig einiges erzählen können. Es kann eigentlich niemand damit umgehen, und die anderen glauben es dir einfach nicht. Und das war natürlich nicht nur mein Problem, sondern von allen Heimkindern, dass du das hinter dir gehabt hast, dass du gewusst hast, du gehst verstört und gestört heraus aus der Zeit, dass du aber niemandem wirklich erklären hast können, warum du das und das und das so und so machst. Warum ich nur außen sitzen kann, ich sitze nie hinten drinnen. Warum ich mir immer einen Fluchtweg offen lasse nach vorne. Ich kann nicht Rückenschwimmen aus dem Grund. Ich kann nicht Radfahren aus dem Grund. Erklär' einmal jemandem heutzutage, du kannst nicht Radfahren, und dann versuch ihm zu erklären warum. Da sagt ein jeder, du spinnst, das bildest du dir ein. Ich habe auch mit meinem Mann nie darüber reden können. Als er das nur ansatzweise erfragt hat, der war so fertig, weil der, wenn der im Fernsehen eine Film sieht, wo es um Kinder geht und denen geht es nicht gut, dann weint er schon völlig.

Und das war so, auf der einen Seite ein Befreiungsschlag und auf der anderen Seite extremst belastend wieder natürlich. Weil die ganzen Albträume, die ich jahrzehntelang gehabt habe, dann auch wieder zurückgekommen sind. Weil aber auch, Gott sei Dank, eine gesunde Wut gekommen ist. So wirklich das Gefühl: „Ihr Schweine!", ich muss das jetzt gerade einmal so sagen: „Was habt ihr uns Kindern angetan. Was habt ihr mir angetan, was habt ihr meinem Bruder angetan?" Mein Bruder ist ja letztendlich an dem Jahrzehnte später, mit knapp 50 Jahren, gestorben. Und dann spürst du die Hilflosigkeit wieder, die du damals gehabt hast, und wenn ich die Möglichkeit hätte, wenn nur irgendjemand da wäre und wenn die 100 Jahre alt ist, speziell diese Leiterin, die die Ärgste von allen war, ich glaube, ich erwürgte die. Ich habe immer noch das Bedürfnis, die zu erwürgen. Obwohl ich jetzt wirklich ein überlegter Mensch geworden bin und ich schaue, was ich tue. Vielleicht, letztendlich, täte ich sie nicht ganz erwürgen, weil ich will nicht in den Häfen kommen wegen ihr. Meine Familie braucht mich. Aber es ist so das Gefühl.

Es macht dann aber schon auch etwas mit einem selber. Auf der anderen Seite, solange es geschlafen hat, solange ich es erfolgreich verdrängt habe, habe ich weniger, nein, nicht weniger emotionale Probleme gehabt, andere halt gehabt. Und jetzt ist es halt einfach so, dass das immer wieder aufsteigt und daherkommt. Auch wenn man es lange in Ruhe lässt. Es ist einfach da, es ist etwas aufgebrochen und ich habe dann lernen müssen, seit das damals angegangen ist, dass ich das neu kompensiere und dass ich mit dem jetzt wieder leben kann, praktisch mit mir selber. Ich habe auch überlegt, ob ich noch einmal Therapie mache, und habe für mich beschlossen, die bringt mir eigentlich überhaupt nichts, ist eher schädlich. Weil ich genau weiß, wenn ich da jetzt das Ganze noch einmal komplett aufwärme und wenn die dann noch einmal in die Tiefe hineingeht, das muss jetzt nicht unbedingt sein. Es ist eh genug so daher gekommen.

Das Resümee ist negativ und positiv, man kann das schwer erklären. Das Positive daran war sicher, dass man das wirklich einmal jemandem sagen hat können, der zuhört, der das auch glaubt vor allen Dingen, der sich damit befasst, dass das dann auch einmal öffentlich gemacht worden ist, damit eben auch die Öffentlichkeit erfährt: „Hört zu Leute. So war das damals wirklich! Und wenn irgendjemand zu euch sagt, ich war in dem und dem Heim und mir ist es dort und dort so gegangen, dann stimmt das. Das sind keine Spinnereien von dem und keine Erfindungen. Das sind Tatsachen. Die Kinder sind damals zerbrochen worden, die meisten. Unbeschadet ist gar keines herausgegangen. Aber viele haben es viel schlechter getroffen als ich. Die waren dann nicht mehr arbeitsfähig und gar nichts.

Das Negative ist irgendwo positiv. Es ist jetzt nicht so, dass ich sage: „Scheiße, dass das überhaupt aufgekommen ist und dass ich darüber geredet habe." Es hat natürlich vieles aufgewühlt, aber ich glaube, so ein Stück weit und so mit ganz kleinen Schritten fange ich sogar jetzt, aber erst jetzt, nach den drei, vier Jahren an, das auch wieder für mich selber zu verarbeiten, auf eine andere Art. Also ist auch das, was ich als negativ empfunden habe, in dem Fall ja wirklich positiv dann im Endeffekt.

Alois (geboren 1956)

Als Jenischer erfährt Alois von klein auf die Ausgrenzung der bürgerlichen Gesellschaft. Er wächst arm, aber frei und geborgen auf. Nach der Scheidung der Eltern spricht ihn das Gericht der Mutter zu, aber er läuft ständig zum Vater, den er innig liebt. So kommt Alois schließlich in den 1960er Jahren kurze Zeit ins Heim Pechegarten, wo er ebenso flüchtet, dann vier Jahre lang zwischen dem siebenten und zehnten Lebensjahr nach Westendorf und schließlich wieder in den Pechegarten.[2]

Auch in meiner Lehrzeit kann ich nicht von einer glücklichen Zeit reden. Schlagen konnte mich niemand mehr, dafür war ich zu groß und zu kräftig. Wer versucht hat, mich zu schlagen, der hat damit rechnen müssen, dass ich mich wehre. Als ich aus dem Heim Pechegarten hinausgekommen bin und meine Lehre gemacht habe, bin ich natürlich dauernd unter dem Druck des Jugendamtes gestanden. Da war die Fürsorgerin J. B., die hat immer gedroht. Die hat so einen sudetendeutschen Dialekt gehabt: „Alois, kommst du in das Erziehungsheim nach Kaiser-Ebersdorf." Dann habe ich gesagt: „Ja weißt was, das machst einmal, dann hau' ich euch die Hütten zusammen da unten. Die Zeiten sind vorbei. Der Alois ist zu groß, zu stark." Sie haben auch gleich gemerkt, dass ich das wirklich todernst meine.

Ich habe dann Schlosser gelernt und war eine Zeit lang bei einer Firma. Dann habe ich den Führerschein gemacht, bin Lastwagen gefahren, war im Ausland und habe Decken montiert und und und. Dann habe ich meine Frau kennengelernt und bald darauf war sie mit unserer ältesten Tochter schwanger. Davonlaufen kann jeder und das habe ich eben nicht getan. Dann habe ich gesagt: „Ja." Also Prognosen haben wir keine guten gehabt. Sie arm, ich arm. Aus nichts etwas zu machen, ist ein bisschen schwer. Ich bin dann gerichtlich delogiert worden, obwohl ich noch nicht einmal volljährig war. Ich habe mit meiner Frau eine Garconniere genommen und habe halt gearbeitet und gearbeitet und gearbeitet. Erspart habe ich mir nichts. Es hat g'rad und g'rad einmal gereicht, um meine Garconniere zu zahlen, es war ja nicht einmal eine Wohnung, ein Kammerle. Spätestens am 20. des Monats haben wir kein Geld mehr gehabt. So, jetzt für das Kind hat man müssen schauen, habe ich halt nebenbei gearbeitet und versucht, meine Familie so gut wie möglich zu ernähren. Und dann eines schönes Tages sind wir ins Hallenbad mit der Nachbarin und ich habe schon gesehen, es geht sich g'rad aus für einen Saft für meine Frau. Ich bin nicht gerne mitgegangen, weil das Geld ist dann wieder abgegangen. Da war jemand mit, der war damals Geschäftsführer beim Wienerwald, und der hat da ein Beeftartar gegessen. Und ich habe meiner Frau angesehen, dass sie auch ganz gerne ein Beeftartar essen würde. Aber das habe ich mir nicht leisten können, ich war froh, dass ich das Saftl habe zahlen können. Dann habe ich mir gedacht: „Mein lieber guter Alois. Also in Österreich, da wirst du deiner Frau nie ein Beeftartar kaufen können."

Da hat sich dann die Gelegenheit ergeben, dass ich bei einer Firma untergekommen bin, die mich ausgebildet hat, dann bin ich in den Iran und habe in einem Atomkraftwerk gearbeitet. Die haben mich nachher zum Kraftwerks-techniker ausgebildet. Halt Heimweh ohne Ende. Aber ich konnte mir wenigstens einmal einen Grundstock erarbeiten – für die Familie. Verdient habe ich sehr sehr gut. Dafür halt natürlich keine Sozialversicherung, das gibt es bei den Amerikanern nicht. Ich war auch sonst in verschiedenen Ländern arbeiten, also da hat es angefangen, dass wir mal einigermaßen leben konnten. Aber in Tirol hätte ich keine Arbeit gekriegt, nein. Und wenn, hast du nur die Arbeiten gekriegt, die mehr als schlecht bezahlt waren – die keiner machen wollte. Es war so. Ich möchte jetzt aber einmal erwähnen, dass ich eigentlich nie in meinem Leben eine Arbeitslose gekriegt habe. Wenn ich hinaufgegangen bin ins AMS, für mich war immer zu. Mich haben sie immer geschickt: „Geh buckeln, du fauler Hund." Sogar jetzt zum Schluss, wie das da war nach dem Verbrechensopfergesetz, hätte ich mich ganz gerne für den Mechatroniker interessiert. Zu mir haben sie immer gesagt, ich bin zu alt. Also willst du arbeiten, lassen sie dich nicht. Einen gehobenen Job hättest du sowieso nicht gekriegt. Dann habe ich halt das große Glück gehabt, dass ich da einmal mit den Inntalern und davor schon Musik gemacht habe. Und eines schönen Tages haben wir halt angefangen, aus der Not heraus, selber zu komponieren. Also zu schreiben und zu texten. Da haben wir viel in der Schweiz gespielt, viel in Deutschland gespielt und da war das damals noch sehr sehr gut bezahlt. Das ging einige Jahre gut und dann gab es Probleme mit den Herren der Musikindustrie, die haben mir einen Vertrag zu ihrem Vorteil vorgelegt und mir gedroht, dass sie mich fertig machen, wenn ich nicht unterschreibe. Ich habe nur gelacht und das nicht ernst genommen, aber die hatten wirklich so viel Macht und Einfluss, dass wir aufhören mussten.

Einfach war es nicht, das muss ich schon sagen. Ich sage noch einmal: „Ich musste wirklich das Doppelte leisten." Weil man muss eine Familie ernähren. Und ich konnte nicht hinuntergehen und sagen, ich möchte eine Sozialhilfe oder was es da gibt. Nein: Erarbeiten!

Meine Frau hat nie was gewusst. Sie hat schon gewusst, dass ich im Heim war, aber nicht von den Übergriffen oder vom Missbrauch. Als Mann will man ja nicht vor der Familie als Missbrauchter dastehen oder als armer Geschlagener. Das will man ja von sich weisen. Man will überhaupt mit dem Zeug mit der Zeit abschließen. Aber ich kann nur jedem empfehlen, so schnell wie möglich zum Psychologen zu gehen und so schnell wie möglich zu lernen, die Dinge beim Namen zu nennen. Und das habe ich gelernt in der Zeit, in der ich am Abendgymnasium war, als du mein Geschichteprofessor warst. Es ist so. Weißt du, da erkennst du das: „Ich bin ja gar kein Täter" oder „Ich bin ja nicht der Schlechte." Sondern die haben mich ja geschlagen. Ich kann ja nichts dafür. Weißt du, ich war wirklich oft zeitenweise der Meinung, ich bin so minderwertig und das hat mir gebührt und ich weiß auch nicht wie oder was. Ich habe zwar nichts getan, aber mit der Zeit bekommst du solche Selbstzweifel an dir selber und dann, wie gesagt, mein einziges Ziel war eigentlich im Grunde … Ich liebe meine Kinder abgöttisch und wie dann meine Frau die Tochter gekriegt hat, war für mich das Wichtigste: Dem Kind soll es nicht so ergehen, wie es mir ergangen ist.

Du kriegst schon so Schübe. Du kannst es aber nicht einmal als Depression bezeichnen, sondern es wird ein Widerstand. Es wird ein Widerstand gegen die so genannte Gesellschaft, die sich herausnimmt, jemanden für minderwertig zu erklären. Ich kann ganz genau sagen, wann ich angefangen habe, über das Ganze zu reden. Es war im Kaffee gegenüber dem Abendgymnasium, in dem wir oft drinnen gehockt sind. Da habe ich dir eines schönen Tages gesagt, ich weiß auch nicht, wie wir auf das Thema gekommen sind: „Ich war im Heim. Und da ist ganz ganz Schlimmes passiert." Und dann haben wir ab und zu einmal beim Café darüber geredet. Und da bin ich erst herausgekommen, weil ich zu dir Vertrauen gehabt habe. Frage mich nicht warum, wieso, das war einfach, weil eben die Geschichte so von dir aufgearbeitet war. Aber das muss jemand verstehen auch. Das hättest du ja niemandem erklären können. Wem hätte ich denn sollen erklären, was mir passiert ist? Das klingt ja als wie … Ich wollte mit dem nichts mehr zu tun haben, was aber nicht geht. Du kannst dein Leben, du kannst solche Phasen, die dich nachher prägen, die kann man nicht ausblenden. Das ist ein Blödsinn. Man versucht das wegzustecken und man versucht zu funktionieren.

Aber richtig darüber geredet, über das Ganze, hatte ich noch nie. So hat es angefangen. Und dann hat man immer mehr erzählt. Und den Missbrauch habe ich lange zurückgehalten. Also den habe ich wirklich lange zurückgehalten und ich schäme mich heute noch. Du musst dir vorstellen, da hat man mir, oder ich bin zu Handlungen gezwungen worden, also das, weißt schon, mehr als zum Kotzen.

Auf jeden Fall ist einmal eines sicher, und das möchte ich auch dem österreichischen Staat einmal und ganz speziell dem Land Tirol, die damalige Regierung der Stadt Innsbruck angeschlossen, sagen: Die hat das größte Verbrechen gegen die Menschheit begangen und dafür sollte sie auch zur Verantwortung gezogen werden. Durch deine Interventionen und eben durch die Bürgermeisterin ist etwas vorwärts gegangen. Weil wir haben ja das erste Mal eine Bürgermeisterin, die, als du das ins Rollen gebracht hast, überhaupt zugehorcht hat. Für die andere waren wir nur Abschaum. Sie haben uns so geheißen: Die Karrner, die Jenischen, die Rattler und und und.

Aber auf jeden Fall, die Kommission, die die Fälle von der Stadt Innsbruck behandelt hat: First Class. Also, erst einmal habe ich mich verstanden gefühlt. Man hat mir geglaubt. Und das ist einmal schon Numero eins. Und nicht, nana, das gibt es ja nicht. Dann bin ich entschädigt worden. Dass man so etwas nicht entschädigen kann, das wissen wir auch. Aber es war eine Anerkennung. Und meiner Familie hat es auch gut getan. Also ich hätte mir das –, wenn du das zwei Jahre früher gesagt hättest, dass so etwas passiert, dann wärst du für mich ein Märchenerzähler gewesen. Oder ein Phantast. Ich bin bis heute dafür dankbar, aber nicht wegen dem Geld, das ist nicht alles auf der Welt. Für das Persönliche. Und alle haben es erzählt. Die Leute trauen sich erzählen. Und das wird einmal der beste Grundstock für die Zukunft sein, dass es nicht mehr passiert.

Was die Zukunft bringt? Ich glaube, die Menschen lernen daraus. Oder zumindest werden sie hellhörig, wenn man Kinder misshandelt oder missbraucht. Und was das für bösartige, schwere Auswirkungen hat auf Menschen später dann. Anscheinend ist ja das wirklich bekannt, dass die Auswirkungen wirklich nach 30 erst kommen. Und dann sind die Auswirkungen nicht zu ermessen. Mag bei jedem vielleicht verschieden sein, ich weiß es nicht, ich kann das nicht beurteilen. Auf jeden Fall bei mir waren die Auswirkungen schlimm. Also ich führe die Auswirkungen nur auf diese Zeiten zurück.

Luggi (geboren 1954)

Als eines von zwölf Kindern wächst Luggi in einer Alkoholikerfamilie im Lager Reichenau auf, einer Barackensiedlung, die

die Nationalsozialisten als „Arbeitserziehungslager" errichtet hatten. Von den 1960er Jahren bis Anfang der 1970er Jahre ist Luggi in den Heimen Pechegarten, Holzham-Westendorf, Jagdberg in Schlins und Kleinvolderberg untergebracht. Er ist sexueller Gewalt ausgesetzt und überlebt einen Dünndarmriss nach dem Tritt eines Erzieherhelfers nur knapp.[3]

Nach Westendorf und Jagdberg war ich vier Jahre im Heim Kleinvolderberg. Da ist auf einmal ein Praktikant gekommen, ein Vorarlberger. Der war zwei Monate in Volders unten. Das war der Jäger Leo und der hat studiert. Von den anderen Erziehern hat keiner studiert, das waren ja alles Hilfsarbeiter. Und der Leo wollte, dass man das Leben dort in Kleinvolderberg ändert. Und es ist gut gegangen, solange er da war. Und kaum war er weg, war alles wie vorher. Nachher hat er seine Praxis in Bregenz eröffnet und ich war mit ihm brieflich immer in Verbindung. Und nach einer gewissen Zeit bin ich wieder abgerissen und bin hinaus zu ihm nach Bregenz. „Luggi, haben sie dich entlassen?", sagt er und ich darauf: „Nein, ich habe mich selber entlassen. Kann man nicht dem Land oder der Stadt schreiben, dass sie mich unerziehbar entlassen?" Dann hat er gesagt, versuchen kann er es, aber er glaubt eher, mein nächster Weg ist Kaiser-Ebersdorf. Ich habe bei einem Zögling in Hard gewohnt und dann in der Schweiz gearbeitet. Aber das hat der Leo nicht sagen dürfen, weil er hätte mich eigentlich verhaften und zurückbringen lassen müs-

sen. Ja und nach zwei Monaten sagt er mir: „Luggi, dich haben sie unerziehbar entlassen." Ich habe gedacht, ich träume. Nach so vielen Jahren in Heimen wirst du unerziehbar entlassen. Aber ich war haltlos als Kind von Alkoholikern und habe schon im Heim angefangen zu saufen, viel Blödsinn angestellt, einen Unfall gebaut und musste deswegen ins Gefängnis. Dann bin ich nach Innsbruck, dann nach Wien und dort in die Obdachlosigkeit gerutscht. Jahrelang war ich obdachlos. Ja und nachher habe ich in Wien eine kennengelernt, dann war es mit der wieder aus, dann habe ich die nächste kennengelernt. Auf alle Fälle muss ich sagen: Ich habe vier Kinder und ich muss ehrlich sagen, ich muss heute froh sein, dass ich mit ihnen dann keinen Kontakt haben konnte. Weil ich habe nichts davon, wenn ich eine Familie habe mit vier Kindern und der Alkohol ist das Wichtigste, das es gibt.

Ich habe leider Gottes Epilepsieanfälle und dazu kam die Alkoholsucht, aber von der Epilepsie habe ich nie etwas gespürt. Bis ich eines Tages nach einem Rausch, als ich gerade bei meinem Bruder einen Schrank aufgestellt habe, umgefallen und erst wieder in der Klinik aufgewacht bin. Der Primar hat zu mir gesagt: „Wir haben Sie von der Schaufel heruntergeholt." Jetzt habe ich mir gedacht: „Hoppla. Mit 44 Jahren." Ich habe an vielen Orten einen Alkoholentzug gemacht, das hat alles nichts genützt, weil der Wille nicht da war. Und dann habe ich mir gedacht, mit 44 Jahren schon ins Gras beißen, das mag ich nicht. Und jetzt versuche ich es selber. Dann bin ich zu meiner Hausärztin, zur Evi Nemec, und habe zu ihr gesagt: „Evi, hilf mir." Da sagt sie: „Luggi, sicher helfe ich dir. Aber ich weiß, nach ein, zwei Monaten hast du wieder einen Krachen." Dann habe ich gesagt: „Nein, ich habe einen Willen." Ja, dann hat sie mich nach Mutters geschickt, aber ambulant, und sie hat mich eingestellt mit starken Tabletten. Weil wenn ich da einen Schluck darauf saufe, dann stelle ich die Hufe auf. Die Tabletten habe ich dann zweieinhalb Jahre genommen.

In dem Jahr, in dem ich mit dem Alkohol aufgehört habe, hat es in Innsbruck die Straßenzeitung „20er" gegeben. Der Redakteur hat mich gut gekannt und so habe ich geholfen, die Zeitung auszutragen. Ich bin stolz, dass ich aufgehört habe zu saufen. Ich bin in den Schuldenausgleich gegangen und habe in sieben Jahren meine Schulden wegbekommen. Und ich muss auch sagen, dass in der Zwischenzeit, nachdem ich aufgehört habe, zwei meiner Brüder gestorben sind wegen dem Alkohol. Um aufhören zu können, ist das Wichtigste, dass du mit jemandem reden kannst. Und dass ich mit jemandem reden habe können, das war die Evi Nemec.

So lange ich die Augen in der Früh aufmachen kann, so lange ich einen Humor habe, so lange ich herzeigen kann, wie ich gelebt habe, so lange bin ich zufrieden. Mitten in meiner Alkoholentwöhnung habe ich einen meiner Söhne wieder getroffen, der Sozialpädagogik studiert hat und mit Kindern arbeitet. Ich bin drei Mal in der Sendung von Vera Russwurm aufgetreten und dadurch auch wieder in Kontakt mit meiner Tochter gekommen.

Als ich ein Buch über mein Leben geschrieben habe, habe ich zunächst keinen Verlag gehabt, aber der Markus Hatzer, der das Buch gelesen hat, hat gesagt, wir helfen dir, und sie haben mir einen Lektor zur Seite gestellt. Und 2008 ist das Buch dann im Skarabäusverlag erschienen. „Einmal talwärts und zurück", das ist meine Lebensbiographie. Und ich tue auch hie und da Schulklassen unterrichten und erzähle ihnen aus meinem Leben, wie das in den Heimen war und wie man aus der Obdachlosigkeit und dem Alkohol rauskommt.

Ich habe vor sieben Jahren meine Jugendliebe wieder kennengelernt und geheiratet. Und ich muss ehrlich sagen, ich habe eine Gaude. Weil mir taugt's, wir haben Humor, wir haben alles. Natürlich muss ich auch sagen, es gibt nirgends einen Alkohol. Und ich bin stolz auf meine Kinder. Bei der Tochter bin ich schon das zweite Mal Opa. Und die Gerti, meine Frau, hat auch einen Buben. Und das taugt uns.

Günther (geboren 1956)

Günther verbringt fast seine gesamte Kindheit und Jugend bis Mitte der 1970er Jahre auf Pflegeplätzen und in Heimen: In Mariahilf, im Pechegarten, in Holzham-Westendorf, wo ihn eine Erzieherin sexuell nötigt, in Kleinvolderberg und wegen sei-

ner zahlreichen Fluchten schließlich in der besonders gefürchteten Bundeserziehungsanstalt Kaiser-Ebersdorf.[4]

Nach den Jahren im Heim muss ich sagen, da war ich auf einem ziemlichen scheiß Trip drauf. Weil, es war so, ich habe nur mehr das Schlechte in den Menschen gesehen. Wenn mich wer angeredet hat, ich habe nicht lange gefackelt und zugeschlagen und erst nachher gefragt, was er will. Das war sicherlich ein Fehler, weil ich immer der Erste war, der zugehauen hat. Im Endeffekt habe ich dann so um die 18 Vorstrafen gehabt wegen schwerer Körperverletzung. Und bin ein paar Mal vor dem Richter gestanden. Und bei der letzten Vorstrafe hat die Richterin gesagt: „So, und jetzt ist Schluss. Ich muss dich von der Gesellschaft wegtun."

Und ich bin dann drei Jahre in Stein gehockt. Da habe ich dann eine Lehre gemacht in Stein an der Donau. Habe dort den Dampfkesselwärter gemacht, das war sehr gut. Nach einer gewissen Zeit warst du Freigeher, da habe ich in den Weinbergen gearbeitet bei den Wachebeamten. Also da habe ich erst richtig gemerkt, dass Leute auch Vertrauen in mich haben. Das waren eigentlich die Beamten in Stein und ihre Angehörigen, die mir wirklich das Vertrauen gegeben haben, dass ich alleine hinausgehen kann und in Freiheit den ganzen Tag die Arbeit verrichte. Ich habe bei ihnen mein Essen bekommen, die Wasserleitungen in den Weinbergen repariert, habe im Haus alles repariert, habe Mechanisches repariert oder geschweißt, was halt angefallen ist. Auch der Gefängnisdirektor hat mich zu Hause gehabt, aber ich war unter keiner Kontrolle. Ich bin in meine Zelle im Parterre gegangen, habe drinnen nur geschlafen und bin in der Früh hinaus, wie ein normaler Arbeiter, der zur Arbeit geht, so bin ich hinaus. Bin hinunter ins Café, da war eine Konditorei, die haben mich schon gekannt. Habe meinen Kaffee und mein Gebäck gekriegt. Ich habe fünf Jahre Haft bekommen, aber nur drei Jahre sitzen müssen, weil ich eine gute Führung gehabt habe. Ich habe den Dampfkesselwärter fertig gemacht, die Prüfung auch abgelegt und dann war es eigentlich so: Auf einmal hat es geheißen: „Pack zusammen, du gehst jetzt nach Hause." Da habe ich mir gedacht: „Ja, was tust du jetzt zu Hause? Jetzt kommst du da heraus. Ja, was wird das jetzt wieder?"

Es war dann so: Ich bin mit einem schlechten Gefühl zurückgefahren. Ich habe mir alles Mögliche ausgerechnet gehabt, so was jetzt wieder kommt, von wem. Wo gehe ich hin? Und wie ich so Richtung Saggen hinuntergehe, kommt ein alter Freund von mir daher. Und der Erwin sagt: „Steig ein. Du fährst jetzt mit mir mit." Dann hat er mich bei ihm wohnen lassen. Die Familie hat mich sehr nett aufgenommen, die Mama auch, die ganzen Brüder, alle. Und dann hat sich mein Halbbruder gemeldet, der Schorsch. Weil der Erwin mit ihm geredet hat, dass ich da bin. Und dann sind wir hinunter auf Radfeld und dann hat der Schorsch gesagt: „So. Du bleibst jetzt bei mir. Tust bei mir arbeiten, ich melde dich an." Und so bin ich eigentlich nachher aus dem Schlamassel von Innsbruck weggekommen. Bin dann ins Unterland hinunter nach Radfeld. Dort haben wir den Pferdestall gehabt. Und mein Bruder hat mich da unten aufgenommen, hat mir keine Fragen gestellt, nichts. Und das war eigentlich erstaunlich. War eigentlich irgendwie ein anderes Kapitel für mich. Bis ich dann einmal da seine Leute alle kennengelernt habe. Seine Familie war ja für mich auch fremd, dass einer eine Familie haben kann und dass ich da auf einmal dazugehören soll. Ich habe mir eigentlich nichts erwartet, von niemandem. Das habe ich nie, und da hat sich nachher eigentlich das Blatt so gewendet.

Mir hat das Spaß gemacht, nachher mit den Tieren, so herumzutun mit den Rössern. Dann habe ich Reiten angefangen. Habe dann die Amateur-Jockey-Prüfung gemacht. Bin dann zehn Jahre als Amateur geritten in Mailand, Turin, München, Baden-Baden. Habe verloren und gewonnen. Und bin dann nie mehr straffällig geworden. Habe dann zu der Zeit auch meine Frau kennengelernt. Mit der ich in der Zwischenzeit 27 Jahre beieinander bin. Habe eine nette Tochter und vor allem ein nettes Enkelkind. Das ist für mich das Wichtigste gewesen.

Und was ich jetzt dazusagen will, ist das: Ich möchte euch allen danken, dass ihr das ermöglicht, dass die Leute ihre Geschichten erzählen können. Die Stadt Innsbruck zahlt mir meinen Psychologen und da bin ich sehr dankbar.

Zwischen Kampf und Resignation

21 Frauen und Männer sprechen in der Folge darüber, wie sich ihre Kindheit und Jugend im Heute auswirken, wie sie mit den einschneidenden Gewalterfahrungen umgehen und wie sie die öffentliche Diskussion erleben.[5] Es werden „Gesichter in der Masse" erkennbar: Die ausgewählten Passagen aus den Schilderungen und Aussagen der ZeitzeugInnen werfen ein Schlaglicht auf ihr Bemühen, sich nicht unterkriegen zu lassen, aber auch auf die Folgen der tiefen Verletzungen in Kindheit und Jugend, die sich unübersehbar in Körper und Psyche eingeschrieben haben. Für alle, auch für diejenigen, die ihrer Existenz einen Sinn abgetrotzt haben, war und ist es ein täglicher Kampf ums Überleben mit einer Vergangenheit, die nie vergeht und der sie sich immer wieder aufs Neue stellen müssen. Zahllose Männer und Frauen sind daran zerbrochen, leben nicht mehr, sind dabei zu resignieren oder haben sich bereits aufgegeben. Neben der Sicherung der schieren materiellen Existenz und des Umgangs mit physischen und psychischen Beeinträchtigungen tritt bei allen ehemaligen Heimkindern stets ihr Verlangen nach Achtung und Respekt hervor.

Der Blick auf die gelungenen Wege soll das Schicksal jener, deren Biografie in eine Sackgasse mündete, nicht verdecken und eines nicht verstellen: Die Ausschnitte aus den Lebensverläufen verdeutlichen nicht nur, wie schwer es war nach vielen Jahren des räumlichen Ausschlusses und den Erfahrungen systematischer psychischer, physischer und sexualisierter Gewalt, häufig ohne adäquate Bildung und Beruf und ohne soziales Netzwerk, wieder Fuß zu fassen. Die Heimvergangenheit holte viele, die glaubten, es bereits geschafft zu haben, nach Jahren und Jahrzehnten wieder ein. Last und Erbe dieser Aufenthalte in Fremdunterbringung machte die Betroffenen besonders verwundbar für die negativen Auswirkungen der grundlegenden Veränderungen neoliberaler Umgestaltung von Staat und Gesellschaft in Zeiten der Globalisierung und ihrer Krisen im Wohlfahrtsstaat und auf dem Arbeitsmarkt, bei wachsender Ungleichheit und dem Abbau sozialer Sicherungen. Sieht sich nun selbst die Mitte der Gesellschaft bedroht, so gilt dies umso mehr für Menschen, die von vornherein über wenig soziales, wirtschaftliches und kulturelles Kapital verfügen, deren sozialer Aufstieg wenig abgesichert ist oder die schon bisher nur mit Mühe oder gar nicht mithalten konnten. In der Soziologie ist die Rede vom prekären Wohlstand,[6] der einen gefährdeten Lebensstandard signalisiert und nicht nur Randgruppen betrifft, sondern Menschen verschiedener Herkunft und unterschiedlichster Erwerbsbiografien. Die Folgen, dass in der Konkurrenzgesellschaft ein stetig wachsender Kreis von Menschen Schwierigkeiten hat, regelmäßig und längerfristig Zugang zum Arbeitsmarkt zu haben oder den erreichten Berufsstatus zu halten, treffen ehemalige Heimkinder, die aus unterprivilegierten Schichten kommen oder heute am Rande der Armut leben, weitaus existenzieller als das Zentrum der Gesellschaft. Dort, wo die Ressourcen ohnehin knapp sind, wirken Arbeitsplatzverlust, eine längere Erkrankung, finanzielle Engpässe und familiäre, partnerschaftliche Probleme weitaus bedrohlicher: Ein sozialer Abstieg kann wieder bevorstehen oder sich ausweiten. Verunsichertes Zutrauen korrespondiert mit der objektiven Tatsache und dem subjektiven Gefühl eines Mangels an Handlungsmöglichkeiten und Zukunftsperspektiven. Viele schätzen in dieser Situation ihre Aussichten, sich in der Erwerbsarbeit behaupten zu können oder nach längerer Arbeitslosigkeit, somatischen und psychischen Beschwerden wieder auf den Arbeitsmarkt zurückkehren zu können, negativ ein oder kämpfen verzweifelt um eine abgesicherte Existenz. Einige werden in die Frühpension abgeschoben, anderen bleibt dieser Ausweg versperrt, viele erhalten eine Mindestrente. Und wieder schleicht sich das Gefühl der Entwertung und des Hinausfallens aus den Zusammenhängen sozialer Anerkennung und Wertschätzung ein, empfindet sich eine Reihe ehemaliger Heimkinder innerhalb der Erwerbssphäre ausgegrenzt und beschämt, sind sie zwar Teil der Gesellschaft und machen trotzdem die Erfahrung, nicht dazuzugehören:[7]

„Es geht vor allen Dingen um das bohrende, quälende und selbstzerstörerische Gefühl, in einer Welt der Erwerbsarbeit und des Wohlstandes nicht mehr mithalten zu können und im symbolischen System von Erwerbspositionen und beruflichen

Statuslagen nicht repräsentiert zu sein, kurz: ‚überflüssig' zu sein in der Überflussgesellschaft."[8]

Die Entscheidung dafür, eine Auswahl kurzer Ausschnitte aus den Lebensverläufen ehemaliger Heimkinder zu treffen, ist in methodischen Überlegungen begründet, dient aber auch dem notwendigen Schutz der Menschen. Eine detailliertere Darstellung hätte ihre Anonymität gefährdet. Vor den Augen der LeserInnen entsteht ein Panorama von Handlungsweisen, Lebenslagen, Einstellungen und Sinnkonstruktionen der ZeitzeugInnen, die wie auf einer rotierenden Drehscheibe mit immer neuen Einblicken erscheinen. Auch wenn sich bei genauerem Hinschauen durchaus bestimmte Verarbeitungsmuster herausarbeiten ließen, ist der Ausgangspunkt für die folgenden fokussierten Zitate wie für die oben dargelegten Portraits der Ansatz des Philosophen und Soziologen Helmut Plessner: „Bevor man Phänomene aus Faktoren erklärt oder nach Zwecken deutet, ist in jedem Fall der Versuch angezeigt, sie in ihrem ursprünglichen Erfahrungsbereich zu verstehen."[9]

Ich habe immer gearbeitet und gearbeitet, ohne Freizeit und Freunde. Meine Mutter habe ich auch gepflegt. Aber schließlich hat mich alles eingeholt, Panik und Angst habe ich immer schon gehabt, bis es zu viel wurde. Ich komme mit meinem Körper nicht zurecht, habe das Gefühl, dass er platzt und mir nicht ausreichend Platz bietet. Deswegen kann ich nicht alleine schlafen, habe chronische Migräne und Schmerzen. Mein Rücken ist hin und ich nehme viele Medikamente, gegen die Schmerzen helfen sie nicht.

*

Was ich heute noch mit mir trage, ist die schreckliche Erinnerung an die absolute Gewalt gegen Schwächere, die Hilflosigkeit und das Schreien der Geschlagenen. Zeugin dieser Gewalt zu werden, ist für mich immer noch unerträglich, ich sehe Kinder auf dem Boden, die sich vor Schmerz winden und um Gnade flehen. Aber für Gnade und Mitleid war kein Platz.

Ich weiß, dass ich eine Therapie benötige. Ich liebe alles Hilflose, Verwundbare. Gleichzeitig habe ich das Gefühl, dass das Böse, ein schwarzer Abgrund, in mir lauert. Ich habe wenige Male die Kontrolle über mich verloren und mir zugeschaut, wie ich in blinder Wut wie eine Bestie das Gegenüber vernichten möchte. Ich fürchte mich vor mir selbst, muss immer aufpassen, dass ich nicht in Situationen gerate, in der meine Kontrolle über mich versagt. Ich habe mich selbst eingesperrt, um mich zu beobachten. Ich setze fort, was mit mir all die Jahre während meiner Kindheit geschehen ist.

Mit anderen Menschen hatte ich immer Schwierigkeiten, weil ich aufbrausend bin, schnell beleidigt, wütend, rechthaberisch. Panikattacken quälen mich, ich habe Angst einzuschlafen und zu sterben. Ich bin glücklich verheiratet und stolz auf meine Tochter. Erst vor Kurzem habe ich mich meinem Mann anvertraut.

*

Mein Mann war mit mir böse, so wie die anderen. Ich habe nur Pech gehabt in meinen Beziehungen. Aber jetzt habe ich eine Freundin, zu der ich jeden Tag gehe und wir reden viel, das hilft sehr und auch die Natur, in der ich viel Zeit verbringe.

Ich war eine Zeit lang nur depressiv, wollte mich ständig umbringen, hatte Platzangst, Atemprobleme und große Stimmungsschwankungen, auch Angst vor Dunkelheit. Ich wollte nie, dass es Nacht ist.

Vor ein paar Jahren bin ich schwer erkrankt, habe seitdem dauernd Schmerzen und oft wollte ich einfach nur im Bett liegen bleiben, habe mich aber wegen der Kinder aufgerafft. Ich bin sehr stolz auf meinen Buben, der auf mich schaut, und auf meine Tochter, die so vernünftig geworden ist, als bei mir die Krankheit ausgebrochen ist und ich lange im Krankenhaus war. Aber ich fürchte, ich habe etwas von meinen Angstzuständen weitergegeben.

Ich musste mir immer selbst helfen, aber ich bin froh und stolz, es für die Kinder geschafft zu haben. Das ist das Wichtigste: Meinen Kindern gebe ich Liebe. Ohne sie gäbe es mich nicht mehr. Mein größter Wunsch ist, dass die Kinder glücklich sind im Leben und es ihnen besser ergeht als mir.

*

Ich habe gestern nicht schlafen können, obwohl ich Schlaftabletten genommen habe. Ich hatte Angst vor dem Gespräch heute, ich wollte denken, aber ich konnte es nicht. Ich bin allein mit dem Zug hergefahren, weil ich niemanden um mich haben kann, der sich um mich Sorgen macht. Für mich war es sehr wichtig, hierherzukommen und auch Akteneinsicht zu haben, weil ich das Warum wissen wollte; ein Kind ist doch nicht böse, ich will verstehen, warum man so bösartig sein kann zu einem Kind. Ich muss nicht nur die Schuld bei mir suchen und die Akten haben mich entlastet, das war etwas Gutes. Ich habe immer versucht, alles richtig zu machen, fleißig zu sein und keinen Mist zu bauen, an dem ich schuld bin. Ich habe einen netten und ehrlichen Mann, Ehrlichkeit ist für mich sehr sehr wichtig. Ich habe viel Alkohol getrunken und im Rausch sind die Kindheitserlebnisse hochgekommen, aber ich habe niemanden an mich herangelassen mit meinem Schutzschild, auch meinen Mann nicht. Alle haben geglaubt, ich bin stark und souverän. Lange habe ich alles verdrängt. Früher war ich nie in psychiatrischer Behandlung, jetzt schon seit ein paar Jahren, weil ich habe ja einen Selbstmordversuch hinter mir. Als junge Frau hatte ich eine depressive Krise und jetzt stehe ich wieder da wie als Kind.

Meine Freundschaften sind oberflächlich, im Grunde genommen bin ich immer Einzelgängerin geblieben. Ich habe mich immer dagegen gesperrt, Kinder zu bekommen, damit sie nicht dasselbe erleben müssen wie ich. Aber Tiere habe ich sehr gern, weil die sind ehrlich.

*

Seit meiner Heimzeit habe ich Probleme mit Männern, ich mag sie nicht, meide Vereine und gehe nicht einmal zu einem männlichen Frisör. Das Schlimmste für mich wäre ein Segeltörn mit zehn Männern.

Mein Leben ist alles in allem nicht schlecht verlaufen. Ich hatte ein eigenes kleines Geschäft, war lange verheiratet, habe zwei Kinder, die einen guten Beruf haben, aber mein Misstrauen bin ich nie losgeworden. Meine Strategie war immer, mit zwei, drei Frauen gleichzeitig zusammen zu sein. Bevor mich eine Frau verlässt, verlasse ich lieber vorher sie. Und wenn mich wirklich eine Frau verlässt, habe ich immer noch eine, sodass ich nicht allein bin. Beim Anblick von alten Ehepaaren denke ich mir: „Das hast du nicht so hingekriegt. Da bist du gescheitert."

Ich habe immer Angst und frage mich, wer schaut einmal auf mich, wer wird sich um mich kümmern, werde ich mal auf der Straße sein? Wenn ich genau darüber nachdenke, weiß ich, dass das irrational ist. Trotzdem denke ich so.

*

Ich habe mein Leben nie auf die Reihe bekommen nach dem Heim. Die Lehre habe ich abgebrochen und mich mit Aushilfsjobs durchgefrettet. Drogen und Alkohol waren meine Begleiter, weil ich vertraue niemandem; ich bin beziehungsunfähig und hart, voller Aggressionen und Hass. Leider habe ich zu meiner Tochter keinen Zugang. Seit fünf Jahren lebe ich auf der Straße, aber ich habe den Entzug geschafft und bin jetzt trockener Alkoholiker.

Die mir zugefügte Gewalt habe ich als Erwachsener weitergegeben. Mit 20 Jahren hatte ich bereits zehn Vorstrafen wegen Körperverletzung, weil ich mit Wut und Angst nicht umgehen habe können. Lange bin ich mir minderwertig und schlecht vorgekommen. Als Kind habe ich mir Selbstvorwürfe gemacht, jetzt mache ich der Mutter Vorwürfe, weil ich konnte ja nichts dafür, als kleines Kind im Heim gewesen zu sein.

Die Zeit im Heim habe ich relativ gut aufgearbeitet, ich brauche keine psychologische Hilfe und ich will auch kein Opfer sein; ich habe das Leben im Griff. Über die Arbeit habe ich mich entwickelt, sie hat mir Selbstwertgefühl gegeben, als ich Facharbeiter geworden bin und dann eine leitende Stelle hatte. Vorher war ich der kleine, schwache Bettnässer.

Mein neues Leben hat begonnen, als ich meine Frau kennengelernt habe und wir unsere Kinder bekommen haben. Mit 30 Jahren habe ich in einer kleineren Krise erkannt, warum ich so bin, dass mir das Heim nachhängt, wo es keine Geborgenheit gegeben hat, nur ein kaltes Verhältnis zu den Tanten. Daheim hat es keine Gewalt gegeben, aber wir waren dem Stiefvater im Weg. Ein anderer Stiefvater ist aber ein wichtiger Mensch geworden, eine Seele von einem Menschen, der mich auch unterstützt hat. Vor allem aber hat mir meine Frau viel geholfen, die aus einer behütenden Familie stammt. Wir sind jetzt fast 30 Jahre verheiratet und haben ein klassisches Familienleben. Im Vergleich zu vielen meiner Kollegen, die an Drogen und Alkohol umgekommen sind, habe ich es gut gemacht. Man muss für sie Verständnis haben, letztendlich ist aber jeder für sein eigenes Handeln verantwortlich.

*

Nach dem Heim hatte ich einen irren Hass auf alles und jeden. Einmal wäre ich beinahe mit anderen nach Westendorf zurück, um den B. und den Heimleiter zu verprügeln.

Ich bin viele Jahre in Gefängnissen gesessen, dann habe ich mit den Einbrüchen aufgehört, eine Reihe von Berufen ausgeübt und bin dann für so 15 Jahre ins Rotlichtmilieu. Heute bin ich in Pension, habe zahlreiche Selbstmordversuche hinter mir und komme mit dem Leben nicht klar. Mir geht es schlecht, weil ich aus meinem Leben nichts gemacht habe.

*

Ich bin im Heim verprügelt worden und auch danach. In der Lehre hat mich der Küchenchef krankenhausreif geschlagen. Nach meinem Selbstmordversuch haben sie mich nach Hall auf die Psychiatrie gesteckt, aber das war nur eine Verwahrung. Um die 20 Mal bin ich mit den Jahren dort hingekommen. Trotzdem habe ich immer gearbeitet, in vielen Ländern. Beziehung hab ich keine, mein Leben ist kaputt. Mir ist klar, dass ich eine Belastung für die Umwelt bin.

Alle meine Beziehungen sind kaputt gegangen, weil ich gruppen- und beziehungsunfähig bin. Ich habe auch immer gesoffen seit meiner Heimzeit; wenn ich betrunken war, war das Leben auszuhalten. Aber es war ein ewiger Kreislauf: Depression – Selbstmordversuch – Psychiatrie – Alkohol – Entwöhnung.

Seit 17 Jahren bin ich trocken, bin aber weiter in psychiatrischer Dauerbehandlung und schlucke täglich Antidepressiva. Ich war immer ohne Ziel und Halt, jahrelang habe ich niemandem die Hand gegeben, Männern schon gar nicht. Freunde hatte ich nie, auch keine Hobbys. Die Arbeit ist mein einziger Halt. Es wäre mir ein Gräuel, nichts zu tun, die Arbeit in meinem Geschäft füllt den Tag aus. Ich habe mich eigentlich schon aufgegeben, ich will nichts mehr. Jahrelange Erfahrung hat mich gelehrt, ich bin zu nichts gut. Den Schmerz habe ich jahrzehntelang in mich hineingefressen. Das erste Mal, dass ich ihn rausgelassen habe, war bei meiner erfolgreichen Entwöhnung. Die Schuldgefühle werde ich aber nicht los. Dem Heimleiter wünsche ich einen schlimmen Tod.

*

Mein Vater war ein SS-ler bei der Feldgendarmerie, ein Zweimeter-Mann mit einem Stein statt eines Herzens, der nur schlagen konnte. So gesehen war ich ein wenig auf die Heime vorbereitet, die ich nur als Hölle, Horror und Terror bezeichnen kann. Ich habe mich all die Jahre gefragt, warum, warum musste das sein, warum wurde ich so behandelt, ohne was getan zu haben; warum hat niemand im Heim und sonst mit mir geredet, warum hat niemand zugehört; man war nichts wert, gerade so viel wie ein Fetzen, man wurde wie ein Stück Holz behandelt und konnte nie was sagen, sonst bekam man eins auf das Maul.

Nach den jahrelangen Heimaufenthalten war ich ein junger Mensch ohne Sinn für Regeln und Disziplin, aber auch ohne Ausbildung. So war ich dann auch sieben Jahre in verschiedenen Gefängnissen, bis ich ein Mädchen kennengelernt und sie geheiratet habe, als sie schwanger war. Seit dem 23. Lebensjahr bin ich nicht mehr mit dem Gesetz in Konflikt geraten, weil ich mir gesagt habe, mein Kind soll ein schönes Leben haben und deshalb ist es wichtig, die Aggressionen zurückzuhalten. Danach hat ein bürgerliches Leben begonnen.

Ich habe meine Kinder nie geschlagen und immer gut behandelt, weil ich mich selbst therapiert habe. Die blauen Flecken gehen zwar weg, das Innere, das kaputt ist, geht nicht weg. Man sagt, die Zeit heile Wunden. Nein, stimmt nicht. Man sagt, mit der Zeit vergisst man. Nein, stimmt nicht. Sowas bleibt immer im Gedächtnis und Herzen eingebrannt. Es gibt nur ein bisschen Balsam auf die seelischen Wunden, dass alle, die mir so viel Leid zugefügt haben und mir jede Chance auf ein normales Leben genommen haben, schon sicher alle in der Hölle schmoren. Denn dort gehören sie hin!

*

Ich wollte keines meiner Kinder, aber sobald sie da waren, habe ich sie geliebt. Die Angst vor Verantwortung war riesengroß, auch wenn mir meine Frau immer sehr geholfen hat, sie hält zu mir, weil sie versteht, warum ich mit meiner Vergangenheit so kämpfe. Aber es hat lange Zeit gedauert, bis ich ihr etwas vom Heim erzählt habe, weil ich darüber nicht rede, genauso wenig wie über Gefühle. Am Anfang habe ich mir auch eine andere nationale Identität zugelegt. In mir ist so viel Hass und Jähzorn, früher habe ich auch meine Frau geschlagen, aber das ist vorbei. Ich habe auf viel verzichtet, damit es den Kindern gut geht und sie ja nicht weggegeben werden müssen.

*

Mit einem Karton unterm Arm, in dem sich meine wenigen Habseligkeiten befanden, sagte man mir im September 1969 „Lebe wohl". Als 15-Jähriger ließ ich meinen jüngeren Bruder in Westendorf zurück. Mit kindlicher Naivität tat ich diesen Riesenschritt in die Welt. Meine Schuld wollte ich mit einem großen Dienst an die Welt wieder gutmachen. Doch die hatte ein anderes Gesicht. Das Gesicht eines lachenden

Tigers. Ich hatte allerlei zu tun, bis ich begriff, dass ich ein mittelloser Niemand ohne sozialen Status und ohne Herkunft, ohne Zuwendung war. Ich sank auf den Grund, eingeschlossen von schwarzem Eis.

Es sollten noch weitere 20 Jahre vergehen, bis ich diesem finsteren Tal entkommen konnte, aber ich lebe. Mein kleiner Bruder ist tot. Er hatte ein elendes Leben. Viele andere Zöglinge, sofern sie noch am Leben sind, konnten dem Strudel nicht entkommen. Drogensüchtige, Alkoholiker, Straf- und Gewalttäter, Verwirrte. Ist das die Mühle Gottes? Alles hat seine Zeit! Ich kann nicht glauben, dass die Zeit gekommen ist, Rechenschaft zu fordern. Dankbar bin ich, dass das immerwährende Schweigen nicht fortbesteht.

Nach meiner Heimzeit bin ich Hilfsarbeiter gewesen und jahrelang durch halb Europa geirrt. Ich war obdachlos, orientierungslos, wohin sollte ich gehen? Ich hatte keine Freunde, war mit Randgruppen unterwegs, mittellos, ohne soziale Kontakte. Ich habe getrunken und Drogen genommen und auch gedealt und bin nur knapp an einer längeren Gefängnisstrafe vorbeigeschrammt. Erst mit Mitte 30 wurde alles anders, als ich meine Frau kennengelernt habe. Sie hat mir Stabilität gegeben und mich mit einem ihrer Bekannten zusammengebracht, bei dem ich arbeiten und lernen konnte. Das war meine Rettung, diese Arbeit und der Umstieg auf einen qualifizierten Beruf, der mich erfüllt hat, war mein Glück. Ich hatte viele Jahre einen eigenen Betrieb und bin jetzt Freiberufler mit guten Aufträgen.

Meine Panikattacken und meine Depressionen habe ich jetzt einigermaßen im Griff, Probleme habe ich aber weiterhin, weil der Bauch fühlt anders, als der Kopf denkt. Ich habe mir eine stabile Beziehung erarbeitet und mir etwas geschaffen, aber trotz dieser vielen Mühen, die ich mir gegeben habe, um ein anständiges Leben zu führen, frage ich mich immer wieder, was ich jetzt anfangen soll; bin ich wirklich angekommen, ist alles in Ordnung, kann ich entspannen? Ich habe Kopfschmerzen und depressive Phasen, erzähle das aber nicht meiner Lebensgefährtin; ich will sie nicht belasten. Obwohl ich mehr erreicht habe, als man normalerweise in einem kleinen Leben mit einer solchen Vergangenheit erreichen kann, geht es mir, wenn ich ehrlich bin, nicht gut. Ich bin müde und will nicht ewig auf lustig weitermachen. Ich habe nie wirklich geredet, mir fehlt aber auch das Vertrauen.

*

Ich weiß nur das eine: Dass ich nie darüber geredet habe, hat mich sogar vor noch viel Schlimmerem bewahrt. Vor einer psychiatrischen Einrichtung.

Ich habe Vermeidungsstrategien. So habe ich keine Familie gegründet aus Angst, dass ich ausrasten könnte wie einmal gegen eine Erzieherin. Deshalb habe ich auch nie Alkohol getrunken, um ja nicht die Kontrolle zu verlieren. In den Heimen konnten sie aus jedem Lamm ein Raubtier machen. Aber ich habe seit damals auch Angst vor Frauen und deshalb immer zurückgezogen gelebt. Ich habe jetzt über 50 Jahre gearbeitet. Als Jugendlicher wurde ich auf den Arbeitsstellen immer wieder geschlagen, dann bin ich nach Deutschland, wo ich den Hauptschulabschluss nachgemacht habe. Aber auch da dauerte es viele Jahre, bis ich meine gewünschte Berufsausbildung machen konnte. Meine Tiroler Tracht ist meine einzige Identität. Da weiß ich, wenigstens bin ich Tiroler und gehöre irgendwohin. Das ist mein Wert, den ich habe. In Deutschland werde ich als „unser Tiroler" angesprochen.

Ich hatte über Jahre nur einen Gedanken, Wann ist es vorbei?, und begleitete meinen Wunsch mit dem Lied von Andreas Hofer im Kopf.

„Ach Himmel es ist verspielt.
Ich kann nicht mehr lang leben.
Der Tod steht vor der Tür.
Will mir den Abschied geben.
Meine Lebenszeit ist aus.
Ich muss aus diesem Haus,
meine Lebenszeit ist aus,
ich muss aus diesem Haus."

Nun lebe ich immer noch. Aber die Schmerzen und grausamen Erinnerungen sind in meinem Herzen eingebrannt und erfüllen mich mitunter mit Verlassenheit und tiefer Trauer. Ich spreche für mich und habe bis heute an dem Gefühl zu nagen, als wertloses Objekt in diese Gesellschaft hineingeboren worden zu sein, an dem man sich den Schmutz des Gewissens und des Versagens, des Hasses, der Verachtung und Demütigung abstreifte. Und die Gesellschaft begründete dies mit den Worten einer guten Erziehung und dass man es mit mir gut meine. Welch ein Hohn!

Ich habe einen sehr teuren Preis für mein Leben bezahlt. Ich habe die Verantwortung für meine Mutter übernehmen müssen, die mich als Produkt einer Vergewaltigung ablehnte und frei gab für die Heime. Dort habe ich weiter bezahlt für die Wut, Verzweiflung, Versagen, Verlust usw. der Erzieher/innen. Und als letztes, laut der Bibel, ist der Lohn der Sünde der Tod. So schließt sich der Kreis der Nutzlosigkeit. Zumindestens habe ich für alles dann bezahlt und kann in Ruhe dann schlafen.

*

Was über all die Jahre blieb, ist ein erhebliches Misstrauen Menschen gegenüber – auch wenn ich durchaus offen und möglicherweise sogar vorurteilslos wirke. Zwar kann ich dieses Misstrauen bewusst beeinflussen und steuern, dennoch gibt es Grenzen, die sich vor allem in intimeren Beziehungen spürbar melden, welche nur schwer zu überwinden sind. (Ich habe viele Beziehungen abgebrochen und bin Vater von vier Kindern, von vier verschiedenen Frauen – wobei ich zu meiner Freude hinzufügen kann, dass ich mit allen Kontakt und ein gutes Einvernehmen habe.)

Weiters leide ich immer wieder an einer Form von Depression (in einem durchaus klinischen Sinne), die sich in Gesellschaft oder bei konzentrierter Arbeit zwar auflösen kann, aber dennoch stetig vorhanden ist; sozusagen ein stetes Gefühl von einer tiefen Sinnlosigkeit und Hoffnungslosigkeit, was mein grundsätzliches Sein betrifft. Ich verfüge zwar über ein erhebliches Sublimierungspotenzial (durch meine stark sozial geprägte Arbeit), aber letztlich erwies es sich bis heute, dass dieses Grundgefühl nicht wirklich nachhaltig auflösbar ist.

*

Ich habe eine niedrige Invaliditätspension und große Existenzängste. Wegen meiner Angstzustände lebe ich seit 25 Jahren völlig zurückgezogen und isoliert ein sehr einsames Leben. Auch weil ich impulsiv bin und aggressive Aussetzer habe. Bis heute bin ich so abgrundtief hasserfüllt und habe viele Vorstrafen wegen Körperverletzung. Jetzt nicht mehr, weil ich wegen der Psychotherapie so weit bin, dass ich, wenn ich mal weggehe, nur mehr aus Lokalen rausgeschmissen werde, aber ich verletze niemanden mehr.

Ich hatte x Arbeitsplätze und habe es überall nur eine gewisse Zeit ausgehalten; wenn mich wer blöd angeredet hat und etwas nicht so gelaufen ist, bin ich weg. Ich habe mir selbst viel kaputt gemacht, aber ich habe seit langem auch eine schwere Krankheit, dafür habe ich dann mein Leben stark verändert und bin von den Drogen weg. Schon seit meiner Volksschulzeit habe ich mich oft geritzt und dann später Selbstmordversuche gemacht.

Ich bin überall gescheitert und ich kann auch nichts annehmen. Wenn mir meine Kinder etwas schenken, habe ich zuerst eine Freude, dann aber das Gefühl, dass ich mich nicht freuen darf, weil ich nichts wert bin, dann mache ich das Geschenk kaputt. Ich fühle mich traurig, depressiv und vollkommen erschöpft. Und eigentlich ist jeder mein Feind, die Frauen schon immer und vor allem die Juden, aber auch die Beamten, Richter, Banker, Pfarrer, Türken und Kanaken.

*

Nach dem Heim habe ich mich mühsam über einen langen Zeitraum in eine leitende Stellung hinaufgearbeitet. Außer nach einem Selbstmordversuch war ich nie bei einem Psychiater. Was soll ich dem erzählen?

Heimkind, Heimkind, das habe ich dauernd gehört, also habe ich es verheimlicht. Meine Frau ist nach Jahren durch einen Zufall draufgekommen, das war für mich eine große Schande. Als die Beziehung mit ihr fertig war und sie mit den Kindern weggezogen ist und ich auch beruflich in der Selbstständigkeit abgestürzt bin, habe ich alles verloren. Ich habe dann mehrere Jahre auf der Straße gelebt, da und dort gepfuscht, bei Kollegen geschlafen und in einem Warteraum, damit niemand was mitbekommt. Dass ich auf der Straße war, haben weder meine Geschwister noch Frau und Kinder mitbekommen. So habe ich bis heute mit allen ein gutes Verhältnis, besonders zu meinen Kindern, die sich um mich kümmern.

Die überwiegende Mehrheit der ZeitzeugInnen berichtete der Opferschutzkommission der Stadt Innsbruck von Schwierigkeiten in der Partnerschaft, der Gestaltung sozialer Beziehungen und in der Berufslaufbahn. Im Falle sexualisierter Gewalt waren diese Problemlagen noch weitaus ausgeprägter. Viele stehen in psychiatrischer Behandlung, nehmen Psychopharmaka, haben oder hatten Suchtprobleme und gehäuft chronische somatische Erkrankungen und Depressionen. Die Erfahrungen körperlicher Dauergewalt löste bei einer erklecklichen Zahl ehemaliger Heimkinder enormes Misstrauen und ein schwer zu beherrschendes Aggressionspotenzial aus, das in einer Reihe von Fällen Delinquenz nach sich zog. Auch wenn Vernachlässigungs- und Gewalterfahrungen in den Herkunfts- und Pflegefamilien zu berücksichtigen sind, ist der Zusammenhang der Leiden mit den Erlebnissen in den Heimen unverkennbar. Die Legitimation, die Kinder aus den Familien zu nehmen und in Heimen unterzubringen, war das gesetzlich aufgetragene Versprechen, die Kinder zu schützen und zu stärken, sie mit allem Notwendigen zu versehen, um negative Vorerfahrungen zu kompensieren. Für die Menschen, die vor der Opferschutzkommission Zeugnis ablegten, war das Gegenteil der Fall, die Heimerziehung verstärkte die Probleme, mit denen Kinder und Jugendliche eingeliefert wurden. Die Vorenthaltung von Bildung und Ausbildung, an der ein großer Teil der ehemaligen Heimkinder leidet, hatte, verbunden mit den psychischen und physischen Auswirkungen der Gewalt und der Entwertung der Selbstachtung, schwerwiegende Folgen für viele: ein Arbeitsleben im Niedriglohn- und gesundheitsschädigenden Schwerarbeiterbereich, eine instabile Berufslaufbahn zwischen Gelegenheitsjobs und Arbeitslosigkeit, schließlich ein frühzeitiges Ausscheiden aus dem Erwerbsleben mit den entsprechenden Nachteilen für die Pensionshöhe und Altersarmut. Eine erschreckend hohe Zahl der ZeitzeugInnen ist mit dem frühen Tod geliebter Menschen, naher Angehöriger und von Freundinnen und Bekannten konfrontiert, nicht selten waren sie selbst in Heimunterbringung. Aktuelle Forschungsergebnisse der letzten Jahre haben darauf aufmerksam gemacht, dass eine gewalttätige, lieblose und in Armut verbrachte Kindheit psychisch und körperlich krank machen, das Erbgut schädigen, die Intelligenz mindern und Gehirnfunktionen verändern kann, die für die Kontrolle von Emotionen und die Stressregulierung zuständig sind. Besonders häufig kommen Depressionen, neurodegenerative Erkrankungen und Krebs vor.[10]

Nicht alle Erwachsenen mit einer belastenden Kindheit werden krank. Glückliche Zufälle, unverhoffte Unterstützung, Verankerung im Beruf, stützende Bekanntschaften, vor allem gelungene Beziehungen, Familie und Kinder wirkten sich positiv auf die Resilienz der ZeitzeugInnen aus. Auf welche Schwierigkeiten ein Teil der Betroffenen und ihre Kinder stoßen können, zeigt die Psychotherapeutin Ulrike Paul auf, die sich mit transgenerationellen Übertragungen auseinandersetzt, die sie in ihrer Arbeit mit ehemaligen Heimkindern kennenlernte.

Ulrike Paul
Heimerziehung: Trauma ohne Ende

Traumafolgestörungen unter besonderer Berücksichtigung transgenerationaler Aspekte

Im Frühjahr 2010, zu Beginn der Aufarbeitung der Heimerziehung in Tirol, habe ich von der Ombudsstelle für Heimgeschädigte, die zu diesem Zeitpunkt bei der Kinder- und Jugendanwaltschaft des Landes Tirol angesiedelt war, den Auftrag zur psychotherapeutischen Leitung einer Betroffenengruppe erhalten. Bei einer ersten Bedarfserhebung hatten zahlreiche Heimgeschädigte den Wunsch nach Austausch mit anderen Betroffenen zum Ausdruck gebracht.

Die Gruppe hat sich daraufhin unter meiner Leitung vom Mai 2010 bis zum September 2014 in zwei- bis vierwöchigen Abständen regelmäßig getroffen, unterbrochen von saisonal bedingten Pausen. In der gesamten Zeit des Bestehens des Angebots war es den Mitgliedern wie auch mir ein Anliegen, die Gruppe offen zu halten für neu hinzukommende Interessierte. Manche Betroffene haben von Anfang bis zum Schluss an den Sitzungen teilgenommen. Andere wiederum besuchten die Treffen über einen langen Zeitraum regelmäßig. Einige statteten der Gruppe einen gelegentlichen oder auch nur einmaligen Besuch ab. Zu Spitzenzeiten waren gleichzeitig über 20 Personen anwesend. In Summe waren es rund 40 Frauen und Männer, die das Gruppenangebot in Anspruch genommen haben. Zu den Mitgliedern zählten Heimgeschädigte aus Institutionen des Landes Tirol, der Stadt Innsbruck, in seltenen Fällen aus anderen Bundesländern sowie Opfer von Gewalt in kirchlichen Institutionen. Die Mehrheit der Betroffenen hat sich im Laufe ihrer Heimkarriere in mehreren Einrichtungen aufgehalten.

Die Arbeit mit der Gruppe stellte meinen Einstieg in die Beschäftigung mit dem Thema der Heimerziehung dar. Bald darauf habe ich begonnen, mit ehemaligen Heimkindern im Rahmen von Einzel- und, in einigen Fällen, auch Paartherapien zu arbeiten. Auf Wunsch mancher Eltern wurden deren Kinder in einzelne therapeutische Gespräche einbezogen.

Des Weiteren führte ich im Auftrag der Opferschutzanwaltschaft der katholischen Kirche mit insgesamt 25 Personen Erhebungsgespräche zu der von ihnen im Rahmen von kirchlichen Institutionen erfahrenen Gewalt.

Insgesamt hatte ich somit Gelegenheit, in den verschiedenen therapeutischen Kontexten mit mehr als 60 Betroffenen umfassende Gespräche zu führen. Sie machten es mir möglich, Kenntnis zu erlangen über die unterschiedlichen Formen von Gewalt, denen diese Menschen in den jeweiligen Institutionen ausgesetzt waren, über deren Bewältigungsstrategien sowie über unmittelbare und langfristige Traumafolgestörungen. Unter den Auswirkungen der Schädigungen durch die Heimaufenthalte leiden, so meine Erfahrung, nicht nur die unmittelbaren Opfer selbst, sondern nahezu ausnahmslos auch deren Kinder und Kindeskinder.

Traumaweitergabe –
wenig Berücksichtigung im medizinischen und psychosozialen Alltag

In meinem Beitrag möchte ich mich daher insbesondere den generationenübergreifenden Traumafolgen zuwenden. Wie zahlreiche psychotraumatologische Untersuchungen zeigen, sind von den Auswirkungen traumatisierender Erlebnisse nicht nur die Opfer selbst, vielfach nachhaltig und nicht selten lebenslang, beeinträchtigt, traumatische Erschütterungen übertragen sich ebenso auf die Kinder und häufig auch auf nachfolgende Generationen. Obwohl das Phänomen der transgenerationalen Traumatisierung bereits seit der Erforschung der Auswirkungen des Holocausts auf die Nachfahren der Überlebenden bekannt ist, findet es erst allmählich Eingang in den medizinischen und psychosozialen Alltag. Ein umfassender systemischer Blick auf das Individuum stellt nach wie vor eher eine Seltenheit dar und bezieht im besten Fall das bestehende soziale Umfeld mit ein, kümmert sich aber meist nicht oder nur am Rande um die Lebensgeschichten der Familienmitglieder und deren Ineinandergreifen. So werden etwa manche Familien mit so genannter hoher Problemdichte über Generationen hinweg von der Jugendwohlfahrt betreut, eine Unterbrechung der Weitergabe von psychischen Störungen und Verhaltensauffälligkeiten gelingt aber selten. Es hat den Anschein, als handle es sich um ein Naturgesetz, demzufolge sich psychische Krankheiten und soziale Unangepasstheiten innerhalb eines Familienverbandes gleichsam vererben.

Häufig kennt man die schwierigen Biografien der Eltern durchaus, da diese ja selbst oft genug ebenfalls unter der Obhut der Jugendwohlfahrt standen. Dieses Wissen wird aber in der Betreuung nicht ausreichend nutzbar gemacht.

Vom Trauma beherrscht – in der Lebensführung behindert

Sämtliche Betroffene der Heimerziehung schildern Symptome der Posttraumatischen Belastungsstörung. Meine KlientInnen leiden unter Nervosität, Reizbarkeit und Unruhe. Nahezu alle Heimgeschädigten berichten von massiven Schlafstörungen und wiederkehrenden Albträumen.

Vor dem Hintergrund der angeschlagenen Psyche entwickelten sich oftmals komplexe Traumafolgestörungen, zu denen Abhängigkeitserkrankungen, wie Alkohol- und Drogensucht, Essstörungen und Spielsucht, des Weiteren Störungen der Impulskontrolle, Depressionen und Borderline-Persönlichkeitsstörungen zählen. Auf Grund der vorenthaltenen Bildungschancen arbeiteten und arbeiten ehemalige Heimkinder meist als Hilfskräfte in körperlich anstrengenden und schlecht bezahlten Berufen. Belastende Arbeits- und Lebensbedingungen führten in Kombination mit den geringen psychischen und materiellen Ressourcen zu frühzeitigen Verschleißerscheinungen des Organismus. Die Mehrheit der Heimgeschädigten leidet unter chronischen psychosomatischen und schweren organischen Erkrankungen. So finden sich in dieser Gruppe im mittleren Lebensalter bei Männern gehäuft Herzinfarkte, bei Frauen Hysterektomien (Entfernung der Gebärmutter) und Autoimmunerkrankungen, geschlechtsübergreifend Bandscheibenvorfälle, Rheuma und chronische Schmerzen sowie Krebserkrankungen. Diese Beschwerden ziehen dauerhafte Arbeitsunfähigkeit nach sich, weshalb sich die meisten Betroffenen in der Invaliditätspension befinden oder sich um deren Erhalt bemühen. Der Großteil der mir bekannten Heimgeschädigten befindet sich in einer ökonomisch prekären Lebenslage an der Grenze zur Armut.

Da im gesellschaftlichen Diskurs die durch die Fürsorgeerziehung verursachte Gewalt keine Anerkennung fand, wurde den Heimgeschädigten ihre Symptomatik und die damit einhergehenden Beeinträchtigungen als individuelles Versagen angelastet. Durch die im Leben der Betroffenen relevanten Institutionen wie Psychiatrie, Jugendwohlfahrt und Justiz erfuhren die Opfer der Heimerziehung laufend Zuschreibungen, die zwischen Pathologisierung und Kriminalisierung aufgespannt waren.

Ein Zugang zu einem biografischen Verstehen ihrer Handicaps, die sie an einer zufriedenstellenden Lebensführung hinderten, blieb den Betroffenen somit weitgehend verschlossen. Da man den Traumafolgen ohne Möglichkeit auf Bewusstmachung und Verarbeitung ausgeliefert war, bestimmte die Reinszenierung von frühen Konfliktkonstellationen das Leben der Geschädigten. Die geradezu zwanghafte Wiederholung von destruktiven Interaktionsmustern verhinderte Gegenerfahrungen, die ein Korrektiv für das eigene Selbstbild und eine Erweiterung des Repertoires an Verhaltensmustern hätten bedeuten können.

Heimgeschädigte sahen sich in vielen Fällen in einem kaum zu durchbrechenden Kreislauf der Viktimisierung, indem sie durch eigenes Verhalten und die Behandlung durch ihre Mitmenschen immer wieder zum Opfer wurden.

Da das Trauma nicht durch Bearbeitung und Integration entschärft werden konnte, hat es im weiteren Leben seine destruktive Potenz beibehalten. Somit bestanden geringe Chancen, die eigene Lebensgeschichte zu verstehen und die Traumaweitergabe an die Kinder zu unterbrechen.

Personen, deren Aufwachsen von frühen zwischenmenschlichen Verletzungen geprägt ist, fehlt zumeist die Grunderfahrung eines Halt und Schutz gebenden sozialen Umfeldes. Dieser Mangel erschwert im weiteren Leben den Aufbau von vertrauensvollen und beständigen Beziehungen. Das unsichere Bindungsverhalten hat bedeutsame Auswirkungen auf den Umgang mit den eigenen Kindern. Wie soll man anderen Sicherheit und Geborgenheit geben, wenn man diese selbst nie kennenlernen durfte?

Im Einzugsgebiet des Traumas – leidvolle Verstrickungen in der Familie

Transgenerationale Traumatisierung ist dadurch charakterisiert, dass das leidvolle Schicksal der Vorfahren die Lebensgeschichte der Nachkommen in hohem Maße bestimmt. In dieser Dynamik befinden sich Eltern und Kinder in einer engmaschigen Verstrickung, die Ablösung, persönliche Entfaltung und Gestaltung des eigenen Lebens massiv behindert. Dieses Aneinandergebundensein führt dazu, dass man sich wechselseitig in psychischer Abhängigkeit hält. Die Ebene der Umklammerung zwischen Eltern, Kindern und Enkelkindern könnte man als vertikale bezeichnen. Diese wird überlappt von einer horizontalen, nämlich der zwischen den Geschwistern und zwischen den Neffen, Nichten, Cousins, Cousinen Onkeln und Tanten. Mehrere Stränge potenziell verstörender Beziehungen greifen so ineinander. Eltern verstören ihre Kinder und, was bislang zu wenig Beachtung findet, Kinder wiederum ihre Eltern. Das nicht enden wollende Elend im Leben der ehemaligen Heimkinder lässt die Betroffenen verzweifeln. Nicht wenige meiner KlientInnen erfahren psychische und physische Gewalt durch ihre Kinder, was wiederum zu Retraumatisierungen führen kann.

Psychisch kranke Menschen – und das gilt keineswegs nur für die Personengruppe der Heimgeschädigten – sind, auf sich alleine gestellt, mit der Erziehung ihrer Kinder häufig, zumindest in manchen Phasen, überfordert. Sie benötigen professionelle Unterstützung, um eigenen Bedürfnissen und jenen ihrer Kinder ausreichend gerecht werden zu können.

Das Eingehen von Partnerschaften und die Gründung einer eigenen Familie hatte bei vielen Heimkindern die zentrale Funktion, die trostlose Kindheit und Jugend hinter sich zu lassen. Endlich wollten sie ein sozial akzeptiertes Leben führen und Geborgenheit erfahren. Ein eigenes Kind soll einen Wendepunkt markieren, der ein unabhängiges Leben einleitet. Aus dem Wunsch nach Autonomie bekommen Frauen, die frühe zwischenmenschliche Traumatisierung erfahren haben, oftmals schon in jungen Jahren ihr erstes Kind. Die einem selbst vorenthaltene Liebe wollen sie nun dem eigenen Kind geben, auf dessen bedingungslose Gegenliebe sie hoffen. Von allen bislang enttäuscht, sehnen sich diese jungen Frauen nach einem Wesen, das aus der tief empfundenen Einsamkeit erlöst. Diese Hoffnung wird allerdings in der Regel rasch enttäuscht, da sie nicht über ausreichend emotionale und soziale Kompetenzen zur Übernahme der Mutterrolle verfügen und meist vom Vater des Kindes kaum Unterstützung erhalten. Eine Fremdunterbringung des Kindes ist oftmals die Folge. In vielen Fällen übernimmt die eigene Mutter, unter deren Erziehungsstil man selbst bis vor Kurzem gelitten hat, die Verantwortung für ihr Enkelkind und bekommt mitunter sogar die Obsorge von der Jugendwohlfahrt zugesprochen. Somit ist man erneut von der Mutter bzw. den Eltern abhängig, von denen man sich eigentlich hatte emanzipieren wollen. Das Unvermögen, sich um das eigene Kind zu kümmern, erleben diese Frauen als Niederlage, die den eigenen ohnehin fragilen Selbstwert erschüttert. Die Tatsache, dass sie das Kind in lieblosen Verhältnissen aufwachsen lassen, erzeugt Schuldgefühle. Häufig beruht das schlechte Gewissen auf Selbstvorwürfen, das eigene Kind im Stich gelassen, ihm womöglich unbewusst auch kein besseres Schicksal gegönnt und es als Schutzschild vor den Übergriffen der Mutter benützt zu haben. Das erlebte Versagen ist häufig die Grundlage dafür, den eigenen Kindern nicht ausreichend Grenzen zu setzen und bei ihnen die Entwicklung von Eigenverantwortung zu behindern. Aus diesen Schuldverstrickungen erwächst die Bereitschaft, zu einem späteren Zeitpunkt die Verantwortung für die Enkelkinder zu übernehmen. In dieser Wiederholung von innerfamiliären Interaktionsmustern entsteht ein schwer zu durchbrechender Kreislauf, der alternative Lösungen kaum zulässt.

Es findet sich daher bei so genannten Krisenfamilien häufig die Konstellation, dass mehrere Generationen innerhalb einer Familie leben. Oftmals übernehmen Großmütter, die vielfach noch selbst Kinder im unmündigen Alter haben, die Verantwortung für ihre Enkelkinder.

Kinder wie Enkelkinder sind meist bereits durch transgenerationale Traumatisierung beeinträchtigt, was zu einer Anhäufung von (Ver)störungen innerhalb eines Familienverbandes führt. Diese leicht irritierbaren Kinder, die ein hohes Maß an Aufmerksamkeit beanspruchen, beunruhigen sich oft wechselseitig, was deren psychische Probleme nicht selten verstärkt und verfestigt.

In meinen Therapien mit Heimgeschädigten erlebe ich vielfach, dass Stress und Hektik feste Bestandteile des Alltags sind. Betroffene bringen ihre Angst vor dem Alleinsein mit ihrem Innenleben zum Ausdruck, in dem Anspannung und unliebsame Erinnerungen vorherrschen. Aufwühlende Ereignisse haben, mangels positiver Stressregulation, unter anderem die Funktion, von einer quälenden Befindlichkeit abzulenken. Fast pausenlos auftretende familiäre Krisen lassen ein Innehalten gar nicht zu. Das hat zur Folge, dass Konflikte, von denen sich die Betroffenen überfordert fühlen, von neuen Unruheherden überlagert werden. Es hat manchmal den Anschein, als würden traumatisierte Menschen Konflikte geradezu magnetisch anziehen. Meine KlientInnen fragen sich nicht selten, warum in ihrem Leben die

Probleme nicht enden wollen. Ihrer eigenen Beteiligung an der Vermehrung der Turbulenzen sind sie sich meist nicht bewusst.

Ein Familiensystem dieser Art befindet sich, trotz Unterstützung durch die Jugendwohlfahrt und der mit ihr kooperierenden Einrichtungen, an der Grenze seiner Belastbarkeit.

Leid (ver)bindet – Verhinderung von Eigenständigkeit

Nur wenige Frauen mit Heimkarriere hatten die Chance, eine Berufsausbildung zu absolvieren. In ihrer Herkunfts- sowie in Pflegefamilien und während ihrer Heimaufenthalte wurden sie oftmals schon ab dem Vorschulalter zu Arbeiten herangezogen, die als typisch weiblich gelten, wie Betreuung der Geschwister oder Hausarbeit, und später dann zu allenfalls geringfügig entlohnten Tätigkeiten in institutionsinternen Großküchen und Wäschereien. Den Mädchen wurde vermittelt, dass sie ausschließlich für die Reproduktionsarbeit taugen. Alternative Möglichkeiten der Betätigung und Selbstbestätigung sowie des Erwerbs von Kompetenzen standen ihnen nicht zur Verfügung.

Die Mehrzahl der Mädchen war meist von klein auf mit einer Entwertung ihrer Weiblichkeit konfrontiert – sei es, dass sie Opfer von sexuellem Missbrauch wurden und/oder massiven verbalen wie physischen Attacken gegen ihren weiblichen Körper ausgesetzt waren. Diese besonders destruktiven Formen der Sexualisierung sowie die Einengung auf versorgende Tätigkeiten finden ihre Entsprechung in einem ausgeprägt geschlechtertraditionellen Selbstbild. Für die meisten war eine von Mutterschaft und Familienarbeit abweichende Rollenübernahme kaum vorstellbar. Die Erfahrung der sexuellen Ausbeutung und Erniedrigung prädestinierte vielfach dazu, erneut Opfer von sexueller Gewalt zu werden und mitunter der Prostitution nachzugehen. Das Lebensumfeld, in dem sich die Frauen bewegten, bot ihnen in der Regel wenig Gelegenheit, Selbstvertrauen zu entwickeln, sich der eigenen Potenziale bewusst zu werden und diese zu verwirklichen.

Der eigene Wert als Frau wird als gering eingeschätzt, ein Erleben, das im Alltag der Frauen immer wieder Bestätigung findet. Häufig sind sie auch innerhalb von Partnerschaften Demütigung und Gewalt ausgesetzt und fühlen sich mit den Erziehungsaufgaben alleine gelassen. Die Männer, die mit solch verletzbaren Frauen Beziehungen eingehen, verfügen in der Regel ebenfalls über kein stabiles Selbstwertgefühl. Auch sie stammen üblicherweise aus emotional kargen Verhältnissen und vermissten neben der Mutterliebe eine Vaterfigur, an der sie sich hätten orientieren können. Gegenüber ihren Partnerinnen zeigen sie häufig abwechselnd zwei Seiten: die des harten Machos und die des immer noch bedürftigen Kindes.

Für Kinder, die in solchen Familien heranwachsen, ist es schwer, sich in der eigenen Entwicklung kontinuierlich mit Eigenschaften der Eltern zu identifizieren und diese als positive Vorbilder zu betrachten. So wie Mutter und Vater miteinander umgehen, bringen sie hauptsächlich ihre Schwächen und Mängel zum Vorschein. An der Oberfläche erscheint in den meisten Fällen die Mutter vorwiegend als Opfer und der Vater eindeutig als Täter. In Wirklichkeit ist die Beziehung zwischen den Eltern erheblich vielschichtiger. Wichtig ist, dass gewalttätige Männer nicht der Verantwortung enthoben werden und keine Schuldzuschreibung an die weiblichen Opfer erfolgt. Mir geht es darum, nicht nur die bewussten, sondern ebenso die unbewussten Vorgänge in der Paarbeziehung in Augenschein zu nehmen. Frauen in Gewaltbeziehungen vergewissern sich fortlaufend ihrer eigenen Minderwertigkeit und gleichzeitig ihrer Wehr- und Hilflosigkeit. Die meist durchaus vorhandene Aggression verbirgt sich hinter der Opferrolle und zeigt sich eher in passiver Form. Etwa durch Unterlassung von Hilfestellung gegenüber den Kindern, die man nicht vor den gewalttätigen Übergriffen bzw. der Instrumentalisierung des Partners schützt.

Gefühle wie Wut, Hass und Zorn gelten als unweiblich, weshalb es Frauen schwer fällt, sich zu ihnen zu bekennen. Frauen machen, auch in Betreuungen, die Erfahrung, dass man ihnen zwar Mitgefühl für ihr Leid, aber wenig Verständnis für ihre Aggressionen entgegenbringt. Diese als negativ empfundenen Emotionen zeigen sich in Therapien eher indirekt, etwa als Teilnahmslosigkeit dem Partner und bisweilen auch den Kindern gegenüber. Weit verbreitet ist eine herablassende Haltung gegenüber dem gewalttätigen Partner, für den man insgeheim Verachtung verspürt.

Die Erkenntnis, dass einem nicht ausreichend oder gar keine elterliche Fürsorge zuteil geworden ist, ist für die betroffenen Menschen erschütternd. Daher bemühen sich viele ehemalige Heimkinder, zumindest einen Elternteil von einer (Mit)verantwortung an ihrem Schicksal freizusprechen. Auf Grund eines Nachholbedarfs an elterlicher Liebe sind es häufig die vernachlässigten und abgeschobenen Kinder, die im Erwachsenenalter die Nähe zu ihren Eltern suchen. Der Hunger nach Zuneigung macht sie häufig zu Opfern erneuter Vereinnahmung und Ausbeutung innerhalb der Herkunftsfamilie. Das Bedürfnis, sich das innere Bild einer liebevollen Mutter und eines verantwortungsbewussten Vaters zu bewahren, wehrt sich gegen die Einsicht, dass beide Elternteile in der Erziehung versagt haben. So erinnern sich Betroffene an die Brutalität ihrer Eltern, empfinden dabei aber keine Aggression. Die im Erwachsenen weiterlebende kindliche Sehnsucht nach elterlicher Liebe verdrängt die durchaus vorhandene Wut auf Mutter und Vater. Dieser Zorn wird meistens unbewusst auf andere Personen verschoben, mit denen man einen Konflikt hat. Dort kann sich die Aggression ungehemmt Bahn brechen. Oft ist es, sowohl bei Frauen als auch bei

Männern, der eigene Partner, bei dem sich stellvertretend die unbändige Wut entlädt. Da diese Gefühlsregungen dem Bewusstsein verborgen bleiben oder nur schwer zugänglich sind, gelingt es betroffenen Paaren nur vereinzelt, sich aus ihren wechselseitigen Verstrickungen zu lösen.

Kinder sind nicht nur Zeugen der hoch ambivalenten Beziehung ihrer Eltern, oftmals trifft sie die Zwiespältigkeit der Gefühle ihrer Eltern in direkter Weise selbst. Die Ablehnung, die die Mutter der eigenen Weiblichkeit aufgrund ihrer Erfahrung der Entwertung entgegenbringt, überträgt sich in vielen Fällen in verschieden starkem Ausmaß auf die Tochter. Die Geringschätzung, mit der der Vater die Mutter behandelt, verfestigt im Mädchen ein negatives Frauenbild. Die Mutter macht den Sohn, der ihre Misshandlung durch den Vater miterlebt, zu ihrem Verbündeten. In dieser Konstellation wird ihm die Botschaft vermittelt, dass Männer Taugenichtse sind. Der Vater ist ja schließlich der beste Beweis dafür.

Den Töchtern und Söhnen fällt es unter solchen Bedingungen schwer, ein positives Verhältnis zur eigenen Weiblichkeit bzw. Männlichkeit aufzubauen. Kinder gehen aus einer solchen Kindheit und Jugend in der Regel zutiefst verwirrt hervor. Auch sie bringen ihren Eltern meist ausgesprochen widersprüchliche Gefühle entgegen. Es gelingt ihnen nur zögerlich und vielfach unvollständig, sich vom Elternhaus abzunabeln und auf eigenen Füßen zu stehen. Häufig befinden sie sich in einem Dauerkonflikt mit den Eltern, der in einigen Fällen in gewalttätige Ausschreitungen gegen Mutter oder Vater mündet.

Professionelle Unterstützung – eine Chance zur Traumaverarbeitung

Die Probleme der eigenen Kinder und die Konflikte mit ihnen sind oftmals Gegenstand in der psychotherapeutischen Arbeit mit ehemaligen Heimkindern. Für ein besseres Verständnis des Verhältnisses zu ihren Kindern ist eine Bearbeitung der eigenen Lebensgeschichte für meine KlientInnen unerlässlich. Wie sehr diese in die Tiefe gehen kann, hängt von der momentanen Belastbarkeit der Betroffenen und der ihnen zur Verfügung stehenden psychischen und sozialen Ressourcen ab. Es kostet die meisten Eltern, nicht nur ehemalige Heimkinder, große Überwindung, sich eine Beteiligung an den Problemen der eigenen Kinder einzugestehen. Das Erkennen von schädlichen Beziehungsmustern bietet den Familienmitgliedern die Chance zur Erweiterung ihres Handlungsspielraumes. Wenn man sich des eigenen Mitwirkens daran bewusst wird, kann man als Elternteil gezielter zur Stabilisierung der eigenen Kinder beitragen.

Psychotherapeutische Behandlung ist eine bedeutsame Unterstützung für ehemalige Heimkinder, um den Kreislauf der generationenübergreifenden Traumatisierung zu durchschauen und zumindest an manchen Stellen durchbrechen zu können.

Mir ist es wichtig festzuhalten, dass meine KlientInnen, die dem Personenkreis der ehemaligen Heimkinder angehören, große Anstrengungen unternehmen, um psychische und soziale Stabilität zu erlangen bzw. aufrecht zu halten. In der Sorge um das Wohl ihrer Kinder sowie in der Bereitschaft, professionelle Hilfe bei der Kindererziehung in Anspruch zu nehmen, unterscheiden sie sich, so meine Erfahrung, nicht von anderen Eltern.

„Wer das Schweigen bricht, bricht die Macht der Täter": Fünf Jahre Opferschutzkommission Innsbruck

„So war es halt. Den ganzen Tag Schläge. Ich kann mich nur erinnern, in diesen ganzen vier Jahren, ich bin in der Früh aufgestanden mit Angst und ich bin in der Nacht schlafen gegangen mit Angst."[1]

Im Spätherbst 2006 veröffentlichte Horst Schreiber im Gaismair-Jahrbuch 2007 ein Porträt von Franz Pichler über seine Kindheit als Jenischer in der Jugendheimstätte Holzham-Westendorf, aus dem dieses Zitat stammt. 2009 verfasste er einen historischen Abriss über die Fürsorgeerziehung Tirols sowie das Porträt eines so genannten Zöglings der Bubenburg in Fügen.[2] Zwischen 2006 und 2010 scheiterten alle Versuche, eine größere Öffentlichkeit für das Thema zu interessieren. Die Akten blieben verschlossen, selbst für die Betroffenen; und die ehemaligen Heimkinder wollten nicht reden. Misstrauen, Scham, Schuldgefühle oder einfach Selbstschutz durch Verdrängung waren noch zu stark ausgeprägt. Bis Anfang des Jahres 2010 die deutsche Missbrauchsdebatte in Österreich ankam und eine heftige Diskussion um die von katholischen Orden geführten Internate und später auch Heime auslöste.

Als kurz darauf der Tiroler Landeshauptmann Günther Platter die Orden aufforderte, das Vergangene aufzuarbeiten und Entschädigungen zu zahlen, sah Horst Schreiber die Zeit gekommen, das Thema Heimerziehung auf eine breite Basis zu stellen und auch die Heime des Landes und der Stadt Innsbruck in die öffentliche Diskussion einzubeziehen. Er kontaktierte den damals zuständigen Landesrat Gerhard Reheis, übermittelte ihm seine bisherigen Forschungsergebnisse und schlug die Einrichtung eines Runden Tischs vor. Der Landesrat griff die Idee auf, lud zu einer Gesprächsrunde und Anfang März 2010 war die „Steuerungsgruppe Opferschutz" gegründet, zeitgleich mit der Errichtung der „Unabhängigen Opferschutzkommission" („Klasnic-Kommission"), die sich mit der Gewalt in den von Orden geführten Heimen und Internaten auseinandersetzte. In den nächsten Wochen meldeten sich unzählige Geschädigte der Heimerziehung. Das Thema war gesetzt, das Schweigen gebrochen.

Tirol war das erste Bundesland, in dem die systematischen Menschenrechtsverletzungen in den landeseigenen Kinder- und Fürsorgeerziehungsheimen von einer Opferschutzkommission aufgegriffen und öffentlich anerkannt wurden. Am 21. Juli 2010 erschien ihr Bericht.[3] Tirol war das erste Bundesland, das sich offiziell zu seiner politischen Verantwortung bekannte: Landeshauptmann Günther Platter bat um Verzeihung. Und Tirol war das erste Bundesland, in dem eine breit angelegte Studie über die Heimerziehung und die Rolle der Kinder- und Jugendpsychiatrie vorgelegt werden konnte. „Im Namen der Ordnung. Heimerziehung in Tirol" wurde am 4. Dezember 2010 präsentiert.

Wie alles begann

Anfang September 2010 übermittelte Landesrat Reheis den Bericht der „Steuerungsgruppe Opferschutz" an die Stadt Innsbruck. Für jene Menschen, die in landeseigenen und städtischen Heimen als Kinder und Jugendliche Gewalt ausgesetzt waren, war das Land Tirol bereit, die Verantwortung für „Entschädigungszahlungen" und Therapien zu übernehmen. Bis Ende September 2010 meldeten sich 25 Personen, die ausschließlich in städtischen Heimen untergebracht waren. Nach Anfrage des Landesrates schlug Bürgermeisterin Christine Oppitz-Plörer in Absprache mit der Magistratsdirektion dem Stadtsenat vor, dass sich die Stadt Innsbruck für jene Menschen zuständig erklärte, die in städtischen Kinderheimen physische, psychische und sexualisierte Gewalt erleiden mussten.[4] Am 13. Oktober 2010 fasste der Stadtsenat diesen Grundsatzbeschluss, zwei Tage später setzte die Bürgermeisterin Landesrat Reheis darüber in Kenntnis und ersuchte um Bearbeitung der städtischen Fälle durch die im August 2010 neu eingerichtete „Entschädigungskommission" des Landes, um eine tirolweit einheitliche Behandlung der Opfer zu gewährleisten. Die Vorgangsweise bei der Übernahme der anfallenden finanziellen Mittel sollte nach Vorliegen der Vorschläge der Kommission des Landes Tirol im Detail zwischen Stadt und Land vereinbart werden.[5] Am 22. November übermittelte der Landesrat der Bürgermeisterin eine abschlägige Antwort. Die Landeskommission könne die Fälle der Stadt Innsbruck nicht übernehmen, da der Arbeitsaufwand für die ehrenamtlich tätigen ExpertInnen zu hoch sei. Eine Woche später erfolgte eine gemeinsame Besprechung zwischen dem Landesrat, der Bürgermeisterin und dem ersten Vizebürgermeister Franz X. Gruber. Der Landesrat ließ verlauten, dass die Stadt Innsbruck auch für jene Betroffenen finanziell einstehen müsse, die sowohl in städtischen als auch in Landeseinrichtungen untergebracht waren. Das Land habe daher bei seiner Abklärung für „Entschädigungen" alle Zeiten, welche die Geschädigten in städtischen oder kirchlichen Heimen verbracht hatten, herausgerechnet. Auch wenn schließlich auf Beamtenebene doch positive Signale ausgesandt wurden, entschloss sich die Stadt, eine eigene Kommission zu gründen und einen selbstständigen Weg im Umgang mit den Opfern einzuschlagen, der sich grundlegend vom Ansatz des Landes Tirol unterschied.

Im Jänner 2011 führte Vizebürgermeister Gruber Gespräche mit der Psychotherapeutin und Fachärztin für Kinder- und Jugendpsychiatrie Doris Preindl, mit Heinz Barta vom Institut für Zivilrecht der Universität Innsbruck und dem Historiker Horst Schreiber vom Institut für Zeitgeschichte der Universität Innsbruck. Alle drei erklärten sich bereit, als Mitglieder einer städtischen Kommission zu wirken, die die Betroffenen persönlich kennenlernen und mit ihnen sprechen wollten.[6] Barta und Schreiber hatten bereits als Mitglieder der „Steuerungsgruppe Opferschutz" des Landes Tirol gearbeitet und waren für die Besetzung des Projekts der „Landes-Entschädigungskommission" vorgesehen gewesen, die schließlich eine andere personelle Besetzung erfuhr.

Der Stadtsenat befürwortete die Einsetzung der städtischen Kommission, ihre personelle Zusammensetzung und ihre Vorgangsweise im Februar 2011. Die Kommission erhielt den Auftrag, die Höhe einer einmaligen materiellen Leistung für jene Personen vorzuschlagen, die in städtischen Kinderheimen unterschiedlichen Formen der Gewalt ausgesetzt waren, und ihnen das Angebot einer Therapie zu unterbreiten, wenn sie daran interessiert waren. Am 3. März 2011 führte die Kommission bereits die ersten Gespräche mit den ZeitzeugInnen. Ihre erste Anlaufstelle war Magistratsdirektor-Stellvertreter Herbert Köfler. Die meisten von ihnen meldeten sich nach Medienberichten und Hinweisen anderer Betroffener oder ihrer TherapeutInnen und PsychiaterInnen. Andere wiederum vermittelte das Land Tirol oder die Opferschutzstelle der Diözese Innsbruck.

Für das Gelingen des Prozesses waren die Erfahrungen der ZeitzeugInnen bei ihrem Erstkontakt mit der Stadt von erheblichem Gewicht. Im Bewusstsein der Notwendigkeit vertrauensbildender Maßnahmen betreute Herbert Köfler die Menschen, die sich meldeten, telefonisch und über Mail, viele suchten sein Büro auf, um mit ihm über ihre einschneidenden Kindheitserfahrungen zu sprechen. Er bat die Menschen, schriftlich kurz darzulegen, warum sie sich gemeldet hatten, und vereinbarte mit ihnen einen Termin für ein einstündiges Gespräch mit der dreiköpfigen städtischen Kommission. Die Anwesenheit einer erfahrenen Psychotherapeutin als Kommissionsmitglied gewährleistete die notwendige Unterstützung für die Betroffenen, wenn sie über die dramatischen Ereignisse ihrer Kindheit berichteten. Allfällige Kosten für die Anreise – einige kamen aus Berlin, Vorarlberg, Salzburg oder Wien, andere waren so weit gebrechlich, dass sie auch für einen kurzen Weg öffentliche

Verkehrsmittel oder Taxis in Anspruch nehmen mussten – ersetzte die Stadt. Gertraud Zeindl vom Stadtarchiv Innsbruck erhob zur gründlichen Vorbereitung der Kommission, ob der vom städtischen Jugendamt angelegte Mündelakt des betroffenen Menschen noch existierte. Nach Wunsch erhielten die ehemaligen Heimkinder Einsicht in ihren Akt und konnten sich kostenfrei Kopien anfertigen lassen. Befanden sich Betroffene auch in Landeserziehungsheimen, stellte die Opferhotline des Landes Tirol, betreut von der Kinder- und Jugendanwaltschaft (Kija), Aufzeichnungen und allfällige schriftliche Berichte an sie zur Verfügung.

Nach dem Aktenstudium und dem Gespräch mit den ZeitzeugInnen schlug die Kommission der Stadt Innsbruck eine Gestezahlung vor und die Übernahme der Kosten einer Therapie, wenn die Betroffenen diesen Weg gehen wollten. Sie mussten sich nicht sofort entscheiden, sondern konnten auch zu einem späteren Zeitpunkt eine Therapie anmelden. Die Wahl der TherapeutInnen blieb allen freigestellt, die Autonomie der Menschen sollte nicht eingeschränkt werden. Die Vorschläge der Kommission gingen in den Gemeinderat, der mit seinen Beschlüssen die notwendigen finanziellen Mittel freigab. Die politische Vertretung folgte stets der Sichtweise der Kommission, die völlig unabhängig von der Politik handelte. Herbert Köfler informierte daraufhin alle Betroffenen telefonisch wie schriftlich und sorgte für eine rasche Auszahlung der Gelder.

Die „Klasnic-Kommission" steckte 2010 als erste den Rahmen der Größenordnung der symbolischen „Entschädigung" ab, der sich zwischen 5.000 und 25.000 Euro bewegt. Sie richtete sich nach den Kriterien der aktuellen Rechtsprechung österreichischer Gerichte in vergleichbaren Fällen, speziell des Obersten Gerichtshofs.[7] In der Folge übernahmen die Bundesländer und die Städte Innsbruck und Wien dieses Modell, das auch die Vorgabe für die städtische Kommission bei ihrem Antritt war. Waltraud Klasnic hat darauf hingewiesen, dass die Entscheidungen nicht nach einem förmlichen Beweisverfahren wie vor Gericht fielen, sondern aufgrund einer Plausibilitätsprüfung der Darstellung der Opfer.[8] Dies gilt auch für die Innsbrucker Opferschutzkommission. Allerdings ist es den Kommissionsmitgliedern ein großes Anliegen zu betonen, dass sie für die Betroffenen nicht nur aus einer Übernahme der Vergangenheitsschuld und ethischen Erwägungen heraus finanzielle „Entschädigungen" festlegten. Nach fünfjähriger Tätigkeit kann sie unterstreichen, dass den Erzählungen der Geschädigten eine hohe Glaubwürdigkeit beizumessen ist und die gelegentlich in der Öffentlichkeit diskutierte Gefahr von „Trittbrettfahrern", die sich melden würden, keine Relevanz hatte. Die ausgezahlten Beträge waren für viele Menschen eine wichtige materielle Unterstützung, keineswegs hatten sie den Charakter einer finanziellen Entschädigung, die dem erlittenen Leid und den lebenslangen Folgen gerecht werden konnte. Für zahlreiche ehemalige Heimkinder stellt das Geld nicht die größte Bedeutung im Prozess der Aufarbeitung dar – die überwiegende Mehrheit hat sich gar nicht gemeldet und folglich keine Ansprüche gestellt. Leiden anzuerkennen kann sich nicht darin erschöpfen, seine Betroffenheit auszudrücken; die gefühlsmäßige Anteilnahme am Schmerz des Gequälten bewegt den Anerkennenden zum Handeln, indem er ein Zeichen der Reue setzt und eben auch Geld in die Hand nimmt. Die freiwillige Auszahlung ansehnlicher Summen hat in einer materiell orientierten Gesellschaft hohe symbolische Bedeutung und drückt ein Schuldeingeständnis glaubwürdiger aus als verbale Gesten, so wichtig diese auch sein mögen.[9]

Bereits fünf Monate nach ihrer Installierung berichtete die Kommission am 8. Juni 2011 dem Innsbrucker Stadtsenat, am 16. Juni dem Gemeinderat. Unmittelbar darauf flossen die ersten Zahlungen an alle 57 Personen, die sich bis dahin an die Stadt Innsbruck gewandt hatten.[10] Die Opferschutzkommission legte großen Wert darauf, dass der gesamte Ablauf im höchstmöglichen Maß unbürokratisch vor sich ging und zu einem raschen Abschluss gelangte. Bürgermeisterin Christine Oppitz-Plörer lud im Juni 2011 die Menschen, die in den Heimen Mariahilf, Pechegarten und Holzham-Westendorf Gewalt erfahren hatten, zu einem persönlichen Treffen ohne Anwesenheit der Medien in den Plenarsaal der Stadt Innsbruck. Sie vertrat den Standpunkt, dass eine Entschuldigung, wenn sie aufrichtig wirken und spürbar ankommen sollte, nur von Angesicht zu Angesicht möglich war.

Anerkennung, Respekt und Würde

Tief bewegt erinnert sich Hansjörg Weingartner[11] an einen Professor, der eine Ordensschwester an der Universitätsklinik Innsbruck zurechtwies, als sie ihn, ein ehemaliges Heimkind, abschätzig behandelte. Dass ein „so brillanter und intelligenter Professor" sich für ihn einsetzte, empfindet er als ein außergewöhnliches Erlebnis: „Mit Respekt und Achtung und Würde wurde ich von diesem Mann behandelt. Aus dieser Kraft konnte ich mich aufrichten und alles Weitere ertragen."[12]

Die Mehrheit der ehemaligen Heimkinder leidet daran, in ihrem Leben geringschätzig behandelt worden zu sein. Auch nach der Entlassung aus dem Heim. Viele fanden und finden sich auf den unteren Stufen der gesellschaftlichen Hierarchie wieder. Immer wieder kreuzten statusstarke Personen ihren Weg, von deren Urteilen, Gutachten und Entscheidungen sie abhängig waren. Wenigen war es vorbehalten, sich als ökonomisch stark und finanziell unabhängig zu erleben. Ausgrenzung und Verachtung begleiteten zahlreiche Geschädigte der Heimerziehung ein Leben lang. „Was immer sie mir auch genommen haben und weiter nehmen. Eines sicher nicht: Meinen Stolz und meine Ehre", betont Franz Pichler.[13] Dafür war und ist er bereit, jeglichen Nachteil in Kauf zu nehmen. Er eroberte sich Selbstachtung durch sein

Können, seine 40-jährige Ehe, die Versorgung seiner Familie; es gelang ihm mit seiner Frau, den Teufelskreis der ererbten Armut zu durchbrechen und seine Kinder vor dem Heim zu bewahren, die alle ihren aufrechten Weg gingen. Seine Würde und soziale Ehre errang Franz Pichler ohne Abwertung anderer, doch nur unter umso größerer Anstrengung, in einem Kampf um Respekt, der immer noch nicht zu Ende ist. Die meisten ehemaligen Heimkinder streben danach, im Privaten wie im Öffentlichen, jene Bestätigung und Wertschätzung zu erhalten, die ihnen zustünde. Allen gemeinsam ist die beschämende Erfahrung der Entwürdigung, die einen nie mehr loslässt. Aus diesem Wissen heraus war es für uns Mitglieder der städtischen Opferschutzkommission unerlässlich, den Geschädigten der Heimerziehung persönlich zu begegnen und den Weg des Gesprächs zu beschreiten. Zu oft hatten die Betroffenen die Erfahrung machen müssen, von oben herab behandelt zu werden, als Nummer und überflüssiger Mensch, auf dessen Meinung und Erzählungen es nicht ankam. Wir wollten nicht nur aufgrund einer Einsicht in Schriftstücke und Akten Empfehlungen an die Stadt Innsbruck abgeben. Wir wollten uns auch nicht alleine auf die schriftliche Artikulationsfähigkeit von Betroffenen und ihren TherapeutInnen verlassen müssen. Ohne Miteinbeziehung der Menschen in einen gemeinsamen Prozess war es unserer Meinung nach nicht möglich, den Betroffenen jenen Respekt zu bezeugen, den sie verdienten und den wir als wichtigen Teil einer glaubwürdigen Übernahme von Verantwortung und Anerkennung der Vergangenheitsschuld durch die Stadt Innsbruck ansahen.

Allein die Tatsache, dass wir als Kommission die maßgeblichen Entscheidungen trafen, stellte unweigerlich ein asymmetrisches Verhältnis und einen Abstand zwischen uns und den Betroffenen her. Nähe und Achtung konnten daher nur über eine personale Begegnung angestrebt werden. Das Mindeste, das wir tun konnten, war, ihnen Gehör zu schenken, uns sichtlich Mühe zu geben, uns Zeit für sie zu nehmen und uns anzustrengen, im Umgang mit ihnen wertschätzend zu sein. Und wir wollten die Betroffenen kennenlernen, wir hatten ein hohes Interesse daran zu erfahren, wer die Menschen waren, die uns in den Akten begegneten. Für uns sollten sie nicht mehr nur auf einen Akt reduziert sein, in dem sie mit abwertenden Zuschreibungen charakterisiert wurden. Zudem waren wir bestrebt, den Menschen, die zu uns kamen, nicht nur als Opfer zu begegnen. Wir boten an, dass sie ihre Erinnerungen mit uns teilten, denn was an Erinnerungen nicht geteilt werden kann, wirkt oft unglaubwürdig und biographisch verunsichernd. Über den Weg des Zuhörens sollten die ehemaligen Heimkinder in einer neuen Rolle sprechen, in der des Zeitzeugen und der Zeitzeugin, die uns aufklärten, weil sie ein ExpertInnenwissen in eigener Sache hatten.

Die Begegnung mit Opfern und die Wahrnehmung ihres Leides gehen an die Substanz, provozieren eine breite Palette von Empfindungen, bergen eine zweifache

Gefahr: einmal die Gefahr einer inneren Sperre und allzu großer Distanzierung unter dem Vorwand der Professionalität, zum anderen auch die Gefahr, die Kontrolle über Gefühle zu verlieren oder eine Ermüdung des Mitgefühls zu empfinden. Wir vertraten den Standpunkt, dass sich die Kommissionsmitglieder den aufwühlenden Lebensgeschichten und dem Schmerz der Menschen als eine ethische Verpflichtung persönlich stellen mussten. Wer diese schwer auszuhaltenden Berichte von Angesicht zu Angesicht nicht kennt, wer sich der Kümmernis und Pein der Betroffenen nicht aussetzt, wird erhebliche Schwierigkeiten haben, sie wenigstens ansatzweise nachempfinden zu können.

Die ehemaligen Heimkinder sollten ihrerseits aber auch die Gelegenheit haben, uns Kommissionsmitglieder kennenzulernen, die wir im Auftrag der Stadt Innsbruck bemüht waren, den nicht wieder gut zu machenden Schaden der Heimerziehung durch eine ideelle und materielle Geste anzuerkennen. Zum einen war die Grundvoraussetzung zum Gelingen des Vorhabens die persönliche Begegnung, zum anderen wollten wir weder anonym bleiben noch uns darauf beschränken, lediglich über die Medien zu kommunizieren. Ansprechpartnerinnen und Ansprechpartner konnten wir für die Opfer nur sein, wenn sie wussten, mit wem sie es zu tun hatten.

Die Kommissionsmitglieder entschieden sich unter Abwägung der Vor- und Nachteile gegen die Abwicklung eines mehrstündigen „Clearingverfahrens", wie sie die kirchliche Opferschutzstelle durchführen ließ. Ein derartiger Prozess läuft Gefahr, im Empfinden der Betroffenen zu lange zu dauern und Reibungsverluste nach sich zu ziehen, wenn der mehrseitige Bericht von TherapeutInnen, PsychiaterInnen und PsychologInnen, die die „Clearingverfahren" durchführen, von einer weiteren Person kurz zusammengefasst wird und eine dritte Instanz die Schlussentscheidung vornimmt. Wir befürchteten zudem, dass ein Teil der ZeitzeugInnen die Inanspruchnahme von Therapiestunden als Zwang empfinden und sich in ihre Kindheit zurückversetzt fühlen könnten, in der sie ständigen Begutachtungen ausgesetzt waren. Um eine Retraumatisierung zu verhindern, saß eine erfahrene Therapeutin in der Kommission, zudem konnten alle Betroffenen, wenn sie es wünschten, unmittelbar nach dem Gespräch mit der Kommission Therapiestunden in Anspruch nehmen oder eine Therapie mit TherapeutInnen eigener Wahl auf Kosten der Stadt Innsbruck beginnen. Wer beim Gespräch mit der Kommission Unterstützung haben wollte, konnte auf Wunsch einen Verwandten/eine Verwandte, eine Betreuungsperson oder auch einen Rechtsanwalt mitnehmen.

Auf einen arbeitsteiligen Entscheidungsvorgang zu verzichten, hatte den Vorteil der Steuerung des gesamten Prozesses durch die Kommission, der somit die eindeutige Verantwortung für das Ergebnis oblag. Dass die Kommissionsmitglieder neben dem Studium der Akten und schriftlich vorliegenden Berichte der ZeitzeugInnen auch die Gespräche mit ihnen persönlich führten, war aus einem weiteren Grund unerlässlich. Eines der Hauptanliegen der Kommission war es, dem Gegenüber in diesen Gesprächen ihre Anerkennung auszudrücken, also einen Prozess der Anerkennung durch das Verstehen und Nachvollziehen des anderen einzuleiten. Um jemanden anzuerkennen, muss man, so Paul Ricoeur, die Person kennenlernen, sie als fühlendes und atmendes Wesen wahrnehmen und nachvollziehen können. Für die Erkenntnis des Wertes seiner individuellen Besonderheit benötigt es Empathie und Wertschätzung sowie die Weitergabe dieser Erkenntnis an das Gegenüber. Schließlich war es notwendig, entsprechend dem Erkannten zu handeln und als Kommissionsmitglieder unsere GesprächspartnerInnen angemessen zu würdigen:[14] indem wir unsere Anerkennung aussprachen, Hilfeleistungen anboten, die politischen Gremien der Stadt Innsbruck diese Würdigung akzeptierten und die Bürgermeisterin sich persönlich bei den Geschädigten entschuldigte.

Nach John Rawls ist Anerkennung die Achtung der Bedürfnisse von Menschen, die einem nicht gleichgestellt sind, nach Richard Sennet der Respekt, den es anderen gegenüber zu entwickeln gilt, um sie ernst zu nehmen.[15] Die Betroffenen waren den Kommissionsmitgliedern insofern nicht gleichgestellt, als diese, ob sie es wollten oder nicht, die Macht von ExpertInnen besaßen, mit deren Status die Entscheidungsgewalt für Gestezahlungen verbunden war. Die Kommission bemühte sich deshalb darum, die ehemaligen Heimkinder nicht zu einem Objekt des Mitleids zu degradieren, sondern ihnen durch die Entscheidung zum Gespräch eine aktivere Teilhabe an der zugesprochenen finanziellen Unterstützung zu ermöglichen. Das Gespräch sollte getragen sein von einem empathischen Wohlwollen und dem Glauben an das Erzählte, möglichst weit entfernt vom Charakter einer Begutachtung. Unbedingt ausschließen wollten wir die „Bürde der Dankbarkeit", die die Selbstachtung verletzt. Die finanzielle Leistung war auch als Zeichen der Sühne gedacht. Die Geschädigten mussten für das zuerkannte Geld, auf das sie einen moralischen Anspruch hatten, nicht dankbar sein. Dankbarkeit zu erwarten, hätte die Opfer nicht nur degradiert, sondern auch den schalen Beigeschmack des Loskaufens von Schuld und Verantwortung in sich getragen. Ebensowenig durfte den Betroffenen mit den Unterstützungen ein Gebot der Versöhnung und des Verzeihens auferlegt werden. Versöhnung ist eine Leistung an die Opfer und setzt eine bestimmte Form der Wiedergutmachung voraus. Es lag an der Stadt Innsbruck, in deren Verantwortungsbereich die Gewalt gegen Heimkinder fiel, Schritte der Versöhnung einzuleiten. Welche Perspektive die ehemaligen Heimkinder dabei einnahmen, musste ihre eigene Entscheidung bleiben.

Die Kommission verfolgte in den Gesprächen das Ziel, dass die Eingeladenen Unterstützung erfuhren und zugleich Autonomie erlebten. Im Wissen um die ungleiche Position der GesprächsteilnehmerInnen versuchte die Kommission, den ehemaligen Heimkindern ihre Achtung zum Ausdruck zu bringen. In ihrer Art der

Kommunikation, in ihren Unterstützungsangeboten und in ihrem Dank. So sahen wir es als keineswegs selbstverständlich an, dass die Betroffenen uns als Fremde ihre quälenden Geschichten anvertrauten und in Kauf nahmen, dass belastende Erinnerungen wieder hochkamen, wenn sie vor der Kommission erschienen. Die Kommissionsmitglieder waren bestrebt, bei den Betroffenen auch das zu akzeptieren, was sie nicht verstanden, um sie als ebenso autonome Wesen zu behandeln wie sich selbst. Auf diese Weise kann sich ein Moment der Achtung und Gleichheit einstellen, der dem anderen seine Würde belässt.[16]

Menschen, die als Erzählende auftreten, können den Zuhörenden Respekt einflößen.[17] Dies taten die ehemaligen Heimkinder, indem sie uns ihre Geschichte näherbrachten. Wir würdigten sie dafür, was sie alles aus ihrem Leben gemacht hatten, angesichts der belastenden Vergangenheit und der geringen Förderung während ihrer Heimaufenthalte. Wir drückten unsere Wertschätzung dafür aus, dass sie sich um ihre Kinder gekümmert und ihre Familien versorgt hatten, für ihr Können in der Arbeit, für handwerkliche und künstlerische Fähigkeiten. Schon allein die Tatsache des Überlebens, des täglichen Kampfes gegen Depressionen, Krankheiten oder Angstattacken, deren Ursachen in die Kindheit und Jugend zurückreichen, ist bemerkenswert und als Leistung anzusehen. Eine gewisse Gegenseitigkeit ist Grundlage wechselseitigen Respekts und verhindert als verachtend empfundenes Mitleid. Man gewinnt Respekt, indem man dem anderen etwas zurückgibt.[18] Die ehemaligen Heimkinder schenkten uns Vertrauen, gewährten uns Einblick in ihr Leben, machten sich die Mühe, Rückmeldung zu unserem Tun zu geben, und bedachten uns ihrerseits mit Anerkennung.

Michael Pollak hat auf das soziale Schweigen der unteren Klassen hingewiesen, von Menschen, die sich aufgrund ihrer gesellschaftlichen Randstellung und Marginalisierung weder berechtigt fühlen noch aktiv angeregt werden, von ihrem Leben zu erzählen. Sie verfügen nicht über jenes Ansehen und Selbstverständnis der Mittel- und Oberschichten, das der eigenen Person und ihrer Geschichte Gewicht und Bedeutung zumisst.[19] Auch diese Beobachtung sprach für die Entscheidung, persönliche Gespräche zu führen. Freilich musste die Kommission einiges beherzigen, um die „Grenzen des Sagbaren" zu erweitern. Es ging darum, den Menschen berechtigte, auf jahrelange Erfahrungen fußende Ängste zu nehmen, sich nicht verständlich machen zu können. Die Herausforderung war ein sensibles Verhalten im Gespräch und ein Klima des Vertrauens und Verstehens zu erzeugen, klar zu machen, dass sich die Kommission bewusst war, dass gängige Moralvorstellungen mit der Ausnahmesituation des Heimes oft nicht in Einklang zu bringen waren. In der konkreten Praxis des Gesprächs ging es darum, sich gedanklich an den Ort zu versetzen, den die Geschädigten im Sozialraum einnehmen und mit dieser Haltung das eigene empathische Einfühlen in die Vorstellungswelt des anderen zu stärken, um so Nähe über unaufhebbare gesellschaftliche Distanzen hinweg herzustellen. Dies schloss mit ein, in einem ganz besonderen Sinn parteilich zu sein und meint

> *„das Sich-Eindenken in das soziale und bestimmende Milieu des Gegenüber – und zwar so, dass den Befragten das Gefühl gegeben wird, mit gutem Recht das zu sein, was sie sind. Diese Haltung beruht auf dem Vermögen eine Vorstellung für die ‚innere Notwendigkeit' zu entwickeln, also für die Existenzbedingungen und sozialen Mechanismen, die das Handeln, Denken und Fühlen der Befragten hervorgebracht haben."*[20]

Ebenso wichtig war es für die Kommission, die objektiven Grenzen dieses Unterfangens zu sehen. Zum einen war die Sprechzeit vom Umfang her begrenzt, auch wenn jedes Gespräch erst beendet wurde, wenn der betroffene Mensch von sich aus das Gefühl hatte, „alles" gesagt zu haben. Zum anderen hatten Vergessen, Nicht-Erinnern, Schweigen und Verschweigen in den Lebenswelten ehemaliger Heimkinder aus verschiedenen Gründen ihre Notwendigkeit und Berechtigung, sie waren aus äußeren Zwängen, aber auch aus inneren erforderlich. Das Abspalten und Wegdrängen belastender Erinnerungen war eine Strategie, sich zu schützen, nicht zuletzt in der Hoffnung, normal leben zu können. Die Gesellschaft fragte jahrzehntelang nicht nach, stellte keine sozialen Räume der Sprechmöglichkeit zur Verfügung, grenzte die ehemaligen Heimkinder, ihre Erlebnisse und die Folgen aus. So setzte sich bei vielen als minderwertig Behandelte selbst nach der Entlassung aus dem Heim die Sicht durch, schlecht und schuld zu sein. So wie ihre Person hatten auch ihre Erfahrungen keine Bedeutung in der Welt, also fühlten sie sich auch nicht berechtigt zu sprechen.[21] Die Gespräche mit den Kommissionsmitgliedern in einer wertschätzenden Atmosphäre konnten die Grenzen des Sagbaren vor diesem Hintergrund vielfach aufbrechen, aber nicht aufheben. Einige Erinnerungen, vor allem traumatische, mussten aus Selbstschutz weiterhin vergessen bleiben oder wurden aus Scham hintangehalten, etwa wenn es sich um sexualisierte Gewalt handelte. Daher respektierte die Kommission die Autonomie der Geschädigten der Heimerziehung in ihrer Gedächtnissteuerung.

Die Aufgabe der Kommissionsmitglieder war es, der Stadt Innsbruck Empfehlungen für Gestezahlungen vorzulegen. Die zugesprochenen materiellen Leistungen machten einen wesentlichen Teil der Würdigung der Opfer aus, doch damit war eine Bewertung der Erfahrungen der Menschen verbunden. Daraus ergab sich ein Spannungsverhältnis zu den anderen Absichten der Kommission für die wertschätzende Anerkennung der Betroffenen, ein Widerspruch, der sich, so war sich die Kommission bewusst, nicht völlig aufheben ließ. Welche Absichten die Kommission tatsächlich verwirklichte, darüber konnten nur die Betroffenen selbst Auskunft geben.

Die Rückmeldungen der ZeitzeugInnen

Zwischen Frühjahr 2011 und Dezember 2012 meldeten sich 95 ZeitzeugInnen[22] bei der Opferschutzkommission der Stadt Innsbruck, die alle in den Genuss von Gestezahlungen kamen, ebenso konnten alle Wünsche nach einer Therapie erfüllt werden. Im Wissen, dass die große Welle der Meldungen abgeebbt war, wollten die Kommissionsmitglieder Aufschluss darüber erhalten, wie die Menschen die Arbeit der Kommission beurteilten. Sie erhielten einen Brief mit der Bitte um Rückmeldung ihrer Erfahrungen:

Sehr geehrte Frau .... Sehr geehrter Herr ....

Vor einiger Zeit haben Sie sich an die Stadt Innsbruck gewandt, weil Sie als Kind in einem städtischen Heim untergebracht waren und Opfer von Gewalt wurden.

Sie wurden daraufhin zu einem Gespräch mit der städtischen Kommission eingeladen und haben eine finanzielle Unterstützung, nach eigenem Wunsch auch therapeutische Hilfe, zugesprochen bekommen.

Es ist uns nun ein großes Anliegen, von Ihnen eine Rückmeldung zu erhalten, wie Sie selbst diesen Prozess und unseren Umgang mit Ihnen erlebt haben.

Trotz der vielen Menschen, die sich gemeldet haben, versuchten wir und die Stadt Innsbruck so zügig wie möglich, Ihnen einen Geldbetrag zukommen zu lassen. Wir betonen ausdrücklich, dass es sich nicht um eine Entschädigung im eigentlichen Sinn handelt, weil das, was Sie in städtischen Heimen erleiden mussten, nicht mit Geld entschädigt werden kann.

Deshalb sprechen wir lieber von einer Gestezahlung, von einer Geste der Wiedergutmachung und Anerkennung.

Als Kommission sind wir uns eines Dilemmas bewusst: Leid ist nicht objektiv einteilbar und messbar, wir können nicht Gerechtigkeit herstellen. Wir konnten uns nur bemühen, den Betroffenen, die ähnliche Erfahrungen geschildert haben, nach bestem Wissen und Gewissen dieselben Geldbeträge zuzumessen.

Mit der Einladung zu Gesprächen wollten wir als Kommissionsmitglieder unsere Wertschätzung Ihnen gegenüber zum Ausdruck bringen und Ihnen zu verstehen geben, wie ernst wir Ihre bitteren Erfahrungen nehmen.

Es war uns wichtig, Sie persönlich kennenzulernen, um Ihnen unseren Respekt auszudrücken und Ihnen zu versichern, dass wir Ihren Erzählungen Glauben schenken.

Wir waren uns bewusst, dass die Gespräche – noch dazu mit Unbekannten – für Sie sehr belastend sind. Unser Zugang war aber, dass in der Vergangenheit, als Sie Heimkind waren, niemand mit Ihnen gesprochen hat, niemand Ihnen zugehört hat, niemand Ihnen geglaubt hat.

Wir wollten uns deshalb Zeit nehmen, damit Sie persönlich erleben: Ja, wir wollen mit Ihnen sprechen; ja, wir hören Ihnen zu; ja, wir glauben Ihnen.

Wir waren bemüht, unser Bestmögliches zu tun, damit diese Gespräche in respektvoller Weise verlaufen. Wir waren bemüht, dass Sie bei eigenem Wunsch Einsicht in die Akten bekommen, wenn diese noch aufgefunden wurden. Und wir waren bemüht, Ihnen unbürokratisch und schnell psychologische und therapeutische Unterstützung anzubieten, wenn Sie es wollten.

Wie Sie unsere Bemühungen empfunden haben und ob es uns gelungen ist, Ihnen gegenüber unsere Wertschätzung auszudrücken, ist eine offene Frage.

Deshalb bitten wir Sie, uns Ihre Meinung zukommen zu lassen, in der Form, wie Sie es wollen: in einem Schreiben oder in einem Mail oder telefonisch oder auch in einem Gespräch mit einem Kommissionsmitglied.

Wenn Sie keine Zeit oder kein Interesse haben, respektieren wir das selbstverständlich und bitten Sie, das vorliegende Schreiben als Dank für Ihre Bereitschaft anzusehen, uns Ihre Geschichte erzählt zu haben.

Heinz Barta, Doris Preindl, Horst Schreiber

Insgesamt meldeten sich mit Brief, Mail oder telefonisch 42 Menschen. Die Rücklaufquote von über 44 % lässt repräsentative Schlüsse zu. Erfahrungsgemäß beziehen ehemalige Heimkinder, wenn sie sich von einer Kommission schlecht behandelt fühlen, deutlich Stellung. Im Folgenden sind die Reaktionen der Geschädigten zusammengefasst. Sie vermitteln insgesamt einen überaus positiven Blick auf die Tätigkeit der Opferschutzkommission der Stadt Innsbruck.

Unbürokratisch rasche Bearbeitung

Lobend erwähnt wurde die unbürokratische Vorgangsweise, die zu einer raschen Erledigung der Meldungen führte. Eine schnelle Bearbeitung war für eine Reihe Betroffener auch deshalb angebracht, weil sie dem Wunsch entsprach, nicht unnötig lange mit der belastenden Thematik befasst sein zu müssen. Ein Zitat möge hier stellvertretend wiedergegeben werden:

„(…) ich möchte mich bei Ihnen und der eingesetzten Kommission bei der Aufarbeitung der Heimerlebnisse für die große Anteilnahme und die professionelle Vorgehensweise von ganzem Herzen bedanken. Die unbürokratische Abhandlung war für mich eine große Hilfe in dieser Angelegenheit. Darüber endlich zu sprechen, hat mich wieder ein Stück stärker werden lassen."

Vom Wert des Sprechens und Zuhörens

Alle Betroffenen erlebten die Gespräche mit der Kommission insgesamt positiv. Kritische Anmerkungen machten nur zwei Personen. Besonders unterstrichen sie die Authentizität und Empathie der Kommissionsmitglieder. Nach einhelliger Meinung der ZeitzeugInnen interessierten diese sich für die Erfahrungen und das Leid der Betroffenen. Ihre Vorgehensweise empfanden sie als professionell, aber dennoch einfühlsam und taktvoll.

Alle hoben hervor, dass es Sinn hatte zu sprechen, manche taten sich leichter mit Fremden als mit Familienmitgliedern oder FreundInnen. Für nicht wenige war es überhaupt das erste oder zweite Mal, dass sie ihre Geschichte erzählten. Dass die Kommission sich die Zeit nahm, mit jedem und jeder Einzelnen zu sprechen, wurde überaus geschätzt. Die persönliche Begegnung war den Betroffenen sehr wichtig. Auf diese Art und Weise hätten sie Anerkennung erhalten, vor allem aber ein Stück Wiedergutmachung erlebt, weil ihnen Glauben geschenkt wurde.

Die Gelegenheit, endlich über die in der Öffentlichkeit tabuisierte Vergangenheit sprechen und sich mit offiziellen VertreterInnen der Stadt Innsbruck austauschen zu können, empfanden die meisten Betroffenen als „Wohltat". In ihren Stellungnahmen betonen sie, was für sie wesentlicher war als die Geldzahlungen: dass ihre Erfahrungen nun Bedeutung in der Welt haben:

„Aber was für mich noch wichtiger war, ist, dass die Kommission einem zugehört hat. Es ist jetzt über 40 Jahre her, aber es war das erste Mal, [dass mir vermittelt wurde,] dass nicht ich selber schuld war, dass ich ins Heim gekommen bin. Werde es nicht vergessen, dass ich vor Ihnen wie ein Opfer und nicht als Täter gesprochen habe. Möchte mich nochmals bei Ihnen bedanken, denn ich bin das erste Mal ernst genommen worden mit meinen Anliegen."

„Jahrzehntelang in einem Getto des Schweigens und der Ignoranz zu leben, betreffend meiner Erlebnisse als Heimkind, haben in mir eine Denkweise entstehen lassen, die sehr negativ behaftet war." Die Kommissionsmitglieder „haben mit ihrem großen Engagement bewiesen, dass (…) auch noch nachträglich Platz für Menschenwürde und Gerechtigkeit ist. Ich möchte mich nicht nur für die Gestezahlung an mich bedanken, viel viel mehr Wert für mich war ihre Einstellung zu diesem sensiblen Thema, die Ihr mit Herz und Engagement dazu beigetragen habt, dass ich jetzt eine andere Sichtweise habe." Die Kommission habe unter Beweis gestellt, „dass der Glaube an das Gute noch nicht erloschen ist. Ihre herzlichen Bemühungen um das Bestmögliche zu erreichen, haben mich in dieser Causa nicht nur im Kopf, sondern auch im Herzen berührt. (...). Ihr habt nicht nur als Mensch, sondern politisch gesehen, für mich einen Meilenstein gesetzt."

„Zunächst, als ich das Zimmer betrat, hatte ich das Gefühl einer Erinnerung mit Herrn P. Aber nur wegen des Raumes. Mir war, als kannte ich die Umgebung. Aber diesmal mit anderen Vorzeichen. Nicht mehr als bevormundeter kleiner Junge oder Bub, dem gesagt wurde, was er zu machen hatte. Oder dem man nicht zuhören wollte, weil er ja ein Nichts und Niemand ist als ein lästiges Objekt. (...) Noch einmal. Ich habe mich von allen verstanden gefühlt und habe eine Atmosphäre der Anerkennung, Betroffenheit, Würdigung und Respekt verspürt. Dafür möchte ich mich auf das Herzlichste bedanken."

„Daher bin ich schon der Meinung, dass man zwar spät, aber immerhin, sich um die noch Überlebenden aus dieser traurigen Zeit in einer Art und Weise angenommen hat, die ich so fast nicht mehr erwartet hätte. Diese Erlebnisse von damals haben mich ein Leben lang begleitet und verfolgt, waren immer wieder in irgendeiner Weise plötzlich im Vordergrund. Und der Mechanismus des Verdrängens konnte zwar manchmal das schreckliche Erlebte kurzfristig zudecken, jedoch niemals auslöschen.
Daher war es richtig und wichtig, mit all dieser Last ‚nach außen' zu gehen, und hier hat sich meines Erachtens die Kommission wirklich meine vollste Anerkennung verdient. (...) Auf einer Basis von viel Verständnis, Feingefühl und Vertrauen war es erst für mich möglich, die ersten Schritte der Verarbeitung zu setzen, so dass ich heute sagen kann, die Last von damals ist zwar nicht abgefallen, jedoch um einige Tonnen weniger."

„Für mich war es schwierig, vor fremden Menschen über meine Vergangenheit zu sprechen, da ich nicht einmal in meinem näheren Umfeld meine Heimvergangenheit und die damit verbundenen Quälereien anspreche. Nur ganz wenige wissen über diese Zeit und meine gestohlene Jugend. (...) Sie haben mir in unserem Gespräch das Gefühl gegeben, mich und meine Ängste wirklich ernst zu nehmen, und so ist es mir verwunderlicherweise nicht schwer gefallen, Ihnen vieles zu erzählen, was damals passierte. Dafür möchte ich mich ganz herzlich bedanken und

(...) ich habe auch nie das Gefühl gehabt, dass einer von Ihnen nur seinen ‚Auftrag' erfüllt, um zu einem raschen Abschluss zu gelangen. Ganz im Gegenteil, ich verspürte das Gefühl der Angenommenheit und für mich den Beginn der Aufarbeitung des Geschehenen."

„Es war für mich auch überraschend, dass mir überhaupt jemand Gehör schenken will und zu einem Gespräch mit mir bereit ist. Meine Erfahrungen diesbezüglich sind in meinem Leben anders verlaufen und die waren alles andere als positiv. (...) Im Laufe des Gesprächs habe ich nicht sehr viel empfunden, es war für mich so unwirklich, wie ein leerer Raum. (...) Erst nachdem ich wieder auf meiner Zelle war, habe ich alles richtig wahrgenommen und da musste ich mit meinen 59 Jahren die Tränen zurückhalten. Es war ein wärmendes Gefühl, was mich überkam, ein Gefühl von Befreiung, von Loslassen von all den unterdrückten Gedanken, die einen plagen. (...) Euren Umgang mit mir erlebte ich sehr positiv! Ich möchte mich bei Euch bedanken, dass Ihr in so einer respektvollen Weise mit mir gesprochen habt und mir auch das Gefühl gegeben habt, meinen Erzählungen Glauben zu schenken."

Eine Zeitzeugin zeigte sich zwar mit der Arbeit der Kommission mehr als zufrieden, allerdings glaubte sie, in der Äußerung eines Kommissionsmitgliedes einen Zweifel an ihrer Schilderung wahrgenommen zu haben, der sie „schmerzlichst" an die Vergangenheit erinnerte, als ihr nicht geglaubt wurde, wenn sie von ihren Qualen erzählte. Die neuerliche Kontaktaufnahme bot Gelegenheit, dieses Missverständnis auszuräumen.

Ein ehemaliges Heimkind sah sich „merkwürdigen Fragestellungen" ausgesetzt:

„So etwa, ob ich den Eindruck hatte, ‚ein schwieriges Kind' gewesen zu sein?! (...) ich konnte mich des Eindrucks nicht erwehren, dass trotz aller löblichen Aufarbeitungsambitionen immer noch an eventueller Berechtigung von Vorgehensweisen damaliger Verantwortlicher festgehalten würde. Ganz bestimmt sogar war ich ‚schwierig'! Aber ich war lediglich das Produkt dessen, was in all den Jahren voller Gewalt und Lieblosigkeit, Brutalität und menschenverachtender Erziehungsmethoden aus mir gemacht wurde. Ein von den eigenen Eltern sorglos im Stich gelassenes, von Behörden und Allgemeinheit zum Abschuss freigegebenes, nichtsnutziges Subjekt!"

Belastungen

Die Entscheidung der Kommission, das persönliche Gespräch zu suchen, wurde von den ZeitzeugInnen ausdrücklich gut geheißen. Dennoch war das Erscheinen vor der Kommission für viele mit großen Mühen, Unsicherheiten und Ängsten verbunden:

> „Aber ich schämte mich ein wenig. Weil ich weinte. Was ich eigentlich nicht wollte. Mich berührte die betroffene Stille und die Aufmerksamkeit, die mir entgegengebracht wurde. (…) unsicher fühlte ich mich auch, weil ich der Meinung war, ich wirke auf Sie wie einer, der nur unnötig auf sich aufmerksam machen wollte. Und wie kommt das bei der Kommission an. Wie wirke ich auf die Kommission. Glaubt sie mir oder vermutet sie in mir gleichermaßen einen Möchtegerne oder Schwindler bzw. gierigen Menschen, dem es nur um Vergeltung ging."

> „Meine Schwester hat mich davon überzeugt, dass ich mich an die Kommission wenden sollte. Ich wollte nämlich gar nicht, nicht öffentlich, nicht vor Fremden sprechen.
> Das Treffen mit der Kommission hätte ich, ehrlich gesagt, nicht fortsetzen können, wären Sie nicht dabei gewesen. Sie haben durch Ihre Worte, Ihre Anwesenheit in mir ein Grundvertrauen erzeugt, mir das Gefühl vermittelt, dass ich nicht davonlaufen muss, mich nicht weiterhin verstecken brauche."

> „(…) danke für Ihren Brief, dazu möchte ich sagen, dass ich lange gebraucht habe, mich überhaupt zu melden, dann große Ängste hatte, darüber zu reden. Heute weiß ich, dass es richtig war. Bei den Gesprächen mit den Kommissionsmitgliedern fühlte ich mich verstanden, sie waren sehr behutsam und wichtig für mich war, dass mir geglaubt wurde."

Sich der Vergangenheit zu stellen und vor der Kommission Zeugnis abzulegen, konnte für Betroffene bedeuten, mit dem Verdrängten emotional wieder in Berührung zu kommen:

> „Durch die Gespräche mit Ihnen bzw. der Kommission wurden und werden mir aber auch immer mehr Einzelheiten aus meiner Heimzeit, die ich jahrelang mehr oder minder erfolgreich verdrängt hatte, bewusst. Das war zeitweise so unerträglich für mich, dass ich mir gewünscht habe, ich hätte diese Erinnerungen dort gelassen, wo sie jahrzehntelang waren: nämlich tief vergraben in meinem Unterbewusstsein."

„Während meiner Ausführungen war ich emotional schon aufgewühlt, auch wenn ich persönlich schon versucht habe, sehr gefasst und sachlich die diversen Vorfälle zu schildern. (…) Die Heimreise war wesentlich emotionaler als unser Treffen selbst. Es wurden noch einige Erinnerungen wach, die nicht von Beifall begleitet wurden."

„Ich bin jetzt offener und ehrlicher geworden nach dem Gespräch mit der Kommission, das schon schwer war, weil ich war eher verschlossen. Ich schlucke nicht mehr alles und traue mich viel mehr sagen, vor allem zu meinen Betreuern, und bin locker drauf. Die Betreuer sagen, da ist ein Wunder geschehen. Es fällt mir schon schwer, mich zurückzuerinnern, besonders wenn ich alleine bin. Ich bin sehr zufrieden. Was Innsbruck geleistet hat, ist einmalig (…). Mir hat es sehr viel geholfen."

„Negativ empfunden habe ich, dass ich zwei mir völlig fremden Menschen in einem notwendigerweise vorbestimmten Zeitrahmen meine Heimerlebnisse in Kurzfassung schildern sollte. Ich hatte bei diesem Gespräch das irrationale Gefühl, ich bin vor Gericht (…). Vom Verstand her war mir zwar klar, dass das nicht so ist, andererseits musste ich bis dahin immer wieder die Erfahrung machen, dass niemand hören wollte, was man uns Kindern im Heim angetan hat – weder die zuständigen Personen bei der ‚Jugendwohlfahrt' noch sonst irgend jemand. Warum sollten mir dann d i e s e Leute, die mich überhaupt nicht kannten, Glauben schenken?
Positiv für mich war, (…) dass man versucht hat, mir zu vermitteln, man hört mir zu und glaubt mir. Dass ich nicht nur Einsicht in meinen Akt erhalten habe, sondern man mir diesen in Kopie ausgehändigt hat und ich tatsächlich eine Anerkennungszahlung erhalten habe und dass man sich im Rahmen einer internen Zusammenkunft stellvertretend für die damals Zuständigen bei uns entschuldigt hat."

Zeugnis ablegen wollen

In einer ganzen Reihe von Briefen, Mails und vor allem Telefonaten kamen die ehemaligen Heimkinder immer wieder auf ihre Heimzeit, die Pflegefamilien, die Auswirkungen auf ihr Leben und ihre aktuelle Befindlichkeit zu sprechen. Wieder zeigte es sich, dass im individuellen und gesellschaftlichen Aufarbeitungsprozess der persönliche Austausch, Zuhören, Verstehen, Nachempfinden unabdingbar sind. Dies verlangte den Kommissionsmitgliedern emotional viel ab und erforderte von ihnen, eine Balance zwischen professioneller Distanz und empathischer Nähe herzustellen. Die Bereitschaft, sich auf diesen Prozess einzulassen und mehrere Kontaktaufnahmen in die Wege zu leiten, wird von ausnahmslos allen als einer der größten Pluspunkte der Arbeit der Kommission angesehen. Es stellte sich heraus, dass es für die

Betroffenen wichtig war, ein konkretes Gegenüber zu haben, mit dem wiederholt kommuniziert werden konnte. Einige äußerten den Wunsch, ihre Trauer und Wut, ihren Schmerz und ihre Fragen in einer Konfrontation mit ihren damaligen PeinigerInnen zum Ausdruck bringen zu können: als Erwachsene, die den ErzieherInnen nicht mehr wie in der Kindheit und Jugend schutz- und hilflos ausgesetzt sind. Da dies nicht möglich war, kam dem Austausch der ehemaligen Heimkinder mit den Kommissionsmitgliedern eine besondere Bedeutung zu. Viele gaben als Motiv für ihr Kommen den Wunsch an, Zeugnis abzulegen für andere, die dies nicht mehr können, aber auch die Schuldigen zu benennen:

„Uns Kindern gegenüber stand eine Schar von Menschen, geballte Macht von Schlägern voll Hass und Frust, die selbst bemitleidenswerte Geschöpfe waren. Und dringend psychologischer Hilfe bedurften. Wir waren zu klein und zu hilflos, um zu verstehen, warum sie uns prügelten und dabei sagten, wir meinen es nur gut. Unsere Schreie und Tränen verstanden sie ebenso wenig wie wir ihre versteckte Wut, Hass und Verzweiflung.
Erst eine neue Generation war nötig, um zu begreifen, was man uns angetan hatte über Jahre. Wir haben aufgehört zu schreien und zu weinen und zu reden. Denn wohin wir auch gingen, es verstand uns niemand und es wollte auch keiner wissen. So haben wir unterschiedlich gelernt, damit umzugehen oder daran zu scheitern. Einige haben sogar ihrem Leben ein Ende bereitet. Leider kannte ich davon einige und das hat mich wütend gemacht und nicht mutig. Mut hat man uns nie erlaubt, darum sehe ich das nicht als Mut an, dass ich mich gemeldet habe. Ich wollte für die Toten reden, ihnen einen Namen geben, so wie ich auch den Peinigern einen Namen gab. Denn es waren keine Phantome, die uns geschlagen, getreten, verachtet, gedemütigt und unserer Zukunft beraubt haben. Es waren Menschen mit Namen und Gesichtern, die wir niemals mehr vergessen werden, erst mit dem Tod."

Therapie

Alle Menschen, die sich bei der Stadt Innsbruck meldeten und mit der Opferschutzkommission sprachen, wurden auf die Möglichkeit aufmerksam gemacht, auf Kosten der Stadt therapeutische Hilfe in Anspruch nehmen zu können. Relativ wenige machten davon Gebrauch, weil sie sich zu alt dafür fühlten, weil sie bereits in therapeutischer, psychologischer oder psychiatrischer Betreuung standen, weil sie der Meinung waren, dass sie ihr Leben im Griff hätten oder das Leben eigenständig bewältigt werden müsse, weil Therapien nichts helfen würden oder auch weil sie sich nicht jahrelang mit der traumatischen Vergangenheit beschäftigen wollten. Diejenigen, die sich für eine professionelle Unterstützung entschieden, berichteten vom positiven Einfluss ihrer Therapie. Sie wussten dieses Angebot der Stadt zu schätzen, das mit einer völlig freien Wahl der TherapeutInnen verbunden war: „Von der Stadt Innsbruck bekam ich eine finanzielle Anerkennung und die Therapiekosten wurden übernommen. Somit habe ich mit der Stadt Innsbruck, durch die Opferschutzkommission, meinen Frieden gefunden. Durch die Therapie lerne ich, mit der Vergangenheit zu leben."

Die Gestezahlungen

Von 2011 bis Juli 2015 zahlte die Stadt 1.675.000 Euro an 125 Menschen, dazu kommen noch knapp 100.000 Euro an Therapiekosten, die ersetzt wurden. Der Zufriedenheitsgrad mit den finanziellen Leistungen ist überaus hoch. Angesichts der angespannten materiellen Lage und der geringen Pension des Großteils der Menschen, die sich gemeldet haben, stellen die Geldbeträge eine nicht zu unterschätzende Hilfe dar. Bisweilen unterstützen die Betroffenen Kinder und Enkel. Da ihnen dies bis dahin oft nicht möglich war, haben die zugesprochenen Geldmittel nicht zuletzt auch deshalb eine beträchtliche symbolische Bedeutung, sie stärken Selbstwert und Identität. Einige Betroffene wiesen darauf hin, dass sie sich über den erhaltenen Geldbetrag freuen, auch wenn die Geste reichlich spät komme, das Erlittene nicht wieder gut gemacht werden könne und das psychische und körperliche Leiden sich fortsetze:

„Was die Stadt und die städtische Kommission betrifft, bin ich mit dem Geld zufrieden und fühle mich von der Kommission gut betreut. Das sagen auch drei Kollegen, die vor der Kommission erschienen sind. Für mich besteht die Kommission aus Idealisten und ich bin froh, dass es Menschen gibt, die für die Opfer kämpfen und eben auch für die ältere Generation, der ich angehöre, für die sich ein Engagement wegen des Lebensalters ja eigentlich gar nicht mehr rentiert. Ich habe der Bürgermeisterin Blumen geschickt, weil ich mich über den wertschätzenden Umgang freute, gehöre ich doch der Generation der verlorenen Kinder an."

„Das Geld tut gut, aber wichtig war, menschlich behandelt worden zu sein. ‚Hut ab!' Ich bin mit dem Geld zufrieden und habe damit gar nicht gerechnet."

„Ich bedanke mich nochmals beim ganzen Team, dass ich vorsprechen durfte und mir ein Geldbetrag als Wiedergutmachung zugesprochen wurde! Ich weiß, dass mit Geld die Geschehnisse nicht wieder gutzumachen sind, aber es hat mir in meiner Situation (Geldmangel) weitergeholfen!"

„Ich bin sehr zufrieden mit Ihnen und der Kommission und der Entschädigung. Ich habe meine Wohnung komplett neu eingerichtet, neue Wäsche und Gewand gekauft. Das habe ich noch nie gehabt in meinem Leben!"

„Die Bemühungen der Opferschutzkommission sind glaubhaft. Ich glaube aber nicht an ein Unrechtbewusstsein oder an die Reue der institutionalisierten Täter. Jene konnten sich ungeschoren schleichen. Die Gestezahlung ist wohl nicht mehr als ein Körberlgeld, um Opfer und die Öffentlichkeit zu beruhigen. (...) Ja, es ist der Kommission gelungen, mir ihre Wertschätzung auszudrücken. Dies schreibe ich den Persönlichkeiten und der Arbeit der Kommission zu."

„Ich sehe das auch nicht als eine Entschädigung, sondern genauso wie Sie, als eine Geste der Wiedergutmachung. Es wäre gelogen, wenn ich sagen würde, dass ich diese Hilfe nicht brauchen würde, es ist sogar eine sehr große Hilfe, wenn ich entlassen werde, für einen Neustart."

Insgesamt gab es lediglich fünf Mitteilungen, in denen sich die Betroffenen mit der finanziellen Leistung unzufrieden zeigten, die Kommissionsarbeit beurteilten sie ansonsten dennoch insgesamt positiv. Mit allen KritikerInnen wurde Kontakt aufgenommen, die Sachlage genau erörtert und eine Zusatzzahlung veranlasst. Im Folgenden nun Ausschnitte aus den Beschwerden:

„(...) ich möchte der Innsbrucker Opferschutzkommission meinen vollen Respekt und Dank aussprechen für die Geduld, Mühe und Zeit, die sie uns Opfern entgegengebracht hat. (...) Eine Kritik erlaube ich mir trotz allem anzuführen, welche jedoch in die Richtung der finanziellen ‚Entschädigung' geht. Hier hat man vielleicht zu pauschal gehandelt, ohne die individuellen Nöte näher zu erforschen. (...) Und wenn man von nur EUR 400.- Rente monatlich leben muss, dann ist so eine Einmalzahlung zwar momentan ein Glücksmoment, jedoch nur für kurze Zeit."

„Rechtsanwalt (...) hat mir gesagt, dass mir 25.000 Euro zustehen; er kennt Fälle, die 25.000 Euro bekommen hätten, wo weit weniger passiert ist als bei mir. Dem Rechtsanwalt habe ich 900 Euro bezahlt ohne Bestätigung in einem Kuvert und um ein Gespräch gebeten mit der Kommission, das dann stattgefunden hat, aber ich bin ausgehebelt worden. Das ist keine feine Art der Kommission. Deshalb bitte ich, meinen Fall nochmals zu prüfen, da ich 8 Jahre in Westendorf war und das Gröbste mitgemacht habe. Das meiste Geld, das ich von der Kommission bekommen habe, habe ich meinen Kindern gegeben."

Der Betroffene wurde dahingehend aufgeklärt, dass er vor der Kommission gerne nochmals erscheinen hätte können, der Anwalt aber in seinem Namen gekommen war. In langen Telefonaten wurde die Angelegenheit besprochen und einer zufriedenstellenden Lösung zugeführt.

Einer der Zeitzeugen vermutete, dass die Kommission bei ihm Einsparungspotenzial gesucht hätte: „Ich war von meinem 2. Lebensjahr an bis zu meinem 18. ständig eingesperrt in irgendwelchen Anstalten wie ein Tier", bis zu seiner Entlassung sei er „als von der Gesellschaft ausgestoßene Kreatur" behandelt worden,

> „ausgespuckt wie Dreck von jedem und allen. (...) Dazu kann ich nur sagen, Sie, Hr. Dr. Schreiber, und ihre ‚Kommission' haben wirklich gar nichts verstanden! Ich hatte schon in unserem Gespräch nicht das Gefühl, dass es Ihnen um die persönlichen Schicksale dieser leidgeprüften ‚schutzbefohlenen' Geschöpfe ging, sondern hauptsächlich darum, wie viel sie wem zumessen wollen in ihrer selbstgegebenen Kompetenz, zu ermessen, wem wie viel zusteht. Wahre Kompetenz hätte für meinen Teil nur eines bedeuten können. Nämlich jedem einzelnen dieser ‚Fälle' das höchstmögliche Maß an Entschädigung zukommen zu lassen, (...) denn selbst das ist noch tausendfach zu gering als Wiedergutmachung für dermaßen erlittenes Unrecht."

Auf dieses Schreiben erhielt der Betroffene eine ausführliche Reaktion mit dem Versuch, ihm wertschätzend entgegenzukommen. In seinem nächsten Feedback wollte er sich ausdrücklich für das

> „beispielhafte Engagement zur Aufarbeitung bzw. Aufklärung der ungeheuerlichen Missstände in österr. Erziehungsanstalten bedanken! Leuten wie Ihnen ist es zu verdanken, dass letztendlich an die Öffentlichkeit drang, was jahrzehntelang mit aller Macht zu vertuschen versucht wurde. Dafür meinen persönlichen höchsten Respekt! Beim persönlichen Gespräch mit der von der Stadt Ibk beauftragten Kommission war ich dennoch (...) einigermaßen irritiert (...) ob der Tatsache, dass von Seiten der Stadt Ibk offensichtlich das Bemühen vorlag, Missbrauchsopfern, die bereits aus dem Fonds der Tir. Landesregierung Zahlungen erhielten, lediglich eine festgelegte, einen Gesamtbetrag nicht übersteigende Entschädigungszahlung zukommen zu lassen. (...) Abschließend möchte ich Ihnen noch mitteilen, dass ich die Arbeit Ihrer Kommission im Großen und Ganzen durchaus positiv bewerte."

Ein weiterer Zeitzeuge meinte wegen des seiner Meinung nach zu gering ausgefallenen Geldbetrags: „Aber wie soll es anders sein, kurzer Aufschrei und man wird wieder lästig, wenn man fragt oder sich beschwert. Es schmerzt und man ist machtlos!!!!" Nach der ersten Rückantwort auf sein Mail meldete sich der Betroffene wie folgt zu Wort:

„Möchte aber Ihnen auch nochmals schildern, warum ich nach der Auszahlung so reagiert habe und mir mehr erwartet habe. Sie haben mir geschrieben, dass ich nur ca. ein dreiviertel Jahr im Kinderheim Mariahilf war und deshalb auf die Summe gekommen sind.
Durch das Kinderheim Mariahilf auffällig wurde und deshalb zur Frau Dr. Vogl kam und darum das Kinderheim Mariahilf der Auslöser meines Leidensweges war (…). Das Kinderheim hat mich zerbrochen in dem Moment, wo ich denen ausgeliefert war und jeder Tag für mich Jahre waren!!!! (…) habe sogleich die Bitte an Sie und die Kommission, möchte, dass mein Fall nochmals geprüft wird (…). Ich hoffe auf das Verständnis von der Stadt und mir schon noch eine höhere Summe zuspricht (…).
Auch dass ich ernst genommen werde von Seiten der Kommission und Ihnen, freut mich sehr. Sie haben viel gehört über uns Heimkinder und verstehen sicher, was ich meine, und hoffe, dass Sie mich dabei unterstützen und helfen, das der Fr. Bürgermeisterin vorzutragen."

Nach nochmaliger Überprüfung wurde ein weiterer Anerkennungsbeitrag geleistet, ebenso für den folgenden Betroffenen, der zuvor gemeint hatte:

„Als erstes bedanke ich mich für Ihre Zeit und Ihre Geduld, da ich ja kein Einzelfall in der Causa Innsbrucker Heimerziehung bin.
Die Variante der Gestezahlung ist wahrscheinlich zutreffend. Die Höhe der Summe ist mit Sicherheit symbolisch zu verstehen. Wobei ich andererseits erfreut war über die schnelle Reaktion und Bearbeitung. Die Summe allerdings ist meiner Ansicht enttäuschend und entspricht in keinster Weise der realen Entschädigung. Vor allem wenn es eine Zahlung für eine ‚Endschädigung' ist. (…)
Ich persönlich finde es mutig, dass Sie in Form der Kommission hier einen ehrlichen Beitrag leisten und diese unfreundliche Causa der Pädagogik aufarbeiten wollen und auch mich eingeladen haben. Ich hatte den Eindruck, dass Sie meine auszugsweisen Erzählungen ernst genommen haben. Vor allem waren Sie meinen Schilderungen genauso ausgeliefert wie ich damals den Methoden der damals Verantwortlichen. Das heißt, letztendlich bewiesen Sie denselben Mut als Hörer wie ich als Erzähler."

Der Blick auf die Übernahme der politischen Verantwortung

Das Bild, das die ZeitzeugInnen im Aufarbeitungsprozess von der Stadt Innsbruck und der Bürgermeisterin zeichnen, ist anerkennend. Dies ist auch deshalb bedeutend, weil die Abneigung gegen Institutionen, Behörden und Politik aufgrund der Erfahrungen in der Vergangenheit bei vielen ehemaligen Heimkindern sehr ausgeprägt ist.

Hervorzuheben ist, dass die Einschätzung der Tätigkeit der Kommission wesentlich von einer funktionierenden Organisation und der vor- bzw. nachbereitenden Kontaktaufnahme der Stadt abhängt. Dieser Bereich erfordert Feingefühl, Empathievermögen, psychologisches Geschick, eine schnelle Reaktionszeit, aber auch ein hohes Maß an Zeitinvestition und emotionaler Belastbarkeit. Die Betroffenen bringen ihre Lebensgeschichte und aktuelle Befindlichkeit mit und haben mitunter ein großes Mitteilungsbedürfnis, das nicht gestoppt werden möchte. Mit all dem umzugehen, neben der anstehenden alltäglich zu erledigenden Arbeit, ist eine große Herausforderung. Die überwältigende Zustimmung zur Arbeit der Innsbrucker Opferschutzkommission ist daher auch ein Verdienst von Herbert Köfler, der als erste Kontaktperson der Menschen, die sich meldeten, nicht nur die Kommissionsmitglieder in ihrer Tätigkeit entlastete, sondern ein wichtiger Mitbetreuer der Betroffenen war.

Zum Bereich politische Verantwortung und Kontakt mit der Stadt Innsbruck sind zahlreiche positive Stellungnahmen eingetroffen, hier ein Auszug:

„Mein Erstgespräch mit Herrn Köfler zur Akteneinsicht war für mich auch beruhigend und mutgebend."

„Man sieht an dem vorbildlichen Einsatz der Stadt Innsbruck, sich einer solch schwieriger Thematik zu stellen, den Fortschritt unserer Gesellschaft und es sollte für alle politischen und sonstigen Verantwortlichen ein Beispiel sein, wie Verantwortung auch Jahrzehnte nach solchen Ereignissen ernst genommen wird und Gerechtigkeit umgesetzt wird."

„Eine derartige Kompetenz einer Kommission, die so professionell und menschlich mit den Opfern umgeht, war ein einmaliges Erlebnis. Ich will auch betonen, ungeschehen können wir die Übergriffe nicht machen. Aber unser Leid wurde durch die Opferschutzkommission anerkannt und aufgearbeitet. Ich weiß, dass es dazu auch politische Entscheidungen brauchte, die von der Bürgermeisterin Mag.^{a} Christine Oppitz-Plörer bewältigt wurden."

Einer der Zeitzeugen richtete ein persönliches Schreiben an die Bürgermeisterin der Stadt Innsbruck:

„Sie Frau Mag. Christine Oppitz-Plörer und der Magistrat nehmen heute die politische Verantwortung für dieses damalige Unrecht. Respekt und alle Achtung für diesen großen und mutigen Schritt von Verantwortung. Auch für Ihre Größe, Frau Mag. Christine Oppitz-Plörer, der Überwindung, sich bei uns öffentlich zu entschuldigen, so viel Größe haben Ihre Vorgänger leider nicht aufbringen können. Was wäre eine Pauschalabgeltung ohne die Geste einer Entschuldigung. Es wäre gleichzusetzen mit dem Futter eines Hundes. Nur so empfinde ich es als eine ehrenvolle, geachtete und respektvoll aufgewertete Pauschalabgeltung. (…)
Abschließend darf ich Ihnen versichern, Frau Mag. Christine Oppitz-Plörer, dass ich Ihre Entschuldigung in Vertretung die Stadt Innsbruck annehme und Ihnen unterstelle, dass Sie die volle politische Verantwortung für die Taten übernommen haben. Dies zeigt sich an der unbürokratischen Art und Weise, wie Sie der Kommission freie Hand ließen, und an der schnellen Entscheidung."

Anhang

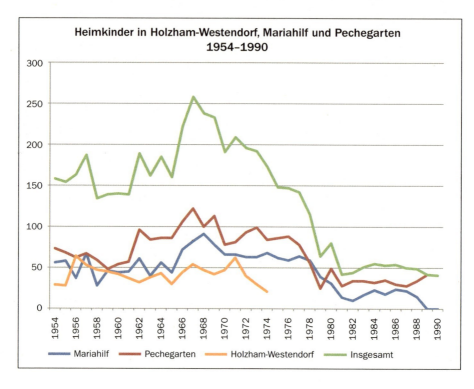

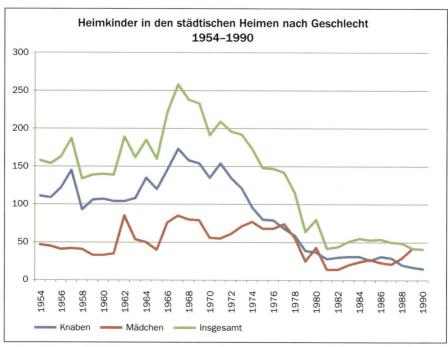

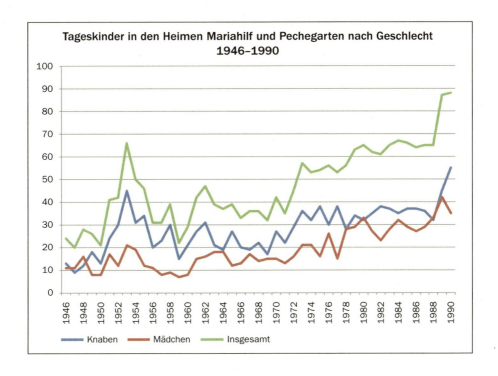

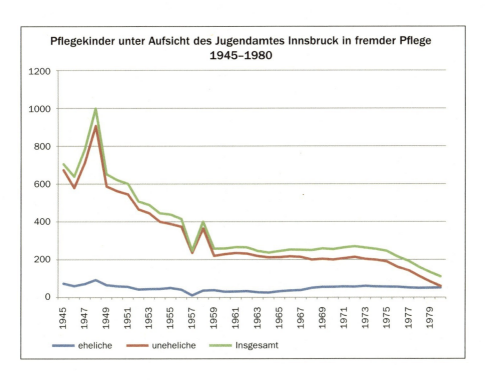

Tabelle 1: Heimkinder in Mariahilf und im Pechegarten 1946–1990

Jahr	Kinderheim Mariahilf			Kinderheim Pechegarten		
	Knaben	Mädchen	Insgesamt	Knaben	Mädchen	Insgesamt
1946	29	35	64			
1947	16	18	34			
1948	24	23	47			
1949	60	57	117			
1950	58	46	104			
1951	85	55	140			
1952	69	35	104			
1953	59	29	88	25	22	47
1954	33	23	56	49	24	73
1955	36	22	58	45	23	68
1956	20	17	37	38	24	62
1957	40	27	67	52	15	67
1958	8	20	28	38	21	59
1959	28	18	46	33	15	48
1960	26	18	44	39	15	54
1961	28	17	45	39	18	57
1962	41	20	61	31	65	96
1963	28	12	40	42	42	84
1964	29	27	56	63	23	86
1965	28	16	44	62	24	86
1966	37	35	72	65	41	106
1967	43	39	82	76	46	122
1968	49	42	91	62	38	100
1969	46	32	78	66	47	113
1970	35	31	66	53	25	78
1971	43	23	66	49	32	81
1972	40	23	63	55	38	93
1973	32	31	63	59	40	99
1974	36	32	68	39	45	84
1975	30	32	62	50	36	86
1976	26	33	59	53	35	88
1977	30	34	64	38	40	78
1978	27	32	59	32	24	56
1979	25	14	39	14	11	25
1980	14	17	31	23	26	49
1981	8	6	14	20	8	28
1982	9	1	10	21	13	34
1983	10	7	17	21	13	34
1984	11	12	23	20	12	32
1985	8	10	18	18	17	35
1986	11	13	24	20	10	30
1987	10	12	22	19	9	28
1988	8	7	15	12	14 (+ 8 WG)	26 (34 mit WG)
1989	0	0	0	17	13 (+ 12 WG)	30 (42 mit WG)
1990	0	0	0	15	15 (+ 11 WG)	30 (41 mit WG)

WG: Wohngemeinschaft; Quelle: Statistische Jahrbücher Innsbruck

Tabelle 2: Heimkinder in Holzham-Westendorf 1954–1973

Jahr	Jahresanfang	Neu	Entlassen
1954	29	83	84
1955	28	84	85
1956	64	36	47
1957	53	25	33
1958	47	34	36
1959	45	38	41
1960	42	11	16
1961	37	17	22
1962	32	25	20
1963	38	28	21
1964	43	18	31
1965	30	29	14
1966	44	36	26
1967	54	33	40
1968	47	27	32
1969	42	25	20
1970	47	36	21
1971	62	23	45
1972	40	19	29
1973	30	8	22
1974	21		

Quelle: Statistische Jahrbücher Innsbruck; Zahlen 1974: Stand März

Tabelle 3: Heimkinder in den Heimen der Stadt Innsbruck 1954–1990

Jahr	Anzahl	Jahr	Anzahl
1954	158	1973	192
1955	154	1974	173
1956	163	1975	148
1957	187	1976	147
1958	134	1977	142
1959	139	1978	115
1960	140	1979	64
1961	139	1980	80
1962	189	1981	42
1963	162	1982	44
1964	185	1983	51
1965	160	1984	55
1966	222	1985	53
1967	258	1986	54
1968	238	1987	50
1969	233	1988	49
1970	191	1989	42
1971	209	1990	41
1972	196		

Berechnet nach: Statistische Jahrbücher Innsbruck;
Zahlen zu Westendorf Stand März 1974 hinzugerechnet

Tabelle 4: Tageskinder in den Heimen Mariahilf und Pechegarten

Jahr	Kinderheim Mariahilf			Kinderheim Pechegarten		
	Knaben	Mädchen	Insgesamt	Knaben	Mädchen	Insgesamt
1946	13	11	24			
1947	9	11	20			
1948	12	16	28			
1949	18	8	26			
1950	13	8	21			
1951	24	17	41			
1952	30	12	42			
1953	24	9	33	21	12	33
1954	14	10	24	17	9	26
1955	16	6	22	18	6	24
1956	10	3	13	10	8	18
1957	9	6	15	14	2	16
1958	12	4	16	18	5	23
1959	6	4	10	9	3	12
1960	9	5	14	12	3	15
1961	14	7	21	13	8	21
1962	16	8	24	15	8	23
1963	12	15	27	9	3	12
1964	12	9	21	7	9	16
1965	17	6	23	10	6	16
1966	11	6	17	9	7	16
1967	9	9	18	10	8	18
1968	7	7	14	15	7	22
1969	5	6	11	12	9	21
1970	12	4	16	15	11	26
1971	5	5	10	17	8	25
1972	8	9	17	21	7	28
1973	15	9	24	21	12	33
1974	11	11	22	21	10	31
1975	11	13	24	27	3	30
1976	15	16	31	15	10	25
1977	17	6	23	21	9	30
1978	8	17	25	20	11	31
1979	14	18	32	20	11	31
1980	16	19	35	16	14	30
1981	18	19	37	17	8	25
1982	22	16	38	16	7	23
1983	25	22	47	12	6	18
1984	24	23	47	11	9	20
1985	24	22	46	13	7	20
1986	23	23	46	14	4	18
1987	22	22	44	14	7	21
1988	20	25	45	12	8	20
1989	27	32	59	18	10	28
1990	38	25	63	17	10	27

Zahl der Tageskinder jeweils am Jahresende; Quelle: Statistische Jahrbücher Innsbruck

Tabelle 5: Pflegeaufsicht und Amtsvormundschaft des Jugendamtes Innsbruck 1945–1980

Am Jahresende	Es standen unter					Amtsvormundschaft
	Pflegeaufsicht des Jugendamtes					
	Pflegekinder in fremder Pflege			Bei der Mutter lebende uneheliche Kinder	Kinder insgesamt	
	eheliche	uneheliche	insges.			
1945	73	673 (89,6 %)	705	1.092	1.797	2.427
1946	60	579 (90,6 %)	639	1.192	1.831	2.537
1947	71	713 (90,9 %)	784	1.137	1.921	2.580
1948	92	907 (90,8 %)	999	1.126	2.125	2.451
1949	65	587 (90,1 %)	652	1.356	2.008	2.458
1950	59	562 (90,5 %)	621	1.411	2.032	2.446
1951	56	545 (90,7 %)	601	1.405	2.006	2.528
1952	42	465 (91,7 %)	507	1.204	1.711	2.447
1953	44	445 (91,1 %)	489	1.162	1.651	2.398
1954	45	400 (89,9 %)	445	1.062	1.507	2.336
1955	50	388 (88,6 %)	438	983	1.421	2.362
1956	41	374 (90,1 %)	415	1.328	1.743	2.744
1957	11	236 (95,5 %)	247	1.512	1.770	2.741
1958	36	364 (91,0 %)	400	1.459	1.859	2.552
1959	38	220 (85,3 %)	258	1.543	1.801	2.629
1960	30	229 (88,4 %)	259	1.391	1.650	2.739
1961	31	235 (88,3 %)	266	1.400	1.666	2.834
1962	33	232 (87,5 %)	265	1.381	1.646	2.880
1963	27	219 (89,0 %)	246	1.382	1.628	2.922
1964	25	212 (89,4 %)	237	1.410	1.805	2.906
1965	32	213 (86,9 %)	245	1.475	1.869	2.945
1966	36	217 (85,7 %)	253	1.480	1.886	2.878
1967	38	214 (84,9 %)	252	1.532	1.940	2.838
1968	50	200 (80,0 %)	250	1.599	1.997	2.863
1969	55	204 (78,7 %)	259	1.645	2.057	2.868
1970	55	200 (78,4 %)	255	1.637	2.043	2.881
1971	57	207 (78,4 %)	264	1.669	2.091	2.869
1972	56	214 (79,2 %)	270	1.697	2.114	2.862
1973	60	203 (77,1 %)	263	1.654	2.070	2.539
1974	57	199 (77,7 %)	256	1.732	2.144	2.545
1975	56	190 (77,2 %)	246	1.764	2.155	2.520
1976	55	161 (74,5 %)	216	1.826	2.161	2.496
1977	51	142 (73,5 %)	193	1.792	2.089	2.428
1978	49	112 (69,5 %)	161	1.794	2.036	2.380
1979	50	84 (62,6 %)	134	1.791	1.979	2.333
1980	51	59 (53,6 %)	110	1.738	1.861	2.234

Berechnet nach: Statistische Jahrbücher Innsbruck

Anmerkungen

Einleitung

1. Wolfgang Benz: Gewalt gegen Kinder. Jugendhilfe und Heimerziehung in der DDR, in: Deutschland Archiv, 11.04.2014, Link: http://www.bpb.de/182642 (Zugriff 10.7.2015).
2. Waltraud Kannonier-Finster/Meinrad Ziegler: Vorwort, in: Horst Schreiber: Im Namen der Ordnung. Heimerziehung in Tirol, Innsbruck–Wien–Bozen 2010, S. 11.
3. Karl-Markus Gauß: Zu früh, zu spät. Zwei Jahre, München 2010, S. 367.
4. Zit. n. http://www.heimkinder-reden.at, ein Video-ZeitzeugInnen-Projekt von Christian Kuen und Horst Schreiber.
5. Ebd.
6. „,Jetzt reden wir!' Ehemalige Heimkinder erzählen". Ein Film von Christian Kuen und Horst Schreiber, 2014. Der Film ist im Stadtarchiv/Stadtmuseum Innsbruck für einen Unkostenbeitrag von acht Euro zu erwerben.

Zum Wohle der Kinder?
Die Heime der Stadt Innsbruck

1. Werner Zimmermann: Westendorf. Menschen, Höfe, Leben. Wilder Kaiser – Brixental – Kitzbüheler Alpen, Innsbruck 2011, S. 205f; http://www.kitzbueheler-alpen.com/media/08-august-2015.pdf (Zugriff 27.8.2015).
2. Schenkungsvertrag abgeschlossen zwischen Schulrat Bernhard Amos, Liquidator des Vereins Ferienkolonie Innsbruck, und der Stadt Innsbruck, 21.5.1955. Stadtarchiv Innsbruck (StAI), Magistratsabteilung IV, Jugendheimstätte Holzham/Westendorf, 17, Mappe Allgemeines.
3. Kaufvertrag vom 1.11.1917 und Pachtvertrag vom 1.11.1917 zwischen dem Verein für Ferienkolonien in Innsbruck (Lukas Ostheimer, Vorstand und Bürgerschuldirektor, sowie Karl Molin, Bankier und Zahlmeister des Vereins, und Bertha Mayer, Schriftführerin) und Balthasar Riedmann, Badwirt in Westendorf, der den Besitz mit einer Übertragungsurkunde vom 26.1.1910 erworben hatte. Tiroler Landesarchiv (TLA), Verfachbuch Itter/Hopfgarten 1918, fol. 179 und fol. 183.
4. Grundbuchsauszug Bezirksgericht Hopfgarten, Katastralgemeinde Westendorf, EZ 28 I. StAI, Magistratsabteilung IV, Jugendheimstätte Holzham/Westendorf, 17, Mappe Allgemeines.
5. Schenkungsvertrag abgeschlossen zwischen Schulrat Bernhard Amos, Liquidator des Vereins Ferienkolonie Innsbruck, und der Stadt Innsbruck, 21.5.1955. StAI, Magistratsabteilung IV, Jugendheimstätte Holzham/Westendorf, 17, Mappe Allgemeines; Zimmermann: Westendorf, S. 287–289.
6. Grundbuchsauszug Bezirksgericht Hopfgarten, Katastralgemeinde Westendorf, EZ 28 I. StAI, Magistratsabteilung IV, Jugendheimstätte Holzham/Westendorf, 17, Mappe Allgemeines.
7. Die Magistratsabteilung IV der Stadt Innsbruck bezeichnete Bernhard Amos als letzten Vereinsvorstand. Magistratsabteilung IV an Bundesministerium für Inneres, 14.3.1952 und Bundesministerium für Inneres an Stadtmagistrat Innsbruck, 12.12.1952. StAI, Magistratsabteilung IV, Jugendheimstätte Holzham/Westendorf, 17, Mappe Allgemeines.
8. Horst Schreiber: Die Machtübernahme. Die Nationalsozialisten in Tirol 1938/39, Innsbruck 1994 (Innsbrucker Forschungen zur Zeitgeschichte 10), S. 175f und 201.
9. Tätigkeitsbericht Franz Tatzel: Die Jugendheimstätte der Stadt Innsbruck in Holzham bei Westendorf, o. D. (1962). StAI, V/10

Jahresberichte und Statistik des städtischen Jugendamtes. Landesjugendamt, Haindl, an Stadtjugendamt Innsbruck, 11.2.1947 und Jugendamt Innsbruck an Amt der Tiroler Landesregierung (ATLR), Vermögenssicherungsstelle, 13.4.1947 sowie Bestellungsurkunde ATLR, IXd, 15.4.1947. StAI, V/J 112/1947a.

10 Niederschrift über die 2. Sitzung des Stadtrats Innsbruck (StrI), 8.2.1949, S. 47f. StAI, Stadtratsprotokolle.

11 Vizebürgermeister Hans Flöckinger. Niederschrift über die 2. Sitzung des Gemeinderats Innsbruck (GrI), 21.1.1949, S. 91. StAI, Gemeinderatsprotokolle.

12 Ebd.: S. 91 und 103.

13 Rechnungsprüfungsamt, Prüfungsbericht Jugendheim Holzham, an Bürgermeister Melzer u. a., 11.10.1948. StAI, V/J 112/1947a.

14 Niederschrift über die 7. Sitzung des GrI, 18.7.1952, S. 273. StAI, Gemeinderatsprotokolle.

15 Niederschrift über die 7. Sitzung des StrI, 7.4.1949, S. 178. StAI, Stadtratsprotokolle.

16 Magistratsabteilung IV an Bundesministerium für Inneres, 14.3.1952 und Bundesministerium für Inneres an Stadtmagistrat Innsbruck, 12.12.1952. StAI, Magistratsabteilung IV, Jugendheimstätte Holzham/Westendorf, 17, Mappe Allgemeines.

17 Schenkungsvertrag abgeschlossen zwischen Schulrat Bernhard Amos, Liquidator des Vereins Ferienkolonie Innsbruck, und der Stadt Innsbruck, 21.5.1955. StAI, Magistratsabteilung IV, Jugendheimstätte Holzham/Westendorf, 17, Mappe Allgemeines.

18 Niederschrift über die 29. Sitzung des StrI, 15.11.1951, S. 659. StAI, Stadtratsprotokolle.

19 Schenkungsvertrag abgeschlossen zwischen Schulrat Bernhard Amos, Liquidator des Vereins Ferienkolonie Innsbruck, und der Stadt Innsbruck, 21.5.1955. StAI, Magistratsabteilung IV, Jugendheimstätte Holzham/Westendorf, 17, Mappe Allgemeines. Die Liegenschaft EZ 28 I, Katastralgemeinde Westendorf (Gerichtsbezirk Hopfgarten) bestand aus den Bauparzellen 224 (Futterstall), 225 (Hauptgebäude), 619 (Schießstand) und den Grundstücksparzellen 1492 (Wald), 1493 (Wiese) sowie 1494 und 1501 (Äcker).

20 Niederschrift über die 4. Sitzung des StrI, 19.1.1956, S. 71. StAI, Stadtratsprotokolle.

21 Ebd.: Niederschrift über die 6. Sitzung des StrI, 2.3.1961, S. 146.

22 Ebd.: Niederschrift über die 33. Sitzung des StrI, 6.12.1960, S. 811. 1960 arrondierte die Stadt Innsbruck ihren Grundbesitz in Westendorf durch einen kleinen Grundstücktausch (Gp 1514/4 für Gp 1500/5). Niederschrift über die 23. Sitzung des StrI, 28.7.1960, S. 820.

23 Ebd.; Archiv Oberlandesgericht (OLG) Innsbruck, Mappe OLGPräs. Innsbruck, Versorgungsakt Dr. Robert Skorpil, LGPräs. 7-S-8; Schreiber: Machtübernahme, S. 53 und 211; Schreiber: Im Namen der Ordnung, S. 48.

24 Eigenhändig verfasster Fragebogen von Alfred Haindl, 23.1.1946. Österreichisches Staatsarchiv/Archiv der Republik (ÖStA/AdR), Bundeskanzleramt (BKA), Präsidium, Figl Komitee, Tirol 1946/47, Karton (K.) 25, Umschlag Landeshauptmannschaft.

25 Magistratsdirektion (MD) an Egon Denz, 7.7.1938 und Vermerk 27.8.1938 sowie von Duregger ausgefüllter Fragebogen Military government of Germany, 14.5.1945. Personalakt 1458, Franz Duregger.

26 Ebd.: Von Duregger ausgefüllter Fragebogen Military government of Germany, 14.5.1945.

27 Ebd.: MD Erledigungsentwurf der MD an Franz Duregger, Anton Melzer, 12.11.1947.

28 Antrag Hans Flöckinger an den Stadtrat, 26.2.1945, Beschluss des Personalausschusses, 1.3.1948. StAI, MD 444/1948.

29 Klaus Krüger an Haindl, 3.7.1946. StAI, Mappe grün ohne Beschriftung (Magistratsabteilung V). Er war vom 1.2.1939 bis 10.3.1940 stellvertretender Anstaltsleiter am Jagdberg in Schlins, vom 11.3.1940 bis 2.12.1940 Leiter der Erziehungsanstalt Fügen (Bubenburg).

30 Ebd.: Krüger an Haindl, 6.9.1946.

31 Ebd.: Landesjugendamt, Bescheinigung der Betrauung von Otto Haan mit der kommissarischen Leitung des Heimes Westendorf, 23.7.1945. Lebenslauf Otto Haan, geboren 7.5.1922 in Wien und Sicherheitsdirektion für Tirol, Bericht vom 10.10.1945. TLA, Sicherheitsdirektion, Staatspolizeiliche Akten 1945, Pos. 4121.

32 Bericht Otto Haan über die ehemalige Naziheimleitung, 17.7.1945. StAI, Mappe grün ohne Beschriftung (Magistratsabteilung V). Landesjugendamt IIIc an Sicherheitsdirektor Peterlunger, 4.10.1945, Haan an Landesjugendamt, Haindl, 9.10.1945. StAI, V/J 112/1947a. Landesjugendamt, Skorpil, an die Sicherheitsdirektion Tirol, 4.10.1945, Niederschrift nach der Vorladung von Otto Haan

vor der Sicherheitsdirektion Tirol, 8.10.1945, Niederschrift nach der Vorladung von Bürgermeister Peter Neuschmid vor der Sicherheitsdirektion Tirol, 7.10.1945 und Verzeichnis der im Jugendheim Holzham-Westendorf beschäftigten Angestellten, 7.10.1945. TLA, Sicherheitsdirektion, Staatspolizeiliche Akten 1945, Pos. 4121.

33 Schreiben des Landesjugendamtes, 31.10.1945. StAI, Mappe grün ohne Beschriftung (Magistratsabteilung V).

34 Hauser-Hauzwicka an Landeshauptmannschaft Tirol, 13.10.1945. StAI, Personalakt 555, Rudolf Hauser-Hauzwicka.

35 Ebd.: Hauser-Hauzwicka an Personalamt des Stadtmagistrats Innsbruck, 2.10.1947, Amtsvermerk MD, 7.10.1947 und Abschrift der Kreisleitung der NSDAP Innsbruck, Kreisleiter Primbs an Rudolf Hauzwicka, Schriftleiter, 19.1.1942.

36 Ebd.: Hauser-Hauzwicka an Skorpil, 13.10. und 7.11.1945.

37. Ebd.: Hauser-Hauzwicka an Landesjugendamt, 8.1.1947 und an Bürgermeister Anton Melzer, 12.2.1949. StAI, Personalakt 555, Rudolf Hauser-Hauzwicka; Rolf Hauser-Hauzwicka: 10 Jahre Österreichisches Jugendrotkreuz in Tirol. Landesleitung Tirol des Österreichischen Jugendrotkreuzes, Innsbruck 1957; Rolf Hauser-Hauzwicka (Hg.): Wir und der Film. 5 Jahre Filmgilde in Tirol. Arbeit für den guten Film, Innsbruck 1957; Tiroler Tageszeitung, 3.5.1961, S. 4.

38 Landesjugendamt an Hüttenberger, 20.3.1947 und Hüttenberger an Landesjugendamt, 22.3.1947, Bezirksschulrat Schwaz an Landesfürsorgeamt Innsbruck, 22.1.1946 und Aktenvermerk Landesjugendamt, 29.1.1946 sowie Landesjugendamt an Landesamtsdirektor Kneußl, 31.1.1946. StAI, Mappe grün ohne Beschriftung (Magistratsabteilung V).

39 Hauser an Stadtjugendamt, 6.4.1948. StAI, V/J 112/1947a.

40 Franz Duregger, Dienstbeschreibung Rudolf Hauser-Hauzwicka, 15.6.1948. StAI, Personalakt 555, Rudolf Hauser-Hauzwicka.

41 Ebd.: Prüfungsbericht des Rechnungsprüfungsamtes, III. Teil, Strasser an Anton Melzer, Hans Flöckinger, Franz Greiter und Franz Duregger, 11.10.1948.

42 Ebd.: Hauser-Hauzwicka an Melzer, 26.2.1949.

43 Ebd.: Hauser-Hauzwicka an Melzer, 6.2.1949.

44 Ebd.: Hauser-Hauzwicka an Melzer, 12.2.1949 mit Rechtfertigungsschrift.

45 Rechnungsprüfungsamt, Prüfungsbericht Jugendheim Holzham, an Bürgermeister Melzer u. a., 24.9. und 11.10.1948, MD, Mangutsch, an Melzer, 13.12.1948. StAI, V/J 112/1947a.

46 Ebd.: Melzer an MD, 3.1.1949, MD an Staatsanwaltschaft Innsbruck, 14.1.1949.

47 Ebd.: Wild an Duregger, Stadtjugendamt, 4.2.1949. StAI, V/J 112/1947a.

48 Ebd.: Amtsvermerk MD, 23.2.1949.

49 Ebd.: Prüfungsamt an MD, 17.4.1953 und Flöckinger an Richard Schneider, Rechtsanwalt, 17.4.1953.

50 Rundschreiben MD Mangutsch, 12.2.1949. StAI, MD 587/1949.

51 Ebd.: Mangutsch an den Personalausschuss, Vizebürgermeister Franz Kotter, 8.3.1949.

52 Ebd.: Obmann der Personalvertretung, Leopold Holzer, an Obmann des Personalausschusses, Kotter, 9.3.1949.

53 Ebd.: Beschluss des Personalausschusses, 10.3.1949.

54 Niederschrift über die 5. Sitzung des StrI, 17.3.1949, S. 113. StAI, Stadtratsprotokolle.

55 Berechnung des Treuegeldes zur Verlassenschaft, 18.8.1980. Unterlagen zur Verfügung gestellt von Magistratsdirektor-Stellvertreter Herbert Köfler. Privatarchiv Horst Schreiber.

56 Franz Tatzel. Bundesarchiv (BA) Berlin, NSDAP-Gaukartei.

57 Personalfragebogen Franz Tatzel, 2.10.1940. BA Berlin.

58 Berechnung des Treuegeldes zur Verlassenschaft, 18.8.1980. Unterlagen zur Verfügung gestellt von Magistratsdirektor-Stellvertreter Herbert Köfler. Privatarchiv Horst Schreiber.

59 Niederschrift über die 4. Sitzung des Personalausschusses, 19.6.1946, S. 3. StAI, Personalausschuss, 24.9.1946–28.12.1948/1.

60 Niederschrift über die 23. Sitzung des Personalausschusses, 3.9.1947. StAI, Personalausschuss, 24.9.1946–28.12.1948/3; Niederschrift über die 2. Sitzung des StrI, 10.1.1947, S. 10. StAI, Stadtratsprotokolle.

61 Duregger, Jugendamt, an MD, 7.12.1950. StAI, V 77/1930.

62 Niederschrift über die 2. Sitzung des GrI, 13.2.1952, S. 80, StAI, Gemeinderatsprotokolle.

63 Josef Burger: Chronik Westendorf, Hopfgarten 1997, S. 134f.

64 Franz Zurmann, Bericht über das Jugendheim Holzham bei Westendorf, 17.7.1945. StAI, Mappe grün ohne Beschriftung (Magistratsabteilung V).

65 Ebd.: Landesjugendamt an den komm. Leiter der Jugendheimstätte Westendorf, 30.7. und 22.8.1945 sowie Landesjugendamt an Brennholzsammelstelle Innsbruck, 4.10.1945.
66 Ebd.: Landesjugendamt Aktenvermerk für LR Franz Hüttenberger, 20.2.1946.
67 Ebd.
68 Ebd.: Landesjugendamt an Kinderhilfswerk Tirol, 14.11.1945.
69 Ebd.: Landesjugendamt an Jugendheim Westendorf, 9.8.1946.
70 Ebd.: Heimleiter Hauser an Landesjugendamt, 26.8.1946.
71 Tiroler Kriegsopferverband, Kameradschaft Silz, an Landesinvalidenamt Innsbruck, 21.6.1947. StAI, V/J 112/1947a.
72 Ebd.: Heimleiter Hauser an Dr. Juda, 19.5.1947.
73 Bemerkung zu dem Aktenvermerk F/B vom 29.1.1946. Hauser an Jugendamt Innsbruck, 4.2.1946. StAI, Mappe grün ohne Beschriftung (Magistratsabteilung V).
74 Ebd.
75 Ebd.
76 Niederschrift Hans Schröder, 29.1.1946. StAI, Mappe grün ohne Beschriftung (Magistratsabteilung V); Hauser an BH Kitzbühel, 8.11.1946. StAI, MD 1237/1947.
77 Rechnungsprüfungsamt, Prüfungsbericht Jugendheim Holzham, an Bürgermeister Melzer u. a., 11.10.1948. StAI, V/J 112/1947a.
78 Ebd.
79 Ebd.
80 Franz Tatzel an Landesjugendamt, 31.7.1949. StAI, Mappe grün ohne Beschriftung (Magistratsabteilung V).
81 Tatzel an Jugendamt Innsbruck, 14.6.1949. StAI, V/J 112/1947a.
82 Niederschrift über die 22. Sitzung des StrI, 1.12.1949, S. 511. StAI, Stadtratsprotokolle.
83 Niederschrift über die 8. Sitzung des GrI, 12.4.1951, S. 179 und 182. StAI, Gemeinderatsprotokolle; Niederschrift über die 28. Sitzung des StrI, 15.9.1955, S. 486. StAI, Stadtratsprotokolle.
84 Ebd.: Niederschrift über die 34. Sitzung des StrI, 6.12.1972, S. 759f.
85 Kontrollamt an Magistratsabteilung V, 29.4.1974. StAI, MD 668/1974.
86 Dietrich, Stadtjugendamt Innsbruck, an das Landesjugendamt Salzburg, 21.9.1961. StAI, V/J 112/1947 Jugendheim Holzham Westendorf_407.
87 Ebd.
88 Niederschrift über die 11. Sitzung des GrI, 13.12.1962, S. 285. StAI, Gemeinderatsprotokolle.
89 Ebd.: Niederschrift über die 7. Sitzung des GrI, 20.12.1967, S. 394 und über die 8. Sitzung des GrI, 19.12.1969, S. 551.
90 Franz Tatzel, Tätigkeitsbericht des Jugendheimes der Stadt Innsbruck in Westendorf/Tirol über das Jahr 1968, 10.3.1969. StAI, V/10 Jahresberichte und Statistik des städtischen Jugendamtes.
91 Niederschrift über die 8. Sitzung des GrI, 19.12.1969, S. 557f. StAI, Gemeinderatsprotokolle.
92 Siehe Heinrich Zangerle: Zur Berufssituation des Erziehers in österreichischen Fürsorgeerziehungsheimen. Eine empirische Untersuchung an 122 Erziehern in 16 österreichischen Fürsorgeerziehungsheimen. Dissertation Universität Innsbruck 1974; Irmtraud Goessler-Leier/Rosemarie Fischer/Claudia Halletz: Verwaltete Kinder – Eine soziologische Analyse von Kinder- und Jugendheimen im Bereich der Stadt Wien. Endbericht, Institut für Stadtforschung Wien 1975.
93 Franz Tatzel, Tätigkeitsbericht des Jugendheimes der Stadt Innsbruck in Westendorf/Tirol über das Jahr 1968, 10.3.1969. StAI, V/10 Jahresberichte und Statistik des städtischen Jugendamtes.
94 Niederschrift über die 2. Sitzung des StrI, 10.1.1947, S. 15. StAI, Stadtratsprotokolle; Niederschrift über die 4. Sitzung des Personalausschusses, 7.5.1952. StAI, Personalausschuss, PA II-IV, 27.3.1950–17.12.1954/3.
95 Niederschrift über die 26. Sitzung des StrI, 5.11.1958, S. 536f. StAI, Stadtratsprotokolle.
96 Rechnungsprüfungsamt, Prüfungsbericht Jugendheim Holzham, an Bürgermeister Melzer u. a., 11.10.1948, Hauser-Hauzwicka an Stadtjugendamt Innsbruck, 5.11.1947 und an MD Innsbruck, 20.1.1949. StAI, V/J 112/1947a.
97 Niederschrift über die 12. Sitzung des GrI, 20./21.12.1957, S. 511. StAI, Gemeinderatsprotokolle.
98 Ebd.: Niederschrift über die 1. Sitzung des GrI, 25.1.1972, S. 182.
99 Ebd.: Niederschrift über die 2. Sitzung des GrI, 31.3.1955, S. 102.
100 Franz Tatzel zum Kontrollamtsbericht vom 14.5.1962, 27.5.1962. StAI, V/J 112/1947 Jugendheim Holzham Westendorf_407; Franz Tatzel, Tätigkeitsbericht des Jugendheimes der Stadt Innsbruck in Westendorf/Tirol über

das Jahr 1966, o. D. StAI, V/10 Jahresberichte und Statistik des städtischen Jugendamtes.
101 Franz Tatzel, Tätigkeitsbericht des Jugendheimes Holzham/Westendorf über das Verwaltungsjahr 1959, 24.1.1960. StAI, V/10 Jahresberichte und Statistik des städtischen Jugendamtes.
102 Ebd.
103 Franz Tatzel, Tätigkeitsbericht des Jugendheimes der Stadt Innsbruck in Westendorf/Tirol über das Jahr 1968, 10.3.1969. StAI, V/10 Jahresberichte und Statistik des städtischen Jugendamtes.
104 Ebd.: Franz Tatzel, Tätigkeitsbericht des Jugendheimes der Stadt Innsbruck in Westendorf/Tirol 1969, o. D.
105 Hafenscher, Vorstand des Städtischen Kontrollamtes, Bestands- und Gebarungsprüfung, 14.5.1962. StAI, MD 1954/1962; Franz Tatzel zum Kontrollamtsbericht vom 14.5.1962, 27.5.1962. StAI, V/J 112/1947 Jugendheim Holzham Westendorf_407; Hafenscher, Vorstand des Städtischen Kontrollamtes, Kontrollamtsbericht an Bürgermeister Lugger, 20.7.1966. StAI, MD 2586/1966; Franz Tatzel, Tätigkeitsberichte des Jugendheimes Holzham/Westendorf über die Verwaltungsjahre 1959–1965. StAI, V/10 Jahresberichte und Statistik des städtischen Jugendamtes.
106 Tätigkeitsbericht des Jugendheimes der Stadt Innsbruck in Westendorf/Tirol über das Jahr 1962, 22.2.1963. StAI, V/10 Jahresberichte und Statistik des städtischen Jugendamtes
107 Franz Tatzel, Bericht o. D. (1962). StAI, V/J 112/1947 Jugendheim Holzham Westendorf_407.
108 Ebd.: Tatzel an Magistratsabteilung V, 10.10.1966.
109 MD, Herbert, an Vizebürgermeister Maier, 10.10.1967. StAI, Personalakt 2701, U. O.
110 Ebd.: Dietrich an MD, 5.10.1967.
111 E. F. an MD, 6.11.1954. StAI, Personalakt 444, E. F.
112 Ebd.: Tatzel an Magistratsabteilung V, 8.11.1954
113 Polizeidirektion Innsbruck, Leumund, 31.8.1946. StAI, Personalakt 2076, K. St.
114 Amtsvermerk C. H., 2.6.1963. StAI, Personalakt 1596, C. H.
115 Ebd.: Magistratsabteilung V, Dietrich, an MD, 17.6.1963.
116 Ebd.: MD, Erledigungsentwurf Schwamberger, an Magistratsabteilung V, 25.6.1963.
117 Ebd.
118 Ebd.: Magistratsabteilung V, Dietrich, an MD, 24.7.1963.
119 Ebd.: Urteil des Bezirksgerichtes Innsbruck (BGI), 8.7.1963.
120 Ebd.: Magistratsabteilung V, Dietrich, an MD, 24.7.1963.
121 Ebd.: Magistratsabteilung V, Beitner, an MD, 22.8.1963.
122 Amtsvermerk, W. T., 19.9.1967. StAI, V/J 112/1947 Jugendheim Holzham Westendorf_407.
123 http://www.heimkinder-reden.at/portrats/luggi (Zugriff 16.7.2015).
124 Amtsvermerk, W. T., 19.9.1967. StAI, V/J 112/1947 Jugendheim Holzham Westendorf_407.
125 Ebd.: Magistratsabteilung V, Dietrich, an MD, 21.9.1967.
126 Erklärung, unterschrieben von E. S., 27.7.1946. StAI, Personalakt 1596, C. H.
127 Amtsbericht MD, Mangutsch, 3.12.1948. StAI, Personalakt 555, Rudolf Hauser-Hauzwicka.
128 Alfons Dietrich, Jugendamt, an Alois Jalkotzy, 7.5.1955. StAI, V/J 3745/29.
129 Ebd.: Merkblatt Alois Jalkotzy, Mai 1955.
130 Magistratsabteilung V, Dietrich, an MD, 19.5.1964 und MD an Lugger, 10.7.1964. StAI, Personalakt 2641, R. F.
131 Ebd.: Mein Lebenslauf, o. D. (8. Juli 1964).
132 Ebd.: Dienstbeschreibung Magistratsabteilung V, Dietrich, 22.9.1964.
133 Zangerle an Stadtjugendamt, Dietrich, 4.7.1967. StAI, V/J 12 (bis zum 31.12.1970 3745/29).
134 Ebd.: Magistratsabteilung V, Dietrich, an Zangerle, 23.6.1967.
135 Siehe die Ausführungen zu Maria Nowak-Vogl und der Kinderbeobachtungsstation in Innsbruck in dieser Studie sowie Horst Schreiber: Dem Schweigen verpflichtet. Erfahrungen mit SOS-Kinderdorf, Innsbruck–Wien–Bozen 2014 (transblick 11), S. 185–193.
136 Gespräch von G. B. mit der Opferschutzkommission der Stadt Innsbruck 2011.
137 Gespräch von R. W. mit der Opferschutzkommission der Stadt Innsbruck 2011.
138 Gespräch von M. M. mit der Opferschutzkommission der Stadt Innsbruck 2012.
139 B.: Mein Lebenslauf. Unterlagen zur Verfügung gestellt von Magistratsdirektor-Stellvertreter Herbert Köfler. Privatarchiv Horst Schreiber.
140 Ebd.: Magistratsabteilung V, Dietrich, an MD, 10.9.1964.

141 Ebd.: Amtsvermerk MD, o. D. (Schlussseite des Dokuments fehlt).
142 Gespräch von M. M. mit der Opferschutzkommission der Stadt Innsbruck 2012.
143 Anzeige des Landesgendarmeriekommandos Tirol an die Staatsanwaltschaft Innsbruck, 3.4.1967. Unterlagen zur Verfügung gestellt von Magistratsdirektor-Stellvertreter Herbert Köfler. Privatarchiv Horst Schreiber.
144 Magistratsabteilung V, Dietrich, an MD, 29.12.1967. Privatarchiv Horst Schreiber.
145 Materialien zur Verfügung gestellt von F. R. Privatarchiv Horst Schreiber.
146 Gespräch von M. M. mit der Opferschutzkommission der Stadt Innsbruck 2012.
147 Schriftlicher Bericht H. S. für die Opferschutzkommission Innsbruck, 26.10.2010. Privatarchiv Horst Schreiber.
148 Tatzel an MD, 15.9.1971. StAI, Personalakt 2641, R. F.
149 Niederschrift über die 22. Sitzung des StrI, 21.7.1960, S. 555. StAI, Stadtratsprotokolle.
150 Rudolf Hauser an Landesjugendamt, 3.8.1946. StAI, Mappe grün ohne Beschriftung (Magistratsabteilung V).
151 Ebd.
152 Ebd.: Rudolf Hauser an Landesjugendamt, 5.10. und 2.11.1946 sowie an Jugendamt Innsbruck, 16.9.1947.
153 Jugendamt Innsbruck an Landesschulrat Tirol, 8.9.1949 und Jugendamt Innsbruck an Landesschulrat, Entwurf o. D. StAI, V/J 112 f/1947.
154 Rudolf Hauser an Jugendamt Innsbruck, 2.10.1948. StAI, Mappe grün ohne Beschriftung (Magistratsabteilung V).
155 Niederschrift über die 7. Sitzung des StrI, 21.2.1957, S. 122f. StAI, Stadtratsprotokolle.
156 Stadtjugendamt Innsbruck an MD Innsbruck, 4.7.1960. StAI, V/J 112/1947 Jugendheim Holzham Westendorf_407.
157 Ebd.: Hafenscher, Vorstand des Innsbrucker Kontrollamtes, Bestands- und Gebarungsprüfung, 14.5.1962, und Dietrich, Stadtjugendamt Innsbruck, an das Landesjugendamt Salzburg, 21.9.1961.
158 Ebd.: Dietrich an Schulleitung Ladis, 2.7.1965.
159 Niederschrift über die 7. Sitzung des GrI, 13.12.1961, S. 268–272. StAI, Gemeinderatsprotokolle.
160 Gerda Zangerle an Jugendamt Innsbruck, Dietrich, 19.8.1954. StAI, V/J 3745/1929.
161 Franz Tatzel, Tätigkeitsbericht 1961 der städt. Jugendheimstätte Holzham-Westendorf, 15.1.1962. StAI, V/10 Jahresberichte und Statistik des städtischen Jugendamtes.
162 Amtsführender GR Hardinger. Niederschrift über die 11. Sitzung des GrI, 13.12.1962, S. 285. StAI, Gemeinderatsprotokolle.
163 Schulleiter F. an Stadtgemeinde Innsbruck, 10.6.1959. StAI, V/J 112/1947 Jugendheim Holzham Westendorf_407.
164 Ebd.: Franz Tatzel zum Kontrollamtsbericht vom 14.5.1962, 27.5.1962; Niederschrift über die 1. Sitzung des GrI, 19.1.1960, S. 93f. StAI, Gemeinderatsprotokolle.
165 Franz Tatzel, Tätigkeitsbericht 1960 der städt. Jugendheimstätte Holzham-Westendorf, 27.2.1961. StAI, V/10 Jahresberichte und Statistik des städtischen Jugendamtes.
166 Niederschrift über die 22. Sitzung des StrI, 1.10.1959, S. 522f. StAI, Stadtratsprotokolle.
167 Ebd.: Niederschrift über die 23. Sitzung des StrI, 25.10.1959, S. 559.
168 Niederschrift über die 1. Sitzung des GrI, 19.1.1960, S. 94. StAI, Gemeinderatsprotokolle.
169 Niederschrift über die 22. Sitzung des StrI, 21.7.1960, S. 526f und über die 23. Sitzung des StrI, 28.7.1960, S. 559. StAI, Stadtratsprotokolle.
170 Niederschrift über die 7. Sitzung des GrI, 13.12.1961, S. 269f und 272. StAI, Gemeinderatsprotokolle.
171 Niederschrift über die 19. Sitzung des StrI, 11.6.1964, S. 363. StAI, Stadtratsprotokolle.
172 Franz Tatzel, Tätigkeitsbericht des Jugendheimes der Stadt Innsbruck in Westendorf/Tirol 1969, o. D. StAI, V/10 Jahresberichte und Statistik des städtischen Jugendamtes.
173 Ebd.: Franz Tatzel, Die Jugendheimstätte der Stadt Innsbruck in Holzham bei Westendorf/Tirol, o. D. (Berichtsjahr 1962). StAI, V/10 Jahresberichte und Statistik des städtischen Jugendamtes.
174 Niederschrift über 17. Sitzung des GrI, 20.12.1951, S. 406f und über die 2. Sitzung des GrI, 13.2.1952, S. 81. StAI, Gemeinderatsprotokolle.
175 Niederschrift über die 28. Sitzung des StrI, 15.9.1955, S. 478f. StAI, Stadtratsprotokolle.
176 Hafenscher, Vorstand des Städtischen Kontrollamtes, Bestands- und Gebarungsprüfung, 14.5.1962. StAI, V/J 112/1947 Jugendheim Holzham Westendorf_407.
177 Franz Tatzel, Tätigkeitsbericht des städtischen Jugendheimes Holzham-Westendorf über das Jahr 1961 und 1969. StAI, V/10 Jahresberichte und Statistik des städtischen Jugendamtes.

178 Ebd.: Siehe die Tätigkeitsberichte von Franz Tatzel zwischen 1959 und 1969.
179 Kontrollamt an Magistratsabteilung V, 29.4.1974. StAI, MD 668/1974.
180 Niederschrift über die 18. Sitzung des StrI, 9.6.1971, S. 452f und die 25. Sitzung des StrI, 28.7.1971, S. 618f. StAI, Stadtratsprotokolle.
181 Zuschuss des Städtisches Fürsorgeamtes für die Heime Westendorf, Mariahilf und Pechegarten beim Verpflegskostensatz (Aufwand nach Anzahl der Verpflegstage und des Verpflegskostensatzes zuzüglich Taschengeld und abzüglich der Einnahmen von Angehörigen und Fürsorgeverbänden): 1959: 36 % Holzham, 51 % Mariahilf, 47 % Pechegarten; 1964: 38 % Holzham, 49 % Mariahilf, 44 % Pechegarten; 1969: 25 % Holzham, 56 % Mariahilf, 57 % Pechegarten. Tätigkeitsberichte des städtischen Fürsorgeamtes über die Jahre 1959, 1960, 1962, 1964, 1966, 1968 und 1969. StAI, V/10 Jahresberichte und Statistik des städtischen Jugendamtes.
182 Ebd.: Tätigkeitsbericht des städtischen Fürsorgeamtes für das Jahr 1968. So waren 1967 in den Heimen Mariahilf und Pechegarten Verpflegskostensätze von täglich 60 Schilling, in Holzham-Westendorf von 49 Schilling 56 Groschen zu bezahlen.
183 Hafenscher, Vorstand des Städtischen Kontrollamtes, Kontrollamtsbericht an Bürgermeister Lugger, 20.7.1966. StAI, MD 2586/1966. 1965 stammten von den Einnahmen des Heimes 29 % von den Angehörigen, über 34 % von fremden Fürsorgeverbänden und 37 % von der städtischen Fürsorge.
184 Niederschrift über die 11. Sitzung des GrI, 13.12.1962, S. 285. StAI, Gemeinderatsprotokolle.
185 Ebd.: Vgl. etwa Niederschrift über die 1. Sitzung des GrI, 10.12.1958, S. 272 und über die 11. Sitzung des GrI, 13.12.1962, S. 310.
186 Hafenscher, Vorstand des Städtischen Kontrollamtes, Kontrollamtsbericht an Bürgermeister Lugger, 20.7.1966. StAI, MD 2586/1966.
187 Niederschrift über die 1. Sitzung des GrI, 24.1.1966, S. 136. StAI, Gemeinderatsprotokolle.
188 Ebd.: Niederschrift über die 11. Sitzung des GrI, 15.12.1960, S. 441.
189 Ebd.: Niederschrift über die 11. Sitzung des GrI, 13.12.1962, S. 300.
190 Ebd.: Niederschrift über die 7. Sitzung des GrI, 21.12.1970, S. 425

191 Ebd.: Niederschrift über die 11. Sitzung des GrI, 20.12.1966, S. 786f.
192 Tätigkeitsbericht über das Jahr 1966 des Jugendheimes der Stadt Innsbruck in Westendorf/Tirol, erstellt von HL Tatzel Franz o. D. StAI, V/10 Jahresberichte und Statistik des städtischen Jugendamtes.
193 Amtsblatt der Stadt Innsbruck 1 (1975), S. 1–5.
194 MD, Schwamberger, an Magistratsabteilung V, 23.10.1973. StAI, MD 668/1974.
195 Ebd.: Städtisches Kontrollamt an Magistratsabteilung V, 29.4.1974; StAI, Mappe V 33 Forellenhof in Westendorf.
196 Städtisches Kontrollamt an Magistratsabteilung V, 29.4.1974.
197 Ebd.
198 Ebd.: Berechnet nach den Zahlen in: Magistratsabteilung V, Lagger, an MD, 9.11.1973.
199 Niederschrift über die 7. Sitzung des GrI, 20.12.1967, S. 394 und über die über 11. Sitzung des GrI, 18.12.1968, S. 532. StAI, Gemeinderatsprotokolle.
200 Städtisches Kontrollamt an Magistratsabteilung V, 29.4.1974. StAI, MD 668/1974.
201 Ebd.: Im November 1973 befanden sich nur zehn Jugendliche aus Innsbruck im Heim Holzham-Westendorf, sieben von ihnen mit Zustimmung der Erziehungsberechtigten. Magistratsabteilung V, Lagger, an MD, 9.11.1973.
202 Niederschrift über die 7. Sitzung des GrI, 18.12.1972, S. 1065. StAI, Gemeinderatsprotokolle.
203 Ebd.: Niederschrift über die 7. Sitzung des GrI, 17.12.1974, S. 600.
204 Ebd.: Niederschrift über die 7. Sitzung des GrI, 18.12.1972, S. 1065.
205 MD, Schwamberger, an Magistratsabteilung V, 23.10.1973. StAI, MD 668/1974.
206 Ebd.: Magistratsabteilung V, Lagger, an MD, 9.11.1973.
207 Ebd.
208 Ebd.
209 Ebd.: Städtisches Kontrollamt an Magistratsabteilung V, 29.4.1974.
210 Ebd.: MD, Schwamberger, an Lugger, 16.11.1973. StAI, MD 668/1974.
211 Ebd.: Städtisches Kontrollamt an Magistratsabteilung V, 29.4.1974; Niederschrift über die 3. Sitzung des StrI, 23.1.1974, S. 33. StAI, Stadtratsprotokolle; Stadt Innsbruck, Magistratsabteilung V: 40 Jahre Kinderheim Pechegarten (1953–1993), o. J., o. S. StAI.

212 Niederschrift über die 18. Sitzung des StrI, 1.7.1970, S. 516f und über die 27. Sitzung des StrI, 21.10.1970, S. 777f. StAI, Stadtratsprotokolle.
213 Niederschrift über die 3. Sitzung des StrI, 19.1.1972, S. 56 und 147f, über die 12. Sitzung des StrI, 12.4.1972, S. 272, über die 20. Sitzung des StrI, 22.6.1972, S. 455 und über die 3. Sitzung des StrI, 24.1.1973, S. 52.
214 Städtisches Kontrollamt an Magistratsabteilung V, 29.4.1974. StAI, MD 668/1974.
215 Niederschrift über die 25. Sitzung des StrI, 13.9.1972, S. 575f. StAI, Stadtratsprotokolle.
216 Niederschrift über die 4. Sitzung des GrI, 20.5.1976, S. 228 und über die 7. Sitzung des GrI, 8.7.1976. StAI, Gemeinderatsprotokolle.
217 Ebd.: Niederschrift über die 1. Sitzung des GrI, 27.1.1978, S. 235f und über die 4. Sitzung des GrI, 19.4.1979, S. 222.
218 Interview Horst Schreiber mit Marianne Federspiel, 26.6.2015; 40 Jahre Kinderheim Pechegarten, o. S. StAI.
219 Zur Baronin Rokitansky siehe http://www.zeno.org/Pataky-1898/A/Rokitansky,+Frau+Baronin+Marie+v. (Zugriff 4.6.2015); zum Baron siehe Innsbrucker Nachrichten (IN), 9.7.1907, S. 2f.
220 Kaufvertrag zwischen Elisabeth Spielmann und Marie Rokitansky als Vorsteherin des Frauenvereins für Krippenanstalten, Dr. Heinrich Falk, Kurator des Vereins, 24.11.1898. BGI, Urkundensammlung, 951/4/1904.
221 IN, 25.10.1898, S. 3f und 27.10.1898, S. 2; Statuten des Frauenvereins für Krippenanstalten in Innsbruck 1898. StAI, V/J 228/1930.
222 IN, 13.12.1898, S. 3.
223 IN, 9.6.1903, S. 6.
224 IN, 8.6.1904, S. 3.
225 IN, 4.7.1907, S. 3. Aufgrund der Pensionierung ihres Mannes schied Baronin Rokitansky am 26. Juni 1907 aus dem Verein aus, im April 1908 beendete sie ihre ehrenamtliche Tätigkeit im Roten Kreuz. Das Ehepaar übersiedelte nach Graz. IN, 9.4.1908, S. 6.
226 IN, 4.7.1907, S. 3.
227 IN, 9.6.1903, S. 6.
228 Karl Schadelbauer: Universitätsprofessor Ferdinand Peche zum 50. Todestag, in: Amtsblatt der Landeshauptstadt Innsbruck 11/12 (1948), S. 7. Zu Peche siehe auch http://www.uibk.ac.at/th-physik/aboutitp/history/history.html (Zugriff 4.6.2015).
229 BGI, Grundbuch Katastralgemeinde Wilten, EZ 634 II.
230 IN, 16.12.1903, S. 5 und 8.6.1904, S. 3.
231 Niederschrift über die 19. Sitzung des GrI, 1.9.1922, S. 22. StAI, Gemeinderatsprotokolle.
232 Überlassungsvertrag zwischen dem Frauenverein für Krippenanstalten in Innsbruck und der Stadt Innsbruck, 18.9.1922. BGI, Urkundensammlung, 513/1922; https://web.archive.org/web/20101127193309/http://www.oenb.at/de/ueber_die_oenb/geldmuseum/oesterr_geldgeschichte/gulden/gulden_und_kronen.jsp (Zugriff 22.8.2015).
233 Überlassungsvertrag zwischen dem Frauenverein für Krippenanstalten in Innsbruck und der Stadt Innsbruck, 18.9.1922. BGI, Urkundensammlung, 513/1922; Städtisches Jugendamt, Fragen Rosalienkrippe. StAI, V/J 228/1930.
234 Niederschrift über die 19. Sitzung des GrI, 1.9.1922, S. 23. StAI, Gemeinderatsprotokolle.
235 Ebd.: Niederschrift über die 24. Sitzung des GrI, 1.12.1922, S. 17.
236 Niederschrift über die 4. Sitzung des GrI, 6.3.1923, S. 28f und über die 15. Sitzung des GrI, 21.9.1923, S. 22. StAI, Gemeinderatsprotokolle.
237 Ebd.: Niederschrift über die 14. Sitzung des GrI, 18.12.1925, S. 20f.
238 Magistratsabteilung V, Josef Böck, an Sanitätsinspektor Viktor Tschammler, 17.1.1924. StAI, V/J 228/1930.
239 Niederschrift über die 16. Sitzung des GrI, 26.10.1923, S. 21. StAI, Gemeinderatsprotokolle.
240 Handschriftliche Aufzeichnungen, Jugendamt Innsbruck o. D. (Anfang 1936). StAI, V/J 3745/29.
241 Ebd.: Franz Duregger an Johann Flöckinger, 16.4.1946.
242 Ebd.: Jugendamt Innsbruck an Stadtmagistrat, 10.6.1936; Niederschrift über die Sitzung (ohne Zahl) des GrI, 27.11.1936, S. 8f.
243 Ebd.: Bgm. Franz Fischer an die Landeshauptmannschaft Tirol, 22.7.1936. StAI, V/J 3745/29.
244 Ebd.: Amtsvermerk des Jugendamtes, 7.7.1936, Franz Fischer an den Leiter der Magistratsabteilung V, Franz Duregger, 18.2.1937 und Jugendamt Innsbruck an die Stadtbuchhaltung, 9.2.1937 sowie Bürgermeister an Magistratsabteilung V, Duregger, 18.2.1937; Niederschrift über die Sitzung des GrI, 6.7.1936, S. 3. StAI, Gemeinderatsprotokolle.
245 Adressbuch der Landeshauptstadt Innsbruck und der Nachbargemeinden Hötting, Mühlau und Amras für das Jahr 1938, S. 26.

246 Alfons Dietrich an MD Innsbruck, 4.7.1940 und Franz Duregger an MD Innsbruck, 11.4.1940. StAI, V/J 3745/29. Ab Herbst 1940 soll eine Frau Charbula die Leitungsfunktion übernommen haben, nachdem sie als Leiterin eines Ferienheims Erfahrungen gesammelt hatte. Die Geschichte des Kinderheims Mariahilf und des Kindergartens Pechegarten in der Zwischenkriegs- und NS-Zeit ist im Detail erst noch zu recherchieren.
247 Ebd.: Franz Duregger an Oberbürgermeister Salzburg, Stadtamt XIV, 22.11.1939.
248 Ebd.: Franz Duregger an MD, 11.4.1940.
249 Statistisches Handbuch der Stadt Innsbruck mit statistischen Daten bis 31. Dezember 1946, hg. vom Statistischen Amt der Stadt Innsbruck, Innsbruck 1950, S. 113.
250 Bürgermeister Melzer an die französische Militärregierung, 28.5.1945. StAI, V/J 3745/29.
251 Ebd.: Franz Duregger, Jugendamt, an Johann Flöckinger, 16.4.1946.
252 Ebd.: Bürgermeister Melzer an die französische Militärregierung, 28.5.1945, Franz Duregger, Jugendamt, an MD-Stv. Mangutsch, 27.9.1945, Franz Duregger, Jugendamt, an Johann Flöckinger, 16.4.1946.
253 Ebd.: Franz Duregger, Jugendamt, an MD-Stv. Mangutsch, 27.9.1945, Josef Steinkelderer an Franz Duregger, Jugendamt, 25.9.1945, Amtsvermerk Jugendamt Innsbruck, 19.10.1945.
254 Fragebogen Emmy Knechtl, 15.6.1945, Lebenslauf Emmy Knechtl, o. D., Amtsvermerk MD, 25.9.1945. StAI, Personalakt 221, Emmy Knechtl.
255 Ebd.: Franz Kotter, Obmann der PV, an MD, 19.11.1945.
256 Ebd.: Franz Duregger, Jugendamt, an MD, 31.1.1946; Franz Duregger, Jugendamt, an MD Innsbruck, 11.1.1946. StAI, MD 2865/1946.
257 Amtsvermerk MD, 4.3.46. StAI, Personalakt 221, Emmy Knechtl.
258 Franz Duregger, Jugendamt, an MD Innsbruck, 11.1.1946. StAI, MD 2865/1946.
259 Ebd.; weiters Amtsvermerk MD, 6.5.1957. StAI, Personalakt 2229, Gerda Zangerle.
260 Hintergrundinformation zur Anbringung einer Gedenktafel für Ilse (von) Arlt (1876–1960), in: http://inclusion.fhstp.ac.at/downloads/Hintergrundinformationen_Ilse_Arlt.pdf (Zugriff 4.6.2015).
261 Amtsvermerk MD, 6.5.1957. StAI, Personalakt 2229, Gerda Zangerle.
262 Ebd.: MD Mangutsch an Gerda Zangerle, Erledigungsentwurf, 8.12.1947.
263 Ebd.: Amtsvermerk MD, 6.5.1957.
264 Ebd.: MD Mangutsch an Zangerle, 20.7.1957.
265 Ebd.: Amtsvermerk MD, 22.4.1960.
266 Duregger an Hans Flöckinger, 3.7. und 17.7.1948. StAI, V/J 3745/1929.
267 Niederschrift über die 9. Sitzung des Personalausschusses, 3.9.1948, S. 10f. StAI, Personalausschuss, 24.9.1946–28.12.1948/4.
268 Franz Duregger, Jugendamt, an MD, 13.8.1953. StAI, V/J 12 (bis zum 31.12.1970 3745/29); Franz Duregger, Jugendamt, an MD, 21.2.1949. StAI, V/J 3745/1929.
269 Alfons Dietrich an MD, 6.4.1955. StAI, V/J 12 (bis zum 31.12.1970 3745/29).
270 Magistratsabteilung V Dietrich an MD, 14.3.1967. StAI, Personalakt 2229, Gerda Zangerle.
271 Niederschrift über die 27. Sitzung des StrI, 12.10.1967, S. 597. StAI, Stadtratsprotokolle.
272 Lagger an MD, 1.10.1970. StAI, MD 2637/1971.
273 Niederschrift über die 16. Sitzung des StrI, 16.5.1973, S. 321. StAI, Stadtratsprotokolle.
274 Interview Horst Schreiber mit Marianne Federspiel, 26.6.2015.
275 Ebd.; weiters Magistratsabteilung V, Lagger, an MD, 17.6.1971. StAI, MD 2637/1971.
276 Kandidatenlisten Gewerkschaftswahlen Innsbruck. StAI, Personalausschuss, PA II-IV, 24.1.1962–14.12.1973/3.
277 Niederschrift über die 21. Sitzung des StrI, 30.6.1971, S. 516. StAI, Stadtratsprotokolle.
278 Innsbruck informiert, 2 (2000), S. XXII.
279 http://www.isd.or.at/index.php/kinderzentren (Zugriff 5.8.2015).
280 2. Sitzung des GrI, 6.3.1947, S. 23. StAI, Gemeinderatsprotokolle; Statistisches Handbuch der Stadt Innsbruck 1950, S. 113 und 123.
281 Franz Duregger, Jugendamt, an Johann Flöckinger, 16.4.1946. StAI, V/J 3745/29.
282 Ebd.
283 Ebd.: Gerda Zangerle, Tätigkeitsbericht des städtischen Kinderheims Mariahilf für das Jahr 1950, Entwurf o. D.
284 Ebd.: Franz Duregger, Jugendamt, an MD, 8.9.1947.
285 Interview Horst Schreiber mit Marianne Federspiel, 26.6.2015.
286 Landesjugendamt, Haindl, an Magistrat Wien, Abt. 11 Jugendamt, 1.4.1960. TLA, ATLR, Abt. Vb, 469 IIa 1958–1969, Kostenerstattung, K. 6.
287 Ebd.: Landesjugendamt, Dr. Le/G, an Präsidialabteilung I im Hause, 12.6.1957.
288 Ebd.: Landesjugendamt, Haindl, an Stadtmagistrat – Stadtjugendamt Innsbruck, 19.2.1953.

289 Ebd.: Stadtmagistrat Innsbruck, Dietrich, an Amt der Steiermärk. Landesregierung, Abt. 9, Landesjugendamt, 19.2.1953.
290 http://alex.onb.ac.at/cgi-content/alex?aid=lgt&datum=1955&page=33&size=45 (Zugriff 10.7.2014).
291 Niederschrift über die 2. Sitzung des GrI, 21.1.1949, S. 94–96. StAI, Gemeinderatsprotokolle.
292 Ebd.: Niederschrift über die 3. Sitzung des GrI, 2.2.1950, S. 145.
293 40 Jahre Kinderheim Pechegarten, o. S. StAI.
294 Ebd.: Niederschrift über die 8. Sitzung des GrI, 12.4.1951, S. 180f. StAI, Gemeinderatsprotokolle.
295 Gerda Zangerle, Tätigkeitsbericht des städtischen Kinderheims Mariahilf für das Jahr 1950, Entwurf o. D. StAI, V/J 3745/29.
296 Niederschrift über die 11. Sitzung des GrI, 15.12.1960, S. 439. StAI, Gemeinderatsprotokolle.
297 Ebd.: Niederschrift über die 1. Sitzung des GrI, 25.1.1972, S. 181.
298 40 Jahre Kinderheim Pechegarten, o. S. StAI.
299 BGI, Urkundensammlung, 3054/1957.
300 Interview Horst Schreiber mit Marianne Federspiel, 26.6.2015.
301 Gerda Zangerle, Niederschrift, 20.11.1957. StAI, V/J 3745/29.
302 Ebd.: Alfons Dietrich, Jugendamt, an Bundesministerium für Unterricht, 10.7.1959.
303 Ebd.: Stadtjugendamt Innsbruck, 24.10.1955.
304 Niederschrift über die 7. Sitzung des GrI, 13.12.1961, S. 268f. StAI, Gemeinderatsprotokolle.
305 Pseudonym.
306 Bericht vom 6.10.1960. StAI, Mündelakt S. R.
307 http://www.heimkinder-reden.at/images/pdf/irene.pdf (Zugriff 12.4.2015.
308 Gerda Zangerle, Tätigkeitsbericht des städtischen Kinderheimes Mariahilf über das Jahr 1961, 10.1. und 12.1.1962. StAI, V/10 Jahresberichte und Statistik des städtischen Jugendamtes.
309 Ebd.
310 Ebd.: Gerda Zangerle, Tätigkeitsbericht des städtischen Kinderheimes Mariahilf o. J, 25.1.1964, Gerda Zangerle, Tätigkeitsbericht des städtischen Kinderheimes Pechegarten über das Jahr 1965, 29.3.1966.
311 Ebd.: Gerda Zangerle, Tätigkeitsbericht des städtischen Kinderheimes Mariahilf o. J., 25.1.1964.
312 Ebd.: Gerda Zangerle, Tätigkeitsbericht des städtischen Kinderheimes Mariahilf über das Jahr 1964, 12.3.1965.
313 Ebd.: Gerda Zangerle, Tätigkeitsbericht des städtischen Kinderheimes Pechegarten über das Jahr 1966, 28.2.1967.
314 Franz Duregger, Jugendamt, an MD, 30.11.1953. StAI, V/J 3745/29.
315 Ebd.: Stellungnahme Gerda Zangerle zur Organisation des Kinderheims Westendorf, 31.7.1953.
316 Niederschrift über die 8. Sitzung des StrI, 18.3.1959, S. 170.
317 Friederike Erbe, Tätigkeitsbericht des städtischen Kinderheimes Pechegarten über das Jahr 1969, 16.2.1970. StAI, V/10 Jahresberichte und Statistik des städtischen Jugendamtes.
318 Ebd.
319 Franz Duregger, Jugendamt, an MD, 3.7.1951. StAI, V/J 3745/29.
320 Ebd.: Alfons Dietrich, Jugendamt, an MD, 5.7.1955, Franz Duregger an MD, 18.12.1946 und an Johann Flöckinger, 17.7.1948.
321 Vgl. etwa Gerda Zangerle, Tätigkeitsbericht des städtischen Kinderheimes Mariahilf und des städtischen Kinderheimes Pechegarten über das Jahr 1966, 28.2.1967 und Friederike Erbe, Tätigkeitsbericht des städtischen Kinderheimes Kinderheimes Mariahilf über das Jahr 1967, 24.2.1968. StAI, V/10 Jahresberichte und Statistik des städtischen Jugendamtes.
322 Franz Duregger, Jugendamt, an Hans Flöckinger, 3.7.1948. StAI, V/J 3745/29.
323 Ebd.: Siehe die Charakterisierung einer Bewerberin durch Alfons Dietrich, Jugendamt, an MD, 27.10.1955.
324 Ebd.: Kurt R. an MD, 27.6.1960.
325 Ebd.: Alfons Dietrich, Jugendamt, an MD, 30.9.1960.
326 Ebd.: Alfons Dietrich, Jugendamt, an MD, 21.7.1960.
327 Ebd.: Bericht Gerda Zangerle, o. D. (1960).
328 Ebd.: Aktenvermerk Alfons Dietrich, Jugendamt, 2.9.1960.
329 Ebd.: Alfons Dietrich, Jugendamt, an MD, 24.10.1961.
330 Gerda Zangerle, Tätigkeitsbericht des städtischen Kinderheimes Mariahilf über das Jahr 1961, 10.1. und 12.1.1962. StAI, V/10 Jahresberichte und Statistik des städtischen Jugendamtes.
331 Erzieherinnen-Konferenz, Erinnerungsprotokoll, 10.6.1963. StAI, MD 2517/1963.
332 Ebd.: Thoman an MD, Josef Hardinger und Alfons Dietrich, 26.6.1963.

333 Siehe die Tätigkeitsberichte der Kinderheime Mariahilf und Pechegarten für die Jahre 1960–1969. StAI, V/10 Jahresberichte und Statistik des städtischen Jugendamtes.
334 Ebd.
335 Ebd.: Friederike Erbe, Tätigkeitsbericht des städtischen Kinderheimes Mariahilf über das Jahr 1969, 16.2.1970.
336 Niederschrift über die 3. Sitzung des StrI, 23.1.1974, S. 33–35. StAI, Stadtratsprotokolle; Niederschrift über die 10. Sitzung des GrI, 16.12.1980, S. 830 und über die 1. Sitzung des GrI, 31.1.1983, S. 2 der Beilage zu S. 25. StAI, Gemeinderatsprotokolle.
337 Innsbrucker Stadtnachrichten. Offizielles Mitteilungsblatt der Landeshauptstadt, 11 (1984), S. 3.
338 Niederschrift über die 5. Sitzung des GrI, 20.5.1981, S. 891f. StAI, Gemeinderatsprotokolle.
339 Ebd.: Niederschrift über die 10. Sitzung des GrI, 3.12.1982, S. 996.
340 Ebd.: Niederschrift über die 5. Sitzung des GrI, 20.5.1981, S. 891f.
341 40 Jahre Kinderheim Pechegarten, o. S. StAI.
342 Ebd.
343 Interview Horst Schreiber mit Marianne Federspiel, 26.6.2015; Innsbrucker Stadtnachrichten 11 (1984), S. 3.
344 Daniela Bieglmann: Kinder, die übrig sind. Zur Geschichte und Gegenwart der Fürsorgeerziehung unter besonderer Berücksichtigung der Fremdunterbringung von Kindern und Jugendlichen in Kinderheimen mit Beispielen aus dem Kinderheim PECHEGARTEN Innsbruck, Diplomarbeit Innsbruck 1992, S. 44.
345 Berechnet nach ebd.: S. 37.
346 Ebd.: S. 44f. Personalschlüssel berechnet nach ebd.: S. 37.
347 Ebd.: S. 51.
348 Interview Horst Schreiber mit Marianne Federspiel, 26.6.2015.
349 Antrag der Frau G. R. Oberhammer und Genossen, 17.12.1947. StAI, MD 444/1948.
350 Niederschrift über die 2. Sitzung des GrI, 21.1.1949, S. 92. StAI, Gemeinderatsprotokolle.
351 Ebd.: Niederschrift über die 12. Sitzung des GrI, 20./21.12.1957, S. 512.
352 Ebd.: Niederschrift über die 1. Sitzung des GrI, 10.12.1958, S. 192.
353 Ebd.: Niederschrift über die 11. Sitzung des GrI, 13.12.1962, S. 284.
354 Siehe die diversen Aufnahmegesuche: StAI, V/J 270/1954 a Mappe gelb Pechegarten und V/J 270/1954 b Mappe gelb Mariahilf.
355 Niederschrift über die 1. Sitzung des GrI, 25.1.1972, S. 198f. StAI, Gemeinderatsprotokolle.
356 Ebd.: Niederschrift über die 3. Sitzung des GrI, 18.5.1972, S. 449f.
357 Ebd.: Niederschrift über die 2. Sitzung des GrI, 21.3.1974, S. 148.
358 Interview Horst Schreiber mit Marianne Federspiel, 26.6.2015.
359 Innsbrucker Stadtnachrichten 9 (1988), S. 8.

Außerhalb der akzeptierten Norm:
Ursachen der Heimeinweisung

1 Die Namen sind in der Folge alle anonymisiert.
2 Siehe Sieglinde Rosenberger/Alexandra Weiss: Frauen – Eine eigene Geschichte, in: Michael Gehler (Hg.): Tirol. „Land im Gebirge": Zwischen Tradition und Moderne, Wien–Köln–Weimar 1999 (Geschichte der österreichischen Bundesländer seit 1945), S. 315–378, hier S. 332.
3 Klaus Lugger: Wohnbau sozial. Innsbruck von 1900 bis heute. Mit einem Beitrag von Claudia Wedekind: Die Architektur des sozialen Wohnbaus in Innsbruck, Innsbruck 1993, S. 72–78.
4 Niederschrift über die 6. Sitzung des GrI, 18.12.1947, S. 31f. StAI, Gemeinderatsprotokolle.
5 Ebd.: Niederschrift über die 5. Sitzung des GrI, 27.5.1949, S. 201–203.
6 Ebd.: Niederschrift über die 4. Sitzung des GrI, 3.2.1950, S. 184.
7 Ebd.: Niederschrift über die 5. Sitzung des GrI, 25.4.1952, S. 189.
8 Ebd.: S. 181.
9 Ebd.: S. 182f und 187.
10 Niederschrift über die 6. Sitzung des StrI, 20.2.1958, S. 90f. StAI, Stadtratsprotokolle.
11 Ebd.: Niederschrift über die 34. Sitzung des StrI, 30.11.1956, S. 601f.
12 Lugger: Wohnbau sozial, S. 73.
13 Niederschrift über die 7. Sitzung des StrI, 21.2.1957, S. 123f. StAI, Stadtratsprotokolle.
14 Lugger: Wohnbau sozial, S. 73.
15 Siehe zu den Baracken ebd.: S. 73–78.
16 Niederschrift über die 1. Sitzung des GrI, 20.1.1960, S. 119. StAI, Gemeinderatsprotokolle.
17 Ebd.: Niederschrift über die 23. Sitzung des StrI, 21.9.1961, S. 574f.

18 Ebd.: Niederschrift über die 24. Sitzung des StrI, 5.10.1961, S. 618.
19 Ebd.: Niederschrift über die 23. Sitzung des StrI, 21.9.1961, S. 575.
20 Ebd.: Niederschrift über die 26. Sitzung des StrI, 2.11.1961, S. 675, über die 29. Sitzung des StrI, 23.11.1961, S. 766 und über die 31. Sitzung des StrI, 7.12.1961, S. 810.
21 Ebd.: 2. Sitzung des StrI, 18.1.1962, S. 53 und 16. Sitzung des StrI, 7.6.1962, S. 352.
22 Ebd. Niederschrift über die 15. Sitzung des StrI, 15.5.1964, S. 303.
23 Ebd. Niederschrift über die 32. Sitzung des StrI, 16.12.1965, S. 724.
24 Niederschrift über die 7. Sitzung des GrI, 20.12.1967, S. 469 und 473. StAI, Gemeinderatsprotokolle.
25 Ebd.: Niederschrift über die 11. Sitzung des GrI, 18.12.1968, S. 611.
26 Ebd.: Niederschrift über die 3. Sitzung des GrI, 18.5.1972, S. 476.
27 Niederschrift über die 3. Sitzung des StrI, 19.1.1972, S. 60 und 62. StAI, Stadtratsprotokolle.
28 Ebd.: Niederschrift über die 12. Sitzung des StrI, 17.4.1964, S. 227.
29 Pseudonym.
30 Antrag der Frau G. R. Oberhammer und Genossen, 17.12.1947. StAI, MD 444/1948.
31 Heinz Bude: Bildungspanik. Was unsere Gesellschaft spaltet, München 2013, S. 36.
32 Dazu Miriam Gebhard: Die Angst vor dem kindlichen Tyrannen. Eine Geschichte der Erziehung im 20. Jahrhundert, München 2009, S. 85ff.
33 Claus Koch: Das Kind als Feind, das Kind als Freund. Was haben nationalsozialistisches Erziehungserbe und pädophile Ideologie mit der gegenwärtigen Missbrauchsdebatte zu tun?, in: Sabine Andresen/Wilhelm Heitmeyer (Hg.): Zerstörerische Vorgänge. Missachtung und sexuelle Gewalt gegen Kinder und Jugendliche in Institutionen, Weinheim–Basel 2012, S. 228–243, hier S. 236.
34 Siehe Barbara Ehrenreich: Angst vor dem Absturz. Das Dilemma der Mittelklasse, Hamburg 1994, S. 86f.
35 Josef Zehetner: Handbuch der Fürsorge und Jugendwohlfahrtspflege, hg. vom Amt der o. ö. Landesregierung, Linz 1954, S. 16 und 385f.
36 Helmut Schelksy: Wandlungen der deutschen Familie in der Gegenwart. Darstellung und Deutung einer empirisch-soziologischen Tatbestandsanalyse, Dortmund 1953.
37 Zit. n. Rosenberger/Weiss: Frauen, S. 363.
38 Niederschrift vor dem Jugendamt Innsbruck, 4.9.1973. StAI, Mündelakt M. S.
39 Michaela Schmid: Erziehungsratgeber und Erziehungswissenschaft. Zur Theorie-Praxis-Problematik populärpädagogischer Schriften, Bad Heilbrunn 2011, S. 104.
40 Siehe zu Nowak-Vogl und die Kinderbeobachtungsstation: Schreiber, Im Namen der Ordnung, S. 275–316, und Bericht der Medizin-historischen ExpertInnenkommission: Die Innsbrucker Kinderbeobachtungsstation von Maria Nowak-Vogl, 11.11.2013, in: https://www.i-med.ac.at/pr/presse/2013/Bericht-Medizin-Historische-ExpertInnenkommission_2013.pdf (Zugriff 27.4.2015).
41 Zit. n. Schreiber: Im Namen der Ordnung, S. 303.
42 Horst Schreiber: Die Kinderbeobachtungsstation 1954–1980 aus Sicht der Betroffenen, in: Bericht der Medizin-historischen ExpertInnenkommission: Die Innsbrucker Kinderbeobachtungsstation von Maria Nowak-Vogl, 11.11.2013, S. 70–84, hier S. 83f, in: https://www.i-med.ac.at/pr/presse/2013/Bericht-Medizin-Historische-ExpertInnenkommission_2013.pdf (Zugriff 27.4.2015).

Erfahrungen in Heimen und auf Pflegeplätzen

1 BH Innsbruck, Jugendfürsorge Vb, an BGI, Antrag, 28.2.1969. Mündelakt Aloisia Wachter (Pseudonym). Privatarchiv Horst Schreiber.
2 Ebd.: BH Innsbruck, Jugendfürsorge, an ATLR Va, 12.10.1966
3 Ebd.: Aktenvermerk BH Innsbruck, Jugendfürsorge, 8.11. und 20.11.1967.
4 Ebd.: BH Innsbruck, Jugendfürsorge, an Nervenklinik Innsbruck, Kinderabteilung, 15.5.1968.
5 Ebd.: BH Innsbruck, Jugendfürsorge, an BGI, 16.5.1968.
6 Ebd.: Aktenvermerk BH Innsbruck, Jugendfürsorge, 15.7.1968.
7 Ebd.: Aussage von Frau W., Landessäuglings- und Kinderheim Arzl, Aktenvermerk BH Innsbruck, Jugendfürsorge, 10.2.1969.
8 Ebd.: Stadtjugendamt Innsbruck an BH Innsbruck, Jugendfürsorge, 11.2.1969.
9 Ebd.: Dr. Hedwig Seidl und Dr. L. Pekny, Kinderklinik Innsbruck, an BH Innsbruck, Jugendfürsorge, 13.2.1969.

10 Ebd.: Aktenvermerk Dörrer, Stadtjugendamt Innsbruck, 24.7.1972.
11 Ebd.: Stadtjugendamt Innsbruck, Schweizer, an Landesjugendamt, 27.11.1972.
12 Die unentgeltliche Übereignung des Grundes an das Land galt für die Dauer des Bestehens des Heimes zur Unterbringung von Säuglingen und Kleinkindern. Bei Auflösung sollte der ortsübliche Quadratmeterpreis bezahlt werden. Niederschrift über die 4. Sitzung des StrI, 4.2.1960, S. 75 und über die 24. Sitzung des StrI, 23.9.1970. StAI, Stadtratsprotokolle. Weiters Niederschrift über die 5. Sitzung des GrI, 8.10.1970, S. 228. StAI, Gemeinderatsprotokolle.
13 Edith Heidi Kaslatter: Ein Vergleich zweier Säuglingsgruppen zwischen 3 und 5 Monaten mit unterschiedlicher Betreuung untersucht in den Tiroler Landes-Säuglings- und Kleinkinderheimen Arzl / Axams. Dissertation Universität Innsbruck 1979, S. 2.
14 Ebd.: S. 7 und 22.
15 Ebd.: S. 17.
16 Ebd.: S. 24.
17 Ebd.: zu den Veränderungen durch das Gruppensystem in Arzl siehe S. 10–16.
18 Ebd.: S. 182.
19 Ebd.: S. 183–185.
20 Ebd.: S. 190.
21 Vgl. ebd.: zu Axams S. 26.
22 Ebd.: S. 191.
23 Ebd.: S. 54.
24 Pseudonym.
25 Beschluss BGI, Bernhard Falser, 30.12.1965. Mündelakt Sabine Millstätter (Pseudonym). Privatarchiv Horst Schreiber.
26 Ebd.: Heilpädagogische Sprechtage des Landes Tirol, BH Lienz, Befund Dr. Pekny, 25.7.1969; Aufnahmegespräch an der Kinderbeobachtungsstation mit der Pflegemutter, 18.11.1969. Patientinnenakt der Kinderbeobachtungsstation des Landeskrankenhauses Innsbruck, Sabine Millstätter. Privatarchiv Horst Schreiber.
27 Pseudonym.
28 Bericht über die Pflegeaufsicht, Fürsorgerin Müller, BH Imst Jugendfürsorge, 13.4.1971. StAI, Mündelakt Selina Bauer (Pseudonym).
29 Ebd.
30 Pseudonyme.
31 BH Innsbruck, Jugendfürsorge, an die Leitung des SOS-Kinderdorfs, 25.10.1968. Archiv der Heilpädagogischen Station Hinterbrühl, Patientinnenakt Regina Mayer (Pseudonym).
32 Ebd.: Heilpädagogisches Gutachten Hans Asperger, 26.11.1970.
33 Ebd.: Dorfkommission an BH Innsbruck, Jugendfürsorge, 29.7.1970.
34 Pseudonym.
35 Berichte der pädagogischen Leitung vom 13.9. bis 14.10.1972. Archiv der Heilpädagogischen Station Hinterbrühl, Patientenakt Alexander Strunz (Pseudonym).
36 Ebd.: Bericht der pädagogischen Leitung, 28.9.1972.
37 Ebd.: Heilpädagogisches Gutachten von Hans Asperger, 15.9.1972–11.12.1972.
38 Forschung. Macht. Praxis. Stark. 50 Jahre wissenschaftliches Arbeiten bei SOS-Kinderdorf. Eine Festschrift, hg. von der Hermann-Gmeiner-Akademie, Innsbruck, 9.12.2014.
39 Aktenvermerk Dr. Frieda Juchum, Stadtjugendamt Innsbruck, 13.3.1951. StAI, Mündelakt J. T.
40 Ebd.: Amtsvermerk Dietrich, Stadtjugendamt Innsbruck, 28.3.1951.
41 Vgl. Bericht des Bundesministeriums für Jugend, Familie und Gesundheit aus dem Jahre 1973 für eine Tagung der Europäischen Minister für Familienfragen, S. 48, zit. n. Maximilian Rieländer: Resümee aus der Diplomarbeit Deprivation in der frühkindlichen Heimerziehung, Darmstadt 1978, S. 2, in: http://www.psychologische-praxis.rielaender.de/Literatur/Deprivation_Heimerziehung.pdf (Zugriff 20.7.2014).
42 http://agso.uni-graz.at/marienthal/biografien/schenk_danzinger_lotte.htm (Zugriff 21.7.2014).
43 Charlotte Schenk-Danzinger: Social difficulties of children who were deprived of maternal care in early childhood, in: Vita humana, 4, 1961, S. 226–241, zit. n. Rieländer, Deprivation, S. 10, wo weitere Studien angeführt sind.
44 Statistisches Handbuch der Stadt Innsbruck 1950, S. 110.
45 Alfons Dietrich, Tätigkeitsbericht des städt. Jugend- und Vormundschaftsamtes für das Jahr 1949, an Landesjugendamt, 28.2.1950. TLA, ATLR, Abt. Vb, 467 I 3, Jahresbericht der Jugendämter I. Teil 1950–1955, K. 6.
46 Ebd.: Stadtjugendamt Innsbruck, Jahres – Statistik 1950, 22.1.1951.
47 Ebd.: Jahresbericht des Stadtjugendamtes Innsbruck über das Jahr 1952, 28.2.1953.
48 Jahresbericht des Stadtjugendamtes Innsbruck über das Jahr 1956, 1.3.1957. TLA, ATLR, Abt. Vb 467 I 3, Jahresberichte der Jugendämter II. Teil bis incl. 1957, K. 6.

49 Jahresbericht des Jugendamtes der BH Innsbruck-Land über das Jahr 1950, 1.3.1951. TLA, ATLR, Abt. Vb, 467 I 3, Jahresbericht der Jugendämter I. Teil 1950–1955, K. 6.
50 Ebd.: Jahresbericht des Stadtjugendamtes Innsbruck über das Jahr 1954, 30.3.1955.
51 Jahresbericht des Stadtjugendamtes Innsbruck 1969, 14.1970. TLA, ATLR, Abt. Vb, 466 h, Tätigkeitsbericht der Jugendämter (des Landesjugendamts und der Bezirks-Jugendämter), Jahresberichte 1968–1972, K. 5.
52 Jahresbericht der BH Kitzbühel über das Jahr 1956, 25.3.1957. TLA, ATLR, Abt. Vb, 467 I 3, Jahresberichte der Jugendämter II. Teil bis incl. 1957, K. 6.
53 BH Innsbruck, Jugendamt, an Landesjugendamt, 21.4.1950 und Bericht Bezirkshauptmann Landeck an ATLR, Landesjugendamt, über das Jahr 1953, eingel. 5.2.1954. TLA, ATLR, Abt. Vb, 467 I 3, Jahresbericht der Jugendämter I. Teil 1950–1955, K. 6.
54 Ebd.: Jahresbericht der BH Lienz, Jugendamt, für das Jahr 1949, 15.2.1950.
55 Ebd.: Jahresbericht der BH Landeck, Jugendamt, für das Jahr 1951, 12.1.1952.
56 Ebd.: Jahresbericht der BH Imst, Jugendamt, für das Jahr 1949, 25.2.1950.
57 Ebd.: Jahresbericht der BH Kitzbühel, Jugendamt, für das Jahr 1950, 27.2.1951.
58 Ebd.: Jahresbericht der BH Lienz, Jugendamt, für das Jahr 1950, 1.2.1951.
59 Ebd.: Jahresbericht der BH Lienz, Jugendamt, für das Jahr 1949, 15.2.1950.
60 Ebd.: Jahresbericht der BH Imst, Jugendfürsorge, für das Jahr 1955, 23.2.1956.
61 Ebd.: Jahresbericht der BH Landeck, Jugendfürsorge, für das Jahr 1949, 10.1.1950.
62 Ebd.: Jahresbericht der BH Kitzbühel, Jugendfürsorge, für das Jahr 1950, 27.2.1951.
63 Ebd.: Jahresbericht der BH Lienz, Jugendamt, für das Jahr 1951, 29.2.1952.
64 Ebd.: Jahresbericht der BH Kitzbühel, Jugendfürsorge, für das Jahr 1949, 23.2.1950.
65 Ebd.: Jahresbericht der BH Kitzbühel, Jugendfürsorge, für das Jahr 1950, 27.2.1951.
66 Ebd.: Jahresbericht der BH Kitzbühel, Jugendfürsorge, für das Jahr 1949, 23.2.1950.
67 Ebd.: Jahresbericht der BH Kitzbühel, Jugendfürsorge, für das Jahr 1955, 21.2.1956.
68 Ebd.: Jahresbericht der BH Lienz, Jugendamt, für das Jahr 1952, 26.2.1953.
69 Berechnet nach Tabelle 9 bei Josef Nussbaumer: Wirtschaftlicher und sozialer Wandel in Tirol 1945–1996. Eine Skizze, in: Gehler (Hg.), Tirol, S. 139–220, hier S. 166.
70 Ebd.: S. 173f.
71 Ebd.: S. 168f; Ernst Langthaler: Umbruch im Dorf? Ländliche Lebenswelten, in: Reinhard Sieder/Heinz Steinert/Emmerich Tálos (Hg.): Österreich 1945–1995. Gesellschaft – Politik – Kultur, S. 35–53, hier S. 37.
72 Langthaler: Umbruch im Dorf? Ländliche Lebenswelten, S. 36.
73 Siehe Tabelle 5 im Anhang.
74 Horst Schreiber: „Es entspricht der Mentalität des freiheitsliebenden Tirolers, immer klar Farbe zu bekennen." Zur Geschichte, Struktur und Entwicklung der Tiroler Schule 1945–1998, in: Gehler (Hg.), Tirol, S. 487–568, hier S. 495–499.
75 Gespräch von Rolf Rotter (Pseudonym) mit der Opferschutzkommission 2012, Interview Horst Schreiber mit Rolf Rotter, 4.10.2013; diverses Aktenmaterial und mehrere Schreiben vom und an das Land Tirol. Privatarchiv Horst Schreiber; StAI, Mündelakt Rolf Rotter.
76 Rolf Rotter an Landesrat Gerhard Reheis, 9.11.2011. Privatarchiv Horst Schreiber.
77 Interview Horst Schreiber mit Rolf Rotter, 4.10.2013.
78 Rolf Rotter an Landesrat Gerhard Reheis, 9.11.2011. Privatarchiv Horst Schreiber.
79 Gespräch von Rolf Rotter mit der Opferschutzkommission der Stadt Innsbruck, 6.2.2012.
80 Pseudonym.
81 Mail von Janine Kostner an Horst Schreiber, 22.7.2011.
82 Janine Kostner: Erinnerung an meine Kindheit in Tirol (2012). Privatarchiv Horst Schreiber.
83 Mail von Janine Kostner an Horst Schreiber, 22.7.2011.
84 Gespräch von Irmgard Schatz (Pseudonym) mit der Opferschutzkommission der Stadt Innsbruck 2011.
85 Jahresbericht der BH Landeck, Jugendfürsorge, für das Jahr 1949, 10.1.1950. TLA, ATLR, Abt. Vb, 467 I 3, Jahresberichte der Jugendämter I. Teil 1950–1955, K. 6.
86 Siehe dazu und in Folge die Jahres- und Tätigkeitsberichte der Bezirksjugendämter und des Stadtjugendamtes 1950–1977. TLA, ATLR, Abt. Vb, 467 I 3, K. 5 und 466 h, 466 h 1b und 466 II 6, K. 6.
87 Jahresbericht des Stadtjugendamtes Insbruck über das Jahr 1952, 28.2.1953. TLA, ATLR,

Abt. Vb, 467 I 3, Jahresberichte der Jugendämter I. Teil 1950–1955, K. 6.
88 Magistratsabteilung V, Duregger, an MD, 6.6.1945. StAI, MD 1470/1945.
89 Niederschrift über die 11. Sitzung des Personalausschusses, 8.10.1948. StAI, Personalausschuss, 24.9.1946–28.12.1948/1.
90 StAI, MD 2368/1954.
91 Niederschrift über die 2. Sitzung des GrI, 21.1.1949, S. 92. StAI, Gemeinderatsprotokolle.
92 Stellenausschreibung der MD, Mangutsch, für das Stadtjugendamt Innsbruck, 10.10.1946. MD 2865/1946.
93 Niederschrift über die 6. Sitzung des GrI 18.12.1947, S. 30. StAI, Gemeinderatsprotokolle; Niederschrift über die 11. Sitzung des Personalausschusses, 8.10.1948. StAI, Personalausschuss, 24.9.1946–28.12.1948/1.
94 Ebd.: Niederschrift über die 1. Sitzung des Personalausschusses, 8.1.1947.
95 Siehe Personallistenvergleich: Städtische Angestellte, Zugehörigkeit zu Gliederungen und Verbänden der NSDAP, Jugendamt Innsbruck an MD, 4.7.1938 und Jugendamt an MD, 16.1.1946. StAI, V 77/1930.
96 Amtsbericht der MD, 22.5.1948 und Amtsvermerk der MD, 24.9. und 28.12.1948. StAI, MD, 444/1948.
97 Ebd.: Magistratsabteilung V, Duregger, an Franz Kotter, 16.7.1948.
98 Siehe Tabelle 5 im Anhang.
99 Niederschrift über die 1. Sitzung des GrI, 24.1.1966, S. 135. StAI, Gemeinderatsprotokolle.
100 Niederschrift über die 7. Sitzung des StrI, 12.3.1964, S. 130 und über die 35. Sitzung des StrI, 19.11.1964, S. 758. StAI, Stadtratsprotokolle.
101 Niederschrift über die 7. Sitzung des StrI, 12.3.1964, S. 130. StAI, Stadtratsprotokolle; Niederschrift über die 1. Sitzung des GrI, 24.1.1966, S. 135 und über die 11. Sitzung des GrI, 18.12.1968, S. 537f. StAI, Gemeinderatsprotokolle; Niederschrift über die 3. Sitzung des Personalausschusses für die Hoheitsverwaltung (Schema II und IV), 24.11.1966. StAI, Personalausschuss, PA II-IV, 24.1.1962–14.12.1973/2; weiters StAI, MD 1745/1974.
102 Jahresbericht der BH Lienz, Jugendamt, über das Jahr 1951, 29.2.1952. TLA, ATLR, Abt. Vb, 467 I 3, Jahresberichte der Jugendämter I. Teil 1950–1955, K. 6.
103 Jahresbericht der BH Kufstein, Jugendamt, über das Jahr 1960, 10.2.1961. TLA, ATLR,

Abt. Vb, 467 I 3, Jahresbericht der Jugendämter 1961–1964, K. 6.
104 Ebd.: Jahresbericht der BH Kufstein, Jugendamt, über das Jahr 1962, 25.2.1963.
105 Tätigkeitsbericht des Landesjugendamtes über das Jahr 1964. Landesjugendamt an Landessozialreferent Karl Kunst, 30.11.1964. TLA, ATLR, Abt. Vb, 466 II 6, Tätigkeitsberichte des Landesjugendamtes 1961–1977, K. 5.
106 Ebd.: Tätigkeitsbericht des Landesjugendamtes über das Jahr 1965. Landesjugendamt an Landessozialreferent Karl Kunst, 3.12.1965 und Tätigkeitsbericht des Landesjugendamtes über das Jahr 1967. Landesjugendamt an Landessozialreferent Karl Kunst, 4.12.1967.
107 Jahresbericht der BH Innsbruck-Land, Jugendamt, für das Jahr 1968, 10.4.1969. TLA, ATLR, Abt. Vb, 466 h, Tätigkeitsberichte der Jugendämter (des Landesjugendamtes u. Bez. Jugendämter). 1.) Jahresberichte 1968 bis 1972, K. 5.
108 Jahresbericht der BH Innsbruck-Land, Jugendamt, für das Jahr 1956, 28.3.1957. TLA, ATLR, Abt. Vb, 467 I 3, Jahresbericht der Jugendämter II. Teil bis incl. 1957, K. 6.
109 Niederschrift über die 9. Sitzung des GrI, 17.12.1973, S. 755f. StAI, Gemeinderatsprotokolle.
110 Ebd.: Niederschrift über 11. Sitzung des GrI, 21.12.1976, S. 681.
111 Leistungsbericht des Landesjugendamtes über das Jahr 1967. Landesjugendamt an Wallnöfer, 1.4.1968 und Leistungsbericht des Landesjugendamtes über das Jahr 1969. Landesjugendamt an Wallnöfer, 29.1.1970. TLA, ATLR, 466 h, Tätigkeitsberichte der Jugendämter (des Landesjugendamtes u. Bez. Jugendämter). 1.) Jahresberichte 1968 bis 1972, K. 5.
112 Zu den Berichten der Jugendämter Ende der 1960er Jahre und in den 1970er Jahren siehe ebd. und 466 h 1b, Tätigkeitsberichte. Leistungsberichte. Jahresberichte der Jugendämter 1973–1977, K. 5.
113 Elisabeth Raab-Steiner/Gudrun Wolfgruber: Zur Lebenswelt der Pflegekinder in der Wiener Nachkriegszeit von 1955–1970, September 2013, S. 15f, in: http://www.wien.gv.at/menschen/magelf/pdf/pflegekinder-nachkriegszeit.pdf (18.4.2015).
114 Bieglmann, Kinder, die übrig sind, S. 77–83.
115 Eine Person, die sich irrtümlich bei der Kommission wegen erlittener Gewalt im Kinderheim Scharnitz gemeldet hatte, das Benediktinerinnen leiteten, wurde nicht mitgezählt.

116 Von den Menschen, die sich gemeldet haben, befanden sich unter Berücksichtigung von Mehrfachzählungen (gleichzeitiger Aufenthalt sowohl in den 1950er und 1960er Jahren bzw. 1960er und 1970er Jahren) in der Jugendheimstätte Holzham-Westendorf über die Jahrzehnte verteilt 80 Personen: in den 1950er Jahren (incl. der zwei Menschen aus den späten 1940er Jahren) 27,5 %, in den 1960er Jahren 46,2 % und in den 1970er Jahren 26,3 %.

117 Von den Menschen, die sich gemeldet haben, befanden sich unter Berücksichtigung von Mehrfachzählungen (gleichzeitiger Aufenthalt sowohl in den 1950er und 1960er Jahren bzw. 1960er und 1970er Jahren) 53 Personen im Kinderheim Mariahilf über die Jahrzehnte verteilt: in den 1950er Jahren 18,9 %, in den 1960er Jahren 45,2 % und in den 1970er Jahren 35,9 %. Im Kinderheim Pechegarten waren es in den 1950er Jahren 17,2 %, in den 1960er Jahren 43,8 %, in den 1970er Jahren 32,8 % und in den 1980er/1990er Jahren zusammen 6,3 %.

118 Von 125 ZeitzeugInnen, die sich bei der Opferschutzkommission Innsbruck meldeten, waren geboren: 1933–1938: 3 (2,4 %); 1940–1949: 22 (17,6 %); 1950–1959: 52 (41,6 %); 1960–1969: 40 (32 %); 1970–1979: 7 (5,6 %); 1981: 1 (0,8 %).

119 F. L. an Kinder- und Jugendanwaltschaft für Tirol, 30.8.2010. Privatarchiv Horst Schreiber.

120 Ebd.: Erlebnisbericht: Erziehungsheim Westendorf. E-Mail von K. an Herbert Köfler, Büro des Magistratsdirektors, 3.3.2014.

121 Magistratsabteilung V, Dietrich, an Tatzel und Amtsvermerk Maria Thaler, 2.7.1958. StAI, Mündelakt S. B.

122 Pseudonym.

123 StAI, Mündelakt O. G. (hier Pseudonym Josef Schuchter). Gespräch von Josef Schuchter mit der Opferschutzkommission der Stadt Innsbruck 2011.

124 Telefonat mit Josef Schuchter (Pseudonym), 2012.

125 Interview mit Josef Schuchter vor der Opferschutzkommission der Stadt Innsbruck 2011.

126 Gespräch von Arnold Retter (Pseudonym) mit der Opferschutzkommission der Stadt Innsbruck 2011.

127 Niederschrift über die 11. Sitzung des StrI, 8.5.1952, S. 339. StAI, Stadtratsprotokolle.

128 Niederschrift über die 11. Sitzung des GrI, 15.12.1960, S. 439. StAI, Gemeinderatsprotokolle.

129 Ebd.: Niederschrift über die 7. Sitzung des GrI, 13.12.1961, S. 268f.

130 Siehe Sönke Neitzel/Harald Welzer: Soldaten. Protokolle vom Kämpfen, Töten und Sterben. Frankfurt a. M. 2011, S. 16ff.

131 Zit. n. Sabine Andresen/Sara Friedemann: Rechte und Anerkennung. Zur Ethik pädagogischer Institutionen, in: Andresen/Heitmeyer (Hg.): Zerstörerische Vorgänge, S. 281–294, hier S. 282f.

132 Horst Schreiber: Familiale Gewalt in der Erziehung, in: Horst Schreiber u. a. (Hg.): Zwischentöne. Gaismair-Jahrbuch 2016 (erscheint im November 2015).

133 Interview Horst Schreiber mit S. W., 11.10. 2013. Privatarchiv Horst Schreiber.

134 Susanne Mayer: Höllische Freude, in: http://www.zeit.de/2011/18/Interview-Terry-Eagleton, 2.5.2011 (Zugriff 10.1.2015).

135 Innsbruck – Offizielles Mitteilungsblatt der Landeshauptstadt, 14.9.1978, S. 5.

136 Erfahrungen von Irene im Kinderheim Mariahilf in den 1950er Jahren, in: http://www.heimkinder-reden.at/images/pdf/irene.pdf (Zugriff 30.4.2015).

137 R. M. an Herbert Köfler, eingel. 6.12.2011. Privatarchiv Horst Schreiber.

138 Gespräch von M. H. mit der Opferschutzkommission der Stadt Innsbruck 2011.

139 Gespräch von U. S. mit der Opferschutzkommission der Stadt Innsbruck 2013.

140 40 Jahre Kinderheim Pechegarten, o. S. StAI.

141 StAI, Mündelakt F. U.

142 Städtischer Oberrevident an Finanzamt Innsbruck, 11.10.1978. StAI, Mündelakt P. K.

143 Interview Horst Schreiber mit Marianne Federspiel, 26.6.2015.

144 Ebd.

145 Schreiber: Familiale Gewalt in der Erziehung, (erscheint im November 2015).

146 R. an Herbert Köfler, Büro des Magistratsdirektors, 13.11.2013. Privatarchiv Horst Schreiber.

147 Elisabeth Helming/Marina Mayer: „Also über eine gute Sexualität zu reden, aber auch über die Risiken, das ist auch eine ganz große Herausforderung". Einige ausgewählte Aspekte zum Umgang mit Sexualität und sexueller Gewalt in institutionellen Kontexten, die mit Kindern und Jugendlichen arbeiten, in: Andresen/Heitmeyer (Hg.): Zerstörerische Vorgänge, S. 49–65, hier S. 56.

148 Interview Horst Schreiber mit Marianne Federspiel, 26.6.2015.

149 Niederschrift über die 2. Sitzung des GrI, 6.3.1947, S. 21. StAI, Gemeinderatsprotokolle.
150 Ebd.: Niederschrift über die 3. Sitzung des GrI, 2.2.1950, S. 148.
151 Ebd.: Niederschrift über die 1. Sitzung des GrI, 1.3.1956, S. 114.
152 Ebd.: Niederschrift über die 7. Sitzung des GrI, 13.12.1961, S. 268.
153 Ebd.: S. 290.
154 Niederschrift über die 11. Sitzung des GrI, 13.12.1962, S. 284. StAI, Gemeinderatsprotokolle.
155 Ebd.: Niederschrift über die 7. Sitzung des GrI, 13.12.1961, S. 268.
156 Ebd.: Niederschrift über die 11. Sitzung des GrI, 18.12.1963, S. 308 bzw. 19./20.12.1963, S. 317.
157 Ebd.: Niederschrift über die 11. Sitzung des GrI, 20.12.1966, S. 757 und die 7. Sitzung des GrI, 20.12.1967, S. 395.
158 Ebd.: Niederschrift über die 4. Sitzung des GrI, 30.6.1970, S. 181f und über die 7. Sitzung des GrI, 21.12.1970, S. 425.
159 Schreiber: Im Namen der Ordnung, S. 29–31.
160 Robert Kurz: Die Diktatur der abstrakten Zeit. Arbeit als Verhaltensstörung der Moderne, in: http://www.trend.infopartisan.net/trd0302/t120302.html (Zugriff 20.8.2015).
161 Arbeit in Heimen. Jugendliche in der Fürsorgeerziehung (im Heim St. Martin in Schwaz). Abschlussbericht der Arbeitsgruppe, hg. von Dietmar Schennach/Daniela Laichner/Gertrud Gaugg/Johann Stolz/Wilfried Beimrohr, Innsbruck im Oktober 2013, S. 58.
162 Ebd.
163 Landesjugendamt Aktenvermerk, 14.11.1952. TLA, ATLR, Abt. Vb, 469 V 4e bis incl. 1957, K. 7.
164 Landesjugendamt an Abt. VII im Haus, 27.4.1960. TLA, ATLR, Abt. Vb, 469 V 4e 1958–1960, K. 7.
165 Landesjugendamt Haindl, Aktenvermerk für Kunst, 1.8.1960. TLA, ATLR, Abt. Vb, 469 V 4e 1958–1960, K. 7.
166 Jahn an Landesjugendamt, 18.12.1961. TLA, ATLR, Abt. Vb, 469 V 4e1 1961–1967, K. 7.
167 Landeserziehungsheim Kleinvolderberg an Landesbaudirektion, Abt. VI, z. Hd. Baumeister Thurner, 30.8.1962. TLA, ATLR, Abt. Vb, 469 V 4e bis incl. 1957, K. 7.
168 Ebd.: Aull an Kunst, 19.9.1962.
169 Ebd.
170 Tätigkeitsbericht für Jahr 1964. Landesjugendamt an Kunst, 30.11.1964. TLA, ATLR, Abt. Vb, 466 II 6, Tätigkeitsberichte des Landesjugendamtes 1961–1977, K. 5.
171 Ebd.: Aull, an Landesjugendamt, 23.1.1967.
172 Landesjugendamt, Haindl, an Landesamtsdirektor Kathrein, 23.2.1967. TLA, ATLR, Abt. Vb, 469 V 4e1 1961–1967, K. 7.
173 Landesbaudirektion, März 1968: Landesjugendheim Kleinvolderberg, Sanierungsprogramm. TLA, ATLR, Abt. Vb, 473c 1968–1977, K. 7.
174 Stellungnahme Direktor Aull zum Sanierungsplan der Landesbaudirektion 1968, 28.3.1968. TLA, ATLR, Abt. Vb, 473c 1968–1977, K. 7.
175 Pseudonym. Niederschrift Herbert Oberkofler 2011. Privatarchiv Horst Schreiber.
176 Soziales/Lehrlinge/Volksanwaltschaft: Keine Pensionszeiten bei Lehrlingsausbildung im Heim? Volksanwältin Krammer fordert Gleichstellung für alle Lehrlinge, 18.2.1999, in: http://www.ots.at/presseaussendung/OTS_19990218_OTS0060/sozialeslehrlingevolksanwaltschaft (Zugriff 21.5.2015).
177 Gendarmeriepostenkommando Volders, Vorstrafenanfrage, 13.4.1946. TLA, ATLR Abt. VIII Sicherheitsdirektion, Akten Nr. 3101–3820, Zl. 3254/46, K. 24.
178 Adolf Spielmann zit. n. Schreiber: Im Namen der Ordnung, S. 59.
179 Stellungnahme des ATLR, Abt. Vb, Lechleitner zum Kontrollamtsbericht Kleinvolderberg 1976, 7.1.1977, S. 22. TLA-Zl. 176, Landesrechnungshof 196/109-1977.
180 Siehe Schreiber: Im Namen der Ordnung, S. 148f, 168 und 228 bzw. die zahlreichen Berichte der ehemaligen Heimkinder vor der Opferschutzkommission der Stadt Innsbruck.
181 Zu diesem Themenkomplex wurden vor der Opferschutzkommission der Stadt Innsbruck viele kritische Stimmen laut. Doch bereits 2010, vor der Einrichtung von Kommissionen, die Anerkennungszahlungen tätigen, informierten zahlreiche Menschen den Autor in diesem Sinne.
182 Schreiber: Im Namen der Ordnung, S. 59.
183 Aull an Landesjugendamt, 22.8.1968. TLA, ATLR, Abt. Vb, 473c 1968–1977, K. 7.
184 Berechnet nach dem Kontrollamtsbericht zu Kleinvolderberg 1976. TLA-Zl. 176, Landesrechnungshof 196/109-1977, der folgenden Zöglingsstand anführt: 1965: 118, 1966: 114, 1967: 104 und 1968: 97.
185 Meldung über die Lehr- und Arbeitsplätze, Landesjugendheim Kleinvolderberg an das Landesjugendamt, 3.7.1968. TLA, ATLR, Abt. Vb, 473c 1968–1977.

186 Landesjugendamt, Haindl, an Wallnöfer, Leistungsbericht 1967, 1.4.1968. TLA, Abt. Vb, 466 h, Tätigkeitsberichte der Jugendämter (des Landesjugendamtes u. Bez. Jugendämter). 1.) Jahresberichte 1968 bis 1972, K. 5.
187 Markus Hug: Zur so genannten Verwahrlosung dissozialer Jugendlicher in Österreich. Dissertation Universität Innsbruck 1971, S. 7.
188 Landesjugendamt, Lechleitner, an Wallnöfer, Leistungsbericht 1972, 12.3.1973. TLA, ATLR, Abt. Vb, 466 h, Tätigkeitsbericht der Jugendämter (des Landesjugendamts und der Bezirks-Jugendämter), Jahresberichte 1968–1972. Die Zahlen beziehen sich auf die gesamte Anzahl von Zöglingen, die sich 1972 zeitweise im Heim Kleinvolderberg aufhielten. Nußbaumer nennt einen Zöglingsstand von 53 für dieses Jahr.
189 Aull an Landesjugendamt, 22.8.1968. TLA, Abt. Vb, 473c 1968–1977, K. 7
190 Tätigkeitsbericht Abt. Vb, Lechleitner, an Salcher, 9.12.1974. TLA, ATLR, Abt. Vb, 466 h, Tätigkeitsbericht der Jugendämter (des Landesjugendamts und der Bezirks-Jugendämter), Jahresberichte 1968–1972, K. 5
191 Ebd.
192 Tätigkeitsbericht Erziehungsberatungsstelle für das Jahr 1973, Herta Jordan, 20.3.1974. TLA, ATLR, Abt. V, 466 II 6, Tätigkeitsberichte des Landesjugendamtes 1961–1977.
193 Landes-Kontrollamt, Bericht über die Einschau beim Landesjugendheim Kleinvolderberg sowie Stellungnahme, 30.9.1976, S. 22. TLA-Zl. 176, Landesrechnungshof 196/109-1977.
194 Ebd.
195 Ebd.: S. 29f.
196 Ebd.: Stellungnahme des ATLR, Abt. Vb, Lechleitner, zum Bericht über die Einschau beim Landesjugendheim Kleinvolderberg 1976, 7.1.1977, S. 22f.
197 Landesjugendamt an Erzabtei St. Peter, Stiftskämmerei, 25.8.1971. TLA, ATLR, Abt. Vb, 473f 1968–1977, K. 7.
198 Ebd.
199 Ebd.: Herbert Salcher an Paul Lechleitner, 5.1.1972.
200 Landes-Kontrollamt, Bericht über die Einschau beim Landesjugendheim Kleinvolderberg sowie Stellungnahme, 30.9.1976, S. 32. TLA-Zl. 176, Landesrechnungshof 196/109-1977.
201 Landesbaudirektion an Herbert Salcher, 1.7.1974. TLA, ATLR, Abt. Vb, 473c 1968–1975, K. 7.
202 Landes-Kontrollamt, Bericht über die Einschau beim Landesjugendheim Kleinvolderberg sowie Stellungnahme, 30.9.1976, S. 16. TLA-Zl. 176, Landesrechnungshof 196/109-1977.
203 Ebd.: S. 6.
204 Ebd.: Stellungnahme des ATLR, Abt. Vb, Lechleitner zum Kontrollamtsbericht Kleinvolderberg 1976, 7.1.1977, S. 27.
205 Ebd.: Landes-Kontrollamt, Bericht über die Einschau beim Landesjugendheim Kleinvolderberg sowie Stellungnahme, 30.9.1976, S. 18.
206 Ebd.: Stellungnahme des ATLR, Abt. Vb, Lechleitner zum Kontrollamtsbericht Kleinvolderberg 1976, 7.1.1977, S. 27.
207 Ebd.: S. 27f.
208 Lechleitner an Salcher, 8.11.1971. TLA, ATLR, Abt. Vb, 471h 1971–1975, K. 7.
209 Lechleitner an Salcher, Entwurf Schreiben an Erzabtei St. Peter, 10.7.1975. TLA, ATLR, Abt. Vb, 473c 1968–1975, K. 7.
210 Landesjugendamt, Lechleitner, Aktenvermerk für Salcher, 13.12.1972. TLA, ATLR, Abt. Vb, 466 h, Tätigkeitsbericht der Jugendämter (des Landesjugendamts und der Bezirks-Jugendämter), Jahresberichte 1968–1972, K. 5. Der Inhalt der Studien war „Psychologische Diagnose, Prognose und praktische Behandlungsvorschläge für die in den Landesjugendheimen aufgenommenen Jugendlichen" bzw. „Erstellung eines Forschungsberichtes als Grundlage für empirische Untersuchungen zur Füsorgeerziehung".
211 Institut für Erziehungswissenschaft, Endabrechnung für das Forschungsprojekt: Fürsorgeerziehungsheime, 3.4.1973. TLA, ATLR, Abt. Vb, 471h 1971–1975, K. 7.
212 Siehe Zangerle: Zur Berufssituation des Erziehers in österreichischen Fürsorgeerziehungsheimen.
213 Bischoff, Nora/Christine Jost/Ulrich Leitner (Projektleitung Michaela Ralser, unter maßgeblicher Mitwirkung von Flavia Guerrini/Martina Reiterer): Das System der Fürsorgeerziehung. Zur Genese, Transformation und Praxis der Jugendfürsorge und der Landeserziehungsheime in Tirol und Vorarlberg. Forschungsbericht, 1. Auflage 2015, erstellt im Auftrag der Länder Tirol und Vorarlberg, in: http://www.uibk.ac.at/iezw/heimgeschichteforschung/dokumente/das-system-der-fuersorgeerziehung_web.pdf (Zugriff 7.7.2015), S. 469; Schreiber: Im Namen der Ordnung, S. 82f.

214 Psychologischer Dienst, Forschungsaufträge zum Problem der Fürsorgeerziehung, Aktenvermerk, 7.12.1973. TLA, ATLR, Abt. Vb, 471h 1971–1975, K. 7.
215 Ebd.
216 Landes-Kontrollamt, Bericht über die Einschau beim Landesjugendheim Kleinvolderberg sowie Stellungnahme, 30.9.1976, S. 24f. TLA-Zl. 176, Landesrechnungshof 196/109-1977.
217 Landesbaudirektion an Salcher, 1.7.1974. TLA, ATLR, Abt. Vb, 473c 1968–1975, K. 7.
218 Paul Lechleitner an Herbert Salcher, 15.7.1975 und Herbert Salcher an Paul Lechleitner, 22.7.1975. TLA, ATLR, Abt. Vb, 473c 1968–1975, K. 7.
219 Skript der ORF-Sendung teleobjektiv vom 16.9.1980: Problemkinder – Kinderprobleme. Heimerziehung – Erziehungsheim. Heimprobleme – Problem-Heime, S. 9.
220 Schreiber: Im Namen der Ordnung, S. 84f.
221 Landes-Kontrollamt, Bericht über die Einschau beim Landesjugendheim Kleinvolderberg sowie Stellungnahme, 30.9.1976, S. 23. TLA-Zl. 176, Landesrechnungshof 196/109-1977.
222 Landesjugendamt, Lechleitner, an Wallnöfer, Leistungsbericht 1972, 12.3.1973. TLA, ATLR, Abt. Vb, 466 h, Tätigkeitsbericht der Jugendämter (des Landesjugendamts und der Bezirks-Jugendämter), Jahresberichte 1968–1972, K. 5.
223 Stellungnahme des ATLR, Abt. Vb, Lechleitner zum Kontrollamtsbericht Kleinvolderberg 1976, 7.1.1977, S. 21. TLA-Zl. 176, Landesrechnungshof 196/109-1977.
224 Landesjugendamt, Lechleitner, an Wallnöfer, Leistungsbericht 1973, 25.3.1974. TLA, ATLR, Abt. Vb, 466 h 1b, Tätigkeitsberichte, Leistungsberichte, Jahresberichte der Jugendämter 1973–1977, K. 5.
225 Skript der ORF-Sendung teleobjektiv vom 16.9.1980, S. 9.
226 Interview Horst Schreiber mit Klaus Madersbacher, 9.4.2010.
227 Bischoff/Jost/Leitner (Projektleitung Ralser, Mitwirkung Guerrini/Reiterer): Das System der Fürsorgeerziehung, in: http://www.uibk.ac.at/iczw/heimgeschichteforschung/dokumente/das-system-der-fuersorgeerziehung_web.pdf (Zugriff 7.7.2015), S. 221.
228 Stellungnahme des ATLR, Abt. Vb, Lechleitner zum Kontrollamtsbericht Kleinvolderberg 1976, 7.1.1977, S. 5f. TLA-Zl. 176, Landesrechnungshof 196/109-1977.
229 Interview Horst Schreiber mit Klaus Madersbacher, 9.4.2010.
230 Landes-Kontrollamt, Bericht über die Einschau beim Landesjugendheim Kleinvolderberg sowie Stellungnahme, 30.9.1976, S. 30. TLA-Zl. 176, Landesrechnungshof 196/109-1977.
231 Tätigkeitsbericht Abt. Vb, Lechleitner, an Salcher, 9.12.1974. TLA, ATLR, Abt. Vb, 466 h, Tätigkeitsbericht der Jugendämter (des Landesjugendamts und der Bezirks-Jugendämter), Jahresberichte 1968–1972, K. 5.
232 Stellungnahme des ATLR, Abt. Vb, Lechleitner zum Kontrollamtsbericht Kleinvolderberg 1976, 7.1.1977, S. 7. TLA-Zl. 176, Landesrechnungshof 196/109-1977.
233 Ebd.: S. 4.
234 Ebd.: S. 8.
235 Ebd.: Landes-Kontrollamt, Bericht über die Einschau beim Landesjugendheim Kleinvolderberg sowie Stellungnahme, 30.9.1976, S. 4.
236 Ebd.: S. 26.
237 Siehe Schreiber: Im Namen der Ordnung, S. 83–87.
238 Soziales/Lehrlinge/Volksanwaltschaft: Keine Pensionszeiten bei Lehrlingsausbildung im Heim? Volksanwältin Krammer fordert Gleichstellung für alle Lehrlinge, 18.2.1999, in: http://www.ots.at/presseaussendung/OTS_19990218_OTS0060/sozialeslehrlingevolksanwaltschaft (Zugriff 21.5.2015).
239 Bundesminister Rudolf Hundstorfer an Landesrat Gerhard Reheis, 13.12.2010. Privatarchiv Horst Schreiber.
240 Ebd.; siehe auch das Interview mit Minister Hundstorfer: Für Heimkinder kein Geld, in: http://oe1.orf.at/artikel/313993, 27.8.2012 (Zugriff 21.5.2015).
241 Arbeit im Heim, S. 10 und 74.
242 Heimkinder erhalten keine Zusatzpension, in: TT, 16.11.2013, S. 1.
243 Betroffene ohne Sonderstellung, in: http://kurier.at/chronik/oesterreich/recht-ist-staendig-gebeugt-worden/80.579.223#section-80579759, 16.8.2012 (Zugriff 21.5.2015).
244 Heimkind-Pensionen: Länderkritik an Hundstorfer, in: http://oe1.orf.at/artikel/314016, 28.8.2012 (Zugriff 21.5.2015).
245 Hermine Reisinger, zit. n. Schreiber: Im Namen der Ordnung, S. 200.
246 Bericht über die Einschau beim Landesjugendheim St. Martin/Schwaz, 27.7.1987, S. 7 und 9f. TLA, Landes-Kontrollamt; Arbeit im Heim, S. 59.
247 Bischoff/Jost/Leitner (Projektleitung Ralser, Mitwirkung Guerrini/Reiterer): Das System der Fürsorgeerziehung, in: http://www.uibk.

ac.at/iezw/heimgeschichteforschung/dokumente/das-system-der-fuersorgeerziehung_web.pdf (Zugriff 7.7.2015), S. 578f.
248 Tiroler Landesjugendheim Schwaz – St. Martin, Tussetschläger, an Landesjugendamt, 4.1.1971 betr. Leistungsbericht für 1970. TLA, ATLR, Abt. Vb, 466 II 6, Tätigkeitsberichte des Landesjugendamtes 1961–1977, K. 5.
249 Landesjugendamt, Lechleitner, an Wallnöfer, Leistungsbericht 1972, 12.3.1973. TLA, ATLR, Abt. Vb, 466 h 1b, Tätigkeitsberichte, Leistungsberichte, Jahresberichte der Jugendämter 1973–1977, K. 5.
250 Arbeit im Heim, S. 21.
251 KURIER, 15.7.1979, S. 20, zit. n. Michaela Ralser/Nora Bischoff/Flavia Guerrini/Christine Jost/Ulrich Leitner/Martina Reiterer: Das Landeserziehungsheim für St. Martin in Schwaz der Zweiten Republik. Zwischenbericht April 2014. Erstellt im Auftrag des Landes Tirol, in: http://www.uibk.ac.at/iezw/heimgeschichteforschung/dokumente/zwischenbericht_stmartin_juli2014_neu.pdf (Zugriff 26.5.2015).
252 Diese Auskunft teilte die Direktorin von St. Martin in Schwaz dem Fernsehteam mit. Skript der ORF-Sendung teleobjektiv vom 16.9.1980, S. 5.
253 Arbeit im Heim, S. 46–48.
254 Landeserziehungsheim Schwaz – St. Martin, Direktorin an Landesbaudirektion über Abteilung Vb, 4.9.1958. TLA, ATLR, Abt. Vb, 469 V 6e 1958–1961, K. 7.
255 Richard van Dülmen: „Arbeit" in der frühneuzeitlichen Gesellschaft. in: Jürgen Kocka/Claus Offe: Geschichte und Zukunft der Arbeit, Frankfurt a. M. 2000, S. 80–87, hier S. 81f.
256 Siehe Schreiber: Im Namen der Ordnung, S. 34f.
257 Landeserziehungsheim Schwaz – St. Martin, Direktorin an Landesbaudirektion über Abt. Vb, 4.9.1958. TLA, ATLR Abt. Vb, 469 V 6e 1958–1961, K. 7.
258 Landesjugendamt, betr. Tätigkeitsbericht für 1965, an Kunst, 3.12.1965. TLA, ATLR, Abt. Vb, 466 II 6, Tätigkeitsberichte des Landesjugendamtes 1961–1977, K. 5.
259 Landesjugendamt Aktenvermerk, 27.2.1960, Landeserziehungsheim Kleinvolderberg, Direktor Jahn, an ATLR Landesjugendamt, 14.4.1960, Landesjugendamt an Abt. VII im Haus, 27.4.1960. TLA, ATLR, Abt. Vb, 469 V 4e 1958–1960, K. 7.

260 Bericht betreffend die Einschau in die Gebarung des Landeserziehungsheimes St. Martin bei Schwaz, 12.8.1960, S. 14. TLA, Kanzlei des Landeshauptmannes (KLHM).
261 Direktorin von St. Martin, an Landesbaudirektion über Abt. Vb, 4.9.1958. TLA, ATLR, Abt. Vb, 469 V 4e 1958–1960, K. 7.
262 Ebd.: Landesjugendamt an Landesbaudirektion, 21.10.1958.
263 Landesjugendamt an Kunst, 30.11.1964, Tätigkeitsbericht für Jahr 1964. TLA, ATLR, Abt. Vb, 466 II 6, Tätigkeitsberichte des Landesjugendamtes 1961–1977, K. 5.
264 Landesjugendamt an Kunst, betr. Tätigkeitsbericht für 1965, 1966 und 1967, 3.12.1965, 30.11.1966 und 4.12.67. TLA, ATLR, Abt. Vb, 466 II 6, Tätigkeitsberichte des Landesjugendamtes 1961–1977, K. 5
265 Tiroler Landesjugendheim Schwaz – St. Martin, Tussetschläger, an Landesjugendamt, 12.1.1970 betr. Leistungsbericht für 1969, Tiroler Landesjugendheim Schwaz – St. Martin, Tussetschläger, an Landesjugendamt, 4.1.1971 betr. Leistungsbericht für 1970. TLA, ATLR, Abt. Vb, 466 II 6, Tätigkeitsberichte des Landesjugendamtes 1961–1977, K. 5.
266 Landesjugendamt, Lechleitner, an Wallnöfer, Leistungsbericht 1973, 25.3.1974 und Landesjugendamt, Lechleitner, an Wallnöfer, Leistungsbericht 1972, 12.3.1973. TLA, ATLR, Abt. Vb, 466 h 1b, Tätigkeitsberichte, Leistungsberichte, Jahresberichte der Jugendämter 1973–1977, K. 5.
267 Bericht betreffend die Einschau in die Gebarung des Landeserziehungsheimes St. Martin bei Schwaz, 12.8.1960, S. 16. TLA, KLHM; Arbeit im Heim S. 62.
268 Bericht über die Einschau beim Landesjugendheim Schwaz/St. Martin, 8.11.1977, S. 3. TLA, Landes-Kontrollamt, 67/38-1977.
269 Arbeit im Heim, S. 43, 45, 81–87.
270 Ebd.: S. 44f.
271 Zit. n. Nora Bischoff/Flavia Guerrini/Christine Jost: In Verteidigung der (Geschlechter) Ordnung. Arbeit und Ausbildung im Rahmen der Fürsorgeerziehung von Mädchen. Das Landeserziehungsheim St. Martin in Schwaz 1945–1990, in: ÖZG 1+2 (2014), S. 220–247, hier S. 239.
272 Bericht über die Einschau beim Landesjugendheim Schwaz/St. Martin, 8.11.1977, S. 18. TLA, Landes-Kontrollamt, 67/38-1977.
273 Arbeit im Heim, S. 71f.

274 Zit. n. Schreiber: Im Namen der Ordnung, S. 80f.
275 Bischoff/Jost/Leitner (Projektleitung Ralser, Mitwirkung Guerrini/Reiterer): Das System der Fürsorgeerziehung, in: http://www.uibk.ac.at/iezw/heimgeschichteforschung/dokumente/das-system-der-fuersorgeerziehung_web.pdf (Zugriff 7.7.2015), S. 593.
276 Bericht über die Einschau beim Landesjugendheim Schwaz/St. Martin, 8.11.1977, S. 2. TLA, Landes-Kontrollamt, 67/38-1977.
277 Bericht über die Einschau beim Landesjugendheim St. Martin/Schwaz, 27.7.1987, S. 8. TLA, Landes-Kontrollamt.
278 BH Imst, Jugendfürsorge, 10.2.1977, Jahresbericht 1976. TLA, ATLR, Abt. Vb, 466 h, Tätigkeitsberichte. Leistungsberichte. Jahresberichte der Jugendämter 1973–1977, K. 5
279 Ebd.: BH Innsbruck, Jugendfürsorge, o. D. Jahresbericht 1976.
280 Landesjugendamt, Lechleitner, an Wallnöfer, Leistungsbericht 1970, 19.2.1971. TLA, ATLR, Abt. Vb, 466 h, Tätigkeitsbericht der Jugendämter (des Landesjugendamts und der Bezirks-Jugendämter), Jahresberichte 1968–1972, K. 5.
281 Ebd.: BH Kitzbühel, Jugendfürsorge, 27.1.1970, Jahresbericht 1969.
282 Skript der ORF-Sendung teleobjektiv vom 16.9.1980, S. 5.
283 Arbeit im Heim, S. 42.
284 Arbeit im Heim, S. 84.
285 Schreiber: Im Namen der Ordnung, S. 85–87.
286 Bericht über die Einschau beim Landesjugendheim St. Martin/Schwaz, 27.7.1987, S. 4. TLA, Landes-Kontrollamt.
287 Ebd.: S. 7.
288 „Irgendwas musstest du immer tun, du hast immer gearbeitet". Heidi Färber über ihren Aufenthalt von 1978 bis 1985 im Kinderheim Martinsbühel der Benediktinerinnen in Zirl 1978 bis 1985. Ein Interview von Horst Schreiber mit Heidi Färber, in: Elisabeth Hussl u. a. (Hg.): Standpunkte. Gaismair-Jahrbuch 2014, S. 154–165.
289 Manfred Kappeler: Unrecht und Leid – Rehabilitation und Entschädigung? Der Abschlussbericht des Runden Tisches Heimerziehung, S. 9, in: http://www.ex-heimkinder.de/Dokumente/Abschlussbericht.pdf (Zugriff 10.2.2015).

Die soziale Realität der Ausgeschlossenen

1 Dazu Heidi Schleich: Das Jenische in Tirol. Sprache und Geschichte der Karrner, Laninger, Dörcher. Mit einem Beitrag von Anton S. Pescosta, 2. Auflage, Landeck 2003.
2 Zur Geschichte der Jenischen siehe Toni S. Pescosta: Die Tiroler Karrner. Vom Verschwinden des fahrenden Volkes der Jenischen, Innsbruck 2003 (Tiroler Wirtschaftsstudien 2003); Thomas Huonker: Fahrendes Volk – verfolgt und verfemt. Jenische Lebensläufe, Zürich 1987.
3 Roman Spiss: Die Sprache der Jenischen, in: Die Fahrenden. Die Jenischen zwischen Vinschgau, Oberinntal, Graubünden, Schwaben und Bayern. Ausstellung im Schloss Landeck, 21. Juli–19. September 2001, Landeck (2001), o. S.
4 Ludwig von Hörmann: Die Saltner, in: Der Alpenfreund, hg. von Dr. Ed. Amthor, 1. Band, Gera 1870, S. 167–173, in: http://www.sagen.at/doku/hoermann_beitraege/doercher.html (Zugriff 10.4.2015). Siehe auch Ludwig Hörmann: Tiroler Volkstypen. Beiträge zur Geschichte der Sitten und Kleinindustrie in den Alpen, Wien 1877.
5 Toni S. Pescosta: Vom Umgang des Staates mit den Tiroler Karrnern, in: Schleich: Das Jenische in Tirol, S. 109–123, hier S. 111.
6 Ebd.: S. 111–113.
7 Elisabeth Grosinger/Roman Spiss: Die Jenischen in Tirol, in: Menschenbilder – Lebenswelten. Gaismair-Jahrbuch 2002, Wien–München–Bozen 2001, S. 53–63, hier S. 57.
8 Romedius Mungenast (Hg.): Jenische Reminiszenzen. Geschichte(n), Gedichte, ein Lesebuch, Landeck 2001 (Lyrik der Wenigerheiten 3), S. 29f und 35.
9 Zit. n. Oliver Seifert: Roma und Sinti im Gau Tirol-Vorarlberg. Die „Zigeunerpolitik" von 1938 bis 1945, Innsbruck–Wien–Bozen 2004 (Tiroler Studien zu Geschichte und Politik 6), S. 38f.
10 Pescosta: Die Tiroler Karrner, S. 63f.
11 Stefan Dietrich: Telfs 1918–1946, Innsbruck–Wien–München–Bozen 2004 (Tiroler Studien zu Geschichte und Politik 3), S. 308ff.
12 Siehe im Folgenden Horst Schreiber: Der Wert des Menschen im Nationalsozialismus, in: Andreas Exenberger/Josef Nussbaumer: Von Menschenhandel und Menschenpreisen. Wert und Bewertung von Menschen im Spiegel der Zeit, Innsbruck 2007, S. 83–107.

13 Diverse Schreiben des Landrates Schwaz an die Abt. III der Reichsstatthalterei und umgekehrt. TLA, Reichsstatthalterei Tirol-Vorarlberg, Abt. III a1 M-III/5.
14 Seifert, Roma und Sinti, S. 56.
15 Norbert Mantl: Die Karrner. II. Kapitel, in: Tiroler Heimat 42 (1978), S. 155–160, hier S. 158; Elisabeth Maria Grosinger: Roma und Jenische im Spiegel ihrer Zeit – eine vergleichende Studie. Dissertation Universität Innsbruck 2003, S. 198–216. Von S. 199–204 findet sich eine Namensliste jener Jenischen, die von Grosinger in der Haftkartei der Bundespolizeidirektion gefunden wurden.
16 Grosinger: Roma und Jenische, S. 225–227. Grosinger führt beispielhaft fünf Personen mit einer zutreffenden Berufsbezeichnung auf, die ins Lager Reichenau eingeliefert wurden.
17 Vgl. Pescosta: Die Tiroler Karrner, S. 167f.
18 Martin Achrainer: „Das ‚Badezimmer' der kleinen hl. Theresia" auf der Hungerburg, in: Lisa Gensluckner u. a. (Hg.): Gegenwind. Gaismair-Jahrbuch 2004, Innsbruck–Wien–München–Bozen 2003, S. 179–184.
19 Seifert: Roma und Sinti, S. 164.
20 Ebd.: S. 162f.
21 Nach dem Krieg publizierte er seine „Forschungsergebnisse": Armand Mergen: Die Tiroler Karrner: kriminologische und kriminalbiologische Studien an Landfahrern (Jenischen), Mainz 1949.
22 Götz Aly/Karl-Heinz Roth: Die restlose Erfassung. Volkszählen, Identifizieren, Aussondern im Nationalsozialismus, Frankfurt a. M. 2000, S. 112, 120–131; Wolfgang Ayaß: „Asoziale" im Nationalsozialismus, Stuttgart 1995, S. 112–116.
23 Ayaß: „Asoziale" im Nationalsozialismus, S. 116 und 219.
24 Bischoff/Jost/Leitner (Projektleitung Ralser, Mitwirkung Guerrini/Reiterer): Das System der Fürsorgeerziehung, in: http://www.uibk.ac.at/iezw/heimgeschichteforschung/dokumente/das-system-der-fuersorgeerziehung_web.pdf (Zugriff 7.7.2015), S. 111.
25 Horst Schreiber: „Angesichts des erheblichen Schwachsinns und der (…) psychopathischen Minderwertigkeit ist Sterilisation zu fordern", in: Monika Jarosch u. a. (Hg.): Überwältigungen. Gaismair-Jahrbuch 2009, Innsbruck 2008, S. 99–106, hier S. 100.
26 Marion Amort/Regina Bogner-Unterhofer/Monika Pilgram/Gabi Plasil/Michaela Ralser/Stefanie Stütler/Lisl Strobl: Humanwissenschaften als Säulen der „Vernichtung unwerten Lebens". Biopolitik und Faschismus am Beispiel des Rassehygieneinstituts in Innsbruck, in: http://bidok.uibk.ac.at/library/ralser-unwert.html (Zugriff 27.4.2015).
27 Lebenslauf Friedrich Stumpfl, 12.7.1938, zit. n. Gerhard Oberkofler/Peter Goller: Die Medizinische Fakultät Innsbruck. Faschistische Realität (1938) und Kontinuität unter postfaschistischen Bedingungen (1945). Eine Dokumentation, Innsbruck 1999, S. 175.
28 Memorandum Friedrich Stumpfl, 29.3.1940, zit. n. ebd.: S. 177.
29 Bericht des Dekans der Medizinischen Fakultät Ferdinand Scheminzky, 14.2.1946, S. 31f und Entregistrierungsbescheid des Stadtmagistrats Innsbruck für Friedrich Stumpfl, 23.8.1947, zit. n. ebd.: S. 190–193.
30 Entregistrierungsbescheid des Stadtmagistrats Innsbruck für Friedrich Stumpfl, 23.8.1947, zit. n. ebd.: S. 191.
31 Friedrich Stumpfl: Über die Herkunft des Landfahrertums in Tirol, in: Zeitschrift für menschliche Vererbungs- und Konstitutionstheorie 29 (1949/50), S. 665–694.
32 Entregistrierungsbescheid des Stadtmagistrats Innsbruck für Friedrich Stumpfl, 23.8.1947, zit. n. Oberkofler/Goller: Die Medizinische Fakultät Innsbruck, S. 192.
33 Stumpfl: Über die Herkunft des Landfahrertums in Tirol, S. 682.
34 Ebd.: S. 677f und 682.
35 Ebd.: S. 686, 692 und 694.
36 Ebd.: S. 679f und 688.
37 Ebd.: S. 692.
38 Siehe Elisabeth Grosinger: Pseudowissenschaftliche Forschungen über Jenische vor und während der NS-Zeit, in: Horst Schreiber u. a. (Hg.): Am Rand der Utopie. Gaismair-Jahrbuch 2006, Innsbruck–Wien–Bozen 2005, S. 102–112, hier S. 105–107.
39 Zit. n. ebd.: S. 108.
40 Zit. n. ebd.: S. 110.
41 Die folgende Schilderung entstammt Schreiber: „Angesichts des erheblichen Schwachsinns", S. 102–105.
42 Ebd.: S. 104.
43 Ebd.: S. 104f.
44 Unterredung Maria Vogl mit dem Dorfleiter, o. D. (verm. 22.4.1958) und mit J. S. Kinderbeobachtungsstation des Landeskrankenhauses Innsbruck, Patientinnenakt Tina Rottensteiner (Pseudonym), zur Verfügung gestellt

von Tina Rottensteiner. Privatarchiv Horst Schreiber.
45 Ebd.: Vorläufige Beurteilung Maria Vogl, o. D.
46 Ebd.: Abschließende Beurteilung, 17.7.1958 und Verlauf, 29.4.–17.7.1958.
47 Ebd.: Maria Vogl an Bezirksjugendamt Innsbruck, 16.6.1958.
48 Ebd.
49 Ebd.: Abschließende Beurteilung, 2. Aufnahme Tina Rottensteiner, o. D. (verm. 12.7.1962).
50 Landeserziehungsheim Kramsach, Führungsbericht von G. O. über C. B., 24.10.1970. StAI, Mündelakt B.
51 Ebd.: 1. Führungsbericht Gruppenerzieherin H. G. über E. B. an ATLR Vb, 24.10.1968.
52 Heinz Bude/Andreas Willisch: Die Debatte über die „Überflüssigen". Einleitung, in: Heinz Bude/Andreas Willisch: Exklusion. Die Debatte über die „Überflüssigen", Frankfurt a. M. 2008, S. 9–30, hier S. 25f.
53 Andreas Willisch: Verwundbarkeit und Marginalisierungsprozesse, in: Bude/Willisch: Exklusion, S. 64–68, hier S. 66.
54 Robert Castel: Die Fallstricke des Exklusionsbegriffs, in: Bude/Willisch: Exklusion, S. 69–86, hier S. 72
55 Ebd.: S. 71.
56 Ebd.: S. 72.
57 Heinz Bude: Das Phänomen der Exklusion, in: Bude/Willisch: Exklusion, S. 246–260, hier S. 254f.
58 Armut als Delikt. Ein Gespräch mit Loic Wacquant, in: Bude/Willisch: Exklusion, S. 213–224, hier S. 220f.
59 Bude, Das Phänomen der Exklusion, S. 259f.
60 Niederschrift über die 12. Sitzung des StrI, 17.4.1964, S. 227. StAI, Stadtratsprotokolle.
61 Ebd.: Niederschrift über die 7. Sitzung des StrI, 3.3.1966, S. 137.
62 Ebd.: Niederschrift über die 17. Sitzung des StrI, 10.6.1965, S. 369f.
63 Ebd.
64 Niederschrift über die 28. Sitzung des StrI, 13.10.1966, S. 598–602. Siehe auch Niederschrift über die 17. Sitzung des StrI, 10.6.1965, S. 370. StAI, Stadtratsprotokolle.
65 Ebd.: Niederschrift über die 9. Sitzung des StrI, 6.4.1966, S. 229.
66 Ebd.: Niederschrift über die 2. Sitzung des StrI, 11.1.1968, S. 31f.
67 Ebd.: Niederschrift über die 1. Sitzung des StrI, 7.1.1971, S. 7.
68 Ebd.: Niederschrift über die 4. Sitzung des StrI, 3.2.1971, S. 62.
69 Ebd.: Niederschrift über die 1. Sitzung des StrI, 7.1.1971, S. 7 und über die 5. Sitzung des StrI, 17.2.1971, S. 121.
70 Niederschrift über die 3. Sitzung des GrI, 18.5.1972, S. 477. StAI, Gemeinderatsprotokolle.
71 Ebd.: S. 478.
72 Ebd.: S. 479f und 482–484.
73 Ebd.: Niederschrift über die 10. Sitzung des GrI, 13.12.1979, S. 760f.
74 Ebd.: Niederschrift über die 5. Sitzung des GrI, 20.5.1981, S. 297.
75 Diese Einschätzung beruht auf Interviews mit BewohnerInnen der Bocksiedlung, des Reichenauer Lagers und von „Stalingrad".
76 Der Begriff kommt ursprünglich aus der Ethnologie: Oscar Lewis: Die Kinder von Sanchez. Selbstportrait einer mexikanischen Familie, Düsseldorf–Wien 1963.
77 Stumpfl: Über die Herkunft des Landfahrertums in Tirol, S. 687.
78 Thomas Huonker: Vortrag zur Eröffnung der Ausstellung Die Fahrenden. Innen- und Aussenansichten. Die Jenischen zwischen Graubünden, Vinschgau, Oberinntal, Schwaben und Bayern, 19.1.2002, in: http://www.thata.ch/gruesch19jan02vortrageroeffnungausstellung.pdf (Zugriff 27.4.2015).

Berichte vom täglichen Überleben und vom Fortleben der Gewalt in den Körpern

1 Der Text ist ein von Irene autorisiertes Interview, gekürzt und leicht überarbeitet, in: http://www.heimkinder-reden.at/portrats/irene (Zugriff 10.7.2015).
2 Der Text ist ein von Alois autorisiertes Interview, gekürzt und leicht überarbeitet, in: http://www.heimkinder-reden.at/portrats/alois (Zugriff 3.8.2015).
3 Der Text ist ein von Luggi autorisiertes Interview, gekürzt und leicht überarbeitet, in: http://www.heimkinder-reden.at/portrats/luggi (Zugriff 16.7.2015).
4 Der Text ist ein von Günther autorisiertes Interview, gekürzt und leicht überarbeitet, in: http://www.heimkinder-reden.at/portrats/gunther (Zugriff 8.8.2015).
5 Die Erzählungen stammen aus den Gesprächen mit der Opferschutzkommission Innsbruck und schriftlichen Berichten der ZeitzeugInnen.

6 Berthold Vogel: Der Nachmittag des Wohlfahrtsstaates, in: Bude/Willisch: Exklusion, S. 285–308, hier S. 295–297.
7 Vgl. Oliver Callies: Konturen sozialer Exklusion, in Bude/Willisch, Exklusion, S. 261–284, hier S. 269 und 271.
8 Berthold Vogel: Überflüssige in der Überflussgesellschaft?, in: Bude/Willisch: Exklusion, S. 154–160, hier S. 157.
9 Helmut Plessner zit. n. Heinz Bude: Formen des Portraits, in Caroline Anni/Andrea Glauser/Charlotte Müller/Marianne Rychner (Hg.), Der Eigensinn des Materials: Erkundungen sozialer Wirklichkeit. Festschrift für Claudia Honegger, Frankfurt a. M.–Basel 2008, S. 431–444, hier S. 438. In diesem Kapitel mache ich in meiner Zugangsweise Anleihen beim panoramatischen Portrait, das Bude am Beispiel von Studs Terkels Schaffen darlegt.
10 http://science.orf.at/stories/1736449, http://science.orf.at/stories/1726888, http://science.orf.at/stories/1708877, http://science.orf.at/stories/1697733, http://science.orf.at/stories/1628282 (Zugriff 10.6.2015).

„Wer das Schweigen bricht, bricht die Macht der Täter": Fünf Jahre Opferschutzkommission Innsbruck

1 Horst Schreiber: Eine jenische Kindheit in Tirol, in: Alexandra Weiss u. a. (Hg.): Zu wahr, um schön zu sein. Gaismair-Jahrbuch 2007, Innsbruck–Wien–Bozen 2006, S. 206–216, hier S. 214.
2 Horst Schreiber: Geschlossene Fürsorgeerziehung in Tirol. Ein historischer Streifzug, in: Horst Schreiber u. a. (Hg.): heim@tlos. Gaismair-Jahrbuch 2010, S. 149–164; Horst Schreiber: Schlagen, demütigen, missbrauchen. Eine Kindheit in der „Bubenburg" zu Fügen, in: Gaismair-Jahrbuch 2010, S. 165–175.
3 Bericht der Steuerungsgruppe „Opferschutz" zur Vorlage an die Tiroler Landesregierung, 21.7.2010, in: http://www.erinnern.at/bundeslaender/tirol/unterrichtsmaterial/heimerziehung-in-tirol/endbericht-pdf (Zugriff 10.5.2015).
4 Büro des Magistratsdirektors, Dr. Köfler, Betreff: Missbrauchsfälle in städtischen Heimen, Vorgangsweise der Stadt, Grundsatzbeschluss, an Bürgermeisterin Christine Oppitz-Plörer, 6.10.2010. Privatarchiv Horst Schreiber.
5 Ebd.: Bürgermeisterin Christine Oppitz-Plörer an Landesrat Gerhard Reheis, 15.10.2010.
6 Ebd.: Büro des Magistratsdirektors, Dr. Köfler, Betreff: Missbrauchsfälle in städtischen Heimen, Änderung des Grundsatzbeschlusses vom 13.10.2011, an Bürgermeisterin Christine Oppitz-Plörer, 16.2.2011.
7 Waltraud Klasnic: Die Grundsätze der Kommission, in: Waltraud Klasnic (Hg.): Missbrauch und Gewalt. Erschütternde Erfahrungen und notwendige Konsequenzen, Graz 2013, S. 11–19, hier S. 19.
8 Ebd.
9 Volkmar Sigusch: Es muss endlich um die Opfer gehen, in: Die Zeit 20 (2010), in: http://www.zeit.de/2010/20/Interview-Sigusch/seite-3 (Zugriff 10.5.2014).
10 Opferschutzkommission präsentierte Abschlussbericht, in:http://www.ibkinfo.at/opferschutzkommission-praesentierte-abschlussbericht (Zugriff 11.5.2014).
11 Pseudonym.
12 Hansjörg Weingartner an Herbert Köfler, 1.12.2011. Privatarchiv Horst Schreiber.
13 Pseudonym.
14 Siehe dazu Paul Ricoeur: Wege der Anerkennung: Erkennen, Wiedererkennen, Anerkanntsein, Frankfurt 2006 bzw. Anita Galuschek-Crackau: pros heteron – Zum Konzept der personellen Anerkennung, in: http://journals.ub.uni-heidelberg.de/index.php/logoi/article/viewFile/9057/2908 (Zugriff 10.6.2014).
15 Richard Sennett: Respekt im Zeitalter der Ungleichheit, Berlin 2000, S. 73.
16 Vgl. dazu den Hinweis auf eine Psychologie der Autonomie von Sennett: Respekt, S. 317 und auch S. 214.
17 Ebd.: S. 297.
18 Ebd.: S. 84 und 264.
19 Michael Pollak: Die Grenzen des Sagbaren. Lebensgeschichten von KZ-Überlebenden als Augenzeugenberichte und als Identitätsarbeit, Frankfurt a. M.–New York 1988 (Studien zur Historischen Sozialwissenschaft 12), S. 108. Wertvolle Hinweise enthielt der Beitrag von Waltraud Kannonier-Finster/Meinrad Ziegler: Soziale Formen des Schweigens und ihre Kontexte bei Michael Pollak. Eine sekundäre Analyse der „Grenzen des Sagbaren", in: Heinrich Berger/Melanie Dejnega/Regina

Fritz/Alexander Prenninger (Hg.): Politische Gewalt und Machtausübung im 20. Jahrhundert. Zeitgeschichte, Zeitgeschehen und Kontroversen, Wien–Köln–Weimar 2011, S. 501–514.
20 Kannonier-Finster/Ziegler: Soziale Formen des Schweigens, S. 13f.
21 Waltraud Kannonier-Finster/Meinrad Ziegler: Vorwort, in: Schreiber: Im Namen der Ordnung, S. 10f.
22 Nicht berücksichtigt in dieser Zahl ist eine Person, die die Kommission an die Opferschutzkommission der Diözese weiter vermittelte, weil sie sich wegen Gewalt in einem katholischen Kinderheim gemeldet hatte.

Quellen- und Literaturverzeichnis

Quellen

Archive

Bezirksgericht Innsbruck (BGI)
Grundbuch Katastralgemeinde Hötting, EZ 600
Grundbuch Katastralgemeinde Wilten, EZ 634 II
Urkundensammlung, 951/4/1904, 513/1922, 3054/1957

Bundesarchiv Berlin
Franz Tatzel: NSDAP-Gaukartei und Personalfragebogen

Heilpädagogische Station Hinterbrühl
PatientInnenakten

Oberlandesgericht (OLG) Innsbruck
Mappe OLGPräs. Innsbruck, Versorgungsakt Dr. Robert Skorpil, LGPräs. 7-S-8

Österreichisches Staatsarchiv / Archiv der Republik
BKA, Präsidium, Figl Komitee, Tirol 1946/47, Karton 25

Privatarchiv Horst Schreiber
Bundesminister Rudolf Hundstorfer an Landesrat Gerhard Reheis, 13.12.2010
Bürgermeisterin Christine Oppitz-Plörer an Landesrat Gerhard Reheis, 15.10.2010
Büro des Magistratsdirektors, Dr. Köfler, Betreff: Missbrauchsfälle in städtischen Heimen, Vorgangsweise der Stadt, Grundsatzbeschluss, an Bürgermeisterin Christine Oppitz-Plörer, 6.10.2010
Büro des Magistratsdirektors, Dr. Köfler, Betreff: Missbrauchsfälle in städtischen Heimen, Änderung des Grundsatzbeschlusses vom 13.10.2011, an Bürgermeisterin Christine Oppitz-Plörer, 16.2.2011
Mündelakte des Stadtjugendamtes und von Bezirksjugendämtern sowie PatientInnenakten der Kinderbeobachtungsstation des Landeskrankenhauses Innsbruck, zur Verfügung gestellt von Betroffenen
Schreiben, Berichte, Niederschriften und Mails von ZeitzeugInnen
Skript der ORF-Sendung teleobjektiv vom 16.9.1980: Problemkinder – Kinderprobleme. Heimerziehung – Erziehungsheim. Heimprobleme – Problem-Heime
Unterlagen zur Verfügung gestellt von Magistratsdirektor-Stellvertreter Dr. Herbert Köfler

SOS-Kinderdorf
Kinderakten

Stadtarchiv Innsbruck (StAI)
Adressbuch der Landeshauptstadt Innsbruck 1957
Adressbücher der Gauhauptstadt Innsbruck 1939–1944
Adressbücher der Landeshauptstadt Innsbruck und der Nachbargemeinden Hötting, Mühlau und Amras für das Jahr 1935–1938
Gemeinderatsprotokolle 1922–1925, 1935–1936, 1946–1983
Innsbrucker Adressbuch 1953, 1964, 1970, 1976
Jahrbuch und Einwohnerverzeichnis der Landeshauptstadt Innsbruck 1946/47

Magistratsabteilung IV
  Jugendheimstätte Holzham/Westendorf, 17,
  Mappe Allgemeines
Magistratsabteilung V
  Mappe grün ohne Beschriftung
  Mappe V 33 Forellenhof in Westendorf
  V 77/1930
  V/10 Jahresberichte und Statistik des städtischen Jugendamtes
  V/J 112 f/1947
  V/J 112/1947 Jugendheim Holzham Westendorf__407
  V/J 112/1947a
  V/J 12 (bis zum 31.12.1970 3745/29)
  V/J 228/1930
  V/J 270/1954 a Mappe gelb Pechegarten
  V/J 270/1954 b Mappe gelb Mariahilf
  V/J 3745/29
Magistratsdirektion (MD)
  1470/1945, 2865/1946, 2865/1946, 1237/1947, 444/1948, 587/1949, 2368/1954, 1954/1962, 2517/1963, 2586/1966, 2637/1971, 668/1974, 1745/1974
Mündelakten
Personalakten
  221, 444, 555, 596, 641, 985, 1458, 1596, 2076, 2229, 2496, 2641, 2701, 2762, E. L.
Personalausschuss
  24.9.1946–28.12.1948/1
  24.9.1946–28.12.1948/3
  24.9.1946–28.12.1948/4
  PA II-IV, 27.3.1950–17.12.1954/3
  PA II-IV, 24.1.1962–14.12.1973/2
  PA II-IV, 24.1.1962–14.12.1973/3
Stadt Innsbruck, Magistratsabteilung V: 40 Jahre Kinderheim Pechegarten (1953–1993), o. J., o. S.
Stadtratsprotokolle 1946–1983

Tiroler Landesarchiv (TLA)
Amt der Tiroler Landesregierung (ATLR), Abteilung Vb
- Karton 5
  466 h 1b, Tätigkeitsberichte, Leistungsberichte, Jahresberichte der Jugendämter 1973–1977
  466 h, Tätigkeitsbericht der Jugendämter (des Landesjugendamts und der Bezirks-Jugendämter), Jahresberichte 1968–1972
  466 II 6, Tätigkeitsberichte des Landesjugendamtes 1961–1977

- Karton 6
  467 I 3, Jahresberichte der Jugendämter I. Teil 1950–1955
  467 I 3, Jahresberichte der Jugendämter II. Teil bis incl. 1957
  467 I 3, Jahresbericht der Jugendämter 1961–1964
  469 IIa 1958–1969, Kostenerstattung
- Karton 7
  469 V 4e bis incl. 1957
  469 V 4e 1958–1960
  469 V 4e1 1961–1967
  469 V 6e 1958–1961
  471h 1971–1975
  473c 1968–1975
  473f 1968–1977
ATLR, Abteilung VIII
  Akten Nr. 3101–3820, Zl. 3254, Karton 24
Kanzlei des Landeshauptmannes (KLHM)
  Einschau in die Gebarung des Landeserziehungsheimes St. Martin bei Schwaz, 1960
Landeskontrollamt
  176, Landesrechnungshof 196/109-1977
  67/38-1977
  Einschau Landesjugendheim St. Martin/Schwaz 1987
Reichsstatthalterei Tirol-Vorarlberg, Abteilung III
  a1 M-III/5
Sicherheitsdirektion, Staatspolizeiliche Akten
  1945, Pos. 4121
Verfachbuch Itter/Hopfgarten 1918

Filmdokumentation

„'Jetzt reden wir!' Ehemalige Heimkinder erzählen". Ein Film von Christian Kuen und Horst Schreiber, 2014

Gespräche und Interviews

125 Gespräche mit ZeitzeugInnen vor der Opferschutzkommission Innsbruck 2011–2015
Interview Horst Schreiber
  mit Marianne Federspiel, 26.6.2015
Interview Horst Schreiber mit
  Klaus Madersbacher, 9.4.2010
Interview Horst Schreiber mit
  Rolf Rotter (Pseudonym), 4.10.2013
Interview Horst Schreiber mit S. W., 11.10.2013

Internet

Amort, Marion/Regina Bogner-Unterhofer/Monika Pilgram/Gabi Plasil/Michaela Ralser/Stefanie Stütler/Lisl Strobl: Humanwissenschaften: Humanwissenschaften als Säulen der „Vernichtung unwerten Lebens". Biopolitik und Faschismus am Beispiel des Rassehygieneinstituts in Innsbruck, in: http://bidok.uibk.ac.at/library/ralser-unwert.html

Benz, Wolfgang: Gewalt gegen Kinder. Jugendhilfe und Heimerziehung in der DDR, in: Deutschland Archiv, 11.04.2014, Link: http://www.bpb.de/182642

Bericht der Medizin-historischen ExpertInnenkommission: Die Innsbrucker Kinderbeobachtungsstation von Maria Nowak-Vogl, 11.11.2013, in: https://www.i-med.ac.at/pr/presse/2013/Bericht-Medizin-Historische-ExpertInnenkommission_2013.pdf

Bericht der Steuerungsgruppe „Opferschutz" zur Vorlage an die Tiroler Landesregierung, 21.7.2010, in: http://www.erinnern.at/bundeslaender/tirol/unterrichtsmaterial/heimerziehung-in-tirol/endbericht-pdf

Betroffene ohne Sonderstellung, in: http://kurier.at/chronik/oesterreich/recht-ist-staendig-gebeugt-worden/80.579.223#section-80579759, 16.8.2012

Bischoff, Nora/Christine Jost/Ulrich Leitner (Projektleitung Michaela Ralser, unter maßgeblicher Mitwirkung von Flavia Guerrini/Martina Reiterer): Das System der Fürsorgeerziehung. Zur Genese, Transformation und Praxis der Jugendfürsorge und der Landeserziehungsheime in Tirol und Vorarlberg. Forschungsbericht, 1. Auflage 2015, erstellt im Auftrag der Länder Tirol und Vorarlberg, in: http://www.uibk.ac.at/iezw/heimgeschichteforschung/dokumente/das-system-der-fuersorgeerziehung_web.pdf

Guerrini, Flavia/Martina Reiterer (Projektleitung Michaela Ralser, unter maßgeblicher Mitwirkung von Nora Bischoff/Christine Jost/Ulrich Leitner): „Ich hasse diesen elenden Zwang". Das Landeserziehungsheim für Mädchen und junge Frauen St. Martin in Schwaz. Forschungsbericht, 1. Auflage 2015, erstellt im Auftrag des Landes Tirol, in: http://www.uibk.ac.at/iezw/heimgeschichteforschung/dokumente/das-landeserziehungsheim-fuer-maedchen-und-junge-frauen-st.-martin-in-schwaz_web.pdf

Heimkind-Pensionen: Länderkritik an Hundstorfer, in: http://oe1.orf.at/artikel/314016, 28.8.2012

Hörmann, Ludwig von: Die Saltner, in: Der Alpenfreund, hg. von Dr. Ed. Amthor, 1. Band, Gera 1870, S. 167–173, in: http://www.sagen.at/doku/hoermann_beitraege/doercher.html

http://agso.uni-graz.at/marienthal/biografien/schenk_danzinger_lotte.htm

http://alex.onb.ac.at/cgi-content/alex?aid=lgt&datum=1955&page=33&size=45

http://inclusion.fhstp.ac.at/downloads/Hintergrundinformationen_Ilse_Arlt.pdf

http://science.orf.at/stories/1628282

http://science.orf.at/stories/1697733

http://science.orf.at/stories/1708877

http://science.orf.at/stories/1726888

http://science.orf.at/stories/1736449

http://www.heimkinder-reden.at, ein Video-ZeitzeugInnen-Projekt von Christian Kuen und Horst Schreiber

http://www.heimkinder-reden.at/images/pdf/alois.pdf

http://www.isd.or.at/index.php/kinderzentren

http://www.kitzbueheler-alpen.com/media/08-august-2015.pdf

http://www.uibk.ac.at/th-physik/aboutitp/history/history.html

http://www.zeno.org/Pataky-1898/A/Rokitansky,+Frau+Baronin+Marie+v.

https://web.archive.org/web/20101127193309/http://www.oenb.at/de/ueber_die_oenb/geldmuseum/oesterr_geldgeschichte/gulden/gulden_und_kronen.jsp

Huonker, Thomas: Vortrag zur Eröffnung der Ausstellung Die Fahrenden. Innen- und Aussenansichten. Die Jenischen zwischen Graubünden, Vinschgau, Oberinntal, Schwaben und Bayern, 19.1.2002, in: http://www.thata.ch/gruesch19jan02vortrageroeffnungausstellung.pdf

Interview mit Minister Hundstorfer: Für Heimkinder kein Geld, in: http://oe1.orf.at/artikel/313993, 27.8.2012

Kappeler, Manfred: Unrecht und Leid – Rehabilitation und Entschädigung? Der Abschlussbericht des Runden Tisches Heimerziehung, in: http://www.ex-heimkinder.de/Dokumente/Abschlussbericht.pdf

Kurz, Robert: Die Diktatur der abstrakten Zeit. Arbeit als Verhaltensstörung der Moderne, in: http://www.trend.infopartisan.net/trd0302/t120302.html

Opferschutzkommission präsentierte Abschlussbericht, in: http://www.ibkinfo.at/opferschutzkommission-praesentierte-abschlussbericht

Raab-Steiner, Elisabeth/Gudrun Wolfgruber: Zur Lebenswelt der Pflegekinder in der Wiener Nachkriegszeit von 1955–1970, Sept. 2013, in: http://www.wien.gv.at/menschen/magelf/pdf/pflegekinder-nachkriegszeit.pdf

Ralser, Michaela/Flavia Guerrini/Christine Jost/Ulrich Leitner/Martina Reiterer: Das Landeserziehungsheim für St. Martin in Schwaz der Zweiten Republik. Zwischenbericht April 2014, erstellt im Auftrag des Landes Tirol, in: http://www.uibk.ac.at/iezw/heimgeschichteforschung/dokumente/zwischenbericht_stmartin_juli2014_neu.pdf

Ricoeur, Paul: Wege der Anerkennung: Erkennen, Wiedererkennen, Anerkanntsein, Frankfurt 2006 bzw. Anita Galuschek-Crackau: pros heteron – Zum Konzept der personellen Anerkennung, in: http://journals.ub.uni-heidelberg.de/index.php/logoi/article/viewFile/9057/2908

Rieländer, Maximilian: Resümee aus der Diplomarbeit Deprivation in der frühkindlichen Heimerziehung, Darmstadt 1978, in: http://www.psychologische-praxis.rielaender.de/Literatur/Deprivation_Heimerziehung.pdf

Schreiber, Horst: Die Kinderbeobachtungsstation 1954–1980 aus Sicht der Betroffenen, in: Bericht der Medizin-historischen ExpertInnenkommission, S. 70–84, in: https://www.i-med.ac.at/pr/presse/2013/Bericht-Medizin-Historische-ExpertInnenkommission_2013.pdf

Sigusch, Volkmar: Es muss endlich um die Opfer gehen, in: Die Zeit 20 (2010), in: http://www.zeit.de/2010/20/Interview-Sigusch/seite-3

Soziales/Lehrlinge/Volksanwaltschaft: Keine Pensionszeiten bei Lehrlingsausbildung im Heim? Volksanwältin Krammer fordert Gleichstellung für alle Lehrlinge, 18.2.1999, in: http://www.ots.at/presseaussendung/OTS_19990218_OTS0060/sozialeslehrlingevolksanwaltschaft

Susanne Mayer: Höllische Freude, in: http://www.zeit.de/2011/18/Interview-Terry-Eagleton, 2.5.2011

Zeitungen und Zeitschriften

Amtsblatt der Landeshauptstadt Innsbruck 1948
Innsbruck – Offizielles Mitteilungsblatt der Landeshauptstadt 1978
Innsbruck informiert 2000
Innsbrucker Nachrichten 1898, 1903, 1904, 1907, 1908
Innsbrucker Stadtnachrichten 1984, 1988
Österreichische Zeitschrift für Geschichtswissenschaft (ÖZG) 2014
Tiroler Heimat 1978
Tiroler Tageszeitung 1961, 2013
Zeitschrift für menschliche Vererbungs- und Konstitutionstheorie 1949/50

Literatur (Auswahl)

Achrainer, Martin: „Das ‚Badezimmer' der kleinen hl. Theresia" auf der Hungerburg, in: Lisa Gensluckner u. a. (Hg.): Gegenwind. Gaismair-Jahrbuch 2004, Innsbruck–Wien–München–Bozen 2003, S. 179–184.

Aly, Götz/Karl-Heinz Roth: Die restlose Erfassung. Volkszählen, Identifizieren, Aussondern im Nationalsozialismus, Frankfurt a. M. 2000.

Andresen, Sabine/Sara Friedemann: Rechte und Anerkennung. Zur Ethik pädagogischer Institutionen, in: Andresen/Heitmeyer (Hg.): Zerstörerische Vorgänge, S. 281–294.

Andresen, Sabine/Wilhelm Heitmeyer (Hg.): Zerstörerische Vorgänge. Missachtung und sexuelle Gewalt gegen Kinder und Jugendliche in Institutionen, Weinheim–Basel 2012.

Anni, Caroline/Andrea Glauser/Charlotte Müller/Marianne Rychner (Hg.), Der Eigensinn des Materials: Erkundungen sozialer Wirklichkeit. Festschrift für Claudia Honegger, Frankfurt a. M.–Basel 2008.

Arbeit in Heimen. Jugendliche in der Fürsorgeerziehung (im Heim St. Martin in Schwaz). Abschlussbericht der Arbeitsgruppe, hg. von Dietmar Schennach/Daniela Laichner/Gertrud Gaugg/Johann Stolz/Wilfried Beimrohr, Innsbruck im Oktober 2013.

Armut als Delikt. Ein Gespräch mit Loic Wacquant, in: Bude/Willisch: Exklusion, S. 213–224.

Ayaß, Wolfgang: „Asoziale" im Nationalsozialismus, Stuttgart 1995.

Berger, Heinrich/Melanie Dejnega/Regina Fritz/Alexander Prenninger (Hg.): Politische Gewalt und Machtausübung im 20. Jahrhundert. Zeitgeschichte, Zeitgeschehen und Kontroversen, Wien–Köln–Weimar 2011.

Bieglmann, Daniela: Kinder, die übrig sind. Zur Geschichte und Gegenwart der Fürsorgeerziehung unter besonderer Berücksichtigung der Fremdunterbringung von Kindern und Jugendlichen in Kinderheimen mit Beispielen aus dem Kinderheim PECHEGARTEN Innsbruck, Diplomarbeit Innsbruck 1992.

Bischoff, Nora/Flavia Guerrini/Christine Jost: In Verteidigung der (Geschlechter) Ordnung. Arbeit und Ausbildung im Rahmen der Fürsorgeerziehung von Mädchen. Das Landeserziehungsheim St. Martin in Schwaz 1945–1990, in: ÖZG 1+2 (2014), S. 220–247.

Bude, Heinz: Bildungspanik. Was unsere Gesellschaft spaltet, München 2013.

Bude, Heinz: Das Phänomen der Exklusion, in: Bude/Willisch: Exklusion, S. 246–260.

Bude, Heinz: Formen des Portraits, in Anni/Glauser/Müller/Rychner (Hg.), Der Eigensinn des Materials, S. 431–444.

Bude, Heinz/Andreas Willisch: Die Debatte über die „Überflüssigen". Einleitung, in: Bude/Willisch: Exklusion, S. 9–30.

Bude, Heinz/Andreas Willisch: Exklusion. Die Debatte über die „Überflüssigen", Frankfurt a. M. 2008.

Burger, Josef: Chronik Westendorf, Hopfgarten 1997.

Callies, Oliver: Konturen sozialer Exklusion, in Bude/Willisch, Exklusion, S. 261–284.

Castel, Robert: Die Fallstricke des Exklusionsbegriffs, in: Bude/Willisch: Exklusion, S. 69–86.

Dietrich, Stefan: Telfs 1918–1946, Innsbruck–Wien–München–Bozen 2004 (Tiroler Studien zu Geschichte und Politik 3).

Dülmen, Richard van: „Arbeit" in der frühneuzeitlichen Gesellschaft, in: Kocka/Offe: Geschichte und Zukunft der Arbeit, S. 80–87.

Ehrenreich, Barbara: Angst vor dem Absturz. Das Dilemma der Mittelklasse, Hamburg 1994.

Exenberger, Andreas/Josef Nussbaumer: Von Menschenhandel und Menschenpreisen. Wert und Bewertung von Menschen im Spiegel der Zeit, Innsbruck 2007.

Forschung. Macht. Praxis. Stark. 50 Jahre wissenschaftliches Arbeiten bei SOS-Kinderdorf. Eine Festschrift, hg. von der Hermann-Gmeiner-Akademie, Innsbruck 9.12.2014.

Gauß, Karl-Markus: Zu früh, zu spät. Zwei Jahre, München 2010.

Gebhard, Miriam: Die Angst vor dem kindlichen Tyrannen. Eine Geschichte der Erziehung im 20. Jahrhundert, München 2009.

Gehler, Michael (Hg.): Tirol. „Land im Gebirge": Zwischen Tradition und Moderne, Wien–Köln–Weimar 1999 (Geschichte der österreichischen Bundesländer seit 1945).

Goessler-Leier, Irmtraud/Rosemarie Fischer/Claudia Halletz: Verwaltete Kinder – Eine soziologische Analyse von Kinder- und Jugendheimen im Bereich der Stadt Wien. Endbericht, Institut für Stadtforschung Wien 1975.

Grosinger, Elisabeth Maria: Roma und Jenische im Spiegel ihrer Zeit – eine vergleichende Studie, Dissertation Universität Innsbruck 2003.

Grosinger, Elisabeth: Pseudowissenschaftliche Forschungen über Jenische vor und während der NS-Zeit, in: Horst Schreiber u. a. (Hg.): Am Rand der Utopie. Gaismair-Jahrbuch 2006, Innsbruck–Wien–Bozen 2005, S. 102–112.

Grosinger, Elisabeth/Roman Spiss: Die Jenischen in Tirol, in: Menschenbilder – Lebenswelten. Gaismair-Jahrbuch 2002, Wien–München–Bozen 2001, S. 53–63.

Hauser-Hauzwicka, Rolf (Hg.): Wir und der Film. 5 Jahre Filmgilde in Tirol. Arbeit für den guten Film, Innsbruck 1957.

Hauser-Hauzwicka, Rolf: 10 Jahre Österreichisches Jugendrotkreuz in Tirol. Landesleitung Tirol des Österreichischen Jugendrotkreuzes, Innsbruck 1957.

Helming, Elisabeth/Marina Mayer: „Also über eine gute Sexualität zu reden, aber auch über die Risiken, das ist auch eine ganz große Herausforderung". Einige ausgewählte Aspekte zum Umgang mit Sexualität und sexueller Gewalt in institutionellen Kontexten, die mit Kindern und Jugendlichen arbeiten, in: Andresen/Heitmeyer (Hg.): Zerstörerische Vorgänge, S. 49–65.

Hörmann, Ludwig: Tiroler Volkstypen. Beiträge zur Geschichte der Sitten und Kleinindustrie in den Alpen, Wien 1877.

Hug, Markus: Zur so genannten Verwahrlosung dissozialer Jugendlicher in Österreich. Dissertation Universität Innsbruck 1971.

Huonker, Thomas: Fahrendes Volk – verfolgt und verfemt. Jenische Lebensläufe, Zürich 1987.

„Irgendwas musstest du immer tun, du hast immer gearbeitet". Heidi Färber über ihren Aufenthalt von 1978 bis 1985 im Kinderheim Martinsbühel der Benediktinerinnen in Zirl 1978 bis 1985. Ein Interview von Horst Schreiber mit Heidi Färber, in: Elisabeth Hussl u. a. (Hg.): Standpunkte. Gaismair-Jahrbuch 2014, S. 154–165.

Kannonier-Finster, Waltraud/Meinrad Ziegler: Soziale Formen des Schweigens und ihre Kontexte bei Michael Pollak. Eine sekundäre Analyse der „Grenzen des Sagbaren", in: Berger/Dejnega/Fritz/Prenninger (Hg.): Politische Gewalt und Machtausübung, S. 501–514.

Kannonier-Finster, Waltraud/Meinrad Ziegler: Vorwort, in: Schreiber: Im Namen der Ordnung, S. 9–12.

Kaslatter, Edith Heidi: Ein Vergleich zweier Säuglingsgruppen zwischen 3 und 5 Monaten mit unterschiedlicher Betreuung untersucht in den Tiroler Landes-Säuglings- und Kleinkinderheimen Arzl / Axams. Dissertation Universität Innsbruck 1979.

Klasnic, Waltraud (Hg.): Missbrauch und Gewalt. Erschütternde Erfahrungen und notwendige Konsequenzen, Graz 2013.

Klasnic, Waltraud: Die Grundsätze der Kommission, in: Klasnic (Hg.): Missbrauch und Gewalt, S. 11–19.

Koch, Claus: Das Kind als Feind, das Kind als Freund. Was haben nationalsozialistisches Erziehungserbe und pädophile Ideologie mit der gegenwärtigen Missbrauchsdebatte zu tun?, in: Andresen/Heitmeyer (Hg.): Zerstörerische Vorgänge, S. 228–243.

Kocka, Jürgen/Claus Offe: Geschichte und Zukunft der Arbeit, Frankfurt a. M. 2000.

Langthaler, Ernst: Umbruch im Dorf? Ländliche Lebenswelten, in: Sieder/Steinert/Tálos (Hg.): Österreich 1945–1995, S. 35–53.

Lewis, Oscar: Die Kinder von Sanchez. Selbstportrait einer mexikanischen Familie, Düsseldorf–Wien 1963.

Lugger, Klaus: Wohnbau sozial. Innsbruck von 1900 bis heute. Mit einem Beitrag von Claudia Wedekind: Die Architektur des sozialen Wohnbaus in Innsbruck, Innsbruck 1993.

Mantl, Norbert: Die Karrner. II. Kapitel, in: Tiroler Heimat 42 (1978), S. 155–160.

Mergen, Armand: Die Tiroler Karrner. Kriminologische und kriminalbiologische Studien an Landfahrern (Jenischen), Mainz 1949 (Studien zur Soziologie 3).

Mungenast, Romedius (Hg.): Jenische Reminiszenzen. Geschichte(n), Gedichte, ein Lesebuch, Landeck 2001 (Lyrik der Wenigerheiten 3).

Nussbaumer, Josef: Wirtschaftlicher und sozialer Wandel in Tirol 1945–1996. Eine Skizze, in: Gehler (Hg.), Tirol, S. 139–220.

Oberkofler, Gerhard/Peter Goller: Die Medizinische Fakultät Innsbruck. Faschistische Realität (1938) und Kontinuität unter postfaschistischen Bedingungen (1945). Eine Dokumentation, Innsbruck 1999.

Pescosta, Toni S.: Die Tiroler Karrner. Vom Verschwinden des fahrenden Volkes der Jenischen, Innsbruck 2003 (Tiroler Wirtschaftsstudien 2003).

Pescosta, Toni S.: Vom Umgang des Staates mit den Tiroler Karrnern, in: Schleich: Das Jenische in Tirol, S. 109–123, hier S. 111.

Pollak, Michael: Die Grenzen des Sagbaren. Lebensgeschichten von KZ-Überlebenden als Augenzeugenberichte und als Identitätsarbeit,

Frankfurt a. M.–New York 1988 (Studien zur Historischen Sozialwissenschaft 12).

Rosenberger, Sieglinde/Alexandra Weiss: Frauen – Eine eigene Geschichte, in: Gehler (Hg.): Tirol, S. 315–378.

Schelksy, Helmut: Wandlungen der deutschen Familie in der Gegenwart. Darstellung und Deutung einer empirisch-soziologischen Tatbestandsanalyse, Dortmund 1953.

Schelsky, Helmut: Die skeptische Generation, Düsseldorf–Köln 1957.

Schleich, Heidi: Das Jenische in Tirol. Sprache und Geschichte der Karrner, Laninger, Dörcher. Mit einem Beitrag von Anton S. Pescosta, 2. Auflage, Landeck 2003.

Schmid, Michaela: Erziehungsratgeber und Erziehungswissenschaft. Zur Theorie-Praxis-Problematik populärpädagogischer Schriften, Bad Heilbrunn 2011.

Schreiber, Horst: „Angesichts des erheblichen Schwachsinns und der (…) psychopathischen Minderwertigkeit ist Sterilisation zu fordern", in: Monika Jarosch u. a. (Hg.): Überwältigungen. Gaismair-Jahrbuch 2009, Innsbruck 2008, S. 99–106.

Schreiber, Horst: „Es entspricht der Mentalität des freiheitsliebenden Tirolers, immer klar Farbe zu bekennen." Zur Geschichte, Struktur und Entwicklung der Tiroler Schule 1945–1998, in: Gehler (Hg.), Tirol, S. 487–568.

Schreiber, Horst: Dem Schweigen verpflichtet. Erfahrungen mit SOS-Kinderdorf, Innsbruck–Wien–Bozen 2014 (transblick 11).

Schreiber, Horst: Der Wert des Menschen im Nationalsozialismus, in: Exenberger/Nussbaumer: Von Menschenhandel und Menschenpreisen, S. 83–107.

Schreiber, Horst: Die Machtübernahme. Die Nationalsozialisten in Tirol 1938/39, Innsbruck 1994 (Innsbrucker Forschungen zur Zeitgeschichte 10).

Schreiber, Horst: Familiale Gewalt in der Erziehung, in: Horst Schreiber u. a. (Hg.): Zwischentöne. Gaismair-Jahrbuch 2016 (erscheint im November 2015).

Schreiber, Horst: Geschlossene Fürsorgeerziehung in Tirol. Ein historischer Streifzug, in: Horst Schreiber u. a. (Hg.): heim@tlos. Gaismair-Jahrbuch 2010, S. 149–164.

Schreiber, Horst: Im Namen der Ordnung. Heimerziehung in Tirol, Innsbruck–Wien–Bozen 2010.

Schreiber, Horst: Schlagen, demütigen, missbrauchen. Eine Kindheit in der „Bubenburg" zu Fügen, in: Horst Schreiber u. a. (Hg.): heim@tlos. Gaismair-Jahrbuch 2010, S. 165–175.

Seifert, Oliver: Roma und Sinti im Gau Tirol-Vorarlberg. Die „Zigeunerpolitik" von 1938 bis 1945, Innsbruck–Wien–Bozen 2004 (Tiroler Studien zu Geschichte und Politik 6).

Sennett, Richard: Respekt im Zeitalter der Ungleichheit, Berlin 2000.

Sieder, Reinhard/Heinz Steinert/Emmerich Tálos (Hg.): Österreich 1945–1995. Gesellschaft – Politik – Kultur, Wien 1995.

Sönke, Neitzel/Harald Welzer: Soldaten. Protokolle vom Kämpfen, Töten und Sterben. Frankfurt a. M. 2011.

Spiss, Roman: Die Sprache der Jenischen, in: Die Fahrenden. Die Jenischen zwischen Vinschgau, Oberinntal, Graubünden, Schwaben und Bayern. Ausstellung im Schloss Landeck, 21. Juli–19. September 2001, Landeck (2001), o. S.

Statistisches Handbuch der Stadt Innsbruck mit statistischen Daten bis 31. Dezember 1946, hg. vom Statistischen Amt der Stadt Innsbruck, Innsbruck 1950.

Statistisches Jahrbuch der (Landeshaupt)Stadt Innsbruck 1947–1990, hg. vom Statistischen Amt der Stadt Innsbruck bzw. vom Amt für Statistik, Stadtforschung und Raumordnung.

Stumpfl, Friedrich: Über die Herkunft des Landfahrertums in Tirol, in: Zeitschrift für menschliche Vererbungs- und Konstitutionstheorie 29 (1949/50), S. 665–694.

Vogel, Berthold: Der Nachmittag des Wohlfahrtsstaates, in: Bude/Willisch: Exklusion, S. 285–308.

Vogel, Berthold: Überflüssige in der Überflussgesellschaft?, in: Bude/Willisch: Exklusion, S. 154–160.

Willisch, Andreas: Verwundbarkeit und Marginalisierungsprozesse, in: Bude/Willisch: Exklusion, S. 64–68.

Zangerle, Heinrich: Zur Berufssituation des Erziehers in österreichischen Fürsorgeerziehungsheimen. Eine empirische Untersuchung an 122 Erziehern in 16 österreichischen Fürsorgeerziehungsheimen. Dissertation Universität Innsbruck 1974.

Zehetner, Josef: Handbuch der Fürsorge und Jugendwohlfahrtspflege, hg. vom Amt der o. ö. Landesregierung, Linz 1954.

Zimmermann, Werner: Westendorf. Menschen, Höfe, Leben. Wilder Kaiser – Brixental – Kitzbüheler Alpen, Innsbruck 2011, S. 205f.

Personen- und Ortsverzeichnis

Personenverzeichnis

Alois · 221–224
Amos, Bernhard · 20
Asperger, Hans · 78, 92, 119
Aull, Wolfgang · 163f, 166–168, 170

Balas, Trude · 63
Barenth, Franz · 84
Barta, Heinz · 7, 9, 251, 260
Bauer, Selina · 118f
Baur, Christine · 177
Benz, Wolfgang · 9
Bibermann, Irmgard · 14
Bieglmann, Daniela · 83
Bock, Johann · 210f
Bowlby, John · 123
Brantner Ludwig (Luggi) · 41, 224–226
Bude, Heinz · 209
Budweiser, Josef · 98

Clemens, Elke · 203

Denz, Egon · 21
Dietrich, Alfons · 21f, 39–43, 45, 55, 75, 77f, 80
Duregger, Franz · 18, 21f, 26, 28, 35, 64–66, 69, 75, 77, 139

Eagleton, Terry · 154
Egger, Burgi · 73
Erbe, Friederike · 10, 66f, 81

Falk, Heinrich · 59
Federspiel, Marianne · 53, 59, 67f, 70, 82f, 85, 156–158
Fischer, Franz · 63
Flöckinger, Johann (Hans) · 19, 22, 26, 28, 32, 41, 49–52, 67, 71, 75, 96, 139, 151f, 159f

Gamper, Hans · 50f
Gamper, Otto · 46
Geiger, Niko · 94
Gerber, Richard · 23
Gillarduzzi, Herma · 63
Goebbels, Josef · 197
Greil, Marie · 62
Greiter, Franz · 96f
Grosinger-Spiss, Elisabeth · 203, 302
Gruber, Franz X. · 250f
Günther · 226–228

Haan, Otto · 23f, 28f
Haarer, Johanna · 103
Hackl, Karl · 212
Hagenbuchner, Karl · 204f
Haidl, Arthur · 24, 54
Haindl, Alfred · 21–23
Hardinger, Josef · 33f, 40, 52, 54f, 79, 83, 141, 159f
Haslwanter, Siegfried · 170f, 173, 175
Hatzer, Markus · 226
Hauser-Hauzwicka, Rudolf (Rolf) · 24–26, 30–32, 35, 41
Himmler, Heinrich · 197
Hitler, Adolf · 91, 198
Höck, Katharina · 63
Hofer, Andreas · 263
Höllebauer, Norbert · 109f
Holzer, Leopold · 27
Hoppmann, Eugen · 22, 24
Hörmann, Ludwig · 193
Hundstorfer, Rudolf · 176f
Huonker, Thomas · 214
Hüttenberger, Franz · 25, 29

Irene · 74, 217–221

Jäger, Leo · 225
Jahn, Josef · 163, 166
Jalkotzy, Alois · 41f

Kappeler, Manfred · 188
Karner, Elisabeth · 63
Kaslatter, Edith Heidi · 116f
Kecht, Ekkehard · 175
Klasnic, Waltraud · 252
Knechtl, Emmy · 65
Knoll, Hermann · 98
Köfler, Herbert · 251f, 271
Kogler, Hans · 89
Kostner, Janine · 135f
Kotter, Franz · 27
Kraus, Anton · 96
Krüger, Klaus · 22f
Kuen, Christian · 13
Kummer, Paul · 36, 56, 82
Kunst, Karl · 163, 169
Kuprian, Siegfried · 48
Kurz, Robert · 162

Lagger, Helmut · 22, 56–58
Lechleitner, Paul · 171f, 174–176
Loibl, Franz · 24
Lugger, Alois · 41, 48, 51, 58, 76, 98, 154, 209f
Luggi · siehe Brantner Ludwig

Madl, Sabine · 89
Madl, Walter · 89
Maier, Hans · 67, 98f, 210
Maria · 199, 204f
Mattle, Wilfried · 90
Mauler, Zita · 55, 159
Mayer, Bertha · 281
Mayer, Regina · 119
Mayer, Robert · 119
Mehringer, Andreas · 187
Meister, Fritz · 91
Melzer, Anton · 19, 26f, 32, 35, 64, 71, 96
Mergen, Armand · 198, 201, 203
Metzler, Johannes · 90
Millstätter, Sabine · 118
Mitscherlich, Alexander · 153
Molin, Karl · 281
Moll, Johanna · 90
Monz, Franz · 198
Mösl, Andreas · 91
Müller, Gerhard · 88f

Nemec, Evi · 226
Niescher, Romuald · 99, 211f

Nitzlnader, Rita · 47
Nowak-Vogl, Maria · 11, 54, 73f, 91–93, 108–111, 134, 154, 157, 205f, 270
Nußbaumer, Adolf · 170, 173, 175, 298
Nusser, Georg · 100

Obenfeldner, Ferdinand · 51, 53, 55, 81, 98, 160, 211
Oberhammer, Aloys · 21, 102
Oberhammer, Elisabeth · 64
Oberhammer, Sonja · 68, 83, 97, 102, 140
Oberkofler, Herbert · 164–166
Öfner, Josef · 62
Oppitz-Plörer, Christine · 250, 253, 271f
Ostheimer, Lukas · 281

Paul, Ulrike · 13, 238
Peche, Ferdinand · 61
Pedell, Wolfgang · 93f
Pichler, Franz · 249, 253f
Platter, Günther · 249f
Plessner, Helmut · 230
Pollak, Michael · 257
Preindl, Doris · 7, 9, 251, 260

Raffler, Sebastian · 94
Raiminius, Franziska · 198
Rapoldi, Maria · 70, 83, 159
Rawls, John · 256
Reheis, Gerhard · 249f
Retter, Arnold · 91f
Ricoeur, Paul · 256
Riedmann, Balthasar · 17, 281
Rokitansky, Marie · 59–61, 288
Rokitansky, Prokop Lothar · 59
Rottensteiner, Tina · 205
Rotter, Rolf · 133–135
Russwurm, Vera · 226

Salcher, Herbert · 53, 56, 169–175, 183
Scharmer, Johann · 195
Schenk-Danzinger, Lotte · 124
Schidlach, Franz · 61
Schöch, Franz · 89
Schreiber, Horst · 7, 9, 13, 249, 251, 260, 269
Schröder, Hans · 31
Schuchter, Josef · 149f
Schuler, Anton · 18, 20, 63
Schwamberger, Otto · 56, 58
Schwaninger, Martin · 94
Schweizer, Hermann · 22
Sennet, Richard · 256
Sigl, Gottfried · 27f
Skeels, Harold · 123

Skorpil, Robert · 21f, 24
Spielmann, Adolf · 166
Spielmann, Elisabeth · 59
Spitz, René · 123
Strunz, Alexander · 119
Stumpfl, Friedrich · 198–205, 214
Süß, Heinrich · 20, 75, 97

Tatzel, Franz · 10, 27f, 32f, 35–39, 41f, 45f, 48, 50, 55, 59, 93, 146, 148f, 154
Thierack, Otto · 197
Thoma, Julius · 27
Thoman, Josef · 78, 80
Trauschke, Frau · 64, 72
Tschamler, Viktor · 20

Wachter, Aloisia · 113–115, 117f
Wachter, Franziska · 114f
Watson, John B. · 103
Weber, Josef · 91
Wegisch, Michael · 92f

Weingartner, Hansjörg · 253
Welzig, Mathilde · 207
Welzig, Vera · 207
Wendel, Petra · 89
Wendel, Sara · 89
Wetjen, Renate · 122
Wieshofer, Helene · 47
Wild, Ernst · 26, 55
Winkler, Anton · 62
Winkler, Josef · 63
Winkler, Lotte · 92
Winkler, Paula · 62
Winkler, Roland · 92
Wohlgenannt, Gabi · 93
Wohlgenannt, Stefan · 93

Zangerle, Gerda · 40, 49, 65–67, 69, 71f, 74f, 78, 155
Zeindl, Gertraud · 10, 252
Zelger, Reinhold · 90
Zurmann, Franz · 23, 28

Ortsverzeichnis

Arzl · 85, 91f, 94, 113–125, 131, 133
Auschwitz · 197f
Axams · 113–125, 131, 133

Bad Ischl · 33
Baden bei Wien · 34, 36, 38, 42, 67, 77, 156f
Baden-Baden · 228
Baumkirchen · 34
Berlin · 31, 197, 251
Bibione · 59
Bocksiedlung · 12, 89, 93, 95f, 210f, 213f

Eggenburg · 93, 161, 176

Feldkirch · 108
Fügen · 52, 91, 134, 159, 249

Hall · 89, 159, 198f, 204f, 233
Hard · 225
Hinterbrühl · 119, 121
Hopfgarten · 20
Hötting · 51, 63f, 68, 74, 87, 95, 98, 108, 110
Höttinger Au · 59, 83, 213

Igls · 213
Imst (Stadt und Bezirk) · 118, 126, 128, 139, 198
Innsbruck-Land (Bezirk) · 126f, 131, 139, 142, 170

Jagdberg · 30, 41, 94, 159, 161, 225

Kaiser-Ebersdorf · 92f, 161, 221, 225, 227
Kaltern · 59
Kelmen · 134
Kitzbühel (Stadt und Bezirk) · 17, 47f, 50, 127, 143, 186
Kleinvolderberg · 29, 52, 89, 93, 161, 163–177, 178, 180, 225–226
Kramsach · 36, 39, 52, 159, 161, 180, 207
Kufstein (Stadt und Bezirk) · 139, 142

Ladis · 48
Landeck (Stadt und Bezirk) · 126f, 138f, 192
Lienz (Stadt und Bezirk) · 126–128, 139, 142

Mailand · 228
Mariahilf · 9f, 29, 38–40, 42–44, 47, 49, 51, 53f, 58, 59–85, 89f, 119, 126, 135, 144, 156–161, 213, 217, 226, 253, 270, 274–276, 279, 287, 296
Martinsbühel · 115, 159, 188
Mentlberg · 95
Moosburg · 33, 44
Moringen · 198
Mühlau · 95
München · 71, 228

Nassereith · 192

Oberperfuß · 133f
Olympisches Dorf · 12, 98f, 212

Pechegarten · 9f, 29, 38–43, 47, 49, 51, 53f, 58, 59–85, 89–92, 144f, 155–161, 221, 225f, 253, 274–276, 279, 287, 289, 296
Pfaffenhofen · 34
Porec · 59
Pörtschach · 42
Pradl · 83, 160

Radfeld · 227f
Rattenberg · 197
Ravensbrück · 197
Reichenau · 12, 52, 83, 93, 95–99, 197, 206f, 210, 213f, 224
Reutte (Stadt und Bezirk) · 126, 134, 139, 192
Rietz · 84, 197
Rom · 195

Saggen · 51, 104, 227
Salzburg (Stadt und Bundesland) · 56, 108, 163, 173, 175, 192, 200, 251
Scharnitz · 89f, 113–115, 159, 161, 207, 295
Schiefling am Wörthersee · 33
Schlins · 159, 161, 225
Schwaz (Stadt und Bezirk) · 52, 90, 92, 139, 161, 163, 166, 169f, 173, 176, 178–189, 192, 197, 199, 204

Sellrain · 113f, 133f
Siegendorf · 33
Sieglanger · 90, 93, 95, 98, 210
St. Anton · 192
St. Gilgen · 24
St. Martin · 161, 163, 166, 169, 173, 176, 178–189, 199, 204
St. Paul im Lavanttal · 33
St. Ulrich am Pillersee · 33
„Stalingrad" · 99, 214
Stein an der Donau · 227
Steyr · 27, 161

Telfs · 196, 205
Ternitz · 24
Turin · 228

Uckermark · 198
Umag · 59

Vill · 93, 213
Volders · 164, 225

Westendorf · 9f, 17–59, 73, 75f, 79, 81, 88–93, 100, 134, 144–150, 152–161, 164, 221, 225f, 233f, 249, 253, 268, 274, 277
Wien · 9, 23, 53, 66f, 106, 109, 127, 134, 139, 143, 169, 196, 200, 225, 251f
Wilten · 61, 63, 71

Zirl · 188

Die AutorInnen

Ulrike Paul
Dr. phil., Psychologin, Systemische Familientherapeutin, Sexualtherapeutin und Sexualpädagogin; Mitarbeiterin der Aidshilfe Tirol; Lehrbeauftragte des Instituts für Psychologie der Universität Innsbruck

Horst Schreiber
Mag. phil., Dr. phil., Dozent am Institut für Zeitgeschichte der Universität Innsbruck; Lehrer für Geschichte und Französisch am Abendgymnasium Innsbruck; Leiter von erinnern.at, einem Vermittlungsprojekt des bm:bf; Vorstandsmitglied der Michael-Gaismair-Gesellschaft. www.horstschreiber.at; www.heimkinder-reden.at; www.heimerziehung.at